U0783562

普通高等教育"十一五"国家级规划教材

行政法与行政诉讼法

（第三版）

主　编　应松年

撰稿人　（以撰写章节先后为序）

应松年　何海波　石佑启

吴　平　于泽瀚　王　麟

王学辉　闫尔宝　曹　鎏

郑春燕　张　红

中国政法大学出版社

2017·北京

作者简介

　　应松年　我国著名行政法学家,中国政法大学终身教授、博士生导师,中国行政法学研究会名誉会长,第九届、第十届全国人大代表,内务司法委员会委员,全国人大法工委行政立法研究组副组长,北京市第十届、第十一届、第十二届、第十三届人大代表、法制委员会副主任,北京市第十四届人大常委会法制建设顾问,享受政府特殊津贴。兼任中国行政法学研究会名誉会长,国家减灾委员会专家委员会成员,中国法学会学术委员会委员,最高人民法院、最高人民检察院专家咨询委员,北京市、四川省、福建省人民政府法律顾问等。曾两度获北京市优秀教师奖,并获中央国家机关"五一劳动奖章""百名法学家百场报告会最佳宣讲奖""2006 年度法治人物",2015 年获得中国行政法学研究会颁布的中国行政法学"终身成就奖",日本名古屋大学名誉法学博士等。

　　何海波　1971 年生,清华大学法学院教授。主要研究方向为行政法,尤其是行政诉讼法,旁涉宪法和法理。先后就读于北京大学法学院(获法学硕士、博士学位)、英国杜伦大学法律系(获硕士学位),访学于耶鲁大学法学院、哈佛大学法学院。曾任职于浙江省天台县司法局、国家行政学院法学部,2005 年调入清华大学至今。出版个人专著数本,发表论文四十余篇,主要有:《司法审查的合法性基础——英国话题》《实质法治——寻求行政判决的合法性》《行政诉讼法》《法学论文写作》。

　　石佑启　1969 年生于湖北省大悟县,法学博士,广东外语外贸大学党委副书记、教授、博士生导师。主要研究方向为行政法与行政诉讼法、公务员法和区域法治问题。出版著作与教材二十余部,发表学术论文一百余篇,主要有:《论公共行政与行政法学范式转换》《私有财产权公法保护研究——宪法与行政法的视角》《论部门行政职权相对集中》。科研成果获得省部级奖励十余项。入选教育部新世纪优秀人才支持计划,入选国家百千万人才工程,被授予"有突出贡献中青年专家"荣誉称号,享受政府特殊津贴。

吴 平 宪法与行政法学博士,中国政法大学法学院行政法学研究所副教授、硕士研究生导师。长期从事行政法与行政诉讼法学专业的教学和科研工作。撰写、参与撰写《行政裁决制度研究》《卫生行政法研究》《国家赔偿法教程》《行政法案例研习》《行政程序法教程》《行政法与行政诉讼法》等著作与教材,并发表《建立行政公益诉讼完善行政诉讼制度》《我国公务员权益保障法律制度的评析》《论对行政自由裁量权的程序性控制》《行政许可设定的评价》等论文。承担并参与科技部、水利部、北京市委、教育部"科技资源共享法规政策研究""水利行政许可听证规定""北京市依法治市评价指导体系研究""学校法律制度研究""中国政府教师管理体制机制转变"等科研项目。

于泽瀚 1988 年生,湖南长沙人,中国政法大学宪法学与行政法学硕士,宪法学与行政法学在读博士。在校期间参与多项课题研究。

王 麟 1967 年生,安徽亳州人,法学博士,西北政法大学副校长、教授、博士生导师。兼任中国行政法学研究会常务理事、中国行为法学会行政执法研究会副会长、陕西省人民政府法律顾问等。研究领域为行政法学,长期从事行政法、行政诉讼法、行政程序法等课程的教学。主编、参编教材十一部,在《法律科学》《法学》《法商研究》等刊物上发表论文三十余篇,先后主持国家社科基金项目及省部级科研项目九项。

王学辉 西南政法大学教授、博士生导师,中国地方法制研究中心主任,重庆市行政程序法研究中心执行主任。社会兼职主要有:中国行政法学研究会常务理事,重庆市行政法学研究会副会长,重庆市首批社科专家库成员,国家社科基金评委,重庆市律师公证员系列评审高评委,最高人民法院行政诉讼专业委员会常任委员,重庆市人大内司委咨询委员,重庆市人民政府立法咨询委员,重庆市高级人民法院特邀咨询专家,重庆市人民政府行政复议委员会委员,《中国当代公法文丛》主编。主要研究方向为行政法与行政诉讼法、中国近代行政法制度。出版学术著作八部,发表学术论文五十多篇。代表性著作有:

《行政程序法精要》《行政权研究》《行政立法成本分析与实证研究》《迈向和谐行政法》。

　　闫尔宝　1971 年生,河北省霸州市人,法学博士,南开大学法学院副教授。中国行政法学研究会理事,天津市人大常委会立法咨询专家,天津市人民政府法律顾问。研究领域为行政法基本原理、行政诉讼原理与实务。出版专著两部(《行政法诚实信用原则研究》《行政行为的性质界定与实务》),参编著作若干,在《中国法学》《政法论坛》《法制与社会发展》《行政法学研究》等刊物上发表论文多篇,主持省部级项目多项。

　　曹　鎏　法学博士后,中国政法大学法治政府研究院副教授、硕士研究生导师,美国大学华盛顿法律学院访问学者。兼任北京市法学会行政法学会理事、中国行政法学研究会会员等。主要研究领域为问责制、责任政府等。著有《行政官员问责的法治化研究》,参与编写教材和专著多部,在《中国行政管理》《中国法律》《国家行政学院学报》《行政法学研究》等刊物上发表论文二十余篇,其中多篇文章被《人民日报内参》《人大复印资料》全文转载。曾主持或参加二十余项国家级、省部级科研课题的研究工作。

　　郑春燕　浙江大学光华法学院教授、博士生导师,耶鲁大学法学院中国法中心访问学者(2012～2013 年),华东政法大学兼职教授。首届之江青年社科学者,浙江省 151 人才工程第三层次培养人员,第二届全国高校青年教师教学竞赛人文社科组第一名,并获全国五一劳动奖章。近年来的主攻方向为新行政法学,尤其关注现代行政中的裁量规制与合作行政。在《法学研究》《中国法学》上发表作品六篇,在《中外法学》等一级、核心期刊上发表作品数十篇,多次获得省部级奖。主持国家社会科学基金项目、霍英东教育基金会高等院校青年教师基金课题等。

　　张　红　法学博士,北京师范大学法学院教授(院聘)、副院长。兼任中国行政法学研究会理事,中国行政法学研究会政府规制委员会秘书长。主要研究领域为行政法、行政诉讼法、国家赔偿法、证券规制。出版个人专著《司法赔偿研究》,在《政法论坛》《行政法学研究》等期刊上发表论文三十余篇。主持国家社科基金、国家自然科学基金、中国法学会、国务院法制办等课题多项。2013 年入选北京市高等学校青年英才计划,主持项目"证券行政法问题研究"。

出版说明

　　中国政法大学出版社是国家教育部主管的、我国高校中唯一的法律专业出版机构。多年来,中国政法大学出版社始终把法学教材建设放在首位,出版了研究生、本科、专科、高职高专、中专等不同层次、多种系列的法学教材,曾多次荣获新闻出版总署"良好出版社"、国家教育部"先进高校出版社"等荣誉称号。

　　自 2007 年起,我社有幸承担了教育部普通高等教育"十一五"国家级规划教材的出版任务,本套教材将在今后陆续与读者见面。

　　本套普通高等教育"十一五"国家级规划教材的出版,凝结了我社 20 年法学教材的出版经验和众多知名学者的理论成果。在江平、张晋藩、陈光中、应松年等法学界泰斗级教授的鼎力支持下,在许多中青年法学家的积极参与下,我们相信,本套教材一定会给读者带来惊喜。我们的出版思路是坚持教材内容必须与教学大纲紧密结合的原则。各学科以教育部规定的教学大纲为蓝本,紧贴课堂教学实际,力求达到以"基本概念、基本原理、基础知识"为主要内容,并体现最新的学术动向和研究成果。在形式的设置上,坚持形式服务于内容、教材服务于学生的理念。采取灵活多样的体例形式,根据不同学科的特点,通过学习目的与要求、思考题、资料链接、案例精选等多种形式阐释教材内容,争取使教材功能在最大程度上得到优化,便于在校生掌握理论知识。概括而言,本套教材是中国政法大学出版社多年来对法学教材深入研究与探索的集中体现。

　　中国政法大学出版社始终秉承锐意进取、勇于实践的精神,积极探索打造精品教材之路,相信倾注全社之力的普通高等教育"十一五"国家级规划教材定能以独具特色的品质满足广大师生的教材需求,成为当代中国法学教材品质保证的指向标。

中国政法大学出版社

2007 年 7 月

第三版说明

　　《行政法与行政诉讼法（第二版）》由中国政法大学出版社于2011年出版以来，相关法律法规和司法解释发生了一些变动，行政法理论研究也取得了新的进展，为适应行政法理论和实践的最新发展，我们对原书进行了修订。

　　本次修订遵循以下原则和要求：一是根据新颁行的法律法规和司法解释修改教材中的相应内容，删除其中失效的法律法规及其对应内容；二是体现国内外最新的、已被普遍认同的理论知识，吸纳新的理论研究成果，保持一定的学术前瞻性。

　　参与本次修订的作者分工具体如下：

　　应松年：第一章；

　　何海波：第二、三章；

　　石佑启：第四、五、六章；

　　吴平、于泽瀚：第七、十二、十三章；

　　王麟：第八、十一章；

　　王学辉：第九、十章；

　　闫尔宝、曹鎏：第十四章；

　　郑春燕：第十五、十六章；

　　张红：第十七章。

应松年

2017年仲夏于世纪城春荫园

编写说明

　　本书是为大学法学本科学生编写的教材,在编写时,我们确定了以下几项目标和要求:

　　第一,既要注重理论体系的科学性和完整性,力求将本科生应该掌握的有关行政法和行政诉讼法的基本知识阐述清楚,又要充分体现实践发展和理论研究的创新性,使近年来行政法和行政诉讼法领域实务方面取得的进展和理论研究的新成果,在教材的章节安排和具体论述中得到反映。

　　第二,行政法和行政诉讼法作为应用法学,必须强调理论与实践紧密结合,理论来自于实践。近年来我国行政法和行政诉讼法取得的一些新成果,大都是实践发展的总结和反映,而理论上的进展又反过来推动实践的发展。本书的作者在编写时努力贯彻这一原则。

　　第三,既要总结和反映我国行政法和行政诉讼法的理论和实践,也要适当介绍国外行政法和行政诉讼法的理论和经验,但在适用国外资料时尽量不作孤立的介绍和叙述,而是注意作比较研究。

　　第四,在国内学术界有分歧、争议的观点方面,本书尽可能地介绍主流、通说观点,但同时也充分重视和反映不同的观点,务使读者能视野开阔、博采众长。

　　本书约请了多名分属于南北多所著名高校、活跃于当今行政法学界且已崭露头角的中青年教师撰稿,这是期望本书能适应青年读者思想活跃、寻求知识的特点。

　　本书各章写作分工如下:

　　应松年(国家行政学院):第一章;

　　何海波(清华大学):第二、三章;

　　石佑启(中南财经政法大学):第四、五、六章;

　　吴　平(中国政法大学):第七、十二、十三章;

　　王　麟(西北政法大学):第八、十一章;

　　王学辉(西南政法大学):第九、十章;

闫尔宝(南开大学):第十四章;

郑春燕(北京大学):第十五、十六章;

张　红(北京师范大学):第十七章。

2007 年仲夏于世纪城春荫园

|目 录|

第一编 绪 论

第二编 行政法主体

第三编　行政行为

第四编　行政法制监督与行政救济

第一编　绪　论

第一章

行政法概述

■　第一节　行政与行政权

一、行政的概念与特征

与民法、刑法等部门法不同，行政法不是某一部法律的名称，而是基于学术分类研究的需要，对某一类具有特定性质的法律规范的总结性概括。行政法以行政活动为调整对象，对"行政"的界定是研究行政法的起点。

（一）行政法的研究对象：公共行政

"行政"一词，英文和法文均为"administration"，德文为"Verwaltung"，日文为"行政"。在我国，具有现代法律意义的"行政"一词于清末时期由日本引入。[1]

行政的含义为何，学界至今仍存争议。造成定义困难的原因，一方面源于各种国家权力之间在客观上难以截然区分，另一方面源于社会生活变迁所导致的行政任务的不断变化以及承担行政职能的主体范围的变动。因此，对行政的界定，既要把握不同国家权力的核心内容，又要注意不同时期行政现实的发展变化。一般意义而言，行政含有"管理""执行""实施"等义。我国《现代汉语词典》将行政解释为："行使国家权力的（活动）；机关、企业、团体等内部的管理工作。"据此，在一般意义上，行政是指基于特定目的对一定范围内的事

---

[1]　郝铁川："中国近代法学留学生与法制近代化"，载《法学研究》1997年第6期。

务进行的组织和管理活动。照此解释，除国家之外，私人企业、组织、团体也都存在行政活动。不过，须指出的是，行政法学所研究的行政是指公共行政（或称"公行政"），而非私人行政。由于行政一词在中文的使用上，多专指公共行政事项，故一般皆直接以行政名之，不再另行划分。[1]

1. 公共行政与私人行政。公共行政与私人行政存在以下区别：

（1）性质不同。公共行政是一种国家职能活动，具有鲜明的公共属性。公共行政活动不是国家机关或者社会公共组织对自身事务的组织与管理，而是对与社会共同体存续和发展有关的公共事务的组织与管理。如公安机关对治安违法行为的处罚，履行的是维护社会秩序的职能；工商机关对集贸市场的监督检查，履行的是国家对市场的监管职能等。私人行政则是对私人组织或团体自身事务的安排与管理，不履行国家职能。

（2）目的不同。公共行政的实施以实现公共利益为基本目标。公共利益一般指不特定多数人的共同利益，与私人利益相对应。如国家对药品生产经营的监管是为了保障社会公众的身体健康，对环境质量的监测是为了保护社会公众的生活与生态环境等。私人行政的目的是实现私人利益的最大化，如企业利润的增加、团体形象的维护等。须指出的是，私人行政追求的利益在客观上也常常符合公共利益，但这并不意味着私人活动必须追求公共利益。私人行政不因客观上使公众受益而失去其私人性质。

（3）手段不同。公共行政以实现公共利益为目的，可以采用私人行政所不能使用的手段，享有诸多特权。在进行管理过程中，遇到公共利益和私人利益发生冲突的场合，公共行政主体可以自己的单方意志处分被管理者的权益，如命令其停止违法行为、给予其行政处罚、实施强制等。私人组织的管理，原则上只能通过合同方式，管理者不能将自己的意志强加他方。

2. 公共行政与国家行政。现代行政法研究的公共行政已不限于国家行政，即由国家行政机关实施的组织与管理活动。就范围而言，国家行政属于公共行政，但公共行政除包括国家行政之外，还包括公共行政组织实施的行政。不同学者对"公共行政组织"的表述略有不同：有的称为"其他非国家的公共组织"；有的称为"准政府组织"；有的称为"非政府公共组织"；本书统一采用"公共行政组织"的称谓。[2]

---

〔1〕 参见翁岳生编：《行政法》（上册），中国法制出版社 2009 年版，第 1 页。

〔2〕 相关名词参见张树义：《行政法与行政诉讼法学》，高等教育出版社 2002 年版，第 4 页。沈岿编：《谁还在行使权力——准政府组织个案研究》，清华大学出版社 2003 年版，代序部分。石佑启：《论公共行政与行政法学范式转换》，北京大学出版社 2003 年版，第 25 页。

从发展历史来看，作为行政法调整对象的行政经历了由国家行政向公共行政逐步转型的过程。早期行政法以国家（通过其行政机关）实施的管理活动作为规范对象，国家行政与公共行政内涵基本相同。进入 20 世纪，尤其是二战之后，随着行政内容的变迁，国家行政机关以外的公共行政组织开始承担部分公共事务的组织与管理职能，公共行政的范围不再限于国家行政。从国外情况来看，法国行政法中有公务法人制度，英国行政法中有公法人制度，德国行政法著作中也设专章研究"间接国家行政"。在美国，法院适用正当法律程序原则对公立学校、律师协会等组织的管理性行为进行司法审查。[1]

就我国情况而言，20 世纪 80 年代之初，行政法学理论多将行政理解为国家行政机关的管理活动，认为"行政法是规定有关国家行政机关的组织活动的法律依据"。[2] 1990 年《行政诉讼法》施行之后，法律、法规授权组织的行政诉讼被告主体资格得到确认，行政机关以外的其他组织基于法律、法规授权取得了行政管理者的地位，传统的"行政等同于国家行政"的观念开始松动。关于法律、法规授权组织是否属于国家行政的主体，存在着不一致的观点。有的将其作为实质意义的国家行政，有的将其作为区别于国家行政的"社会公行政"，[3] 本书采用第二种观点。进入 21 世纪之后，行政机关以外的公共行政组织也可实施行政管理渐成共识。公共行政组织既可以基于法律、法规的授权成为公共行政的实施者，也可以在无法律、法规授权的情况下基于组织章程承担公共行政职能。[4] 由此可见，就目前理论认识而言，行政法所规范的公共行政除国家行政之外，还应包括公共行政组织的行政，诸如行业组织（律师协会、医师协会、注册会计师协会等）、社会团体（工会、妇联、消费者协会等）、基层群众自治性组织（村民委员会、居民委员会）等都可以实施公共行政。

（二）行政的概念

基于行政的复杂性、多样性，学界对行政的界定存在多种不同的观点，下面仅举出其要者：

1. 组织意义的行政。组织意义的行政界定的是承担行政任务的组织，认为

---

〔1〕 相关内容参见王名扬：《法国行政法》，中国政法大学出版社 1988 年版，第 127 页以下。王名扬：《英国行政法》，中国政法大学出版社 1987 年版，第 86 页以下。［德］哈特穆特·毛雷尔：《行政法学总论》，高家伟译，法律出版社 2000 年版，第 546 页以下。

〔2〕 王岷灿主编：《行政法概要》，法律出版社 1983 年版，第 1 页。

〔3〕 前者参见张树义：《行政法与行政诉讼法学》，高等教育出版社 2002 年版，第 4 页。后者参见石佑启：《论公共行政与行政法学范式转换》，北京大学出版社 2003 年版，第 25 页。

〔4〕 参见姜明安主编：《行政法与行政诉讼法》，北京大学出版社、高等教育出版社 2011 年版，第 119 页。石佑启：《论公共行政与行政法学范式转换》，北京大学出版社 2003 年版，第 170 页。

就组织意义的行政而言，行政是指由行政主体、行政机关及其他机构所构成的行政组织整体。[1] 行政指称承担国家与公共事务的决策、组织、管理和调控这一类职能的国家行政机关和其他公共行政组织。[2] 此种意义的行政并没有揭示行政的内涵，对界定行政概念助益不大。

2. 实质意义的行政。实质意义的行政着重从国家职能的性质来界定行政的概念，认为行政是国家职能的一种，区别于立法、司法等国家职能。近代意义上的国家产生之后，国家职能多分为立法、司法和行政三种，上述三种职能表现形式不同：立法职能表现为议会制定普遍性规则的活动，司法职能表现为法院裁决争议的活动，行政职能则表现为行政机关实施的组织管理活动。从与立法、司法职能相区别的角度，学界给出了对行政的实质定义。概括言之，包括以下几种界定方式：

（1）"消极说"。又称"除外说""扣除说""控除说"。该说以国家权力分立为基本出发点，认为行政是除国家立法、司法之外的国家机关或者公共行政组织的活动。"消极说"为大陆法系很多行政法学者所采用。德国行政法鼻祖奥托·迈耶（Otto Mayer）及其后的耶律内克（Walter Jellinek）都认为，行政是除立法、司法以外的国家及其他公权力主体的行为。日本早期行政法学者美浓部达吉认为，行政是除立法、司法活动以外的一切活动。[3] 现代行政法学者盐野宏也认为，采用"控除说"并不影响行政法学的成立，也不影响对具体行政法概念的界定，因此赞同采用"控除说"。[4] 民国时期，行政法学者范扬认为，行政乃包括司法、考试、监察以外，而行于法规下之一切统治作用。[5] 我国台湾地区学者林纪东认为，行政者，立于法律之下，除民事、刑事及监察外，为国家一切目的而为之作用。[6] 大陆学者张尚鷟认为，行政从职能和作用上看，是指除立法、司法和检察之外的国家一类职能的总称，其核心为国家行政主体的组织和管理活动。[7] 在此种思路之下，有一些学者进而提出将国家行为中的"统治行为"排除在行政范围之外。此观点在法国、德国和我国台湾地区都有学者秉持，但因该种观点有削弱法院监督行政机关活动的不良影响，故为很多行

---

[1] 参见陈敏：《行政法总论》，新学林出版有限公司 2013 年版，第 1 页。

[2] 罗豪才、湛中乐主编：《行政法学》，北京大学出版社 2012 年版，第 1 页。

[3] 参见陈新民：《中国行政学原理》，中国政法大学出版社 2002 年版，第 14 页。

[4] 参见〔日〕盐野宏：《行政法 I 行政法总论》，有斐阁 2005 年版，第 4~6 页。

[5] 范扬：《行政法总论》，中国方正出版社 2005 年版，第 1 页。

[6] 林纪东：《行政法总论》，茂荣印刷事业有限公司 1956 年版，第 6 页。

[7] 张尚鷟：《行政法教程》，北京大学出版社 1990 年版，第 1 页。

政法学者所不采。[1] 消极说具有以下缺陷：①作为排除项的"立法"和"司法"也存在界定的问题；②无法解释各国家权力之间交互重叠的灰色区域（立法机关、司法机关存在行政活动，行政机关也可从事制定规范和裁决争议的活动）的性质；③此说实质上没有给出行政的定义。

（2）"积极说"。又称"本质说"。此说以行政与立法、司法的区别为出发点，分别从目的、功能、任务、方式等多种角度对行政加以界定。如针对行政与立法的区别，将行政界定为针对个别事件所为的行为；针对行政与司法的区别，将行政界定为逐日进行的连续性的活动，或者是受上级机关指令拘束的国家机关的活动等。法国学者认为，行政是为了达到某种目的而逐日进行的具有连续性的具体活动。[2] 德国学者认为，行政是指在政府之下，国家机关或者其他公权力主体于个别事件中所为创设或消除若干新事物之行为。[3] 日本学者认为，近代国家之行政是在法之下，受法之规制，并以现实具体、积极实现国家目的为目标，所为的整体上具有统一性之连续、形成的国家活动。[4] 我国内地学者有的认为，行政是为实现国家目的，运用制定政策法规、规章、组织实施管理、命令、监督制裁等方式执行国家法律和权力（立法）机关意志的活动。[5] 有的认为，行政是国家行政机关和其他公共行政组织对国家与公共事务的决策、组织、管理和调控。[6] "积极说"的缺陷在于：或者因为过于简明而失之明确，或者因为过于抽象而难以理解，且如何与立法、司法区分依然是个问题。

鉴于"消极说"未揭示行政的内涵，"积极说"又难以完整、清晰揭示行政的本质，德国学者福斯多夫（Ernst Forsthoff）慨叹："行政只能描述，不能定义"，认为应以描述行政特征的方法取代对行政定义的努力。该观点因此被称为"特征描述说"。德国、日本以及我国台湾地区的很多学者采用了该种定义方式，如德国学者毛雷尔（Hartmut Maurer）认为，（区别于立法、司法活动）行政具有以下特征：①行政是一种社会塑造活动，以社会共同生活为客体，致力于共同体的事务，服务于共同体中的人；②行政以公共利益为出发点；③行政是积极的针对将来的塑造活动；④行政是为处理事件而采取具体措施或执行特定计

〔1〕　相关内容参见王名扬：《法国行政法》，中国政法大学出版社1988年版，第7页。翁岳生编：《行政法》（上册），中国法制出版社2009年版，第3页。

〔2〕　王名扬：《法国行政法》，中国政法大学出版社1988年版，第6~7页。

〔3〕　W. Jellinek语，转引自翁岳生编：《行政法》（上册），中国法制出版社2009年版，第4页。

〔4〕　[日]田中二郎：《行政法》（上卷），弘文堂1978年版，第5页。

〔5〕　应松年主编：《行政法学新论》，中国方正出版社2004年版，第4页。

〔6〕　罗豪才、湛中乐主编：《行政法学》，北京大学出版社2012年版，第2页。

划的活动。[1]

3. 形式意义的行政。又称"机关意义的行政"。该种解释不是从国家职能的性质这一角度来界定行政，而是以行使行政职能的机关来说明行政的含义，即立法职能是立法机关的活动，司法职能是司法机关的活动，行政职能是行政机关的活动。不管国家权力作用的性质如何，一概根据机关来区分不同的国家职能。由此，行政的意义可以归结为行政机关的活动。

形式意义行政的优点在于以机关来区别行政与立法、司法，较符合行政法监督行政活动的本质，其标准简单、明确，易于理解和操作。其缺陷在于：①未顾及公共行政不限于由国家行政机关实施的现实；②立法、司法机关内部存在的行政活动是否由行政法调整依然存疑；③未能明确区分行政机关从事活动的公法或私法性质。

由以上介绍可以看出，任何一种对行政的界定方式都存在不足。我们认为，掌握行政的概念，需要注意以下问题：

1. 考虑行政法的实质。行政法的实质是监督行政活动，保护行政管理过程中相对人的权益。现实生活中，大量的行政活动都是由行政机关实施的，因此，行政法研究的行政首先应将监督对象定位于行政机关，而非立法机关和司法机关，后两者的活动总体上不属于行政法调整的范围。

2. 注意行政的发展历史。行政是一个历史性概念，其内涵因时代的发展而变化。对行政的界定也应与时俱进：①随着现代国家行政权力向社会的转移，公共行政组织逐步享有了部分行政权力，行政主体的范围需要将其涵盖；②随着行政法的发展，行政行为已从单纯针对个别事件作出处理决定，发展到接受立法机关授权制定行为规范和裁决行政、民事争议（实质上的立法和司法职能），行政法应当将上述活动纳入研究范围。

3. 兼顾我国当前的立法规定和司法现状。我国《行政诉讼法》已将法律法规授权组织的管理行为纳入了司法审查范围，人民法院也受理、审理了大量的针对上述组织提起的行政诉讼案件，由此可知，立法机关承认该种组织从事的管理属于行政活动。基于立法规定，公共行政组织的管理行为纳入公共行政范畴，当无太多争议。此外，针对立法、审判以及检察机关从事的实质意义的行政活动，目前我国立法尚未明确规定可以接受司法审查。虽然实践中已发生针对司法机关实质意义的行政活动提起行政诉讼的案件，但由于缺少法律的明确规定而没有被人民法院受理。《法制日报》曾刊载如下案例：2001 年 7 月 24 日，

---

[1]　[德] 哈特穆特·毛雷尔：《行政法学总论》，高家伟译，法律出版社 2000 年版，第 6~7 页。

张春华应邀开车到谯城区人民法院办事，因其车牌被法警掰走而与法警发生争执。法警以妨碍法院办公为由，依据《民事诉讼法》将张春华拘留。张春华认为法警实施的是行政拘留行为，在向亳州市中级人民法院申请复议无果后，以谯城区人民法院为被告向亳州市中级人民法院提起行政诉讼。中院一审后裁定不予受理。张春华不服上诉。安徽省高级人民法院二审审理认为，谯城区人民法院属于国家审判机关，其作出的司法拘留决定及其工作人员的行为不属于行使行政职权的行为，不属于行政诉讼受案范围，故裁定驳回上诉，维持一审裁定。有的学者认为，法警实施的拘留行为属于实质意义的行政，理论上应属于司法审查范围。[1] 因此，目前，在我国，将立法、审判和检察机关所实施的实质意义的行政活动纳入公共行政范畴还存在困难。

基于上述分析，我们认为，行政法所研究的行政应当以形式意义的行政为主体，以实质意义的行政为补充。

1. 我国行政法研究的行政首先是指行政机关的活动。在此项下，无论是行政机关针对个案作出的处理，还是依据法律、法规授权制定的普遍性行为规则，抑或裁决的行政争议或与行政管理有关的民事争议，都属于行政法研究的行政范畴。

2. 公共行政组织基于法律法规的授权或者根据组织章程所实施的组织管理活动属于实质意义的行政活动，基于目前立法的肯定，可纳入行政法研究的行政范畴。

3. 立法、审判和检察机关具有实质意义的行政活动，如立法机关对人大代表的管理，审判、检察机关对法官、检察官的管理等，虽然属于实质意义的行政，但目前尚无法律明确规定将其作为行政法的调整对象，所以尚不能将其归入行政法研究的行政范畴。从国外情况来看，立法、司法机关实质意义的行政行为是可以被提起行政诉讼的。在法国，议会中的行政管理行为，如议会行政机关缔结的合同，由于公务过失所造成的损害，以及行政机关职员关于个人地位所提起的诉讼，司法机关的设立、合并等组织活动，属于行政法院管辖。[2] 在我国，《公务员法》已将法官、检察官纳入公务员范围。如果以后《行政诉讼法》的修改能够将公务员管理中对公务员权益影响重大的部分行为纳入行政诉讼受案范围，则不排除将来从实质意义的行政角度来将上述行为纳入行政法研究的行政范畴。

（三）行政的特征

1. 主体的特定性。行政的实施者主要是国家设立的各级各类行政机关，它

---

〔1〕 参见高娣："行政诉讼能告法院吗？"，载《法制日报》2002 年 3 月 26 日。

〔2〕 参见王名扬：《法国行政法》，中国政法大学出版社 1988 年版，第 569～570 页。

们承担了公共行政的大部分职责。此外，行政的主体还包括取得法律、法规授权的公共行政组织以及基于组织章程承担部分公共行政职能的公共行政组织。

2. 目的的公益性。行政具有明确的目的性，其实施是为了实现公共利益。公共利益的内涵具有丰富性和多样性，诸如国家安全、人民福祉、社会秩序、经济发展、环境保护、社会保障等都属于其范围。虽然公共利益是行政追求的目标，但不意味着公共利益与私人利益完全对立。两者有时相互促进，有时存在冲突，当发生冲突时，可以通过利益衡量的方法加以解决。

3. 合法性与裁量性。法治国家不承认不受法律约束的行政特权，要求行政活动须符合法律的规定，不能凌驾于法律之上。在法与行政的关系上，行政活动须受法的支配，这是依法行政原则的基本要求。同时，由于现代行政领域广泛，事务繁多，专业性、技术性日益提高，立法机关日益倾向于授权行政主体在法律规定的范围内针对不同行政事务作出灵活处理。在实现公共利益的目的下，允许行政主体进行必要的裁量。

4. 整体性和连续性。行政机关在进行管理、实现公共利益的过程中，要从整体观念出发，在作出决策、采取措施时，不能仅顾及过去和现在，要综合考虑此时处理的结果对将来行政事务的影响，进行整体考量后再决定应采取的策略。同时，行政是一种建立社会秩序的活动，需要不间断地进行，具有连续性。

5. 积极性与主动性。行政的任务是建立良好的秩序，行政的承担者常需主动出击，通过积极的管理塑造社会生活。虽然现代行政也包括被动的部分，存在依申请的行为，但不影响行政积极主动的性质。[1]

6. 注重沟通与配合。在行政一体化的观念之下，各行政机关之间要加强沟通与协调，以圆满完成行政任务。同时，随着现代行政民主化趋势的增强，行政行为的作出愈加注重对相对人权益的尊重，行政机关在制定政策或处理个案时，常须注意谋求相对人的配合，提高行政管理的效率。

7. 接受监督性。现代行政是法治下的行政，为保证行政活动不违反法律，需要加强对行政活动的监督。于此方面，各国都建立了各种监督行政活动的制度，如立法机关的监督、司法机关的监督、行政机关的内部监督以及社会公众、新闻媒体的监督等。

二、行政的分类

根据不同的标准，可以对行政作不同的分类。

---

[1] 翁岳生编：《行政法》（上册），中国法制出版社 2009 年版，第 16 页。

（一）干预行政、给付行政与计划行政

这是根据行政内容和目的的不同进行的分类。

干预行政，又称"秩序行政""侵害行政"，是指干预相对人权利，限制其自由和财产，或课以相对人义务或负担的行政活动。该种行政旨在维护社会秩序，防止各种侵害事件的发生。就领域而言，干预行政涉及警察行政、交通行政、税务行政等；就行为表现而言，干预行政往往表现为行政命令、行政处罚、行政强制等。

给付行政，又称"服务行政""福利行政"，指向相对人提供给付、服务或者给予其他利益的行政活动。该种行政旨在实现公民生存环境和生活条件改善的目的，为公众提供各种生活服务。就领域而言，给付行政涉及民政行政、社会保障行政、教育行政等；就行为表现而言，给付行政往往表现为行政救助、优抚安置以及兴建各种公共设施等。

计划行政是指以制订计划的方式来实现行政目的的活动。现代行政事务繁多，需要行政的组织者在行政目的之下通过计划的方式对行政事务进行通盘考虑，以达到资源和技术的合理使用。鉴于计划内容、形式以及效力的差异，如何界定计划的性质成为当前行政法学研究的重要课题。

（二）内部行政与外部行政

这是根据行政作用领域的不同进行的分类。

内部行政是指行政实施者针对机关或组织内部的机构设置、人事安排、公文处理、服饰仪表等事务进行的管理。该类行政活动不针对普通社会成员，其行为的效果只限于机关或组织内部，不具有对外的效力。

外部行政是指行政实施者针对普通社会成员实施的各种组织和管理活动。如对个人、组织实施的行政许可、行政处罚、行政强制等。该类活动的实施产生外部效果，是行政法规范的主要内容。

早期行政法对内部行政与外部行政的划分主要是为了保留国家对机关内部事务的管理特权，排除司法机关对行政内部事务的干涉。进入现代社会之后，内部行政排除司法监督的观念已被修正甚至抛弃，很多国家都已根据是否对相对人的权益造成实质影响来判定行政活动是否应受司法监督。

（三）权力行政与非权力行政[1]

这是根据行政的方式对行政所作的一种分类。

权力行政是指通过强制性的支配力量达成行政目的的行政类型。由于行政

---

[1]　应松年主编：《行政法学新论》，中国方正出版社2004年版，第6页。

主要是一种国家职能，为了实现公益目标，必要时，行政实施机关或组织可以动用强制手段达到行政目的。如税务行政、警察行政、土地行政、食品药品行政等都可以划入权力行政范畴。

非权力行政是指采用强制手段之外的其他非权力方式，如劝告、建议、指导、契约等实现行政目的的行政类型。诸如公共设施的建设，水、电、煤气等的供应，产业发展的指导，贸易产品的出口补贴等，都归属于非权力行政范畴。

权力行政与非权力行政的区分意义在于：对于权力行政而言，因其涉及国家强制权力的运用，所以须接受立法的严格规范；对于非权力行政而言，立法限制则较为宽松。

除上述分类之外，行政法上的行政还存在其他分类方式，如积极行政与消极行政、授益行政与负担行政、公权力行政与私经济行政等，在此不一一介绍。

三、行政权的概念、内容和特点

与私法规范民事权利行使和义务履行不同，行政法规范行政权的运行。行政权是一种公权力，具有不同于私权的特征。在对行政法进行系统分析之前，需要对行政权的基本知识加以介绍。

（一）行政权的概念

按照现代国家权力分立（或者职权分工）的观点，行政权是国家权力的一种，是相对于立法权、司法权之外的一种重要的权力。

一般认为，行政权是由国家宪法、法律赋予或认可的国家行政机关和公共行政组织执行法律规范，对国家和社会公共事务实施行政管理的权力。关于该概念，需注意以下两点：

1. 行政权是一种执行权。在立法、行政和司法三种权力中，立法权负责产生规则，司法权负责裁决争议，行政权则负责将立法的规定落实到日常生活之中，对社会生活进行调整。因此，行政权的本质是一种执行权。

2. 行政权来自国家法律的赋予或者认可。现代社会的行政是法律下的行政，一切行政权力的行使都需有其合法来源。对于各级行政机关而言，其行政权力直接来自宪法和行政机关组织法的授予；对于公共行政组织而言，其行政权或者基于法律、法规的明确授权，或者基于法律、法规的认可（即使其基于组织章程行使了公共行政权）。

行政权不同于行政职权。前者是在宏观、抽象意义上使用的，是与立法权、司法权相对应的一种公共事务管理权，内容多而复杂，需要通过设置各种机关或组织去具体落实；后者则是在微观层面上使用的术语，是由具体行政组织及其工作人员所拥有的，与其行政目标、职责相适应的管理资格和权能，是行政权的具体配置和转化形式。

行政权不同于行政权限。行政权限是指法律规定的行政组织及其工作人员行使职权所不能逾越的范围和界限。包括事务权限、地域权限、级别权限等。一般所指称的"越权行政"，主要是指对法定行政权限的违反。

（二）行政权的内容

一般意义而言，行政权包括以下内容：行政立法权、行政规范制定权、行政检查监督权、行政指导权、行政决定权、行政执行权、行政裁决权、行政复议权等。

（三）行政权的特点

1. 执行性。就本质而言，行政权是执行法律、执行权力机关意志的权力。

2. 法律性。行政权由法律设定或认可，其行使须符合法律的规定。

3. 强制性。行政权的实施以国家强制力作为最终保障，权力作用对象须服从行政管理，其他国家机关有协助的职责。

4. 优益性。行政权是执法权，代表公共利益。在行政权行使过程中，权力主体享有特定的优益权，具体体现为职务上的行政优先权和物质上的行政受益权。职务上的优先权包括三方面内容：①推定有效权，行政行为一旦作出即作有效推定；②获得社会协助权，行政权的实施能获得社会协助；③先行处置权，在紧急情况下，可以先行处置，不受普通程序制约，如即时强制、先行扣留等。物质上的受益权体现为国家向行政机关或组织提供经费、办公条件以及交通工具等。[1]

5. 不可随意处分性。具体的行政职权既不得擅自转让，也不得擅自放弃行使。

■ 第二节　行政法的概念、内容与特点

一、行政法的概念

"行政法"一词，最早出现于法国，其法语表达形式为"droit administratif"，德文译为"Verwaltungsrecht"，英文译为"administrative law"，日文译为"行政法"，我国的行政法一词于民国时期由日本引入。

关于行政法的定义，中外理论存在分歧。

（一）两大法系的定义

作为行政法的母国，法国理论一般认为，行政法是调整行政活动的国内公

───────────

〔1〕　张焕光、胡建淼：《行政法学原理》，劳动人事出版社1989年版，第127页。

法。分为三层意义：①行政法是国内法，以国内关系为调整对象；②行政法是调整行政活动的法律，包括行政活动的组织、手段、方式以及行政活动的监督和责任全部过程在内；③行政法是公法。[1]

在德国，早期行政法学者受法国理论影响，认为行政法是特别用于调整作为管理者的国家和作为被管理者的臣民之间的关系的法律部门，[2]内容涉及行政诉讼。晚近行政法学者将行政法界定为"以特有的方式调整行政—行政行为、行政程序—行政组织的（成文或者不成文）法律规范的总称，是为行政所特有的法，其研究范围一般不包括行政诉讼的内容"。[3]

在日本，二战之前，学者美浓部达吉采用法国的定义方式，认为行政法是关于行政的国内公法。二战之后很长时间内，学界多采用田中二郎的定义方式，从行政法的内容出发，将行政法定义为"关于行政的组织、作用及其统制的国内公法"。[4]晚近以来，学界对是否从公法、私法这一区分角度来界定行政法存在不同意见，比较有力的观点认为，行政法是关于行政所固有或特有的法。[5]

我国台湾地区行政法学者采用了和日本战后早期相同的定义方式，基本上以内容为标准界定行政法的概念。吴庚认为，行政法乃关于行政之法。申言之，系有关行政之组织、职权、任务、程序以及国家及其他行政主体与人民之权利义务关系的法规，例外情形尚包括人民相互间之权利义务的公法法规。[6]陈新民认为，行政法是规范和控制国家行政权力的法，在具体内容上，所有关于国家机关、公务员及行政权力的法规，都可以列入行政法的范畴。[7]

在英美国家，基于传统的法治理论，早期学者多采用狭义行政法的概念，将行政法界定为控制行政机关权力的法。英国学者韦德认为，行政法的第一个含义就是它是关于控制政府权力的法……作为行政法的第一种表述，可以说行政法是管理公共当局行使权力、履行义务的一系列普遍原则。[8]美国学者施瓦茨（Bernard Schwartz）认为，行政法是管理政府行政活动的部门法。它规定行政机关可以行使的权力，确定行使这些权力的原则，对受到行政行为损害者给

〔1〕 王名扬：《法国行政法》，中国政法大学出版社 1988 年版，第 13～15 页。
〔2〕 ［德］奥托·迈耶：《德国行政法》，刘飞译，商务印书馆 2002 年版，第 15 页。
〔3〕 ［德］哈特穆特·毛雷尔：《行政法学总论》，高家伟译，法律出版社 2000 年版，第 33 页。
〔4〕 ［日］田中二郎：《行政法》（上卷），弘文堂 1978 年版，第 24 页。
〔5〕 ［日］盐野宏：《行政法 I 行政法总论》，有斐阁 2005 年版，第 45 页。［日］芝池义一：《行政法总论讲义》，有斐阁 2006 年版，第 2 页。
〔6〕 吴庚：《行政法之理论与实用》，中国人民大学出版社 2005 年版，第 18 页。
〔7〕 陈新民：《中国行政法学原理》，中国政法大学出版社 2002 年版，第 1 页。
〔8〕 ［英］威廉·韦德：《行政法》，徐炳等译，中国大百科全书出版社 1997 年版，第 6～7 页。

予法律补偿。（美国）行政法的对象仅限于权力和补救。[1] 不过，随着对行政法认识的深入，也有学者从其他角度来界定行政法。英国学者詹宁斯认为，行政法是关于公共行政的全部法律，是公法的一个部门，内容不以行政诉讼为限，包括行政机关的组织、权力、义务、权利和责任在内。美国学者 R. B. 斯图尔德认为，行政法规定行政机关组织和权力的规则和原则，它也规定行政机关所适用的程序，确定行政决定的效力，划定法院和其他政府机关在和行政机关的关系中各自的作用。[2]

就上述两大法系对行政法的定义来看，多数观点是以行政法所包含的内容作为其定义的基本出发点，或者说多将行政法所包含的内容作为定义行政法的核心。其区别主要有二：①表述繁简有别。有些国家和地区采用简单定义的方式，将行政法定义为关于行政的法，但在具体解释时不脱离行政法包含的内容。②内容存在差异。如大陆法系的法国、日本（包括我国台湾地区）的行政法学理论多将行政诉讼作为行政法的构成部分，而在德国学者那里，有关行政诉讼的内容被划到行政法总论范畴之外。

（二）我国的定义

在我国，对于行政法主要有三种不同的定义方式：

1. 以所调整的法律关系为基本标准。其典型的表述是"行政法是国家重要的部门法之一，是调整行政关系以及在此基础上产生的监督行政关系的法律规范和原则的总称，或者说是调整因行政主体行使其职权而发生的各种社会关系的法律规范和原则的总称"。[3]

2. 以包含的内容为基本标准。其典型的表述是"行政法是关于行政权力的授予、行使以及对行政权力进行监督和对其后果予以补救的法律规范的总称。用以调整在行政权力的授予、行使以及对其监督过程中发生的各类社会关系，尤其是行政权与其他国家权力和个人权利之间发生的社会关系"。[4]

3. 多因素综合说。即综合调整对象、内容、目的、本质等多种因素对行政法进行定义。如认为"行政法是调整行政关系的，规范和控制行政权的法律规范系统"，[5] 从调整对象、本质和形式三个方面定义行政法；又如认为"行政法是调整行政活动的法律规范的总称，它主要规范承担国家行政权力的组织，行政权力的活动以及对行使权力后果如何补救，其目的在于实现依法行政，确

---

[1]　[美] 伯纳德·施瓦茨：《行政法》，徐炳译，群众出版社 1986 年版，第 1～2 页。

[2]　王名扬：《比较行政法》，北京大学出版社 2006 年版，第 32 页、第 35～36 页。

[3]　罗豪才、湛中乐主编：《行政法学》，北京大学出版社 2012 年版，第 7 页。相似的表述参见杨海坤主编：《行政法与行政诉讼法》，法律出版社 1992 年版，第 1 页。

[4]　应松年主编：《行政法学新论》，中国方正出版社 2004 年版，第 8 页。

[5]　姜明安主编：《行政法与行政诉讼法》，北京大学出版社、高等教育出版社 2011 年版，第 18 页。

认或建立行政法律秩序",[1] 从调整对象、形式、内容、目的等四个角度定义行政法；又如认为"行政法是以一定层次的公共利益和个人利益间的关系为基础和调整对象的，以公共利益为本位的法律规范的总和",[2] 从调整对象和本质两个方面来定义行政法；又如认为"行政法是指有关国家行政管理的各种法律规范的总和，是以行政关系为调整对象的一个仅次于宪法的独立法律部门，其目的在于保障国家行政权运行的合法性和合理性",[3] 从调整对象、形式、地位、目的四个方面定义行政法。

（三）我们的选择

综观中外理论对行政法定义的不同表述，可以发现，虽然具体概括存在差异，但多数定义最终都是落到行政法的内容上。此点于前述两大法系的含义列举时有明显体现。从我国的情况看，虽然有的侧重从所调整的法律关系角度来界定行政法，但在解释其含义时，依然未脱离行政法的具体内容。考虑到对行政法的定义要注意两个方面：①能够鲜明体现行政法的内容；②表述简洁，易于理解与记忆，我们选择以行政法所包含的内容作为界定行政法的出发点。因此，行政法的定义可以表述为：行政法是关于行政活动的法，是关于行政权的授予、行使以及对行政权的授予、行使进行监督和对后果进行补救的法律规范的总称。

二、行政法的内容

基于对行政法的界定，行政法包括以下规范：

（一）关于行政权的授予和组织行政机关的规范

行政法首先要说明行政权的承受主体以及权力授予问题。此部分内容涉及两个主要问题：①现代国家中，哪些机关可以获得立法机关授予的行政权，哪些组织可以因为国家立法确认而获得行政权；②上述机关或组织享有何种行政权，其权力行使的范围、界限如何。由此，行政法的内容将涉及行政机关的设置、编制确定、职权分配、人员管理等内容，同时还应包括现代社会承担公共事务管理职能的有关组织的行政权的来源和人员管理问题。涉及上述内容的法律规范统称为行政组织法。

（二）关于行政权的行使和运作的规范

行政权的行使与运作大致有两种情况：①按照行政管理事项划分的行政权具体运作的法律规范。如《治安管理处罚法》规范治安行政管理权的行使，《税

---

[1] 张树义：《行政法与行政诉讼法学》，高等教育出版社 2002 年版，第 8 页。

[2] 叶必丰：《行政法与行政诉讼法》，武汉大学出版社 2008 年版，第 2 页。

[3] 胡建淼：《行政法学》，法律出版社 2015 年版，第 10 页。

收征收管理法》规范税务征收权的行使等。这部分法律规范数量众多，范围广泛，随着行政管理领域的扩张而不断增加。②各级政府相关职能部门以及公共行政组织行使行政权力时均须遵循的法律规范。如《行政处罚法》统一规范行政处罚权力的行使，《行政许可法》统一规范行政许可权力的行使等。须指出的是，关于行政权力行使和运作的规则不仅涉及行政权行使条件、对象、内容等实体规则，还涉及行政权行使的方式、步骤、顺序、时限等程序规则。涉及上述内容的法律规范统称为行政行为法。

（三）对行政权的行使进行监督和对后果进行补救的规范

行政权是以国家强制力作为后盾的支配性权力，其行使难免会影响甚至侵犯管理对象的合法权益，需要有一套规则来监督该项权力的运行，并对相应的损害后果进行补救。此类规范涉及两方面内容：①对行政权的行使进行监督的规范，包括权力机关的监督、司法机关的监督、行政机关的监督等规范。②作为管理对象的公民、法人或者其他组织的权益受到侵害并产生实际损失时，对后果予以补救的规范。该类规范包括对违法行政造成损害的赔偿以及因合法行使职权造成损害的补偿等。涉及上述内容的法律规范统称为行政（法制）监督与救济法。

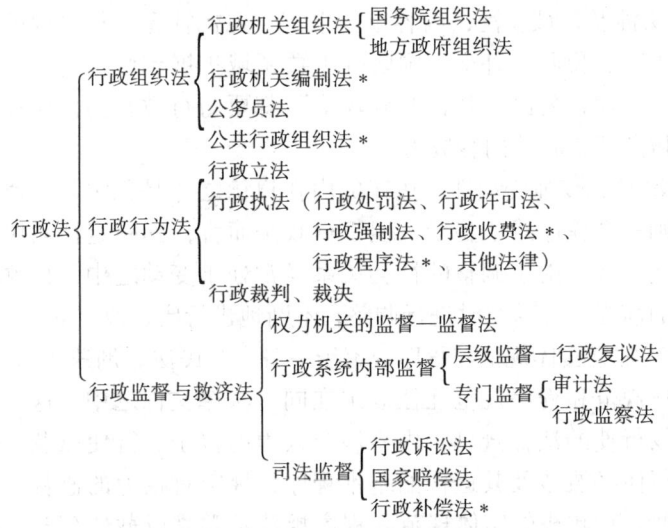

图 1-1 我国的行政法制度

说明：本图主要参考应松年："我国的行政法律制度"[1]，并作了适当修正，其中带＊号的内容国家尚未明确立法。

---

[1] 载全国人大常委会办公厅研究室编：《全国人大常委会法制讲座汇编（第二辑）》，中国民主法制出版社 2000 年版，第 204 页。

三、行政法的特点

作为一个法律部门，行政法在形式和内容上都具有自己的特点。

（一）形式上的特点

1. 行政法没有统一、完整的法典。与民法、刑法等法律部门均有成文法典相比，行政法还没有一部成文法典。其原因在于：①行政法所调整的社会生活领域广泛，内容复杂，无法在一部法典中完全囊括；②行政关系稳定性较差，变动性强，制定法典存在困难；③行政法属于新兴法律部门，很多方面还难以形成统一的原则。当前，虽然有些国家已制定出成文的行政程序法典，但统一的行政实体法典的制定却极为困难。

2. 行政法规范数量庞大，形式多样。行政管理领域广泛，各领域都需要行政法调整，进行相应立法，由此造成行政法规范数量庞大，居各部门法之首。现代社会，行政立法主体多元，层级较多。不仅国家权力机关可以进行行政立法，一些行政机关根据授权也可以制定行政法规范。就我国情况而言，行政法规范可以存在于宪法、法律、法规、规章甚至其他规范性文件之中，形式多种多样。

（二）内容上的特点

1. 行政法涉及领域广泛，内容十分丰富。现代社会，行政权的调整领域已经从早期的治安、税收、外交、国防等少数领域扩展到政治、经济、文化和社会生活的方方面面，公民"从摇篮到坟墓"都要与行政权力发生联系。行政法所适用的领域急遽扩张，内容极为丰富。

2. 行政法具有较强变动性。法律的内在道德之一是稳定，法律规范不能频繁变动，否则社会秩序难于稳定。但于行政法而言，其稳定性较民法、刑法等法律部门稍差一些。由于调整的社会关系经常处于变动之中，行政法规范在保持相对稳定的前提下也需及时进行调整，不断地进行废、改、立。

3. 行政法常集实体规范与程序规范于一身。与民法、刑法等法律部门不同，行政法的实体规范和程序规范往往规定在同一法律文件之中。这是因为行政法是规范行政权行使的法律规则，内容涉及权力的授予、行使以及监督，规定权力的授予和行使必然涉及其运作的基本程序，规定对权力的监督也需设定相应的程序。由此，行政法的实体规范和程序规范常常难以截然分开。就权力的行使而言，如《行政处罚法》除规定行政处罚如何具体适用外，还重点规定了处罚行为的实施程序，使《行政处罚法》在一定程度上更像行政处罚的"程序法"。就权力的运行而言，在一些国家制定的行政程序法中，就包含很多实体内容（如行政机关权力的分配，行政行为效力的设定等）。就权力的监督而言，在《行政诉讼法》中也可以找到很多实体性条文（如违法行政行为的判定标准等）。

■ 第三节 行政法的渊源

一、行政法渊源的概念

行政法由一系列规范组成，这些法律规范又通过一定的法律形式表现出来。行政法的渊源即是指行政法律规范的各种表现形式和根本来源。

在行政法渊源的确定与概括上，大陆法系和英美法系大致具有基本相同的认识。总体而言，两大法系多认为行政法渊源包括成文法和不成文法两种。成文法渊源表现为宪法、立法机关制定的法律、行政机关根据授权制定的法规等，不成文法渊源则主要包括判例、习惯以及法的一般原则。这是行政法区别于其他部门法的特殊之处。如作为大陆法系典型代表的法国，其行政法规范主要来源于行政法院的司法判例。德国亦存在类似情况，联邦宪法法院和行政法院的判例构成行政法的重要渊源。作为英美法系代表的美国，成文法构成行政法渊源的重要组成部分。在英国，行政法渊源中制定法的比例也在不断增加。

相比国外的情况，我国学界对行政法渊源的认识与概括有一个发展过程。早期学界一般认为行政法的渊源为成文法渊源，判例、习惯以及法的一般原则等非成文法形式不能得到普遍认可。随着行政法制实践的发展和行政法学研究的深入，上述非成文法形式的法源地位逐渐得到承认。以下对行政法渊源的介绍包括上述两种法源形式。

二、我国行政法的渊源

我国行政法的成文法渊源主要有以下形式：

（一）宪法

宪法是国家的根本大法，规定国家基本的政治、经济和社会制度，公民的基本权利和义务以及国家机关的组织、职权和活动原则，是行政法最根本的渊源，也是行政活动的基本依据。我国现行宪法是 1982 年《宪法》，此后分别于 1988 年、1993 节、1999 年和 2004 年进行了修订。

宪法所包含的行政法规范原则性强，内容主要涉及以下几个方面：①国家行政权力的来源和行使的基本原则。如行政机关由人民代表大会产生并向其负责的人民代表大会制度，行政机关实行民主集中制原则等。②行政机关在国家机关中的法律地位和行政体制。如《宪法》关于地方各级人民政府既是地方各级国家权力机关的执行机关，又是地方各级国家行政机关的规定。③行政机关的组织及其权限的规定。如《宪法》对国务院和地方各级人民政府的设立程序、职责权限的规定。④公民权利与行政权力的关系及处理原则。如《宪法》规定了公民的基本权利和义务，以及在其权利遭受行政机关及其工作人员的侵害时所享有的申诉、控告、检举以及获得国家赔偿的权利。

（二）法律

法律是最高国家权力机关，即全国人民代表大会及其常务委员会依照法定权限和程序制定的规范性文件，包括全国人大制定的基本法律和全国人大常委会制定的一般法律。法律所包含的行政法规范效力低于宪法，高于其他形式的行政法规范。

法律是行政法的基本形式，内容涉及行政权力的取得、行使以及对其进行的监督和补救。如《国务院组织法》和《地方各级人民代表大会和地方各级人民政府组织法》规定了国务院以及地方各级人民政府的组成及职责权限，《行政处罚法》《税收征收管理法》等规定了行政处罚、行政征收等行政权力的设定与实施，《行政诉讼法》《国家赔偿法》则规定了对行政权力的司法监督与救济。

（三）行政法规

行政法规是国务院根据宪法和法律的有关规定，为领导和管理国家各项行政工作，依照法定程序制定的各类规范性文件，具体表现为"条例""规定"和"办法"。相对于宪法和法律而言，行政法规的内容更加具体，数量更多，是各行政管理领域都要遵循的基本法律规范，在行政法渊源中处于十分重要的地位。行政法规的效力低于法律，高于地方性法规和规章。

（四）地方性法规、自治条例和单行条例

地方性法规是省、自治区、直辖市的人民代表大会及其常务委员会，设区的市（另外包括广东省东莞市和中山市、甘肃省嘉峪关市、海南省三沙市等四个不设区的市）、自治州的人民代表大会及其常务委员会根据本行政区域内的具体情况和实际需要，在不同宪法、法律、行政法规相抵触的前提下制定的规范性文件。地方性法规中有相当部分内容涉及地方国家行政机关的权力取得、行使和监督，涉及公民在行政管理中的权利和义务，是行政法的重要渊源。

在效力层级上，根据《立法法》的规定，地方性法规的效力低于行政法规，高于本级或下级地方政府制定的规章。

自治条例和单行条例是指民族自治地方的人民代表大会依照宪法、民族区域自治法和其他法律规定的权限，结合当地民族的政治、经济和文化特点制定的规范性文件。自治区的自治条例和单行条例须报经全国人大常委会批准后生效；自治州、自治县的自治条例和单行条例，须报经省或自治区人大常委会批准后生效，并报全国人大常委会备案。自治条例和单行条例在内容上常包含行政管理的内容，构成我国行政法的渊源。

（五）行政规章

行政规章是有权行政机关依法制定的具有普遍约束力的规范性文件，包括部门规章和地方政府规章。部门规章是指国务院各部、委员会、中国人民银行、审计署和具有行政管理职能的直属机构，根据法律和国务院的行政法规、决定、命令，在本部门权限范围内制定的具有法律效力的规范性文件。地方政府规章是指省、自治区、直辖市人民政府以及设区的市（另外包括广东省东莞市和中山市、甘肃省嘉峪关市、海南省三沙市等四个不设区的市）、自治州的人民政府，根据法律、行政法规和本省、自治区、直辖市的地方性法规制定的具有法律效力的规范性文件。

在我国，规章在行政管理过程中具有重要的地位，常常是行政机关执法的依据，其数量庞大，适用范围广泛，也属于一种重要的行政法渊源。

（六）法律解释

法律解释是指有权机关对法律、法规所作的正式解释，不包括学理解释等无权解释。根据《全国人民代表大会常务委员会关于加强法律解释工作的决议》《立法法》《行政法规制定程序条例》《规章制定程序条例》等规定，可以认为，作为行政法法律渊源的法律解释包括：全国人大常委会对法律作出的解释；国务院对行政法规作出的解释；最高人民法院和最高人民检察院对司法工作中具体应用法律问题所作的解释；地方性法规制定机关对其制定的地方性法规作出的解释；规章制定机关对其制定的行政规章作出的解释。上述解释常涉及与行政管理有关的法律规范适用问题，具有规范作用，属于行政法的法律渊源。

（七）国际条约和协定

我国缔结或者参加的国际条约和协定，如果内容涉及行政权力的行使以及行政管理过程中公民的权利义务，同样构成行政法的渊源。在涉外行政管理和涉外行政诉讼领域，国际条约和协定作为行政法的渊源，其规范作用十分明显。如我国和世界很多国家签订的领事条约，其中关于护照签证的颁发，同派遣国国民的联系，公证、认证等规定都涉及国家行政管理，对行政机关乃至司法机关都具有拘束作用。

我国行政法的非成文法渊源主要有以下形式：

（一）判例

判例是指可作为先例的已决案件判决。大陆法系和英美法系国家均将司法判例作为行政法的重要法源形式。我国自1985年起，最高人民法院开始在其公报上发布典型行政诉讼案例和选登行政诉讼案件裁判文书，对行政审判实践起到了重要的指导作用。但"公报案例"对个案裁判的拘束效力并不明确。2010

年，最高人民法院发布《关于案例指导工作的规定》，明确要求各级人民法院在审理类似案件时应当参照其发布的指导性案例。由此，明确了最高人民法院整理发布的指导性案例具有对下级法院裁判同类案件的拘束效力。可以预见，随着指导性案例的陆续公布，司法判例将成为我国行政法的一种重要的非成文法渊源。

（二）民间习惯

民间习惯是特定民族或者特定地域的民众在长期的社会实践中逐渐形成的规范其日常行为、处理其相互关系的惯常做法，常常以民间习俗、风俗等形式表现出来，具有较强的约束和规范作用。行政管理者在进行行政管理过程中，有必要对民间习惯给予必要尊重，使各项政策、决定能够得到很好的实施。在我国的相关行政立法中，已经出现对行政管理活动应尊重民间习惯的一般性规定，如《人民警察法》第20条规定，人民警察必须尊重人民群众的风俗习惯。

（三）行政惯例

行政管理者在处理行政事务过程中，对于同类情况常会采用相同的处理方式，随着时间的推移，此种惯常做法逐渐得到被管理者的广泛认同，进而形成其对行政管理者处理同类事务时采用相同处理方式的合理预期，由此构成对行政管理者行为的一种非成文的约束。除非有充足的理由，行政管理者将不能擅自改变此前形成的行政惯例，否则将构成行政违法。

（四）一般法律原则

行政法的一般法律原则是指学者基于对行政立法规范、司法判例的整理分析和系统阐释而形成的对行政管理活动具有法律评价作用的非成文的基本准则，在传统行政法教科书中又被称为行政法的一般法理。基于学者认识角度的差异，一般法律原则的内容较多，甚至不同法律原则之间还存在着交叉和对立。目前得到广泛认同的行政法的一般法律原则有信赖保护原则、比例原则、正当法律程序原则、行政公开原则等。在我国的司法实践中，已经开始出现运用一般法律原则裁判行政诉讼案件的情况，其规范作用日益明显。如"田永诉北京科技大学拒绝颁发毕业证、学位证案"（最高人民法院发布的第38号指导案例）对正当法律程序原则的适用，"黑龙江省哈尔滨市规划局与哈尔滨市汇丰实业发展有限责任公司行政处罚纠纷上诉案"（法公布［2000］第5号）对比例原则的适用等。需要说明的是，当非成文的一般法律原则为国家立法（如将来制定的《行政程序法》）所明确规定时，其即转化为具有高度概括性的制定法条款，规范作用将得到进一步加强。

■ 第四节 行政法律关系

一、行政法律关系的概念、分类与特点

（一）行政法律关系的概念

行政法律关系是指由行政法律规范调整的以权利义务为内容的行政管理关系。

行政法律关系不同于行政管理关系。前者是经过法律规范调整后包含权利义务内容的法律关系，后者是一种事实关系；前者是法律规范调整的结果，后者是法律规范调整的对象；前者的范围小于后者，并非全部的行政管理关系都必须转化为行政法律关系。在行政管理过程中，由于行政建议、行政咨询等发生的关系不需要上升为法律关系（只有行为模式而不具有法律上的权利义务内容）。一般而言，行政政策关系也不是行政法律关系。[1]

（二）行政法律关系的分类

1. 内部行政法律关系与外部行政法律关系。根据法律关系主体的不同，可以将行政法律关系分为内部行政法律关系和外部行政法律关系。内部行政法律关系是指上下级行政机关之间、行政机关内部组成机构之间、行政机关与其工作人员之间、行政机关与公共行政组织之间发生的法律关系。外部行政法律关系是指行政机关或者公共行政组织与公民、法人或者其他组织之间发生的行政法律关系。

内部行政法律关系与外部行政法律关系分别由不同行政法律规范调整，这两类法律规范一般不能交叉适用。

2. 行政实体法律关系与行政程序法律关系。根据适用规范的不同，可以将行政法律关系分为实体法律关系与程序法律关系。行政实体法律关系是指受行政实体法规范调整的、在行政管理者与相对人之间形成的实体权利义务关系。在行政实体法律关系中，行政机关或公共行政组织作为管理者，享有行政职权、履行行政职责，处于支配地位，相对人处于被管理地位。行政程序法律关系是指受行政程序法规范调整的、在行政管理者与相对人之间形成的程序上的权利义务关系。在该种法律关系中，行政管理者承担较多的程序义务，相对人享有较多的程序权利。

---

[1] 参见罗豪才、湛中乐主编：《行政法学》，北京大学出版社2012年版，第18页。

第一章

实际上，由于行政法规范具有实体与程序并存的特点，在行政法律关系中，实体法律关系与程序法律关系常常交织在一起。

除此以外，行政法律关系还存在权力关系与非权力关系、单一法律关系与多重法律关系、原生法律关系与派生法律关系等多种划分方法，在此不一一介绍。

（三）行政法律关系的特点

行政法律关系具有以下特征：

1. 行政法律关系中必有一方为行政权的代表。行政法律关系是基于行政权的授予、行使和监督而形成的权利义务关系。行政机关和公共行政组织是行政权的享有与行使主体，必然构成该法律关系的一方主体，除非立法有特殊规定，缺少行政权享有主体的法律关系不可能是行政法律关系。

2. 行政法律关系主体资格的受限制性。在行政法律关系中，作为行政权力享有和行使者的行政机关和公共行政组织，须具备法定的资格条件。如行政机关的设立必须具有宪法和行政组织法上的根据；公共行政组织成为行政管理主体必须满足法定的条件。如根据《行政处罚法》第19条的规定，受委托的组织实施行政处罚必须符合以下条件：①依法成立的管理公共事务的事业组织；②具有熟悉有关法律、法规、规章和业务的工作人员；③对违法行为需要进行技术检查或者技术鉴定的，应当有条件组织进行相应的技术检查或者技术鉴定。就被管理者而言，一般情况下，其成为行政相对人没有严格的条件限制，任何公民或组织都可能成为行政管理的对象。但在特殊情况下，则要求公民或组织具备特别的权利能力和行为能力。如公民进入公务员队伍成为内部行政法律关系主体，必须具备我国国籍、年满18周岁，且须具备一定文化程度和身体条件等。

3. 行政法律关系主体地位平等，但权利义务不对等。传统行政法学理论认为，行政法律关系主体双方地位不平等，行政管理者处于主导和支配地位，相对人处于被动服从地位。前者称为"行政主体"，后者称为"行政客体"。现代法治观念认为，在行政法律关系中，管理者与被管理者的法律地位是平等的，二者均须接受行政法律规范的调整，享有权利履行义务。但在法律关系的内容方面，基于行政管理的特殊性，二者享有的权利义务具有不对等性。表现在：①权利义务性质不完全相同。行政机关和公共行政组织行使的是行政职权，履行的是行政职责；相对人行使和履行的则是普通权利和义务。②权利义务内容不对等。如行政机关和公共行政组织享有行政管理权，相对人不享有；相对人享有申请救济权，行政机关和公共行政组织却不享有。

4. 行政法律关系主体的权利义务一般是基于法定。现代社会，行政权是一种法定的权力，其设立和行使受到严格的法律约束。由此，行政法律关系的内容一般不能由当事人相互约定。如经营者应当缴纳何种税款，税务机关应当如何征收税款都由法律作出明确规定，当事人没有协商余地。但在一定场合，基于法律的授权，行政法律关系主体双方也可以通过协商约定权利义务。如行政机关为完成公共工程建设而与相对人签订合同等。

5. 行政管理者的实体权利义务是重合的。行政机关和公共行政组织在行政法律关系中具有双重地位。相对于被管理对象，它是权利主体；相对于国家而言，其是义务主体。因此，在行政法律关系中，行政管理者的职权与职责是密不可分的，其享有的职权既是权利，又是义务。由此，行政职权不能放弃行使，否则构成行政失职，须承担相应法律责任。

二、行政法律关系的要素

行政法律关系由行政法律关系的主体、客体和内容等要素构成。

（一）行政法律关系的主体

行政法律关系的主体，又称行政法律关系当事人，指行政法律关系中享有权利和承担义务的双方当事人，包括行政管理者与行政相对人。

行政法律关系主体不同于行政主体。行政主体是指以自己的名义行使行政权并独立承担责任的行政机关和公共行政组织。作为被管理对象的相对人不是行政主体。行政法律关系主体除包括行政主体之外，还包括相对人。

（二）行政法律关系的客体

行政法律关系的客体是指行政法律关系当事人的权利义务所指向的对象。包括以下三种：

1. 物。指客观存在的具有法律意义的有形物和无形物。前者如需要拆除的违章建筑、需要没收的财物等；后者指一定的智力成果，如专利、发明等。

2. 行为。指行政法律关系主体有目的、有意识的活动。包括作为和不作为。前者如行政机关作出的行政处罚、行政征用等行为，相对人作出的申报纳税、违章建设等行为；后者如行政机关拒绝颁发许可证、拖延发放抚恤金的行为，相对人拒绝缴纳罚款、拖延办理税务登记等行为。

3. 人身。包括人的身体和人的身份。前者如行政机关针对违法者实施拘留、采取强制约束措施等；后者如行政机关为申请人办理居民身份证等。

（三）行政法律关系的内容

行政法律关系的内容是指行政法律关系主体双方所享有的权利和承担的义务。

行政管理者所享有的权利和承担的义务因法律关系的种类不同而有差异，

其权利主要表现为依法享有的行政职权，如行政规范制定权、行政命令权、行政决定权、行政检查权、行政制裁权、行政复议权、行政强制权等；义务主要有依法执行法律、履行法定职责、遵守法定程序、纠正违法或不当行为、对侵权损害进行赔偿等。

行政相对人所享有的权利和承担的义务同样因法律关系种类的不同而有差异。其权利主要表现为行政参与权、受保障权和受益权、请求权和救济权等；其义务有守法、服从或协助行政管理等。

三、行政法律关系的产生、变更与消灭

行政法律关系的产生是指行政法律关系的主体及其权利义务的实际形成。

行政法律关系的变更包括行政法律关系的主体、客体和内容的变更。主体的变更如行政机关的合并、分立或者撤销；客体的变更如行政处罚法律关系中，被处罚人以交纳实物代替履行作为义务等；内容的变更一般限于指向对象的数量和行为的变更，如纳税额度的增减，对违章建筑实行强制拆除时由义务人自行拆除改为其他组织代为拆除等。

行政法律关系的消灭是指行政法律关系主体双方权利的充分行使和义务的完全履行，或者由于特殊事件的发生，双方的权利义务无法行使或者履行。其原因主要包括：①主体消灭，如受拘留处罚的公民死亡，导致行政拘留关系消灭；②客体消灭，如须拆除的违章建筑被烧毁，导致行政强制执行关系消灭；③设定法律关系的法律规范被修改或废除；④设定权利义务关系的行政行为被撤销或履行；⑤时效的经过，如《行政处罚法》规定，一般情况下，违法行为自发生之日起 2 年内未被发现的，不再给予行政处罚。

导致行政法律关系产生上述变动的法律原因称为法律事实。法律事实分为行为和事件两个方面。行为是指人有意识的活动，包括作为和不作为，可以是合法行为，也可以是违法行为。事件是不以人的意志为转移的现象，比如战争、天灾、人的出生、死亡等。

■　第五节　行政法的地位与作用

一、行政法的地位

行政法在国家的法律体系中所处的地位可以概括为以下两点：

（一）行政法是现代法律体系中的三大部门法之一

法律体系是一个国家各个部门法所组成的有机整体。理论上一般将一国的

法律分为宪法统率下的民法、刑法和行政法三大部门。上述三大法律部门在调整对象和调整内容上存在差别。民事法律调整平等主体之间的人身、财产关系；刑事法律以追究惩治犯罪行为作为规范内容；行政法律则以调整行政管理者与相对人之间的行政关系为基本内容。上述三种不同的法律规范构成一个国家的法律体系，行政法是国家三大法律部门之一。

需要注意的是，随着现代国家行政权的扩张，行政法的调整范围正在逐步扩大。无论从深度还是从广度上看，行政关系的影响都要比民事关系、刑事关系的影响更为深远。因此，行政法在法律体系中的地位正在逐渐提高。

（二）行政法是宪法的实施法

与民法、刑法等部门法一样，行政法是宪法的实施法。由于宪法规范具有抽象性和原则性特点，因此，需要由不同性质的法律将其规定具体化。行政法是最重要的实施宪法的法律部门。宪法所规定的国家基本政治、经济、文化、社会制度和公民的基本权利和义务等内容无一不涉及行政权的行使与监督问题，没有行政法的具体规定，上述制度和权利无法具体落实，宪法也难以实施。因此，行政法又被称为"具体化了的宪法""活生生的宪法"。[1]

二、行政法的作用

行政法的作用可以概括为两个方面：

（一）维护社会秩序，保障公共利益

行政权是建立社会秩序、实现公益的基础，行政法是调整行政权力授予、运行的法律规范。在建立和维护社会秩序，保障公共利益实现方面，行政法具有重大作用。①行政法的制定和实施使不同性质的行政职权得到合理分配，有利于行政管理机关之间协调统一，组成严密的行政管理组织体系，从而为社会秩序的形成提供良好的组织基础；②行政法的制定和实施使国家和社会的各个领域都有相应的规范可以遵循，为相对人与政府的法律交往提供规范指引，有利于行政秩序的形成；③通过实施行政法所规定的各种惩罚规范，可以使危害公共利益的各种违法行为得到切实纠正，使受到破坏的社会秩序得到有效恢复，有利于公共利益的实现。

（二）规范行政权力的行使，维护相对人的合法权益

行政权力是一柄双刃剑。一旦违法行使，极有可能侵犯相对人的合法权益。行政法的制定和实施可以有效地预防和补救违法行政给相对人带来的侵害。行

---

[1] 西德联邦行政法院院长弗立兹·韦纳教授和赫曼·罗斯律师对宪法和行政法关系的说明。参见陈新民：《公法学札记》，法律出版社 2010 年版，第 2、15 页。

政法通过对各种行政职权的配置，可以防止出现权力交叉和错位情况，消除违法行政的根源；行政法通过规定各种违法行为所应当承担的责任，可以预防有关执法人员违法实施管理行为；行政法通过明确规定行政职权行使的条件、内容、界限，可以规范行政职权的运行，防止违法行政、滥用职权的出现；行政法通过规定行政职权行使的程序规则，保证行政权的公正、公平行使，保证行政行为的合法，减少行政管理过程的摩擦；行政法通过规定相对人的权益救济机制，赋予相对人申请行政救济、获得赔偿、补偿的权利，使相对人因行政职权行使受到的损害得到切实补救。

【思考题】

1. 公共行政与私人行政的区别是什么？
2. 什么是行政权？行政权的特点是什么？
3. 什么是行政法？行政法的特点是什么？
4. 什么是行政法的渊源？我国行政法的渊源是什么？
5. 什么是行政法律关系？行政法律关系的特征是什么？
6. 行政法在法律体系中的地位和作用是什么？

第二章

行政法学的历史

■ 第一节　西方国家行政法学的历史

中国的行政法学，从创建之初直到今天，深受西方国家行政法学的影响。所以，学习中国行政法不能不对西方国家的行政法有所了解，研究中国行政法学不能不对西方国家的行政法学有所了解。西方国家的行政法学大致可分为大陆法和普通法两支脉络。前者以法、德两国为代表，后来影响了日本，也一度影响了中国，至今在我国台湾和澳门地区仍能见其烙印；后者以英、美为代表，今天在我国香港地区仍见其痕迹。下面对两大传统分别予以介绍，并概述其晚近的发展。

一、欧洲大陆国家行政法学的开创

法国是欧洲大陆"行政法的母国"。大约从 16 世纪起，法国就建立了中央集权的国家，国王以及各种职业团体和宗教团体广泛地行使管理职能。现代意义上行政法的发展，却跟行政法院这一特殊的机构密切相关。法国大革命期间，代表旧势力的法院常常干预革命政府颁布的措施；而当时法国人普遍接受孟德斯鸠等人的分权学说，认为行政权和司法权应当各司其职，井水不犯河水。于是，法国制宪会议立法禁止法院从今以后过问行政机关的事情，违者以渎职论处。人们受行政机关侵犯，只能向最高行政长官申诉。1799 年，刚刚担任首席执政官的拿破仑授权一个叫"参事院"（Conseil d'état）的专家班子帮他处理各类申诉。在长期工作中，参事院形成了一套良好的自律机制和法律保障，包括公开审判、律师代理、遵循先例，不断朝向司法化发展。后来，参事院审查申诉后直接以自己名义作出决定，成了今天意义上的"行政法院"。法国行政法院作为一个完全独立于普通法院的行政救济系统，为许多国家所效仿。

法国行政法院的判例逐步建立了行政法的规则体系，并促成了现代行政法学的诞生。行政法的重要规则往往是法院创建的，早期行政法学的著作也往往是归纳行政法院的判例。曾经担任最高行政法院副院长的拉弗里耶尔（E. Laferiere）撰写了《行政审判论》，L. 狄骥（L. Duguit）、M. 奥里乌（M. Hauriou）等学者进一步阐发了行政法的规则，产生了较大影响。法国行政法的核心问题之一是公法与私法的分野。在 1873 年的布朗戈案件中，国营烟草公司的翻斗车在作业时撞伤市民，该案应当由普通法院还是行政法院审理发生了争议。由普通法院和行政法院共同派人组成的权限争议法庭确认，国家雇用人员在公务活动中对私人造成损害的责任，不受民事法律规则支配而适用独立的规则。后来，狄骥根据行政法院判例的发展，主张把公共服务而不是行政权力作为行政法的理论基础。[1] 这一规则和理论反映了当时法国行政事务的扩张和行政法的延伸。

德意志各邦国在 19 世纪中期开始建立行政法院，审理行政案件。不久之后，行政法学研究也开始进行。从 1880 年开始，行政法逐渐成为法学院单独开设的课程。对行政法学影响最大的学者当推奥托·迈耶（Otto Mayer）。他在借鉴法国行政法的基础上，总结了德国法治国的经验，并对纷繁芜杂的行政法规则作了系统的阐释。在 1895 年出版的《德国行政法》一书中，迈耶阐释了德国法治的三条基本原则：法律拘束，即以法律形式表达的国家意志具有拘束力；法律优先，即以法律形式表达的国家意志在效力上优先于其他形式表达的国家意志；法律保留，即限制基本权利等重要事务必须由法律事先加以规定。这些原则体现了从专制国家到法治国家转变的特定历史背景下行政法的精神。迈耶对行政行为、特别权力关系、公法上的权利等概念的阐述，为后世的行政法学提供了重要的分析方法和理论范畴。[2] 继迈耶之后，福斯多夫（E. Forsthoff）和沃尔夫（H. Wolff）等学者做出了杰出的贡献。福斯多夫敏感地提出了政府的生存照顾义务和服务行政（给付行政）的概念。

日本在明治维新后，积极向西方学习并移植其法律制度。1889 年颁布宪法，实行君主立宪，为行政法学的诞生提供了法律基础。东京大学的美浓部达吉教授，这位"明治宪法下最伟大的公法学者"，借鉴德国奥托·迈耶的学说，对日本的行政法学作了最有代表性的阐述，构建起日本行政法学研究的体系。与他的一些同辈相比，美浓部对明治宪法作了自由主义和民主主义倾向的解释，强调依法律行政。美浓部还提出日本天皇为一国家机关而不是主权者，因此受到

---

〔1〕 ［法］莱昂·狄骥：《公法的变迁　法律与国家》，郑戈、冷静译，辽海出版社、春风文艺出版社 1999 年版，第 40 页。

〔2〕 ［德］奥托·迈耶：《德国行政法》，刘飞译，商务印书馆 2002 年版。

当局压制。在美浓部之后，田中二郎、盐野宏等学者对日本的行政法学做出了出色的贡献。

二、行政法学在英美国家的承认

英美国家有悠久而足以自豪的法治传统，行政法律制度作为事实上的存在同样久远。但与法国、德国不同，他们对行政法有自己的独特理解，在相当长一段时间内忽视甚至否认行政法的存在。英国 19 世纪著名的公法学者戴西（A. V. Dicey）总结英国的法治传统时认为：法治反对特权和恣意；一个国家只能有一个法院，对公民和政府应当适用同样的法律，纠纷应当由普通法院解决；英国的宪法是法院长期判例所确认的结果。戴西不承认英国有什么行政法，甚至斥责法国的行政法院是保护行政专横的工具。[1] 他的观点反映了英国法治的独特经验和时代偏见，并影响了几代学者。直到 20 世纪 30 年代，行政法的概念在英美国家仍非常新鲜。

但后来，他们发现自己错了。法国的行政法院能够很好地提供行政救济，并不是保护行政专横的工具。而在英国，行政法早已广泛发展起来，并深深地影响了人们的生活。[2] 议会先后制定了 1947 年《王权诉讼法》和 1958 年《行政裁判所和调查法》前者规定国王对其官员在履行职务中的侵权行为承担赔偿责任，在事实上确立了国家赔偿责任；后者对大量存在的行政裁判所作了规范，保障对裁判所决定申请司法审查的权利。认识到行政权的巨大影响和司法的作用，英国法院在 20 世纪 60 年代后更加积极地行使司法审查的权力，从中复兴和发展了自然正义、越权无效等法律原则，广泛干预行政管理。到了 70 年代，一位法官评论说："我们现在确信英国存在一个独立的行政法体系了。"诸多学者对英国法院的判例进行了系统的阐述和讨论，德·史密斯（De Smith）、威廉·韦德（W. Wade）等人的权威著作甚至被司法判决所引用。

美国在立国初期就制定了成文宪法，法院很早就取得了解释宪法和对立法进行违宪审查的权力。美国行政法与宪法息息相关，被看作宪法的实施法。在此意义上，马歇尔、卡多佐、沃伦等杰出的法官通过司法判决所表达的思想，也成为行政法学的重要内容。但在 19 世纪的大部分时期，由于奉行自由放任政

---

[1] A. V. Dicey, *Introduction to the Study of the Law of the Constitution.* 较早时期的中译本，参见［英］戴雪：《英宪精义》，雷宾南译，中国法制出版社 2001 年版。

[2] 参见［英］W. Lvor. 詹宁斯：《法与宪法》，龚祥瑞、侯健译，生活·读书·新知三联书店 1997 年版，尤其是第六章"行政法"。

策，行政职能很少，行政法并不发达。以 1887 年州际贸易委员会的建立为起点，各种独立管制机构对社会进行越来越广泛的干预。在罗斯福新政后，行政职能空前膨胀，对行政权的控制更加急迫。1946 年颁布的《联邦行政程序法》和《联邦侵权赔偿法》，就是对这种状况的初步反应。

在 19 世纪末 20 世纪初，就有一些学者对行政法进行了研究。曾留学德国的古德诺（F. Goodnow）撰写了美国行政法学历史上的第一部著作《比较行政法》，对英、美、法、德四国的行政组织、行政行为和救济手段进行了比较研究。弗伦德（E. Freund）对行政裁量、权力分立、主权豁免等问题的讨论，促使美国行政法学从行政科学向法律科学转变。但由于普通法公、私法不分的传统，也由于受戴西观点的影响，美国长期以来对行政法律制度往往视而不见，行政法学研究也备受冷落。直到 20 世纪中期，行政法的独立地位才获得普遍承认。1944 年《最高法院判例汇编》（*Supreme Court Reporter*）的目录中，首次出现"行政法"一词。盖尔洪（W. Gellhorn）、戴维斯（K. Davis）、杰菲（L. Jaffe）等学者的研究，使美国行政法学趋于成熟。

三、西方国家行政法学晚近的发展

第二次世界大战以后，西方国家的宪政体制更趋成熟。民主政体得到巩固，法治原则完全确立。与之同时，行政法面对的问题也更加复杂。公共卫生、环境保护等成为新的挑战，行政管制总体上不断加强，进入了所谓的"行政国家"。政府提供的社会福利也更加多样，成为行政法的重要主题。

法治原则在范围和深度上得到充分的发展。在范围上，当西方国家在形成或者建立法治的初期，往往将大量的政府活动置于法治原则之外。在英国，国王对文官（国王的仆人）的管理、对犯人的减刑或者赦免、颁发某些证照等被称为"国王特权"，在很长时期法院不能干预。在德国和日本，政府对公务员管理、监狱对犯人的管理、学校对学生的管理，一度被视为"特别权力关系"，法院也不能干涉。现在，这些法外的空间被消除了。在深度上，对于行政机关在法律规定范围内的裁量行为，早期的行政法很少干涉。当奥托·迈耶论述德国的法治原则时，他并没有触及行政裁量行为；而当戴西总结英国的法治经验时，出于对裁量权力的反感和担忧，他干脆主张法治应当尽可能限制裁量的权力。现在，各国法院在实践中概括出各种具体的法律原则，例如诚实信用原则、比例原则（适当原则）、正当程序原则、信赖保护原则等，来审查和控制行政机关的裁量权力。法治原则现在很少有阳光不入的角落了。

随着人权观念的高涨，公民的宪法权利保护成为行政法学的重要课题。如果说在一个时期，公民的权利和自由仅仅是法律不加限制的部分，那么，在今天，立法不能任意地限制公民的自由和权利，因为公民的宪法权利可能反过来对立法构成某种限制。美国《宪法》中的《权利法案》（例如正当程序条款）以及新增加的权利条款（例如平等保护条款），被赋予了强大的生命力。在德国、法国和日本，《宪法》中的权利条款也成为限制行政权力的重要武器。在没有成文宪法的英国，1998 年《人权法》以及它所引入的《欧洲人权公约》，也开始展示出强大的力量。如果说过去对行政权力的讨论是关注它是否违法，今天则还要追问它是否符合宪法权利。

晚近的另一个趋势就是对政府管制的研究和对良好治理的追求。传统的行政法学是以司法审查（或者行政诉讼）为中心，以控制行政权力为宗旨，以解决行政行为的合法性为焦点。有学者批评，这样的研究永远不能告诉我们什么才是好政策，什么才是理想的政治蓝图。一些行政法学者对政府在当代社会应当承担的职能进行了整体性的反思，警告人们防止行政国家的异化，主张控制和转化行政权。一些学者把精力放在环保、卫生等具体行政管理领域，研究如何制定好的政策，如何进行有效的治理。还有一些学者关注行政过程，试图通过引入公众参与、公开政府信息等渠道，改善行政活动的效果。在这些研究过程中，法律的经济分析、社会学、政治学等多种社会科学方法被引入行政法学研究之中。行政法学不再是自说自话、自我封闭的学科，而成为一门开放的社会科学。

■ 第二节 中国现代行政法学的诞生

一、中国古代行政法及其现代转型

中国古代曾经有过发达的行政法体系。[1] 用现代的眼光来看，中国古代行政法大体上可以分为两个方面。第一方面的内容是管理臣民的相关规定，其中涉及土地赋税，商工市场，河防水利，军防警卫，祭祀、仪仗、服饰、丧葬，教育，宗教寺院管理以及关于少数民族聚居区的管理。这方面内容丰富，但各朝代变化复杂。第二方面是有关行政机构的规定。具体可以分为以下三个部分：①组织法，即各级各类机构的建制、职责范围、活动原则；②官吏法，即各级

---

[1] 中国古代有无行政法是个长久争论的问题，其症结在于如何定义行政法的性质。目前多数学者认为在特定意义上中国古代存在行政法。关于中国古代行政法的介绍，可参见张晋藩、李铁：《中国行政法史》，中国政法大学出版社 1991 年版。

各类官吏的选授、考核、品第、待遇、升迁、休致，等等；③监察法，即对机构和人员的监督。这方面的内容虽然历经变革，但总体上保持了相当的延续性。以《唐六典》《明会典》《清会典》等为代表，这套制度法典化程度相当高，在当时堪称完备、令人称羡。

但是，中国古代行政法与现代行政法存在明显的不同之处。首先，中国古代行政法以农业经济立国，一家一户、自给自足的生产生活方式构成了社会的基础。现代行政法诞生于工业社会，其所面对的诸多问题在古代并不存在或者并不突出。总的来说，古代社会行政职能要简陋得多，行政管理方式和过程也大为不同。其次，中国古代设官分职、各司其守，却不存在现代意义上的分权。行政、立法和司法的分立，在中国古代是找不到的；独立于行政系统的司法系统和司法审查，更是闻所未闻。最后，中国古代主要以礼教立国，强调仁政爱民，注重对官员的监察，却不是以保护臣民权利、追求法治为价值取向，也没有建立起保护臣民权利的制度化的纠纷解决机制。

到了清末民初，随着列强进逼和近代工商业的发展，中国社会遭遇了千年未有之大变局。在行政管理领域，对交通、工矿、贸易、建筑的管制开始出现或者加强，财政、民政、警政、军政、教育也作了革新。在半个世纪内，满清政府、北洋政府、南京国民政府制定和颁布了数以百计的行政法律法规。其中南京国民政府制定的主要行政法律有《行政院组织法》等行政组织法，《考试法》《公务员惩戒法》《公务员退休法》《公务员任用法》等公务员法，《行政执行法》等行政行为法，以及《诉愿法》《行政诉讼法》等行政救济法。在当时的《六法全书》中，行政法被列为其中之一，在篇幅上"独占半壁河山"。这些行政法律法规是中国近代整个法律体系的重要组成部分，也是中国传统行政法律迈向现代行政法律的开端。与之同时，随着政治架构的改造，出现了立法、行政和司法等专门机构，并建立了专门的行政诉讼制度。1914年，北洋政府仿照法国的行政法院模式，在北京设平政院，受理全国的行政诉讼案件。南京国民政府则于"五权宪法"的框架中设立了行政法院，作为司法机关的一部分。先后设立的这两个机构，无论在解决纠纷的成效上还是推动法治的作用上，恐怕都是微不足道的；但它们在中国古代行政法向现代行政法转型的过程中，具有一定的象征意义。

二、清末民国时期行政法学的发展

尽管中国古代有发达的行政法体系，却没有行政法学研究。现代意义上的中国行政法学肇始于清末的赴日研习法政运动。[1] 当时的留日学生中，出现了一个关注和钻研行政法的小型群体，他们翻译和编译了最早的一批行政法学著作。从 1902 年出版第一本行政法著作到 1908 年留日高潮结束，用中文出版的行政法学著作已达 20 余种。这些著作的内容大多来自经过简单加工的课堂笔记、日本教师的著作或讲义、日文教科书的编译文本。这一时期，有日本学者首先在中国讲授行政法，或者研究清朝行政法。

进入民国后，法科兴盛，行政法被列为必修课程之一。中国行政法学者开始登台执教，著书立说。从 20 世纪 20 年代到 40 年代，影响较大的教科书主要有：钟庚言的《行政法总论》《行政法分论》，白鹏飞的《行政法大纲》，徐仲白的《中国行政法论》，赵琛的《行政法总论》，马君硕的《中国行政法总论》，范扬的《行政法总论》，等等。这些著作基本奠定了行政法学的理论框架和概念体系。当代行政法学的理论范畴，例如总论和分论，行政法关系和行政法原则，行政组织法、行政行为法和行政救济法，在 20 世纪三四十年代的著作中即已定型。我们今天使用的大部分行政法学概念，如行政法、行政权、行政法关系、行政行为、行政行为的效力、（行政）自由裁量、法定程序、行政诉讼、行政救济等，在民国时期即已确立。

虽然中国学者在一定程度上进行了行政法学本土化的努力，包括论述"三民主义"和"五权宪法"；但是，行政法学从理论体系、概念到观点均深受日本学说的影响。尤其是执教于东京大学的法学泰斗美浓部达吉，"吾国法界人士负笈东瀛者，多出其门"[2]。他的著作被多次翻译出版，其中他的行政法总论就有三个中文译本。相比之下，其他国家对当时中国的行政法学直接影响很小。由于日本行政法学深受德国影响，中国行政法学在她的婴幼年时期对日本法的继受，塑造了大陆法的基本骨架。

中华人民共和国成立后，旧法统终结，旧学理遭到批判。然而，到了 20 世纪 80 年代初期，当法学研究恢复、当代行政法学初创时，那些图书馆中尘封的民国法学著作却成为一笔珍贵的遗产。通过这些桥梁，民国时期行政法的核心概念和理论体系对当代行政法产生了直接的影响。由于这种学术发展的路径依赖，虽然中国大陆在晚近受到英美法的浸润，行政法学基本上还保留着大陆法的骨架。

---

[1] 关于赴日研习法政运动的描述，参见王健：《中国近代的法律教育》，中国政法大学出版社 2001 年版，第 76～112 页。

[2] [日] 美浓部达吉：《行政法撮要》，程邻芳、陈思谦译，商务印书馆 1934 年版，译者序。

■ 第三节　中国当代行政法的发展

一、中国当代行政法学的时代背景

中国当代的行政法学肇始于 20 世纪 80 年代初期，是一场持续至今的体制改革和社会变迁的产物。[1]

中华人民共和国成立后，曾经颁行过一批行政法规，研究过一阵苏维埃的行政法法学。但这一进程不久就被政治运动和社会改造所打断，相当部分行政法规没有继续贯彻，法学研究则几乎完全停止。

随着高度集中的计划经济体制逐步形成，社会结构高度组织化、同质化、意识形态化。在农村，刚刚通过"土改"获得土地的农民被动员进人民公社；在城市，人们被固定在工厂、学校等各个单位之中。所有社会成员被编进各种组织，所有社会组织被纳入行政系统，整个系统服从于一个宏大的国家目标。个人利益必须无条件地服从整体利益，个人与集体的利益冲突也被否认了，人的个性也被暂时压制起来。国家主要通过内容原则的政策性文件来管理社会[2]，上级通过强制的命令来指挥下级。在这样一种社会结构中，行政法基本失去存在的基础。无法想象，在这种体制下能够要求政府依法行政，更无法想象个人可以到法院去起诉政府。

中国当代行政法的产生，正是计划经济逐步瓦解、市场体制逐步建立的过程。在农村，原有"三级所有、队为基础"的集体化经济解体，农民在联产承包制度下开始"单干"。加工制造、长途贩运放开了，乡镇企业纷纷出现。在城市，国营企业获得了生产计划、产品购销、劳动人事和工资分配等方面的经营自主权，并自负盈亏。相当一部分人从原有单位脱离出来，"自谋出路"。外资企业大举进入，私营企业快速成长。这些因素迅速改变了国家与社会的关系，

---

[1]　详细的讨论，可参阅张树义：《中国社会结构变迁的法学透视：行政法学背景分析》，中国政法大学出版社 2002 年版。

[2]　例如，1958 年的《工作方法六十条（草案）》提出了党领导经济建设的方法和领导体制的具体问题，该草案是根据毛泽东的讲话，以中共中央内部文件的方式散发的；人民公社的建立，主要是1958 年《关于把小型的农业合作社适当地合并为大社的意见》《中共中央关于在农村建立人民公社问题的决议》等中央文件推动的结果；1961 年相继发布的《农村人民公社工作条例（草案）》（或称"农村六十条"）和《国营工业企业工作条例（草案）》（或称"工业七十条"），对农业生产和工业生产具有重大和深远的影响，但也没有经过立法程序，而是以中共中央文件的形式发布，并且始终"试行"。

个人越来越摆脱对单位、对国家的依附，成为各自独立的个体。与之同时，个人权利需要保护，利益冲突需要调整，投机倒把、假冒伪劣、不正当竞争需要制止。原有的政策文件、行政命令、思想动员等手段，已经不敷使用。行政法作为一种新的治理方式开始登场，并逐渐取代领导者个人意志、取代党和政府的"红头文件"，在生活中发挥越来越大的作用。

为了适应社会结构的变动，从20世纪80年代开始，我国进行了大规模的立法。到2010年底，已制定现行有效法律236件、行政法规690多件、地方性法规8600多件，并全面完成对法律、行政法规、地方性法规的集中清理工作。这些立法大部分属于行政法。尤其重要的是，1989年制定了《行政诉讼法》，全面确立了行政诉讼制度，有力地推动了行政法律体系的完备和行政法治的发展。《国家赔偿法》《行政处罚法》《行政复议法》《立法法》《行政许可法》《公务员法》《政府信息公开条例》《行政强制法》等重要的行政法律相继出台，它们与部门法律、法规、规章一起，构建了中国的行政法律体系。

与之相应，依法行政、建设法治政府的要求也获得了越来越多的强调和越来越清晰的理解。20世纪70年代末，中国的领导者适时提出"有法可依、有法必依"的法制建设口号，法律的权威逐步恢复和确立。中国共产党相继提出"依法治国，建设社会主义法治国家"的口号和"依法执政"的口号，"依法治国，建设社会主义法治国家"被写入宪法，进一步推动了依法行政观念的形成。国务院于2004年颁布了《全面推进依法行政实施纲要》，提出在中国基本建成法治政府的目标，并阐述了法治政府的基本要求、原则和实施步骤。它再次宣示了我国政府推进依法行政的愿望和决心。

行政诉讼、行政复议、国家赔偿等行政法律实践，也有力地推动了行政法的发展和依法行政观念的确立。《行政诉讼法》制定前夕的1988年，浙江温州发生一起农民告县政府的行政诉讼案件，在全国引起轰动。当时，"县长当被告"对很多公民还是一桩新鲜的事。而现在，把国务院各部委告到法院已经根本不是什么稀罕的事。《行政诉讼法》实施后几年，一些政府官员对法院还有很大的抵触情绪，不愿意"当被告"，甚至千方百计压制诉讼。而现在，"民不能告官"的观念在很大程度上已经破除，"政府应当守法"的观念已经普及，政府也普遍学会了积极出庭应诉。20世纪90年代中期，四川夹江一个印刷厂因为生产假冒产品被行政机关处罚，该厂将行政机关告到法院，结果引起轩然大波，许多人为"造假的去告状，打假的成被告"而愤愤不平，甚至指责法院"包庇坏人"。而现在，这类事件已经不会引起波澜，许多人已经接受"法院在行政诉讼中审查行政行为的合法性而不是相对方的合法性"这个原则。这些诉讼向社会公众和政府官员弘扬了法治理念，起到法律启蒙的作用。

二、中国当代行政法学的开创

20世纪80年代初期，法学教育刚刚恢复，法制建设百废待兴，行政法学迈出了最初的脚步。[1] 一批来自不同背景的学者开始为建立行政法学、加强行政法制奔走呼号。

在法学教育恢复数年后，北京大学、中国政法大学、西南政法大学等校陆续开设了行政法课程。除了民国时期的一些著作和20世纪50年代翻译的几本苏联著作，当时全国没有一本行政法学教材；多所高校的教师自己编写行政法讲义，汇编国内外各种资料。1983年出版了新中国第一本行政法统编教材《行政法概要》。虽然以今天的眼光来看，那本书的绝大部分内容已经过时，但它标志着行政法作为一个法学部门学科的诞生。同一年，中国政法大学等校开始招收行政法研究生。为了解决行政法学师资短缺的问题，司法部还在中国政法大学分别举办了"行政法研究班"和"行政法师资进修班"。这两个培训班为新生的行政法学培育了一批教学骨干，凝聚了行政法学的人气和力量。1985年，中国法学会行政法学研究会成立。研究会成立后，积极组织包括学术年会在内的各种活动，成为最重要的行政法学学术团体。1986年，全国人大法工委还成立了由行政法学者和实务部门专家组成的"行政立法研究组"。研究组一边编译外国立法资料，一边热火朝天地推动行政立法工作。以1989年《行政诉讼法》的颁布和第二本统编教材《行政法学》的出版为标志，行政法学作为一个学科正式确立。

从20世纪90年代以来，行政法学得到前所未有的发展。1993年创办了迄今唯一的部门法学刊物《行政法学研究》。多个学校建立了以行政法为重点内容的研究中心或者研究所，并定期出版以行政法为重点内容的连续出版物，其中包括北京大学宪法与行政法研究中心的《行政法论丛》、浙江大学公法与比较法研究所的《公法研究》、中国人民大学宪政与行政法治研究中心的《宪政与行政法治评论》和《宪政与行政法治发展报告》以及最高法院行政审判庭的《行政执法与行政审判》。2005年应松年主编的《当代中国行政法》出版，该书篇幅达200余万字，努力汇集和反映20年来中国行政法的发展脉络和最新研究成果，是迄今国内规模最大的行政法学著作。

中国当代的行政法学从诞生之日起，就肩负着在中国建立行政法治的使命。行政法学因此也具有鲜明的时代特色。

---

[1] 有关中国当代行政法学创建和发展的更详细的资料，可参见何海波编：《法治的脚步声：中国行政法大事记（1978~2004）》，中国政法大学出版社2005年版。

第一，面对行政法学术传统的浅薄，行政法学者积极研究和借鉴外国法律。对外国法的介绍和探讨，成为当代行政法学初创时期的一个重要内容。例如，龚祥瑞教授的《比较宪法与行政法》（1985）介绍了国外文官制度、行政裁判所等制度，以及"越权无效""自然正义"等行政法原则，为中国行政法注入了新的理念。王名扬教授的《英国行政法》（1986）、《法国行政法》（1988）和《美国行政法》（1995）三部曲，以其准确、清晰的叙述和翔实、新颖的资料，成为介绍外国行政法的经典。这几本书浇灌了两代行政法学人，至今仍被频繁引用。中国行政法广泛吸收了英、美、法、德、日等多个国家的制度。直到今天，外国法的学说和制度构成了中国行政法学重要的智识渊源。

第二，面对行政法极不完备的现实，行政法学者把大量的精力投注到研究和推动行政立法上，先后参与和推动了《行政诉讼法》《国家赔偿法》《行政处罚法》等一批重要行政法律的制定。对行政立法的探讨构成行政法学的重要主题。此外，行政法学者还通过法律教育、宣讲、咨询、个案研讨等各种方式，从不同角度和层面推动行政法治的事业。行政法学者还直接参与了政府法制干部的培训、行政法官的培训和领导干部依法行政的培训。通过学者的努力，几年前还纯粹是学术探讨话题的"听证"制度和"信赖保护原则"，已经进入立法，并成为老百姓耳熟能详的概念。

三、中国当代行政法学面对的挑战

回顾这30多年的历史，人们有理由对行政法治的发展感到欣慰，从行政法学的发展中感到鼓舞。从根本上讲，这是一个呼唤行政法治的时代，也是行政法治不可逆转的时代。

但是，中国行政法仍然面对诸多的困难，行政法学任重而道远。

第一，在中国建立行政法治的目标还没有完全实现。政府恣意行使权力，有法不依、违法不究的现象仍是一个体制性的难题。各国经验证明，要让政府服从法律、依法行政，是一个艰巨的事业；而要让一个原来行使着几乎无限权力的政府服从法律，是一个更加艰难的事业。行政立法的完备，特别是具有行政法通则性质的《行政程序法》的制定，将是这个事业中的重要环节。但行政法治的实现绝不是多制定几部法律就能解决的事，而需要行政体制、行政文化的革新，乃至整个宪政体制的完善。

第二，如何合理界定政府职能仍然需要探索。从20世纪80年代初期开始，中国政府开始了以转变职能、下放权力为核心的行政改革，目前行政体制仍处在巨大变革的过程之中。几年前，政府的职能被重新概括为"经济调节、市场监管、社会管理和公共服务"。对于行政法来说，如何通过立法确立一项具体社会领域的管理方式、界定一个特定行政部门的职能，仍然需要更多的研究。

第三，行政法还需要提供更有效的权利保护。中国《宪法》规定了内容比较广泛的基本权利，并宣誓"国家尊重和保障人权"，但这些条款目前还不能被法院直接适用从而获得真正的生命。中国政府已经加入了联合国《经济、社会和文化权利国际公约》等一系列人权公约，并签署了《公民权利和政治权利国际公约》等待批准。如何在宪法权利和国际公约的框架下，认真保护公民的宪法权利和基本人权，也将是未来行政法应当面对的问题。

【思考题】

1. 西方国家晚近行政法学有哪些发展？
2. 中国当代行政法学面临哪些挑战？

第三章

行政法的原则

■　第一节　行政法原则概论

　　一个国家的法律体系，不单由法律、法规、规章等制定法的具体条文来表达，也体现在一系列的法律原则之中。在民法、刑法和诉讼法等领域，法典总则往往专门规定了该法的一般原则。这些原则起到了指导法律条文适用、弥补法律条文缺漏的作用。在行政法中，由于制定法非常庞杂，目前尚无一部法律规定适用于所有行政活动的普遍要求。但这不意味着行政法仅仅是一堆零散、杂乱的制定法条文的汇集。相反，行政法体系中贯穿着一些应当遵循的基本要求，即行政法的原则。这些原则是行政法的灵魂，是行政法体系不可分割的一部分。

　　对于行政法原则的理解和阐释，学界见仁见智，并不完全统一。1989 年出版的第二本统编教材《行政法学》专门讨论了行政法的基本原则。该书主张"行政法治原则"为我国行政法的基本原则，并认为它包含"合法性原则"和"合理性原则"两个方面。[1] 这一观点在行政法学界产生了较大影响，并为不少学者所认同。此后，行政法上更加具体的原则，或者称"行政法的一般原则"，得到了广泛而深入的讨论。学者们借鉴国外的法理，总结中国的实践，相继提出了"比例原则""正当程序原则""信赖保护原则""法律保留原则"等众多的法律原则。[2] 在行政立法实践中，总则部分写上几条原则性规定已成为通行模式。其中较为人称道的例子是《行政处罚法》。该法确立了处罚法定、公开公正、处罚与教育相结合、法律救济四大原则。在行政诉讼中，法院偶尔也

---

〔1〕　罗豪才主编：《行政法学》，中国政法大学出版社 1989 年版，第二章。
〔2〕　对行政法原则比较集中的探讨，可以参见胡建淼主编：《论公法原则》，浙江大学出版社 2005 年版；周佑勇：《行政法基本原则研究》，武汉大学出版社 2005 年版。

会直接援引行政法原则，作为司法判决的论据。

本书将根据行政法学的多数观点，以行政法治为我国行政法的基本原则，进而探讨行政法治的基本要求。然后，介绍几条学界讨论较多的行政法一般原则。

■ 第二节 行政法治的基本要求

法治是人民规训政府，使之服从规则治理的事业。在行政法领域，要使政府依法行政，必须做到三个基本方面：行政权力来自法律，行政行为服从法律，行政争议依法解决。一个政府只有符合这些条件，表明自己是一个"有限政府""守法政府"和"责任政府"，才可以称得上是一个法治政府。

一、行政权力来自法律

依照民主和法治的理念，政府的权力并非天然拥有而是来自人民的授权，人民的意志又集中体现为法律。因此，政府的权力必须来自法律的授权。"无法律即无行政"，这一经典的法治理论在今天仍有现实意义；至少在涉及公民权利的领域，没有法律的相应授权，行政机关不能作出任何损害公民权利的行为。这也可以称为"职权法定原则"。

政府的职权与公民的权利在性质上是不同的。对公民而言，"法无明文禁止即自由"，可以说，公民的权利是无限的，除非法律禁止；对政府而言，恰恰相反，除非法律授权，否则无任何权力。现实中，一些行政人员乃至领导干部缺乏"职权法定"的意识，以为自己"上管天，下管地，中间还要管空气"，只要是"为公家的"就什么都可以干。当前一些行政机关恣意妄为、触目惊心的事件往往与此相关。在依法行政的过程中，行政人员第一个考虑就应当是："这件事法律有规定吗？"

如果有权制定法律的机关只有一个，一切就很简单。问题恰恰是，在现代社会，立法权呈现分散化，法的形式呈现多样化。在我国宪法所确立的人民代表大会制度下，人民是国家的主人，依法选举产生的全国人民代表大会及其常务委员会行使国家立法权，一定层级的地方人民代表大会以及他们的常委会可以制定地方性法规在该地方实施，民族自治地方的人民代表大会可以制定自治条例和单行条例在该民族自治地方施行。依照古典的法治理论，行政机关是立法机关的"执行机关"，他们自己不能为自己创设权力。但是，在现代社会，由于社会事务的广泛性和复杂性，单靠立法机关已经无法胜任立法任务。为此，我国宪法授权作为最高国家行政机关的国务院制定行政法规，授权国务院的各部委以及一定层级的地方政府制定行政规章。此外，各级人民政府都可以制定具有普遍约束力的规范性文件，规定行政措施。

随着法的形式的多样化，依法行政的依据也变得复杂起来。实践中，一些行政规章为自己设定了巨大的权力，譬如规定扣押汽车、责令停业、拆除房屋等。人们开始质疑，这样的规章是否有效？于是，新的问题产生了：各种法的制定机关之间应当如何划分职权？各种形式的法之间应当如何确定效力？为了解决这个问题，我国《宪法》和《立法法》除了要求立法机关遵循各自的管辖事务范围，还确立了两条原则：法律保留和法律优先。

（一）法律保留

法律保留，是指有些事项的立法权只属于法律，其他法律文件无权创设。在《立法法》中，又称为国家的专属立法权。那些涉及公民基本权利，或者对公民、法人或者其他组织有重大影响的事项，通常属于法律保留范围。

法律保留意味着对国务院、地方人大和地方政府立法权的限制，对全国人大及其常委会至高地位的肯定。它是我国宪法精神和原则的具体化。因为依照《宪法》，只有全国人大及其常委会才能代表人民行使国家立法权，而包括国务院在内的行政机关都具有派生性、从属性。后者可以在限定的范围内行使立法权，但不能无限扩张以至实际上侵夺最高立法权。法律保留原则就是为了保证人民在国家最重大问题上的决策权。从立法程序考虑，全国人大及其常委会的立法程序比较民主，也比较规范。在此意义上，奉行法律保留原则有助于倾听多方面的意见、考虑多方面的利益，有利于保护人民权利、避免不合理的损害。

法律保留原则在《宪法》中曾有一定体现[1]，在全国人民代表大会1996年制定的《行政处罚法》中第一次得到明确表达。该法第9条第2款规定："限制人身自由的行政处罚，只能由法律设定。"而对财产的处罚，除了由法律直接设定外，《行政处罚法》还授权行政法规、地方性法规和行政规章设定。2000年制定的《立法法》对法律保留作了更为全面的规定。依照《立法法》（2015年修正）第8条的规定，以下事项为国家专属立法权，只能由法律规定：①国家主权的事项；②各级人民代表大会、人民政府、人民法院和人民检察院的产生、组织和职权；③民族区域自治制度、特别行政区制度、基层群众自治制度；④犯罪和刑罚；⑤对公民政治权利的剥夺、限制人身自由的强制措施和处罚；⑥税种的设立、税率的确定和税收征收管理等税收基本制度；⑦对非国有财产

---

[1]　《宪法》第62条第3项规定，全国人民代表大会"制定和修改刑事、民事、国家机构的和其他的基本法律"；第67条第2项规定，全国人大常委会"制定和修改除应当由全国人民代表大会制定的法律以外的其他法律"。

的征收、征用；⑧民事基本制度；⑨基本经济制度以及财政、海关、金融和外贸的基本制度；⑩诉讼和仲裁制度。

法律保留有绝对保留和相对保留的区分。根据《立法法》规定，全国人大及其常委会前述专属立法事项尚未制定法律的，全国人民代表大会及其常务委员会有权作出决定，授权国务院可以根据实际需要，在授权决定规定的目的、范围内，对其中的部分事项先制定行政法规。事实上，国务院分别根据全国人大常委会《关于授权国务院改革工商税制发布有关税收条例草案试行的决定》（1984年，现已失效）和全国人大《关于授予国务院在经济体制改革和对外开放方面可以制定暂行的规定或者条例的决定》（1985年），制定了一系列的暂行规定或者暂行条例。但无论如何，有关犯罪和刑罚、对公民政治权利的剥夺、限制人身自由的强制措施和处罚、司法制度等事项的立法权不能转授。我们将后者称为法律绝对保留，其余称为法律相对保留。

在法律实践中，曾经出现违反法律保留原则的事例。例如，国务院1982年制定的《城市流浪乞讨人员收容遣送办法》（现已失效），在没有法律依据的情况下，规定对流浪乞讨者和"其他露宿街头生活无着的人"进行强制性的收容遣送。在《立法法》施行后，该条例显然抵触了法律保留原则。2003年，公民孙志刚被警察违法收容，并在收容所被殴打致死。该事件爆发后，国务院主动废止了该条例，代之以《城市生活无着的流浪乞讨人员救助管理办法》。新的条例废除了强制收容的做法，确定收容救助为"临时性社会救助措施"。

（二）法律优先

法律优先，也称法律优先适用原则。这一原则要求：在法律已经对某个事项作出规定时，法规、规章都不能与之相抵触；法律和法规（或者规章）对同一事项都有规定的，应当优先适用法律；法规、规章抵触法律的，执法机关应当适用法律，而不能适用法规、规章。确立法律优先原则是为了维护法律规范的统一。《宪法》规定，"国家维护社会主义法制的统一和尊严"。如果允许"法出多门、各不相同"，势必造成"依法打架"的局面。当然，在所有法律、法规和规章之上，还有至高至尊的宪法。任何法律、法规、规章以及具体行政行为，都不能违背宪法。只是由于宪法调整对象的特殊性和规范的原则性，它通常不为行政行为设定具体的准则；在现阶段，宪法规范主要是通过法律来贯彻。所以，我们此处更多地关注和谈论"法律优先"。

我国《宪法》和《立法法》明确了不同法律形式之间的层级效力，规定"法律的效力高于行政法规、地方性法规、规章"。《行政处罚法》和《行政许可法》的一些规定也体现了法律优先的原则。根据《行政处罚法》第10~13条的规定，法律对违反行政管理秩序的行为已经作出行政处罚规定的，行政法规、地方性法规和行政规章只能在法律规定的给予行政处罚的行为、处罚种类和幅度的范围内规定。类似地,《行政许可法》第 16 条规定,行政法规、地方性法规和规章可以在法律设定的行政许可事项范围内,对实施该行政许可作出具体规定。法规、规章对实施上位法设定的行政许可作出的具体规定,不得增设行政许可;对行政许可条件作出的具体规定,不得增设违反上位法的其他条件。如果法规、规章与法律抵触的,只能适用法律。

从法律优先原则推而广之,在不同层级的法律规范之间发生冲突时,层级高的法律规范优先适用,层级低的法律规范服从层级高的法律规范,也称"下位法服从上位法"。例如,依照国务院《公路管理条例》(现已失效)第 35 条规定,不按照国家规定缴纳养路费、通行费的,公路主管部门可以分别情况,责令其补交或返还费款并处以罚款。自 1998 年 1 月 1 日起,该条例被《中华人民共和国公路法》取代。该条例没有规定扣押汽车的措施。某省政府的行政规章却规定,对拖缴、逃缴公路规费的单位和个人,除了责令补交、罚款外,还可以扣押其汽车行驶证、驾驶证或者汽车。这个规章是与行政法规的规定相抵触的,所以,执法机关只能适用行政法规,不能适用该规章。如果公路主管部门依据该规章作出扣押汽车或者汽车行驶证的决定,就是适用法律错误。在行政执法实践中,有些行政人员由于对法律规范不了解或者故意枉法,不去适用法律而适用层级低的法律文件,这是导致适用法律错误的常见情形。

二、行政行为服从法律

由于政府掌握着巨大而广泛的行政权力,他与公民在实力上是不平等的,但政府同样应当遵守法律,政府的一切行为应当服从法律。我国《宪法》规定:"一切国家机关和武装力量、各政党和各社会团体、各企业事业组织都必须遵守宪法和法律……任何组织或者个人都不得有超越宪法和法律的特权。"换句话说,行政法治就是"政府服从法律"。

有关行政行为的合法性问题,本书将在行政诉讼和行政复议部分进行详细介绍。这里简单地提示一个合法的行政行为必须符合的要件。

(一) 主体合格

通常情况下,作出行政行为的行政机关必须是依法成立的、享有行政管理权的行政机关,其中主要是由人民代表大会产生或者列入行政编制序列的行政机关。某些情况下,经过法律、法规授权,一些事业单位或者其他组织也取得行政管理职权。在法律、法规允许的情况下,经行政机关委托,一些非行政机关也可以以委托行政机关的名义行使职权。除此之外,其他的组织和个人都不是实施行政行为的合格主体。例如,临时机构、行政机关的内部科室,没有法律、法规的授权，不能以自己的名义对外行使行政职权。

（二）具有职权

现代国家设官封职，各司其守。作出行政行为的行政机关，必须享有相应的职权。不在该机关的法定职权范围以内的行政行为，就是"超越职权"，构成违法。超越职权既可能超越行政机关的管辖权力，也可能超越行政机关的处理权力；既可能是平级部门之间的职能跨越，也可能是下级对上级的僭越。例如，路政检查人员对"超载车辆"予以处罚，就是代行了公安交通管理部门的职权；公安局对违法经营的企业吊销营业执照，就代行了工商局的职权。又如，按照《土地管理法》（2004 年修正）的规定，征用土地的，应当分别情况由国务院或者省、自治区、直辖市人民政府批准，某市政府擅自"批准"征用土地，即属超越职权。

（三）证据充足

行政机关作出对他人不利的决定，应当建立在证据基础上。没有充足的证据，或者主要事实不清，其所作的决定就构成违法。什么情况才达到证据充足，应当视具体情况而定。一般而言，行政机关作出查封、扣押、冻结、封存等临时性的行政强制措施，只要对当事人的违法行为有合理怀疑的证据就可；多数情况下，行政机关应当具备可靠的证据支持；在涉及当事人人身自由等重大利益时，可能需要达到确凿无疑的标准。行政机关取得证据的方式应当合法，用威逼、欺诈或者其他侵犯他人权利的方式取得的证据不能采用。行政证据还应当在行政决定作出前取得，行政机关不能用事后补充取得的证据弥补原有决定的缺陷。

（四）程序合法

行政行为不但要求内容合法，还要求实施行政行为的过程符合法律规定的方式方法、步骤顺序和时限，即程序合法。现代国家对行政行为的规范和对行政权力的控制，从注重内容转移到强调程序。我国近年制定的法律，越来越多地对行政行为应当遵循的程序准则作出规定。例如，《行政处罚法》规定，"行政机关在作出行政处罚决定之前，应当告知当事人作出行政处罚决定的事实、理由及依据，并告知当事人依法享有的权利"；"当事人有权进行陈述和申辩"。《行政诉讼法》明确规定，"违反法定程序"是一种独立的违法情形，应当予以撤销。据此，一个行政行为只要违反了法律规定的程序，不问行为者动机是否善良，不论其是否可能影响结果的公正，也不管其结果是否"正确"，都属于违法，原则上都应当予以撤销。例如，某街道监察队发现许某违章建筑，遂作出强制拆除的决定，送达许某。许某认为，街道监察队在作出处罚决定前，没有告知其作出行政处罚决定的事实、理由、依据，以及告知当事人依法享有的权利，也没有听取他的陈述和申辩，违反了法定程序。法院依法判决撤销了该处罚决定。

三、行政争议依法解决

行政机关发现自己的行为违法，应当自动纠正。如果行政机关拒不纠正，后者对是否违法有争议，可以通过行政复议、行政诉讼等法定途径解决。保障公民上法院打官司的权利，依法解决行政纠纷，是法治国家的重要原则。法院对行政行为的合法性应当具有审查的权力。法院的裁判应当具有终局的效力，其他国家机关不能否认和变更法院判决的效力。法院的裁判还应当具有强制执行的效力。对于经过行政诉讼，确定行政机关应当向公民、法人或者其他组织承担侵权责任，而行政机关不履行的，当事人可以向法院申请强制执行。

行政机关和行政人员对于自己的违法行为，应当承担责任。行政机关承担责任的方式有：撤销违法的行政行为，必要时可以责令其重新作出行政行为；对于行政机关拒不履行法定义务的违法（法律上称"不作为违法"），可以限期履行；某些情况下，撤销或者限期履行已经没有实际意义，则可以确认行政行为违法；如果行政机关的违法行为给公民、法人或者其他组织造成损害，行政机关则应当根据《国家赔偿法》予以赔偿。行政人员承担责任的方式包括行政处分、刑事处分和追偿责任。由于行政人员在行使职权中的故意或者重大过失，以致违法行政行为侵犯他人权利的，在行政机关对受害人承担国家赔偿责任后，行政人员应当对行政机关承担部分或者全部赔偿费用。我国《刑法》相应地规定了30多种国家工作人员渎职犯罪。

■ 第三节 行政法的若干具体原则

行政机关遵守制定法的规定，依照法律行政，是法治的重要保障，但不是全部。由于制定法存在不足，这种形式上的法治远非完美。在极端情况下，刻板地遵守制度法的规定甚至可能严重违背正义的基本准则。法治需要对基本权利和普遍价值的关怀。而我们讨论的行政法一般原则，就是这些普遍价值的具体表达。

本书阐述的这些原则可能没有宪法和制定法依据，只存在于一些著述、判决乃至社会公众的意识之中。但这些原则并不是法学家的创造，而仅仅是法学家对法律实践中正义需求的不断总结和阐发，并获得法律共同体相当程度的认可。典型的如英国的自然正义原则，它是在普通法长期发展过程中逐渐形成并积淀于法律共同体的集体意识中，它的力量来源于这种意识的保持。

下面将分别阐述几个行政法的一般原则：平等原则、比例原则、尊重先例原则、正当程序原则、信赖保护原则。需要强调的是，法律原则并不局限于有数的几个，这些原则相互之间也不是完全没有交叉甚至冲突。

一、平等原则

平等原则是通过比照同样处境的相对人，考察行政行为的合理性。虽然平等在不同国家和时代呈现出迥然不同的面孔，但它的要义始终如一：同类情况同样处理，没有正当理由不得区别对待。

当今时代，平等已经被普遍确立为文明社会的基本价值之一，各国宪法、各种宣言在不断地重申这一理念。美国宪法宣告的平等保护原则，在黑人民权运动、女权运动中被注入了强大的活力。我国《宪法》第 33 条也规定："中华人民共和国公民在法律面前一律平等。"但由于对这条规定的狭隘理解，以及我国法院不能援引宪法判决的惯例，这条规定很长时间内只是一种了无生气的纸上具文，而没有成为有生命的原则。只有把它确立为一项具体法律原则，它才能变成充满活力的信条。也只有通过千差万别的案件，不断辨析和咀嚼，才能展现出丰富多彩的具体含义。

近几年，我国发生了几起被认为涉及平等原则的诉讼。其中一起是"身高歧视案"：中国人民银行成都分行在某报头版刊登了招录行员的启事，其中一项招录条件为"男性身高 1.68 米，女性身高 1.55 米以上"。从四川大学毕业的蒋韬因身高不符合规定而无缘应聘。蒋韬感到自己受到了歧视，向法院提起行政诉讼。蒋韬及代理人认为，中国人民银行成都分行在专业和身高没有任何联系的情况下，限制招录人员的身高，违反了《宪法》第 33 条关于"法律面前人人平等"的规定，侵犯了其担任国家机关公职人员的权利。[1] 在诉讼中，被告改变原先规定，原告坚持诉讼，被法院驳回。

二、比例原则

比例原则，有的称为平衡原则、适度原则，是从行政行为所欲达成的目的与所采取手段之间适当性的角度考察行政行为。它要求行政机关行使裁量权时，要做到客观、适度、合乎理性，在实现行政目标与所损害私人利益之间寻求必要的平衡。

比例原则是大陆法国家或地区常用的一个行政法原则。德国行政法学对比

---

〔1〕 武法、张晓东："身高限制就业武侯法院开审宪法平等权案"，载《法制日报》2002 年 5 月 6 日。

例原则作了深入具体的阐述。在德国法中，比例原则要求采取一项措施以达成一项目的时，该方法必须是适合目的的、必要的、相称的，在能够实现行政目的时，应当选择对当事人损害最小的措施。日本和我国台湾地区继受了德国的比例原则。在素以程序正义为重的英美，也出现了对实体合理性的要求。尽管各国或地区的理论阐述角度、适用范围和具体规则不尽相同，但都体现出一个同样的精神：公共机构行使职权的行为不但受制定法的约束，还受合理性原则约束。

比例原则不但适用于具体行政行为，也适用于制定行政法规、规章以及其他规范性文件。例如，某高校为惩罚学生考试作弊，规定考试作弊一律退学。这样的规定没有区别各种作弊的不同情节，"一刀切"，有失公允；也没有给学生悔改机会，"一棍子打死"，失之过严。它也没有认识到，提高对考试作弊的惩罚强度只是众多可采取的措施中的一种，而它的效能是有限的，甚至会产生副作用。过于严厉的规定，也令监考老师发现学生作弊时，不愿让学生"毁在自己手中"，而宁愿睁一只眼，闭一只眼。可见，学校对作弊学生一律退学的做法，有违比例原则。

在黑龙江汇丰实业发展有限公司诉哈尔滨市规划局行政处罚案中，最高法院的判决引入了行政法上的比例原则。判决认为，规划局对违章建筑所作的处罚决定，应针对违章建筑影响的程度责令当事人采取相应的改正措施，既要保证行政管理目标的实现，又要兼顾保护相对人的权益，应以达到行政执法目的和目标为限，尽可能使相对人的权益遭受最小的侵害。而在规划局的处罚决定中，责令拆除违章建筑的面积明显大于必要的限度，法院据此将处罚决定予以变更。[1]

三、尊重先例原则

公法中的先例包括行政先例和有关行政的司法先例，这里主要是指行政先例。先例能够成为法律议论的根据，是出于法治的一个内在要求：虽然不同时候，同类情况同样处理。同类事例多次重复，屡试不爽，就成了惯例；积年累月，行之久远，化于内心，就成习惯。从个别先例、惯例到习惯，它的分量不断加强。

一般而言，行政管理由于情势复杂，政策性考虑较多，不能要求行政机关严格遵守先例。因此，个别的行政先例通常没有多大的说服力，更不能作为以

---

[1] 最高人民法院行政判决书，（1999）行终字第 20 号。

后处理的依据。但这并不意味着行政先例毫无意义，行政机关可以无视它的存在。出于行政行为连贯性、可预测性和当事人获得公平对待的普遍价值，行政机关应当考虑和尊重先例。尤其是在行政先例给当事人造成正当预期的情况下，行政机关没有充分理由而作出与先例相左的行为，将被视为行政专横的表现，有可能引起合法性的质疑。美国有些行政机关公开发表它的决定，非常重视遵守先例。

行政机关对于自身的惯例应当给与更多的尊重。悖逆惯例的行政行为可能引起合法性危机。例如，在一个案例中，行政机关颁发的建房许可载明建筑物"柱高6.2米"。按照当地惯例，"柱高"是指从室内地面量至柱顶的高度。但在当事人建房过程中，行政机关提出"柱高"应当从外墙墙基上表面量起，据此其房屋超高，超高部分应予拆除。该案中，虽然法律没有规定"柱高"的含义，但行政机关的事后解释违背了行政惯例。在美国法中，行政机关改变长期适用的政策，如果对于真诚信赖该政策的人发生影响时，必须制定规章，而不能采用个案裁决；行政机关通过个案裁决建立规则，不能违反原先得到行政机关同意而广泛流行的习惯。

在行政法中，由于行政管理的多变，我们可能很难找到行政行为的习惯准则。但法律可能要求政府尊重或者考虑民间习惯。例如，我国《人民警察法》要求警察"尊重人民群众的风俗习惯"；《戒严法》第29条也要求戒严执勤人员"尊重当地民族风俗习惯"；《监狱法》第52条规定，"对少数民族罪犯的特殊生活习惯，应当予以照顾"。又如，不同民族结婚后所生子女应属何族，有关当局认为"应根据群众一般习惯决定"，在子女长大后，则听其自行选择所属民族。[1]法律也可能要求行政相对人尊重风俗习惯。

四、正当程序原则

正当程序原则是英美法上古老而常青的原则。在英国法中，"自然正义"原则要求：①任何人不能作自己案件的法官（回避）；②在作出对人不利的决定前，应当听取申辩（听证）。美国秉承了英国的传统，把"正当程序"的要求写入宪法，作为对行政行为的一个基本要求。我国长期以来重实体轻程序，许多人认为只要实质结果合理，程序无关紧要。但正如违反操作规程的产品常常是废品，实践证明，对程序的违背往往导致结果的错误。不但如此，任何不顾公认的程序准则、独断专横的行为，例如先作处理再调查取证、该回避而未回避，

---

〔1〕《中央人民政府司法部关于不同民族男女结婚后所生子女应属何族问题的复函》，1953年6月15日。

即使其所作的处理在结果上"正确"，也难服人心。

与任何法律原则一样，正当程序原则没有固定的内容和适用范围，而是随着时代不断发展、充实。但它至少表达了这样一个朴素的信念：行政机关实施行政行为，应当遵循起码的合理程序。根据我国学者的阐述，一个合理的行政行为应当遵循如下程序：事先告知相对人，向相对人公开行政过程中的有关材料（公开原则）；在作出对相对人不利的决定前应当听取申辩（听取意见原则）；与相对人有利害关系的行政人员应当回避（回避原则）；在裁决利益冲突的案件时不与一方当事人私下接触，接受当事人的贿赂（禁止单方接触原则）；作出对相对人不利决定时应当说明理由（说明理由原则）；等等。

我国法律史上没有正当程序的传统，但随着学术界和实务界程序意识的不断增强，正当程序原则已经在我国司法实务中晨光初现。在田永诉北京科技大学、刘燕文诉北京大学、张成银诉徐州市人民政府等多个案件中，法院认为，虽然没有任何制定法的依据，行政机关的决定没有事先告知利害关系人或者听取利害关系人的申辩，或者没有将处理结果直接送达当事人，是不合法的。[1]

五、信赖保护原则

信赖保护原则，通常指当事人基于对公权力的信任而作出一定的行为，此种行为所产生的正当利益应当予以保护。信赖保护原则与英国法上的"合理预期原则"、美国行政法上的"禁止反言原则"有相合之处。但作为我国学者所继受的一种完整的知识传统，信赖保护原则肇始于德国，并为日本、我国台湾等国家和地区继受。它由法院判例所确立，并被明文规定于法律条文。我国《行政许可法》第8条规定："公民、法人或者其他组织依法取得的行政许可受法律保护，行政机关不得擅自改变已经生效的行政许可。行政许可所依据的法律、法规、规章修改或者废止，或者准予行政许可所依据的客观情况发生重大变化的，为了公共利益的需要，行政机关可以依法变更或者撤回已经生效的行政许可。由此给公民、法人或者其他组织造成财产损失的，行政机关应当依法给予补偿。"该条规定被认为是信赖保护原则的体现。

通常认为，适用信赖保护原则需具备以下三个要件：①信赖对象为行政行为，至少具有公权力行为的外貌；至于它是合法还是非法不成问题，除非它因

---

[1]　田永诉北京科技大学案件，载《中华人民共和国最高人民法院公报》1999年第4期；刘燕文诉北京大学案件一审判决，北京市海淀区法院行政判决书，（1999）海行初字第103、104号；张成银诉徐州市人民政府房屋登记行政复议决定案，载《中华人民共和国最高人民法院公报》2005年第3期。相关评析可参见何海波："司法判决中的正当程序原则"，载《法学研究》2009年第1期。

重大明显之瑕疵而无效。②相对人因信赖该行为而作出一定的安排，而不止有信赖的意思表示。③信赖是正当的、有生活经验上的根据的。下列情形不适用信赖保护原则：①行政行为因相对人采用欺诈、胁迫、贿买或者其他不正当手段作出；②相对人对重要事项为不正确或者不完全的说明；③相对人明知行政行为违法，或者应知其违法但因重大过失而不知其违法；④行政行为显然错误；⑤行政机关预先保留变更权。

信赖保护方式有三种：①程序保护，即行政机关改变或者撤销原来的行政行为，可能损害当事人的信赖利益的，应当事先听取当事人的意见。这是普通法国家采用的主要方式。②存续保护，即不论现存法律状态是否合法，都维持行政行为，或者恢复行政行为的法律后果。③财产保护，即撤销、废止或者改变原来作出的行政行为，同时给相对人适当的经济补偿或者赔偿。具体采取哪一种保护方式，应当衡量公共利益而定。

【思考题】

1. 行政法治的基本要求有哪些？
2. 什么是平等原则？
3. 什么是比例原则？
4. 什么是尊重先例原则？
5. 什么是信赖保护原则？
6. 什么是正当程序原则？

第二编　行政法主体

第四章

行政主体

■ 第一节　行政主体概述

一、行政主体的概念与特征

行政主体，是指行政法律关系中与行政相对人互有权利义务的另一方当事人，是享有行政权，能以自己的名义行使行政权，并能独立承担由此产生的法律责任的组织。

行政主体具有以下几个特征：

1. 行政主体是行政法律关系中与行政相对人有对应权利义务的另一方当事人。这表明了行政主体与行政相对人之间的关系，他们都是行政法律关系的主体，二者是相互依存的，离开行政相对人，行政主体的存在是没有意义的。同时，没有行政主体，就不可能形成行政法律关系，行政主体是行政法律关系中恒定的一方当事人。

2. 行政主体是一种组织，个人不能成为行政主体。组织是两人以上的组合体。组织在一定条件下可以成为行政主体，但个人不能成为行政主体。尽管一个组织的管理行为大多由其工作人员实施，但工作人员都是以组织的名义而不是以个人的名义实施管理行为。

3. 行政主体是享有行政权，并能以自己的名义行使行政权的组织。这是体现行政主体法律地位的一个重要特征。并不是所有的组织都能成为行政主体，只有享有行政权并能以自己的名义行使行政权的组织，才能成为行政主体。因此，是否享有行政权并能以自己的名义行使行政权，是某一组织能否成为行政主体的决定性条件。所谓以自己的名义行使行政权，是指能以自己的名义作出决定、发布命令，以自己的名义对外行文。能否以自己的名义行使行政权，反映了某一组织是否具有独立的法律人格，是判断该组织能否成为行政主体的重要标准。[1] 行政机关的内部机构，除得到法律、法规的明确授权外，不能以自己的名义对外行使行政权，因此，不能成为行政主体。

4. 行政主体是能独立承担自己行为所产生法律责任的组织。能否独立承担自己行为所产生的法律责任，是判断某一组织能否成为行政主体的一个关键性条件。某一组织只是行使行政权，实施行政管理活动，但不承担由此而产生的法律责任，则不是行政主体。这就将行政主体与它的代理人区别开来，因为行政主体代理人的行为所产生的责任不是由代理人本人承担，而是由作为委托人的行政主体承担。因此，受委托的组织与个人不具有行政主体资格，在行政法律关系中不能成为行政主体。

为进一步理解行政主体的概念，我们还应将其与一些相关概念区别开来：

1. 行政主体与行政法主体。行政法主体泛指受行政法调整、承担行政法规定的权利和义务的当事人。行政法主体包括行政主体和行政相对人。因此，行政主体只是行政法主体中的一部分，而不是全部。

2. 行政主体与行政组织。行政组织是管理行政事务的行政机关和行政机构的综合体。行政主体与行政组织是从不同的角度来概括行政权的承担者。行政主体强调的是哪些组织具有以自己的名义对外进行管理的权力；行政组织则是一个系统概念，突出行政机关的整体性和统一性。并非所有的行政组织都能成为行政主体，只有行政组织中具有独立对外管理权限的行政机关以及得到法律、法规授权的行政机构才能成为行政主体。行政主体也不仅仅指某些行政组织，行政组织以外的得到法律、法规授权的其他社会组织也可以成为行政主体。

3. 行政主体与行政机关。行政机关是指为实现行政目的而依照宪法、组织法的规定而设置的具有行政职能的国家机关。它是一个法律术语，而行政主体则是一个法学概念。行政机关是最主要的行政主体，但它并不等于行政主体。一方面，行政主体不限于行政机关，行政主体除了包括行政机关外，还包括法律、法规授权的组织等；另一方面，行政机关并非在任何时候都是行政主体，行政机关具有多重身份，它既可以是行政法上的行政主体，也可以是民法上的民事主体（机关法人），还可以是行政法律关系中的行政相对人。行政机关能否

〔1〕 胡建淼：《行政法学》，法律出版社 2004 年版，第 69 页。

成为行政主体，不仅要静止地看其是否享有行政权，而且还要看其从事某种活动时是否运用行政权，即以何种身份出现。

4. 行政主体与公务法人、公法人。公务法人是法国行政法学者发明的一个概念，它是以实施公务为目的而设立的从事一定公务活动的法人组织，是实行公务分权的一种组织形式，是行政主体的一种。公法人是英国行政法学中的一个概念，是指在具有一般行政职权的中央行政机关和地方行政机关之外，享有一定的独立性和单独存在的法律人格，并从事某种特定的公共事务的行政机构。公法人有三个特征：①有独立的法律人格；②在全国或一定地区内执行由法律或特许状所规定的某种公共事务；③虽对一般行政机关保持一定程度的独立，但仍然保持一定程度的联系。[1] 法国的公务法人和英国的公法人类似于我国法律、法规授权的组织，只是行政主体的一部分，而不是行政主体的全部。

5. 行政主体与行政公务人员。尽管行政主体离不开行政公务人员，但行政公务人员不是行政主体。行政主体是由一定数量的行政公务人员组成的一个整体，是一种组织；而行政公务人员是个人。行政主体的公务活动要由行政公务人员代表其实施，行政主体与行政公务人员之间是一种公务委托关系。行政公务人员代表行政主体执行公务的活动，其行为后果归属于行政主体。

二、行政主体的范围和种类

（一）行政主体的范围

在实践中，行政主体的范围十分广泛。概括地说，行政主体包括国家行政机关、法定授权的组织和非政府公共组织三大类。具有行政主体资格的行政机关有：①国务院；②国务院组成部门；③国务院直属机构；④国务院部、委管理的国家局；⑤地方各级人民政府；⑥地方各级人民政府的职能部门；⑦县级以上地方各级人民政府的派出机关。具有行政主体资格的法定授权组织有：①经法律、法规授权的行政机关的内部机构、临时机构；②经法律、法规授权的行政机关的派出机构；③经法律、法规授权的企事业单位、社会团体、基层群众性自治组织等。具有行政主体资格的非政府公共组织有：①社区组织和基层群众性自治组织（如居民委员会、村民委员会等）；②行业组织（主要包括行业协会和专业协会两种，如律师协会、医师协会、注册会计师协会等）；③公共事业单位（如公立学校、公立医院、研究院所等）。非政府公共组织是在公共行政背景下出现的一类新的行政主体，它既不属于国家行政机关系列，也不同于

---

〔1〕　王名扬：《英国行政法》，中国政法大学出版社 1987 年版，第 86 页。

法律、法规授权的组织，而是依照组织的章程、决议和规约等进行自律性管理、行使自治权的组织。这种自治权属于一种公权力，这类组织进行的管理活动不属于国家行政，但属于社会公行政，是行政职能社会化的表现。

（二）行政主体的分类

根据不同的标准，可以对行政主体作不同的分类。

1. 职权行政主体、授权行政主体与自治行政主体。这是根据行政职权来源的不同所作的划分。职权行政主体是依据《宪法》和《国务院组织法》的规定，在其成立时应具有行政职权并取得行政主体资格的组织。如中央和地方各级人民政府及其工作部门。授权行政主体是因《宪法》《国务院组织法》以外的法律、法规的规定而获得行政职权、取得行政主体资格的组织，如行政机关的部分内部机构、派出机构，以及经法律、法规授权的企事业单位等。自治行政主体则是依据组成主体的章程或规约等的规定行使社会公共行政权的社会组织，如行业协会、高等院校等。

职权行政主体、授权行政主体和自治行政主体的区别在于：①职权行政主体取得行政主体资格的依据是《宪法》和《国务院组织法》，授权行政主体取得行政主体资格的依据是《宪法》和《国务院组织法》以外的单行法律、法规，自治行政主体取得行政主体资格的依据是某一非政府公共组织的章程、决议和规约。②职权行政主体的组织形式是国家行政机关；授权行政主体的组织形式或者为行政机关的内部机构、临时机构和派出机构，或者为行政机关以外的社会组织，如企事业单位、社会团体等；而自治行政主体的组织形式为非政府公共组织，它既不包括行政机关的内部机构和派出机构，也不包括企业单位，而是包括行业协会、专业协会、公立学校、研究院所、基层群众自治性组织等。③职权行政主体与自治性行政主体自成立之日起就取得行政主体资格；而授权行政主体通常是在成立之后，经法律、法规授权才成为行政主体。

2. 中央行政主体和地方行政主体。这是在行政机关作为行政主体的条件下，根据管辖范围的不同所作的划分。中央行政主体是指行使职权的范围及于全国的组织，如国务院、国务院各部门等。地方行政主体是指行使行政职权的范围及于本行政区域的组织，如地方各级人民政府及其工作部门等。需要注意的是，地方行政主体不仅仅代表地方进行管理，在更多的时候代表国家行使行政职权。

区分中央行政主体和地方行政主体的意义有两个方面：①明确各类行政主体的管辖范围，有利于确定行政行为的有效性；②明确行政主体各自的职权范围及相互关系，有利于行政的统一和协调。

3. 外部行政主体和内部行政主体。这是根据行政主体行使行政职权时与行政相对人是否存有隶属关系所作的划分。外部行政主体有权按地域或公务内容对社会上的相对人实施行政管理；而内部行政主体则限于按隶属关系对内部行政相对人进行管理，如政府机关事务管理局。某些行政主体在不同的行政法律关系中，既可以是外部行政主体，又可以是内部行政主体。如地方各级人民政府，它有权对其地域管辖范围内的行政相对人实施管理，此时它是外部行政主体；同时它有权对隶属于它的政府工作部门实施领导和监督，此时它是内部行政主体。

外部行政主体与内部行政主体划分的意义在于：①有利于确定行政行为的有效性。没有获得法定授权，内部行政主体一般不能实施外部行政行为。②有利于确定行政救济的途径。③有利于确定行政诉讼中的被告。

此外，按照其他的标准，还可以对行政主体作更多种分类，如地域性行政主体与公务性行政主体、单一行政主体与共同行政主体、本行政主体与派出行政主体等。

三、行政主体的行政职权与职责

（一）行政主体的行政职权

行政职权是行政主体依法享有的、对某个领域或者某方面的行政事务进行组织与管理的权力。行政职权是行政权的具体转化形式，行政职权只属于行政主体，行政相对人不拥有行政职权。行政主体所拥有的行政职权的内容十分广泛，不同层级和类型的行政主体其行政职权也不相同。总体来讲，行政主体的行政职权主要包括以下几类：

1. 行政立法权。它是指特定的国家行政机关依法制定行政法规和行政规章的权力。这里的"特定的国家行政机关"，根据《宪法》《国务院组织法》和《立法法》的规定，包括国务院、国务院各部委、国务院直属机构以及省级人民政府、较大市的人民政府、设区的市和自治州的人民政府。国务院享有依法制定行政法规的权力，国务院各部委、国务院直属机构享有依法制定部门规章的权力，省级人民政府、较大市的人民政府、设区的市和自治州的人民政府享有依法制定地方政府规章的权力。值得说明的是，特定的国家行政机关享有的行政立法权为准立法权，它必须根据法律行使，其内容不能与法律相抵触。

2. 行政命令权。它是指行政主体向行政相对人发布命令，要求其作出某种行为或不作出某种行为的权力。行政命令有多种形式，如通告、布告、通令、规定、通知、决定、命令和责令等。行政主体针对不特定的行政相对人发布的行政命令与行政立法相似，往往是以规范性文件的形式发布，其与行政立法的区别主要在于发布主体方面：行政立法的主体是特定的国家行政机关，而行政命令的发布主体是一般行政机关。当然，二者在效力层级和制定程序等方面也存在差异。有些法律，如行政许可法将行政命令文件称为其他规范性文件。

3. 行政许可权。它是指行政主体应行政相对人的申请，经审查，依法准许其从事某种活动的权力。如食品卫生管理机关颁发食品卫生许可证的权力，工商行政管理机关颁发营业执照的权力等。

4. 行政确认权。它是指行政主体对某种法律事实或法律关系加以确定、认可或证明的权力。如行政主体对土地所有权或使用权的确认、对产品质量的确认、对交通事故责任的认定等。

5. 行政给付权。它是指行政主体在公民失业、年老、疾病或者丧失劳动能力等情况或其他特殊情况下，依法赋予其一定的物质利益或与物质利益有关的权益的权力。如行政主体依法向行政相对人发放抚恤金、社会保险金和最低生活保障费等。

6. 行政奖励权。它是指行政主体依照法定的条件和程序，对为国家和社会作出重大贡献或者模范地遵纪守法的单位和个人，给予物质和精神等方面的奖赏与鼓励的权力。如税务机关对检举违反税收法律、行政法规行为有功的人员，依法给予奖励。

7. 行政征收、征用权。它是指行政主体基于公共利益的需要，依法强制取得行政相对人的财产所有权或使用权的权力。行政征收包括无偿征收和有偿征收两种。行政征税与收费属于无偿征收，而行政征税与收费以外的行政征收属于有偿征收，即行政主体应依法给予被征收人以公平补偿。行政征用是有偿的，即行政主体依法强制取得行政相对人的财产使用权应给予公平补偿。

8. 行政检查权。它是指行政主体为保证行政管理目标的实现而对行政相对人守法和履行法定义务的情况进行监督检查的权力。如食品卫生检查、财税检查、消防设施检查、道路交通安全检查等。行政检查权是一种强制性调查与了解有关情况的权力，表现为很多法定检查手段与方式。对行政主体行使检查权的行为，行政相对人必须配合而不得拒绝或隐瞒有关情况，否则会因此导致受到行政处罚的后果。

9. 行政强制权。它包括行政强制措施权和行政强制执行权两种。所谓行政强制措施权，是指行政主体在行政管理过程中，为制止违法行为、防止证据损毁、避免危害发生、控制危险扩大等情形，依法对公民的人身自由实施暂时性限制，或者对公民、法人或者其他组织的财产实施暂时性控制的权力。如行政主体依法对某些违法物品的扣押或查封，对违法所得账号的冻结等。所谓行政强制执行权，是指行政主体对拒不履行行政决定的行政相对人依法强制其履行义务的权力。如行政主体依法对不执行罚款处罚决定的相对人采取强制划拨、强制扣缴、强制抵缴等强制执行措施。

10. 行政制裁权。它包括行政处罚权和行政处分权两种。行政处罚权是指行政主体基于行政管辖关系依法对违反行政法规范的相对人实施制裁的权力。如公安机关对违反治安管理的行为人实施罚款处罚。行政处分权是指行政主体基于行政隶属关系依法对有违法违纪行为的行政公务人员实施制裁的权力。如行政机关对有违法违纪行为的公务员实施警告、记过、记大过、降级、撤职、开除等处分。

11. 行政合同权。它是指行政主体为履行行政职能和实现社会公共利益的需要，与行政相对人在意思表示一致的基础上签订协议的权力。以合同形式实现对某项公共事务的管理与服务职能，是行政主体行使职权、履行职责的新方式。行政主体在行政合同中依法享有一定的特权。

12. 行政司法权。它主要包括行政裁决权与行政复议权等。行政裁决权是指行政主体依法对与其行政管理事项有密切联系的民事纠纷进行裁决的权力。如县级以上地方人民政府对自然资源权属纠纷的裁决，卫生行政主管部门对医疗事故纠纷的裁决等。行政复议权是指行政机关根据行政相对人的申请，依法对具体行政行为的合法性与适当性进行审查并作出复议决定的权力。行政复议权由行政复议机关行使，行政复议机关应行政相对人的申请，对法定范围内的具体行政行为引起的行政纠纷进行审理并作出处理决定。

（二）行政主体的行政职责

行政职责是行政主体依法应当履行的义务。法律赋予行政主体管理行政事务的权力，规定了权力的用途、大小和运用方式，同时也就确立了行政主体最基本的义务——依法有效地行使行政权力。从积极的角度讲，行政主体必须依法有效行使权力，以履行其行政职能，完成行政任务，实现行政目标；从消极的角度讲，行政主体还必须按法定的权限和方式运用行政权力。为此，在多数情况下，行政主体行使权力与履行职责具有同一性，即行使权力与履行职责相伴而生，不易明确区分开来，只是认识问题的角度不同而已。行政主体实施某种行政行为，从一个方面看是在行使权力，从另一个方面看是在履行职责。例如，税务机关对纳税义务人实施的征税行为，从一个方面讲是在行使权力，而从另一个方面讲又是在履行职责；再如，行政主体向行政相对人发放抚恤金，从一个方面讲是在履行义务，而从另一个方面讲又是在行使权力，即行使管理、发放抚恤金的权力。行政职责是一种义务，行政主体对其不能任意抛弃或违反，否则将承担不利的法律后果。行政职责的核心是依法行政，基本要求是合法行政、合理行政、程序正当、违法必究。[1] 行政职责的内容很丰富，不同的行政主体，其依法应当履行的行政职责也有所不同。概括地讲，行政主体的行政职责主要有：①在法定的权限范围内积极地行使职权、履行职务，不越权、不失职、不滥用权力；②正确地适用法律，严格按法定程序与正当程序办事；③合理行政、避免失当；④接受各种法律监督和社会监督；⑤对违法行政行为承担法律责任。

■ 第二节　行政机关

一、行政机关的概念与特征

行政机关是指依照宪法和组织法的规定设立、行使国家行政权力，对国家各项行政事务进行组织和管理的国家机关，是国家权力机关的执行机关。

行政机关是国家机关的组成部分，但它又区别于其他国家机关，其特征包括：[2]

1. 执行性。我国的一切权力属于人民，人民通过人民代表大会即国家权力机关行使权力。行政机关由权力机关产生，执行权力机关制定的法律、决议和决定，对权力机关负责并受权力机关监督，是国家权力机关的执行机关。

2. 法定性与相对独立性。行政机关一经依宪法、组织法设立后，为保证其有效地执行权力机关的法律和决议，完成行政管理任务，必须赋予行政机关专门的行政权力。行政机关虽然从属于权力机关，而且其行使行政权的行为一般要受到司法监督，但它仍拥有自身组织系统上的独立性和行政机关依法行使行政职权的独立性，其依法行使职权的行为受国家强制力保障，不受其他国家机关、社会团体和个人的非法干预。

3. 统一性与层级性。行政机关在组织体系上实行统一领导、分工负责的层级管理体制，即上下级行政机关之间是领导关系，下级服从上级，向上级负责并报告工作。这是行政机关在组织体系上的特征。行政机关从中央到地方均分为若干层级，一方面共同受最高国家行政机关即国务院的统一领导，另一方面又在行政机关之间逐级分工、逐级领导。行政管理活动的执行性，要求行政机关具有高效率，能有效进行管理，及时服务于民，维护社会稳定与促进社会发展。因此，行政机关在组织体系上实行统一领导、分工负责的层级管理体制是

〔1〕　胡建淼主编：《行政法学》，复旦大学出版社 2003 年版，第 89 页。
〔2〕　罗豪才主编：《行政法学》，北京大学出版社 1996 年版，第 64~67 页。

恰当的。行政机关的这一特征有别于国家权力机关和国家司法机关。

4. 公共性和服务性。行政机关具有管理公共事务的职能，其执行公务必须立足于"公共利益"，为社会公众提供公共产品和福利，而不能利用行政职权，假公济私，寻求私人利益或部门、集团利益。同时，行政公务涉及范围广泛，行政机关必须对经济、科技、文化教育、交通、卫生、电讯、资源与环境保护、社会保障等领域的公共事务进行有效管理，提供优质、高效服务。

二、行政机关的种类

我国行政机关的体制是一个纵横交错、布局有致的完整系统，纵向上有从中央到地方各级行政机关，如国务院、省、自治区、直辖市行政机关及省辖市、自治州、县、乡（镇）的行政机关；横向上有各级政府职能部门，如公安部门、工商部门、财政部门、民政部门、卫生部门等。从与行政主体资格相联系的角度看，行政机关的种类有：

（一）中央行政机关

中央行政机关是指活动范围及管辖事项涉及全国的行政机关，它是领导全国和各地行政工作的最高行政机关，是一国行政机关体系的核心。它包括：

1. 国务院。国务院，即中央人民政府，是最高国家行政机关，也是最高权力机关的执行机关。它依法享有领导和管理全国性行政事务的职权，可以制定行政法规、采取行政措施、发布决定和命令；领导并监督各部、委的行政工作和地方各级行政机关的行政工作，改变或者撤销它们不适当的命令、指示、规章和决定；领导和管理全国各项行政工作；国家最高权力机关授予的其他职权。

根据《宪法》和《国务院组织法》的规定，国务院作为最高国家权力机关的执行机关，由全国人民代表大会产生，对全国人民代表大会负责，受全国人民代表大会及其常务委员会监督。国务院由总理、副总理、国务委员、各部部长、各委员会主任、审计长、中国人民银行行长和秘书长组成。国务院总理由国家主席提名，经全国人民代表大会决定，由国家主席任命。其他成员由总理提名，以相同方式决定和任命。国务院实行总理负责制，总理负责领导国务院的工作，副总理、国务委员协助总理工作。国务院工作中的重大问题，必须经国务院全体会议或国务院常务会议讨论决定。国务院全体会议由国务院全体组成人员参加，常务会议由总理、副总理、国务委员、秘书长参加。总理召集和主持国务院全体会议和常务会议。国务院发布的决定、命令和行政法规，以及向全国人大常委会提出的议案和任免人员的决定，均由总理签署。

2. 国务院各部委。国务院各部委是国务院的工作部门，如国防部、公安部、

第四章

司法部、财政部、国家发展和改革委员会、中国人民银行、审计署等。国务院各部委负责国家行政管理某一方面或某一类的行政事务，具有全国范围内的行政管理权限。一般来讲，各部管理比较专业的行政事务，而各委员会管辖的行政事务具有综合性。部委的设立经总理提出，由全国人民代表大会决定，在全国人民代表大会闭会期间，由全国人大常委会决定。各部委实行部长、主任负责制，由各部部长、各委员会主任领导本部门的工作，召集和主持部务会议、委务会议和委员会会议。

国务院各部委作为国务院的工作部门，受国务院的领导和监督，执行国务院的决定、命令并向国务院汇报工作。同时，各部委都有其职权范围，独立负责某一方面的行政管理事务，有权在自己的职权范围内依照法律、行政法规制定规章和采取行政措施。各部委上报国务院的重要请示、报告和下达的命令、指示由部长、主任签署。

3. 国务院直属机构。根据《宪法》和《国务院组织法》的规定，国务院可以根据工作需要和精简原则设立若干直属机构，主管各项专门业务，如国家工商行政管理局、海关总署、国家统计局、国家税务局等。直属机构的法律地位低于各部委，但不隶属于部委而直属国务院领导。直属机构的行政首长不是国务院的组成人员，其设立、撤销或合并以及其行政首长的任免均由国务院自行决定，不需经全国人大或全国人大常委会讨论决定。

直属机构是国务院根据《宪法》的规定而设立的法定组织，尽管《宪法》和《国务院组织法》没有规定其职权，但大量的其他法律、法规却明确规定了直属机构的职权范围，直属机构依法可以在自己所主管的专门事务范围内，以自己名义实施行政管理活动，因而具有行政主体资格。

4. 国务院部、委管理的国家局。依据《国务院组织法》的规定，国务院可以根据国家行政事务的需要，设立若干主管有关行业或领域行政事务的国家局。这些国家局由国务院各部、委管理，它们大都由国务院机构改革前的专业主管部门或国务院直属机构演变而来。这些国家局成立时就具有独立的法律地位，依法行使对某项专门事务的管理权和争议裁决权，具有行政主体资格。

（二）地方行政机关

地方行政机关是指活动范围及管辖事项仅限于国家一定区域范围内的行政机关。它包括：

1. 地方各级人民政府。地方各级人民政府是地方各级权力机关的执行机关，负责组织和管理本行政区域内的各项行政事务。根据《宪法》和《地方各级人民代表大会和地方各级人民政府组织法》的规定，我国地方各级人民政府按照行政区域的划分可以分为省（自治区、直辖市）、市（自治州）、县（自治县、市辖区及不设区的市）、乡（民族乡、镇）四级。省、自治区、直辖市、自治州、设区的市的人民政府分别由正副省长、自治区正副主席、正副市长、正副州长及秘书长和各职能部门的负责人组成，县、自治县、市辖区及不设区的市的人民政府分别由正副县长、正副市长、正副区长和各职能部门的负责人组成，乡、民族乡和镇的人民政府由正副乡长、正副镇长组成。地方各级人民政府均实行行政首长负责制。县级以上地方各级人民政府设全体会议和常务会议，政府工作中的重大问题需经全体会议或常务会议讨论决定，各级人民政府行政首长负责召集和主持本级政府的会议。

地方各级人民政府作为地方各级权力机关的执行机关和地方行政机关，一方面要对本级权力机关负责并报告工作，另一方面还要受上一级行政机关的领导和指挥，但地方各级人民政府的这种地位并不影响其具有行政法上的主体地位。因为地方各级人民政府在其管辖的行政区域内，有权依照《宪法》和地方各级人民代表大会和地方各级人民政府《组织法》规定的权限，独立管理本行政区域内的行政事务，并依法对其行政行为所产生的法律后果承担责任。

2. 地方各级人民政府的职能部门。地方各级人民政府的职能部门是县级以上各级人民政府依宪法和法律的规定，根据工作的需要而设立的行使专门权限和管理专门行政事务的行政机关。地方各级人民政府职能部门的设立由本级人民政府决定，报上一级人民政府批准。地方各级人民政府的职能部门既受本级人民政府统一领导，同时也受上一级人民政府主管部门的领导或业务指导。地方各级人民政府的职能部门也具有独立的主体地位，能独立行使法定职权，以自己的名义作出行政决定并承担由此而产生的法律责任。

3. 县级以上地方各级人民政府的派出机关。它是指县级以上地方各级人民政府，因工作需要在一定区域内设立的代表本级政府实施行政管理的机关，依法管理该区域内的各种行政管理事务。根据《地方各级人民代表大会和地方各级人民政府组织法》的规定，我国地方各级人民政府的派出机关主要有三种类型：①省、自治区人民政府经国务院批准而设立的行政公署；②县、自治县人民政府经省、自治区、直辖市人民政府批准而设立的区公所；③市辖区和不设区的市人民政府经上一级人民政府批准而设立的街道办事处。

派出机关并非是一级人民政府，但实际上代表一级政府在一定区域范围内履行行政职能，依法以自己的名义行使行政权，管理该行政区域内的行政事务，并独立承担自己行为所产生的法律后果，因而具有行政主体资格。

第四章

■ 第三节　法定授权的组织

一、法定授权组织的概念及特征

根据行政管理的实际需要，国家有时通过法律、法规将某些行政权力授予行政机关的内部机构、临时机构、派出机构以及非行政机关的社会组织来行使，这就产生了法定授权组织。法定授权组织，也被称为经法律、法规授权的组织，或者被称为"被授权的组织"，是指依据法律、法规的授权而享有行政权力，从事特定范围的行政管理活动的组织。

法定授权组织具有如下特征：

1. 法定授权组织是指除行政机关外的组织。除行政机关外的组织，既包括行政组织系统内的行政机构，也包括行政组织系统外的社会组织。前者如行政机关的某些内部机构、政府职能部门的某些派出机构，后者如某些事业单位、企业单位和社会团体等。

2. 法定授权组织的权力来源于法律、法规的明文规定。只有法律、法规才能授予某一社会组织以某项或某一方面的行政职权，该组织行使职权必须以法律、法规的明文规定为依据。

3. 法定授权组织依法享有行政职权和履行行政职责，具有行政主体资格。即基于法律、法规的授权引起行政职权和职责的同时转移。被授权的组织不仅应依法行使行政职权和履行行政职责，而且也应依法独立承担由此而产生的法律责任，即意味着法定授权组织取得了行政主体资格。

二、法定授权组织与行政委托组织的区别

行政委托组织是指接受行政机关的委托而代替行政机关行使部分行政职权的组织。行政委托组织也被称为"受委托的组织"。行政委托组织与法定授权组织的区别主要有：

1. 权力来源不同。法定授权组织的权力来源于法律、法规的明确授予。法定授权组织通过法律、法规的明确授权而取得并行使某些行政权力；而行政委托组织的权力来源于行政机关的委托行为。行政机关可以根据行政管理工作的实际需要，依法将一部分行政职权委托给有关行政机关、社会组织行使，而受委托的组织则基于行政机关的委托而行使一定的行政权力。

2. 法律地位不同。法定授权组织基于法律、法规的明确授权而取得了行政职权，并取得了以自己的名义行使权力及独立承担法律责任的能力。这表明，

法定授权组织具有行政主体资格，能够成为行政复议的被申请人和行政诉讼的被告；而行政委托组织并没有因行政机关的委托行为而获得法定的职权职责，即行政机关的委托行为并不引起行政职权和职责的同时转移，被委托的组织只能在委托的范围内以委托的行政机关的名义来行使行政职权，并由委托的行政机关来承担该行为引起的法律责任。这表明，行政委托组织不具有行政主体资格，不能成为行政复议的被申请人和行政诉讼的被告。

3. 组织形态不同。法定授权组织包括被授权的行政机关的内部机构、临时机构、派出机构和某些社会组织，行政委托组织包括受委托的有关行政机关和某些社会组织。可见，法定授权组织不包括行政机关，行政机关自成立时起就取得了行政主体资格，属于职权性行政主体。

三、授权的条件

（一）授权主体

授权是对国家行政权力作出配置的活动，授权主体必须是有权的国家机关而不能是任何组织和个人。按法律规定，授权主体主要有：①有权制定法律的全国人民代表大会及其常务委员会；②有权制定行政法规的国务院；③有权制定地方性法规的地方权力机关，如省、自治区、直辖市的人民代表大会及其常务委员会，较大市的人民代表大会及其常务委员会。

（二）授权方式

不同授权主体其授权的方式和授权的内容都有所不同，授权必须以规范的方式进行，即通过法律、行政法规、地方性法规的形式授权，以保障授权的法定性和稳定性。

（三）授权对象

授权对象是指被授权的组织。被授权的组织应当具备某些条件，以使其有资格和能力接受授权并行使被授予的行政权力。一般来讲，这些条件包括：①被授权组织自身的活动与授权的内容有某种联系，使之有条件行使行政权力并管理相应的公共事务；②必须具有熟悉有关法律、法规、规章和业务的工作人员；③必须具有与承担的行政职务相应的技术及设备条件；④能独立承担因自己行为而引起的法律责任。

四、法定授权组织的类型

根据我国现行法律、法规授权的情况，法定授权组织的类型有：

（一）行政机构

行政机构是指具有行政主体资格的各级人民政府及其职能部门根据行政管

理工作的需要而在该机关内部设立的、具体处理和承办各项行政事务的内部工作机构。行政机构与行政机关的概念有一定联系也有区别。行政机构只是行政机关的内部组成单位,行政机关由各内部机构集合而成。

行政机构不具有独立的编制和财政经费预算,一般不具有独立的法人资格,通常只能以其所属的行政机关的名义而不能以自己的名义对外行使行政职权、进行行政管理,因此,行政机构一般不具有行政主体资格。但是在特定情况下,行政机构可因法律、法规的明确授权而成为行政主体。由于行政管理事务的专业性、技术性及复杂性日益增强,为提高行政效率,有效维护公共利益和社会秩序,在法律、法规明确授权的情况下,行政机构可以自己的名义在授权范围内行使一定的行政职权,并承担相应的法律责任,即行政机构经法律、法规的明确授权而取得行政主体资格。当然,行政机构依法律、法规授权而取得行政主体资格并不意味着它同时取得法律上的其他权利能力和行为能力。因为行政机构只是行政机关的内部机构,在经法律、法规授权后,只表明它在授权范围内具有法定主体资格,而在其他管理事项上它仍须以其所在机关的名义来进行管理,即它仍然不具有一般性的主体资格。根据我国现行法律、法规的有关规定,取得行政主体资格的行政机构主要有:

1. 行政机关中专门设立的行政机构。这类机构也叫专门行政机构,对某些专业性、技术性很强的行政事务,法律、法规往往明确规定行政机关内应设立一定的专门管理机构,并授予其相应的职权与职责,履行某项行政事务的管理职能,从而使该专门行政机构取得了行政主体资格。如《商标法》第 2 条第 2 款规定:"国务院工商行政管理部门设立商标评审委员会,负责处理商标争议事宜。"商标评审委员会是处理商标争议的专门机构,行使对商标行政争议的复议权,具有行政主体资格。

2. 行政机关的某些内部机构。行政机关的内部机构既包括各级人民政府所属的内部机构及临时设置机构,也包括政府职能部门的内部机构。但目前依法取得行政主体资格的,主要是政府职能部门的某些内部机构。[1] 例如,根据《道路交通安全法实施条例》第 5 条的规定,初次申请机动车号牌、行驶证的,应当向机动车所有人住所地的公安交通管理部门申请注册登记。据此,公安机关交通管理部门就取得了行政主体资格。

3. 政府职能部门的某些派出机构。派出机构是指由政府职能部门根据工作需要而在一定区域内设置的代表该职能部门管理某项或某方面行政事务的工作

---

[1] 参见王连昌、马怀德主编:《行政法学》,中国政法大学出版社 2002 年版,第 64～65 页。

机构。如县（区）公安局设立的公安派出所、县（区）工商局设立的工商所、县（区）税务局设立的税务所等。从机构性质和法律地位上讲，派出机构和政府职能部门所设的内部机构处于相同的地位，其本身并不具有行政法上的主体资格，但经过法律、法规的明确授权，就取得了行政主体资格。例如，《治安管理处罚法》第91条规定："治安管理处罚由县级以上人民政府公安机关决定；其中警告、500元以下的罚款可以由公安派出所决定。"据此，公安派出所取得了行政主体资格。再如，《税收征收管理法》第74条规定："本法规定的行政处罚，罚款额在2000元以下的，可以由税务所决定。"据此，税务所取得了行政主体资格。

派出机构与派出机关不同，主要区别在于：①设立的主体不同。派出机关是由各级人民政府设立的；而派出机构则是由各级人民政府的职能部门设立的。②职能范围不同。派出机关的职能、权限是多方面、综合性的，是对该行政区域内的各种行政事务进行管理；而派出机构的职能、权限则是某一方面的、专门性的，只对该行政领域内的某项专门行政事务进行管理。③法律地位不同。派出机关自其成立时起即取得行政主体资格；而派出机构在成立之时一般并无行政主体资格，而是要根据法律、法规的明文规定，才能判断其是否能成为行政主体。当然，派出机构只能在法定授权的范围内才具有行政主体资格，在授权范围之外，其仍然应以派出它的职能部门的名义进行行政管理。

（二）社会组织

经法律、法规的明确授权，某些事业单位、企业单位、社会团体等社会组织，也可以取得某项或某方面行政职权而成为行政主体。这些社会组织在得到法定授权前，只是一个普通的法人组织，只是在得到法律、法规明确授权以后，才取得行政主体资格。同时，这些社会组织在取得行政主体资格后，其原来所拥有的法人资格、能力及活动范围，并未受到影响或改变。目前，经法律、法规授权取得行政主体资格的社会组织主要有以下几类：

1. 经授权的事业单位。事业单位是指以社会公益事业为目的，为社会提供公共服务，由国家机关举办或者其他组织利用国有资产举办的，从事教育、科技、文化、卫生等活动的社会组织，如学校、科研机构、专业技术机构等。事业单位经法律、法规授权可以取得行政主体资格。例如，《学位条例》第8条授予高等院校颁发学位证书的职权，从而使高等院校成为行使这一职权的行政主体。法律、法规授权的事业单位的成分较为复杂，有的除了行政管理职能外没有其他职能，有的还有其他职能。

2. 经授权的企业单位。这主要是一些公用企业，如自来水公司、煤气公司、铁路运输部门、邮电部门等，这些企业根据法律、法规的规定，能够获得一定的行政职权，具有行政主体资格。此外，一些在体制改革过程中产生的行政性公司，在从事经济活动的同时，依据法规的授权，也承担着一定的行政管理职能。

3. 经授权的社会团体。社会团体是社会成员根据自愿原则，依照团体章程经法定程序成立的集合体。主要有各种学术团体、宗教团体、公益团体等。其中，公益团体常常成为法律、法规授权的对象。[1] 例如，《注册会计师法》第4条规定："注册会计师协会是由注册会计师组成的社会团体。中国注册会计师协会是注册会计师的全国组织，省、自治区、直辖市注册会计师协会是注册会计师的地方组织。"该法第二章"考试和注册"有关条文规定，中国注册会计师协会组织实施注册会计师全国统一考试，省、自治区、直辖市注册会计师协会负责注册会计师的注册工作。再如，《消费者权益保护法》第37条授予消费者协会参与有关行政部门对商品和服务的监督、检查和受理消费者的投诉并对投诉事项进行调查、调解等职权。

4. 经授权的其他社会组织。其他社会组织，如基层群众性自治组织，经过授权，可以成为行政主体。1998年11月4日第九届全国人大常委会第五次会议通过的《村民委员会组织法》（2010年修订）授权村民委员会办理本村的公共事务和公益事业，调解民间纠纷，协助维护社会治安，协助乡、民族乡、镇人民政府开展工作。

■ 第四节　非政府公共组织

在现代，随着改革政府运动在世界各国的广泛掀起和深入开展，国家行政的疆域逐渐收缩，社会公行政得以兴起，部分国家行政权开始向社会转移，呈现出权力结构调整和权力多中心化的发展趋势。正如有学者所言："伴随着社会多元化和国家民主化进程的推进，权力不断从国家返还给社会，国家垄断公共服务的局面已经被打破。国家权力已不是治理社会的唯一权力，与之并行或作为其补充互动力量的，还有非政府组织的社会权力。权力不只是集中于政府，而是部分地分配于相关的社会组织。"[2] 社会的变迁、权力结构的调整与权力的多中心化势必带来行政主体的多元化。这无疑会突破传统行政主体理论的预设框架，突破人们在通常意义上将行政主体局限于国家行政机关和法律、法规授权组织这一范围。为回应现代公共行政发展的需要，必须赋予行政主体新的

[1] 胡建淼主编：《行政法学》，复旦大学出版社2003年版，第60页。
[2] 郭道晖："权力的多元化与社会化"，载《法学研究》2001年第1期。

内涵。尽管我们仍可以将行政主体的概念表述为享有行政权，以自己的名义实施行政管理活动，并能独立承担自己行为所产生的法律责任的组织。但这里的"行政权"，已不仅仅指国家行政权力，除了国家行政权力外，还包括社会公行政权力；这里的"行政管理活动"，不仅指国家行政管理活动，还包括社会公行政管理活动。这样一来，行政主体的范围就不仅包括作为国家行政主体的行政机关和法律、法规授权的组织，而且包括作为社会公行政主体的非政府公共组织。非政府公共组织是行政主体的一种特殊类型，也属于行政法学研究的一个新课题。

一、非政府公共组织的概念与特征

非政府公共组织是在公共行政背景下新出现的一类行政主体，是依照组织的章程、决议、规约等进行自律性管理、行使自治权的组织。这种自治权属于一种公权力，这类组织进行的管理活动不属于国家行政，但属于社会公行政。在公共行政的背景下，可将行政主体的类型概括为两类三种。两类是指国家行政主体和社会公行政主体，三种是指作为职权性行政主体的国家行政机关，作为授权性行政主体的法定授权组织，作为自治性行政主体非政府公共组织。其中，作为职权性行政主体的国家行政机关和作为授权性行政主体的法定授权组织属于国家行政主体的范畴，而作为自治性行政主体非政府公共组织属于社会公行政主体的范畴。从单一的国家行政主体发展为国家行政主体与社会公行政主体并存的态势，这是国家向社会分权的结果。

非政府公共组织具有以下特征：

1. 从设立目的来看，非政府公共组织并非仅以追求自身利润最大化为目的，而是具有维护公共利益、实现社会公平的目的。其要对一定范围内的公共事务进行组织、管理与调控，配合政府实现一定的行政目标。非政府公共组织是伴随着社会转型、政府职能向社会转移而发展起来的，它们对公共事务的管理具有自治性，与国家行政主体的职能相配合，是对国家行政管理有益的配合和延伸。

2. 从权力的性质来看，非政府公共组织行使的权力并非国家行政权力，但也不是单纯的作为法人或非法人组织的"私权利"。它是一种不属于国家权力的社会公权力。同时，从非政府公共组织与其涉及的一定范围内的社会成员的关系来看，它们之间并不是一种对等的关系，而在很大程度上具有管理与被管理的性质。非政府公共组织可以按照章程、规约的有关规定对这些成员进行管理，并作出相应的处理决定。从权力的这种公共性质及其管理性讲，它与国家行政主体也有相似之处。

3. 从权力的来源来看，非政府公共组织行使的权力并非由国家法律、法规的授予，而是来自于这些组织的章程与规约。当然，非政府公共组织的章程与规约不能违反国家的宪法与法律，而是要得到国家法律的认可。

二、非政府公共组织与行政机关及法定授权组织的区别

非政府公共组织与行政机关及法定授权组织的区别实质上就是国家行政主体与社会公行政主体的区别，主要体现为：

1. 权力的来源不同。国家行政机关和法定授权组织的权力来源于国家法律，但非政府公共组织的权力不是来源于国家法律，而是来源于一定范围成员的让渡或授予，这种让渡或授予的权力通常通过组织章程或规约的形式固定下来。可见，非政府公共组织的权力既不是来自于国家法律的授予，也不是来自于国家行政机关的赋予，而是来自于一定范围内社会成员的让渡并经组织章程与规约授予。国家法律只是承认和确认了这种被授予的权力的有效性。

2. 权力的性质不同。国家行政机关和法定授权组织行使的是国家行政权，国家行政权属于国家权力；而非政府公共组织行使的是社会公行政权力，社会公行政的权力属于社会自治权。[1] 社会自治权尽管要受到国家权力的监控，但它具有独立性，不是国家权力的延伸或附庸，不属于国家权力的组成部分。从历史过程来考察，社会公行政的权力作为一种社会公权力，它先于国家行政权而产生，自有人类共同体以来就存在社会公权力，在国家产生后，绝大部分公共行政权转化为国家行政权，有时，国家行政权甚至吞噬了社会公权力。随着社会的发展，国家最终会消亡，国家权力也会随之消失，但社会公权力仍将存在。在现代政治国家中，社会公行政权有两种表现形式或渊源：①国家行政权转化为社会公行政权力，是政府向社会还权、分权的结果；②原初意义的社会公权力，即国家行政权产生之前就存在的以及随着社会发展而新生的社会公行政权力。

3. 管理的事务不同。随着社会转型，政府向社会放权，国家行政职能向社会转移是一种历史发展趋势，但在目前和今后一个较长的时期内，国家行政在公共行政中不可避免地仍占主导地位。国防、外交、社会治安、经济的宏观调控等行政职能只能由国家行政机关行使，对于其中的某些职能，如社会治安等，非政府公共组织虽可协助行使，但基本的行政主体只能是国家行政机关。国家转移给社会的只能是部分公共行政管理职能而不可能是全部或主要的公共行政管理职能。[2] 因此，政府虽已不是公共行政的唯一主体，但它仍是公共行政的

---

[1]　石佑启：《论公共行政与行政法学范式转换》，北京大学出版社 2005 年版，第 151 页。
[2]　姜明安："新世纪行政法发展的走向"，载《中国法学》2002 年第 1 期。

核心主体。目前，相对于政府来讲，非政府公共组织只是起到拾遗补阙的作用。但随着非政府公共组织发育程度的提高和自治能力的增强，其管理的公共事务的范围会越来越大。

在管理公共事务的职能分工上，一般地说，宏观方面的管理职能或全局性的关键事务的管理，更多地应由政府来承担，特别是国防、外交事务，以及重大法规、规章与政策的制定，只能由政府来完成。微观方面的管理事务，政府可以承担一部分，但更多的可以交给非政府公共组织来做。愈是接近基层方面的公共事务，愈可让相关的非政府公共组织来完成。

4. 责任的归属不同。行政机关和法定授权组织享有国家行政权，以自己的名义实施行政管理活动，并承担由自己的行为所产生的法律责任。但值得注意的是，在我国，行政机关和法定授权组织代表国家行使行政权，可以参加行政诉讼并成为行政诉讼的被告，但它所承担的是一种形式意义而不是实质意义上的责任，行政机关的经费均来自国家财政，其本身无独立的财产。我国法律规定，承担行政赔偿责任的主体是国家，赔偿费用由国家承担，列入各级财政预算。行政机关或法定授权组织违法行使职权侵犯相对人合法权益而引起国家赔偿的，其只作为赔偿义务机关代表国家履行赔偿义务。

而非政府公共组织这类新型行政主体以自己的名义行使公权力并承担相应的法律后果。其行使社会公权力从事自主性的管理活动，引起纠纷时，可以作为行政诉讼的被告，并可以成为行政赔偿的赔偿义务机关。但非政府公共组织进行自治管理，其行使的不是国家行政权，引起赔偿时，不能由国家承担赔偿责任，赔偿费用不能由国库开支。从理论上讲，非政府公共组织应以自己独立的财产和经费履行赔偿义务，承担赔偿责任。从现实状况来看，非政府公共组织作为社会公行政主体，其经费来源比较复杂，有的是国家资助，有的是成员缴纳，有的是因开展服务活动获取的收入，也有的是兼而有之。[1]

三、非政府公共组织的功用

（一）适应社会变迁的需要，实现公共职能的分化与重新整合

政府所承担的公共事务管理职能是处于不断的调整变化之中的。"这种变化取决于一国统治阶级的政治抉择，取决于社会发展的客观需要。"[2] 20 世纪 70 年代末 80 年代初，为应对现代行政管理内容的不断扩张，减轻政府的压力，增强政府的效率、活力和竞争力，世界各国兴起了一场公共行政改革运动，重新

〔1〕 石佑启："论公共行政之发展与行政主体多元化"，载《法学评论》2003 年第 4 期。
〔2〕 吕凤太：《社会中介组织研究》，学林出版社 1998 年版，第 8 页。

思考政府与市场、国家与社会的关系，在国家行政视野之外，寻求国家干预、市场调节与社会自治的有机、有效结合。

中国自 1978 年以来，也发生了全面而深刻的变革。这场以"市场化"为主导的改革以经济领域为突破口，进而引发出社会领域的变革，使得中国社会结构出现重大调整。这预示着全能国家的逐步解体，以及社会、市场要素的重新分化与整合，并促使传统政府垄断"公共职能"的行政模式得以瓦解，新的适应市场需求的行政体制正逐渐建立起来。这种公共职能的分化与重新整合为社会公行政及非政府公共组织的发展开辟了空间。社会公行政的崛起，可以说是政府为适应经济社会发展和行政管理事务扩张的需要，实现由集权走向分权、由封闭走向开放的必然结果。因为随着社会经济、文化生活的发展，国家职能日益增多，行政的活动领域日渐扩张，单纯的国家行政、权力行政已经不能适应现代社会的需求，行政民主化、灵活化、多样化成为一种必然的发展趋势。伴随这一趋势出现的是行政分散化与行政分权制度，即将复杂的行政事务以地域或事务为标准分配给其他组织，在自主管理、自负其责的前提下，建立科学、合理的国家监控制度。随着这种分权制度的落实，在国家行政机关这一行政主体之外，涌现出大量的其他社会组织（如行业组织、社区组织等），在其各自职能范围之内从事着有关公共事务的管理，为社会提供公共产品和公共服务，成为现代公共行政不可或缺的主体。

（二）克服国家行政异化的弊端，发挥多元主体共同治理的优势

在行政国家或全能政府状态下，为了弥补市场与社会功能的缺陷，强调国家干预，国家行政的范围不断扩大并空前膨胀，在社会生活中，国家行政居于绝对主导地位，而社会公行政全面萎缩。行政国家、全能政府的产生，有其历史必然性和合理性的一面，但在其运作过程中，有可能一步一步演变成"阻碍人的发展，甚至摧残人的魔域"，这就出现了国家行政异化的现象。异化的结果主要表现为：行政权对民主、自由和人权的威胁；腐败和滥用权力；官僚主义和效率低下；人、财、物资源的大量浪费；人的生存能力和创造能力的退化等。[1] 克服国家行政异化的有效选择之一就是走公共行政之路，实行公共管理的分散化与非垄断化，培养、扶持政府之外的其他公共组织参与公共事务的管理和公共服务的提供。现代公共行政强调，公共事务的管理主体并非只有国家，多元的社会主体都可以发挥各自的优势，参与到公共事务的管理中来，有的甚至可以承接部分公共管理职能，以此来满足社会对公共服务的多元化需求，并

---

[1] 姜明安："新世纪行政法发展的走向"，载《中国法学》2002 年第 1 期。

可弥补政府组织官方色彩过浓、行政效率低下、资源浪费严重等弊端。

同时，多元主体实行优势互补、进行共同治理，有助于资源合理利用，增强公民的主体地位、权利意识与参与能力。与国家单向的、命令式的管理相比，公民更乐于参与自治性组织，实现自我管理。因为在这种管理模式下，强调的是共同参与、多元合作和协调自治的精神，有助于满足公民多样化与个性化的权利与利益需求。有学者指出：“团体自我管制的方法非常有效，与国家的进入相比，社会成员更乐意接受团体的自我管制。”[1] 姜明安教授认为，“国家行政管理由于国家权力的坚硬外壳和与行政相对人的相对较远距离，以及国家机关内部的复杂结构，容易产生官僚主义和腐败，社会公共组织的自治管理则与相对人保持着最小距离和给予相对人最大的透明度，管理者处于被管理者近乎随时随地的监督之下，从而较易于防止或避免官僚主义和腐败。另外，社会自治管理的成本要大大小于国家行政管理。正是由于这些缘故，在许多国家，社会自治管理在 20 世纪初期或中期以后得到较大发展，部分国家行政管理职能向社会公共组织转移”。[2]

（三）彰显非政府公共组织的特色，优化公共行政的效能

非政府组织（NGO）在全球范围内的广泛兴起，构成了一场“全球社团革命”，它对社会治理方式、市场运行机制、权力和资源配置、文化价值观和社会秩序都产生了不可低估的深刻影响。[3] 美国学者埃利诺·奥斯特罗姆（Elinor Ostrom）指出：“当公共行政的中心问题被作为公众利益及其服务来考虑时，组织的选择形式在范围和程度上就有可能获得不同于官僚结构的功能和作用。官僚结构是必要的，但对公共组织及其服务并非十分有效。”[4] 有些社会事务是政府不能或不愿做、不该做的，非政府组织正好填补了这个空白，其利用自身的资源优势，运用自主的社会权力，解决社会成员的一些问题，可以减轻国家权力的负担，在有些方面可以比政府做得更好。非政府组织的崛起还可以改变国家权力过度集中的局面，使权力多元化和社会化。[5]

非政府公共组织在政府与公民之间架起了一座互动的桥梁，它能促成政府与公民在平等的基础上进行沟通对话，增强公民与政府对话的力度，缩短政府与公民之间的空间与心理距离，使公民的权利和利益诉求能够理性地、有效地

---

[1]　张静：《法团主义》，中国社会科学出版社 1998 年版，第 122 页。

[2]　姜明安：“新世纪行政法发展的走向”，载《中国法学》2002 年第 1 期。

[3]　马长山：“NGO 的民间治理与转型期的法治秩序”，载《法学研究》2005 年第 4 期。

[4]　［美］V. 奥斯特罗姆：《美国行政管理危机》，江峰、刘霞等译，北京工业大学出版社 1994 年版，第 23 页。

[5]　郭道晖：“权力的多元化与社会化”，载《法学研究》2001 年第 1 期。

进入政府行为视野，促进政府与公民互动协调和信任合作，实现善治。政府对公民的管理在非政府公共组织的缓冲和调节作用下运行，可以避免和减少政府与公民之间的矛盾及冲突，增进双方关系的和谐；一定范围的公民可以借助非政府公共组织的力量构成对政府有效的制约，防止权力腐败，增进行政民主。同时，非政府公共组织能够通过其社会活动，培养人们自律自强的精神和民主参与的理念，提高人们自主解决问题的能力。在进行自律、自治性的管理活动中，非政府公共组织更多地实施的是非强制性行为，运用灵活多样的、公众认同的而不仅仅是命令与强制的手段实施对公共事务的有效治理。它主要是依据参与者的同意或协商来开展行政活动，受契约理念的支配，以协商、沟通、说服、诱导和提供良好服务的方式进行工作，容易与其成员之间形成合作互动的关系，容易得到其成员的支持和配合，因此，有助于顺利实现自治目标，降低行政成本，从而优化整个公共管理的效能，实现提供公共服务与增进社会效益之间的良性循环。

当然，非政府公共组织这类新型行政主体的兴起与发展，需要政府的培育与扶持，还有赖于法律制度的健全与完善。政府在对非政府公共组织进行管理和监督的过程中，要依法行事，避免政府行政权力的扩张对非政府组织的任意干预。同时，政府要在法律规定的框架内，采取平等的姿态与非政府公共组织共同管理社会事务。政府在保障其对非政府公共组织正确监管和引导的前提下，要主动地、有意识地收缩自己的权力，将社会微观管理的权力还给社会，从而为非政府公共组织的发展提供更为广阔的空间。[1] 同时，还要加强制度建设，通过立法对政府与非政府公共组织的职能与权限进行恰当划分，确保非政府公共组织公共行政职能的确立和到位，并对其行为的独立性、自主性予以保障，为非政府公共组织作用的有效发挥提供合法性基础，也防止其偏离法治的轨道。

【思考题】

1. 什么是行政主体？
2. 行政主体有哪些行政职权？
3. 法定授权组织有哪些类型？
4. 非政府公共组织与行政机关有哪些区别？

---

[1]　柏晶伟："'构建和谐社会与民间组织发展'研讨会综述"，载《中国经济时报》2005年6月21日。

第五章

行政公务人员

■ 第一节　行政公务人员概述

一、行政公务人员的概念

行政公务人员是指依法享有行政职权或受行政主体委托，能以行政主体的名义执行行政公务，其行为后果归属于行政主体的个人。这一概念可从以下几方面理解：

1. 行政公务人员是个人而不是组织。行政公务人员在结构形态上是自然人，而不是法人或其他组织。具体地说，行政公务人员包括国家行政机关公务员和其他行政公务人员。后者是指那些虽不具有国家公务员身份，但经行政主体委托或认可，代表行政主体行使行政职权的个人。

2. 行政公务人员代表行政主体，以行政主体的名义进行行政管理与服务活动。这是由行政公务人员与行政主体之间基于法律规定的行政职务关系或者行政委托关系所决定的。行政公务人员代表行政主体行使行政职权，该权力并不归属于公务人员个人，不能以公务人员个人的名义行使。行政公务人员实施职务行为时，应当以行政主体的名义进行并出示有效证件表明其公务人员身份。

3. 行政公务人员执行行政公务的法律效果由其所代表的行政主体承担。基于行政主体与公务人员之间的行政职务关系，一方面，行政公务人员实施的职务行为视为行政主体的行为，对行政主体具有约束力；另一方面，该行为所产生的效果无论是积极效果还是消极效果，名义上都归属于行政公务人员所代表的行政主体，而不归属于行政公务人员个人。[1]

---

〔1〕　杨解君：《行政法学》，中国方正出版社 2002 年版，第 156 页。

二、行政公务人员的范围

行政公务人员包括国家行政机关公务员和其他行政公务人员两部分。

（一）国家行政机关公务员

依照 2005 年 4 月 27 日第十届全国人民代表大会常务委员会第十五次会议通过的《中华人民共和国公务员法》（以下简称《公务员法》）第 2 条的规定，国家公务员是指依法履行公职、纳入国家行政编制、由国家财政负担工资福利的工作人员。国家公务员的范围包括在国家权力机关、行政机关、审判机关、检察机关、执政党机关、人民政协、民主党派机关中任职的除工勤人员以外的工作人员，其中，国家行政机关公务员属于国家公务员的一部分。

国家行政机关公务员，是指依法在中央和地方各级国家行政机关中任职，行使国家行政权，执行国家行政公务的工作人员。国家行政机关公务员是行政公务人员中最主要的组成部分。其特征如下：

1. 国家行政机关公务员任职于国家行政机关，属于国家行政机关行政编制之内的人员。这里的国家行政机关既包括中央行政机关，也包括地方各级行政机关。

2. 国家行政机关公务员是在国家行政机关中行使国家行政权力，执行国家公务的人员。行政职务是公务员之所以成为公务员的基础，公务员只有担任国家行政职务才能行使行政职权，执行行政公务，并且履行相应的行政职责。[1]国家行政机关中的工勤人员，不具有行政职务，不能行使行政权力，被排除在国家公务员范围之外。

3. 国家行政机关公务员是经过法定的方式和程序任用的国家行政机关的工作人员。根据宪法、组织法和公务员法的规定，国家行政机关公务员的任用方式主要有选任、委任、考任和聘任等四种，而且每种任用方式都有其相应的法定程序。国家行政机关公务员身份的取得必须依照法定的方式，经过法定的程序。

国家行政机关公务员按照任期和任用方式的不同分为：①各级人民政府的组成人员，他们在产生方式上由同级国家权力机关选举或决定，有一定的任期限制，依照宪法和组织法进行管理。②各级人民政府组成人员以外的公务员，这是国家行政机关公务员中的主要部分，其产生的方式有委任、考任和聘任等，一般没有任期限制，依照《公务员法》等法律规范进行管理。[2]

---

〔1〕 胡建淼主编：《行政法学》，复旦大学出版社 2003 年版，第 64 页。
〔2〕 方世荣、石佑启主编：《行政法与行政诉讼法》，北京大学出版社 2005 年版，第 83～84 页。

（二）其他行政公务人员

其他行政公务人员，是指除国家行政机关公务员之外，其他执行行政公务的人员。具体包括：①行政机关非固定性借用的执行公务的人员；②在紧急情况下，经行政机关认可而协助执行公务的人员；③在法律、法规及规章授权的组织中不属于国家行政编制，也不由国家财政负担工资福利的执行公务的人员；④在受行政机关委托的组织中行使行政职权的人员；等等。

原则上，行政公务人员应当具有国家公务员的身份，但是由于行政管理活动的复杂性及技术性等要求，国家行政机关公务员以外的人员也常受行政主体委托从事行政管理和服务活动，成为行政公务的实施者。他们虽然不具有国家公务员的身份，但其执行行政公务时与国家公务员处于基本相同的法律地位，不过两种行政公务人员仍具有一定的区别。[1] 主要体现在：

1. 所在组织不同。国家行政机关公务员在行政机关系统中担任行政职务，执行行政公务，其所在组织是行政机关；其他行政公务人员一般在被授权组织或受委托组织中依法行使行政职权，执行法定授权或委托的行政公务，其所在组织是非行政机关系统的组织。

2. 确定身份的法律依据不同。国家行政机关公务员依照宪法、组织法和公务员法规定的标准予以确认其公务员身份；其他行政公务人员则以其他法律、法规和规章的授权或行政机关的依法委托作为标准确定其公务员身份。

3. 身份范围不同。国家行政机关公务员，是指依法任职于国家行政机关，行使国家行政权，执行国家公务的人员；而其他行政公务人员，一般是指在被授权组织或受委托组织中工作，依法定授权或行政主体委托而执行行政公务的人员。

三、行政公务人员的权利义务

行政公务人员的法律地位主要是通过其法定的权利和义务体现出来的。行政公务人员的权利和义务包含两个层次：①作为普通公民所具有的权利和义务；②作为行政公务人员基于其行政职务而具有的权利和义务。我国《公务员法》对行政机关公务员的权利和义务作了明确规定，其他行政公务人员的权利和义务参照《公务员法》的规定。

（一）行政公务人员的权利

行政公务人员的权利，是指国家法律对行政公务人员可以享有某种利益或者可以作出某种行为的许可和保障。行政公务人员享有下列权利：①身份保障权，即作为行政公务人员的身份和职务受法律保障，非因法定事由、非经法定程序，不被免职、降职、辞退或者处分；②执行职务权，即行政公务人员有权依法执行职务，获得履行职责应当具有的工作条件；③工资福利权，即行政公务人员有权获得工资报酬，享受福利、保险待遇；④参加培训权，即行政公务人员有权参加政治理论和业务知识的培训；⑤批评建议权，即行政公务人员有权对行政机关工作和领导人员提出批评和建议；⑥申诉、控告权，即行政公务人员的合法权益被侵犯或受到不公平待遇时，有权向有关机关提出申诉或控告；⑦辞职权，即行政公务人员因主观或客观原因不愿意继续担任现职或公职，有权根据法定条件和法定程序辞职；⑧宪法和法律规定的其他权利。

（二）行政公务人员的义务

行政公务人员的义务，是指国家法律对行政公务人员必须作出一定行为或不得作出一定行为的约束和限制。即国家通过法律规定行政公务人员所应该履行的某种职责，其目的是保证行政公务人员能在国家法律规定的范围内准确行使职权，忠实执行国家公务，不得滥用权力。行政公务人员必须履行下列义务：①遵守法律的义务，即行政公务人员必须遵守宪法和法律，不得违宪、违法；②依法执行职务的义务，即行政公务人员必须按照规定的权限和程序认真履行职责，努力提高工作效率；③接受监督的义务，即行政公务人员依法行使职权，全心全意为人民服务，同时必须接受国家、社会和公民的监督；④服从命令的义务，即行政公务人员执行职务，必须服从和执行上级依法作出的决定和命令；⑤保守秘密的义务，即行政公务人员对了解并利用属于国家秘密和工作秘密的资料应当守密，防止泄密；⑥忠于职守的义务，即行政公务人员在从事公务的过程中，要坚持原则，忠于职守，勤勉工作，尽职尽责；⑦维护国家利益的义务，即行政公务人员必须随时注意维护国家的安全、荣誉和利益；⑧廉洁奉公，不得从事与职务相悖的活动的义务，即行政公务人员应当公正廉洁、克己奉公，不得利用职权谋取私利，不得从事与公共利益相悖的活动，如不得经商、办企业和参与其他营利性的经营活动；⑨宪法和法律规定的其他义务。

■ 第二节　行政职务关系

本节主要以行政机关公务员为例，分析和阐述行政职务关系。

一、行政职务关系的概念与特征

行政职务关系，是指行政机关公务员基于一定的行政职务在任职期间与国

第五章

家行政机关之间所形成的权利和义务关系。行政职务关系与公民作为行政机关公务员的身份和资格相联系，当某一普通公民依照法定的方式和程序被录用而任职于国家行政机关的某个行政职位时，就形成了该公务员与该行政机关之间的行政职务关系，从而使其取得了能够代表相应行政机关实施行政管理与服务行为的资格。行政职务关系具有以下特征：

1. 行政职务关系本质上是一种基于法律规定的行政指定代理关系。行政职务关系不是经双方当事人协商而形成的关系，它是"法定"的权利义务关系，公民依法定的途径和程序进入公务员队伍，行政机关依法授予其相应的职权和职责。作为公务员必须代表行政机关依法行使与其行政职务相称的职权，不得滥用职权或超越职权范围，否则将被追究法律责任。行政职务关系不是一种委托关系，因为委托关系的成立是基于双方主体的合意（委托与接受委托）。

2. 行政职务关系属于内部行政法律关系。行政职务关系的双方当事人，即国家行政机关和国家行政机关公务员，都属于行政组织系统内部的主体。这种内部行政法律关系具有如下内容：①行政机关的职权、职责和优益权溯及至行政公务人员；②行政机关有权对行政职权、职责进行"再分配"；③行政公务人员执行公务，应符合行政机关意志，以行政机关名义进行，所引起的法律效果由行政机关承受；④行政机关承担违法责任后，可对有故意或重大过失的行政公务人员追究相关的行政责任或予以追偿；⑤行政机关可在法律范围内规定行政公务人员的纪律，并行使监督和奖惩权。[1]

3. 行政职务关系是一种特殊的劳动法律关系。行政机关公务员在行政机关任职，从事行政管理与服务，执行国家公务，其本身也是一种"劳动"，公务员以此劳动获取报酬和其他相关待遇，作为本人和家庭的基本物质生活来源。同时，在行政职务关系中，包含有与其所承担的行政职务相适应的劳动报酬和福利待遇等内容。但行政职务关系的主体、内容及其产生、变更、消灭等都与普通的劳动法律关系有别，是一种特殊的劳动法律关系。

二、行政职务关系的类型

行政职务关系以行政职务为基础，在行政机关公务员与所属行政机关之间形成一种权利和义务关系。在这种关系中，国家行政机关的权利和义务与行政机关公务员的义务和权利往往具有对应性。行政机关公务员在依法享有权利、拥有法律赋予的履行其职责的各种手段的同时，也负有应忠实地履行其职责的

---

[1]　参见杨解君：《行政法学》，中国方正出版社2002年版，第159页。

义务。对国家行政机关来说，一方面要给行政机关公务员提供完成工作的各种条件；另一方面，国家行政机关有权力也有义务监督行政机关公务员履行职责，并对其违法失职的行为依法予以惩戒。

行政职务关系的范围非常广泛，根据有关公务员法律规范的规定，大致可以分为两类：

（一）人事管理关系

由于国家行政机关公务员对外执行公务代表的是行政机关，所以，为了确保其有效地行使职权，忠实地履行职责，行政机关必须对隶属于自己的公务员进行组织上的管理。基于这种组织上的管理与被管理，行政机关和其公务员之间形成了特定的权利和义务关系，这种特定的人事管理权利和义务关系，具体包括以下内容：

1. 国家行政机关与其公务员之间的职务任用关系。以行政机关的职位分类为基础，公务员在行政机关担任一定的行政职务是他与行政机关之间形成行政职务关系的前提和基础。同时，由于一定的法律事实出现，公务员既得的行政职务还可能会发生变化，甚至丧失。因此，根据公务员法律规范的相关规定，国家行政机关与其公务员之间的职务任用关系具体涉及考试录用、职务任免、职务升降和辞职辞退、退休等方面。

（1）考试录用。考试录用是指依法定程序和方法，通过公开考试，将符合一定条件的人员吸收为国家公务员，并担任某种行政职务的制度。国家公务员，原则上采取公开考试、严格考察、平等竞争、择优录取的办法，按照任人唯贤、德才兼备的标准，录用符合一定条件的人到国家行政机关中担任主任科员以下及其他相当职务层次的非领导职务的国家公务员。考试录用的程序如下：发布招考公告；对报考人员进行资格审查；组织资格合格者进行公开考试；对考试合格者进行德才情况考核；根据考试、考核结果确定拟录用人员名单，报有关人事部门审批。

（2）职务任免。职务任免是指依法定程序，任命或免除国家公务员担任某一行政职务，以确认或解除该公务员与国家行政机关之间的某种职务关系，包括任职与免职两个方面。根据我国《公务员法》的规定，公务员职务实行选任制和委任制。领导成员职务按照国家规定实行任期制。选任制公务员在选举结果生效时即任当选职务，任期届满不再连任，或者任期内辞职、被罢免、被撤职的，其所任职随即终止。委任制公务员遇有试用期满考核合格、职务发生变化、不再担任公务员职务以及其他需要任免职务的情形，行政机关应当按照管理权限和规定的程序任免其职务。公务员任职必须在规定的编制限额和职数内进行，并有相应的职位空缺。

第五章

（3）职务升降。包括职务晋升和降职两个方面。职务晋升，即指公务员由原来较低的职务升到另一个较高的职务；降职，则是指公务员由原来较高的职务降任到另一个较低的职务。根据我国《公务员法》的规定，公务员晋升职务，应当具备拟任职务所要求的思想政治素质、工作能力、文化程度和任职经历等方面的条件和资格。公务员晋升职务，应当逐级晋升。特别优秀的或者工作特殊需要的，可以按照规定破格或者越一级晋升职务。公务员在定期考核中被确定为不称职的，按照规定程序降低一个职务层次任职。公务员的职务升降制度，对于保障国家公务员队伍充满活力、激励国家公务员奋发进取具有重要意义。

（4）辞职辞退。辞职，是公务员本人提出申请，按法定程序辞去现任职务，以解除其与行政机关的职务关系的法律行为；辞退，则是国家行政机关依法单方面解除公务员职务的一种行政行为。辞职是公务员所享有的一项权利，而辞退则是国家行政机关所行使的一项权力。公务员辞职或被辞退都应符合法定的条件和程序。建立国家公务员的辞职辞退制度，有利于保障公务员择业和行政机关择人的权力，有利于保障行政公务员的合理流动、优化公务员素质、促进行政机关和公务员廉政勤政。

（5）退休。公务员退休是指公务员达到一定的年龄、工作年限或者丧失工作能力而按照国家规定办理手续，退出工作岗位，并享受一定数额的养老保险金。国家公务员退休方式有两种：自愿退休和强制退休。自愿退休是指国家公务员在具备了法定的最低退休条件后，可以自愿申请退休。强制退休，也称法定退休，是指达到法定的最低退休年龄或确已丧失工作能力而被命令退休。公务员退休后，享受国家规定的退休金和其他待遇，国家为其生活和健康提供必要的服务和帮助，鼓励退休公务员发挥个人专长、参与社会事务。

2. 国家行政机关与其公务员之间的奖惩关系。为了鼓励先进、鞭策落后，真正形成公务员的激励竞争机制，国家行政机关可对公务员采取一定的奖惩措施。奖惩关系包括奖励和惩戒两个方面，两者目的是共同的，都是为了调动行政公务员的工作积极性和创造性，防止和纠正公务员的行政违法失职行为，提高公务员的管理服务水平。

（1）奖励。奖励是指国家行政机关依法对作出显著成绩和贡献或者有其他突出事迹的国家公务员给予物质或精神上的鼓励。公务员符合受奖条件的，行政机关应当对其给予精神或物质方面的奖励。奖励应当坚持精神奖励和物质奖励相结合的原则，相应地，对行政公务员的奖励方式也分两种：①精神奖励，包括嘉奖、记功（三等功、二等功、一等功）和授予荣誉称号；②物质奖励，包括发放奖品和奖金、晋升职务工资档次。行政公务员获得奖励后，如有违法、违纪行为的，原申报机关报请审批机关批准，可撤销对该公务员的奖励。

（2）惩戒。惩戒是指法律规定国家公务员应当遵守的纪律，公务员如有违法、违纪或失职行为，则要受到相应行政处分。公务员应当遵守的纪律包括四个方面，即政治纪律、工作纪律、廉政纪律和其他纪律（如遵守社会公德）。公务员如违纪，行政机关将视其情节，分别给予警告、记过、记大过、降级、撤职和开除等处分。除行政处分外，行政公务员以公民身份实施的个人行为，如违反有关行政法规范，还应受到行政处罚；违法违纪情节严重，构成犯罪的，还要追究其刑事责任。

3. 其他人事管理关系。国家行政机关与公务员之间的其他人事管理关系包括考核、培训、交流、回避以及申诉控告等方面，它们同样由公务员法律规范所规定。

（1）考核。考核是指国家行政机关依照法定程序对公务员的思想品德、工作能力、态度和成绩等进行考察和评价，并以此作为对公务员进行奖惩、培训、辞退以及调整职务级别和工资的依据。考核应当坚持客观公正原则，实行"两个结合"的考核方法，考核种类分为平时考核和定期考核，定期考核以平时考核为基础。考核的内容，按照管理权限，全面考核公务员的德、能、勤、绩、廉等方面，重点考核工作实绩。考核的结果分为优秀、称职、基本称职和不称职四个等次。定期考核的结果作为调整公务员职务、级别、工资以及公务员奖励、培训、辞退的依据。公务员在定期考核中被确定为不称职的，按照规定程序降低一个职务层次任职。

（2）培训。培训是指国家行政机关根据经济、社会发展和提高公务员素质的需要，按照公务员工作职责的要求和有关规定，有计划、有组织地对公务员进行以提高其业务能力为主要目的的分级分类的培养和训练。接受培训，既是公务员的一项权利，同时也是公务员的一项义务。公务员的培训，包括职前培训和在职培训，具体分为四类：①初任培训；②任职培训；③专门业务培训；④更新知识培训。培训实行登记管理，行政机关应当将公务员培训情况、学习成绩作为公务员考核的内容和任职、晋升的依据之一。

（3）交流。交流是指根据工作需要或公务员的个人愿望，变换公务员的工作岗位，以进行人员合理流动。公务员交流制度可以扩大公务员的实践范围，开阔视野，优化人员配置，克服官僚主义，防止久居一位而形成的各种关系网和特权思想。公务员交流可以在系统内部进行，也可以与国有企业、事业单位、人民团体和群众团体中从事公务的人员进行交流。交流的方式包括调任、转任和挂职锻炼。公务员应当服从行政机关的交流决定。公务员本人申请交流的，行政机关应按照管理权限审批。

（4）回避。回避是指国家为保证行政机关公务员廉洁奉公、公正执行公务，不因亲属等因素对公务活动产生不良影响，行政机关对公务员所任职务、任职地点和执行公务等方面作出一定的限制。所以，回避是公务员的一项义务，在存在需要回避的情形时，公务员必须回避。回避制度包括任职回避、公务回避和地域回避。任职回避是指公务员之间有夫妻关系、直系血亲关系、三代以内旁系血亲关系以及近姻亲关系的，不得在同一机关担任双方直接隶属于同一领导人员的职务或者有直接上下级领导关系的职务，也不得在其中一方担任领导职务的机关从事组织、人事、纪检、监察、审计和财务工作。公务回避是指公务员执行公务时，出现与本人有利害关系或与本人有夫妻关系、直系血亲关系、三代以内旁系血亲关系以及近姻亲关系人员的利害关系的情形，必须回避。地域回避是指公务员担任乡级机关、县级机关及其有关部门主要领导职务的，一般不得在原籍任职，应实行地域回避，法律另有规定的除外。

（5）申诉控告。公务员享有的权利同普通行政相对人的权利一样，可能会受到行政机关违法或不当行为的侵害，因此，需要为公务员提供相应的救济途径。对公务员的权利提供保障和救济途径是《公务员法》的重要内容。申诉控告既是公务员依法享有的一项重要权利，也是公务员寻求权利救济的有效途径。公务员对行政机关作出的、涉及本人权益的行政处理决定不服，可依法要求有关机关重新处理；对国家行政机关及其领导人员侵犯其合法权益的行为，可向有关行政机关和行政监察机关提出控告。根据我国《公务员法》的规定，公务员对涉及本人的下列人事处理不服的，可以自知道该人事处理之日起 30 日内向原处理机关申请复核；对复核结果不服的，可以自接到复核决定之日起 15 日内，按照规定向同级公务员主管部门或者作出该人事处理的机关的上一级机关提出申诉；也可以不经复核，自知道该人事处理之日起 30 日内直接提出申诉：①处分；②辞退或者取消录用；③降职；④定期考核定为不称职；⑤免职；⑥申请辞职、提前退休未予批准；⑦未按规定确定或者扣减工资、福利、保险待遇；⑧法律、法规规定可以申诉的其他情形。对省级以下机关作出的申诉处理决定不服的，可以向作出处理决定的上一级机关提出再申诉。行政机关公务员对处分不服向行政监察机关申诉的，按照我国《行政监察法》的规定办理。

（二）特别劳动法律关系

公务员在自己的工作岗位上履行了职责、付出了劳动就应获取相应的报酬，作为其生活的基本物质保障。所以，公务员与行政机关形成一种劳动法律关系。由于这一关系双方当事人身份的特殊性，与一般劳动法律关系相比它也具有特定之处。公务员与行政机关之间的特别劳动法律关系主要体现在下述三项制度之中：

1. 公务员的工资。公务员工资是公务员的基本劳动报酬。公务员工资包括基本工资、津贴、补贴和奖金。基本工资是工资结构的主体，津贴、补贴和奖金是工资的辅助部分。公务员按照国家规定享受地区附加津贴、艰苦边远地区津贴、岗位津贴等津贴。公务员按照国家规定享受住房、医疗等补贴、补助。公务员在定期考核中被确定为优秀、称职的，按照国家规定享受年终奖金。公务员工资应当按时、足额发放。公务员的工资水平应当与国民经济发展相协调、与社会进步相适应。国家实行工资调查制度，定期进行公务员和企业相当人员工资水平的调查比较，并将工资调查比较结果作为调整公务员工资水平的依据。

2. 公务员的福利。公务员按照国家规定享受福利待遇。国家根据经济社会发展水平提高公务员的福利待遇。公务员的福利主要包括行政机关为其提供的住房、交通等便利或补助以及各种带薪休假和培训进修等。在公务员住房、交通方面，我国过去都由行政机关全包下来，直接向公务员提供，现在则逐步改为由公务员自己出钱购房、乘车，行政机关仅提供补助（并相应地增加工资，改变过去的"低工资"政策）。在休假方面，公务员实行国家规定的工时制度，按照国家规定享受休假。公务员除享受各种节假日外，还根据职务和任职年限，享受一定的带薪年休假。公务员在法定工作日之外加班的，应当给予相应的补休或加班费。在培训进修方面，行政机关通常为公务员提供各种脱产或不脱产，定期或不定期的带薪学习机会。

3. 公务员的保险。国家建立公务员保险制度，保障公务员在退休、患病、生育、失业等情况下获得帮助和补偿。公务员的保险主要包括退休养老保险、疾病医疗保险、伤残死亡保险、女公务员的生育保险以及因行政机关压缩编制、裁减工作人员而失去工作和工作报酬的保险等。公务员的保险费主要由国家各级财政分担，公务员不分担或只分担很小的部分。公务员享受的保险待遇不仅及于本人，根据有关规定，如果其失去劳动能力或死亡，还及于由他们抚养的直系亲属。至于保险待遇标准，则根据公务员的工龄、职务和其他法定条件，由相应行政机关具体规定。

三、行政职务关系的产生、变更与消灭

（一）行政职务关系的产生

行政职务关系因公民经过法定方式被任用为行政公务员，取得国家公务员资格而形成。根据宪法、组织法和公务员法的规定，行政职务关系通常通过选任、委任、考任和聘任等几种方式产生。

1. 选任。即由国家权力机关通过选举，确定任用对象的任用方式，它适用于需要根据民意产生的人员的任用。国外许多国家的政府首脑和内阁成员，大都采取选任的任用方式。我国公务员中的各级政府组成人员，也实行选任制，

即由各级人民代表大会及其常委会选举产生或决定任命。例如，根据我国宪法和地方组织法的规定，地方各级人民代表大会分别选举本级人民政府的省长、副省长，自治区主席、副主席，市长、副市长，州长、副州长，县长、副县长，乡长、副乡长，镇长、副镇长。

2. 委任。即由国家权力机关或国家行政机关在任免权限范围内，直接确定公务人员的任用人选，委派其担任一定职务的任用方式，其实质是由上级领导直接决定任用人选。例如，根据《宪法》的规定，在全国人民代表大会闭会期间，全国人民代表大会常务委员会有权根据国务院总理的提名，决定任免国务院的组成人员，决定任免驻外全权代表；国务院有权任免各委员会副主任、各部副部长、国务院副秘书长、各办公室的正副主任等。

3. 聘任。即由行政机关通过招聘渠道或资格审查聘请任用公务员，从而形成行政职务关系。某些专业性或技术性很强的职位上任用公务员，一般实行聘任制。

4. 考任。即通过公开考试、择优录取的原则来选拔、任用公务人员。对担任主任科员以下非领导职务的国家公务员，采取考试录用方式。

（二）行政职务关系的变更

行政职务关系的变更，是指公务员在任职期间，因某种法律事实的出现而使行政职务关系的内容部分地发生变化，表现为具体行政职权、职责等内容扩大、减少或转移的过程及其事实。[1] 行政职务关系的变更并没有改变公务员的身份，只是引起其具体权利与义务的某些变动。导致行政职务关系变更的法律事实主要有：

1. 转任。即国家公务员因工作需要或者其他正当理由在国家行政机关系统内部的平级调动，包括跨部门、跨地区调动。

2. 升职。即公务员所任职务的升迁。它意味着公务员在行政部门地位的上升、职权的增大和责任的加重，也伴随着工资、福利等方面待遇的提高。

3. 降职。即公务员所任职务的下降。它意味着公务员在行政部门地位的降低、职权和责任范围的缩小，以及工资、福利等方面待遇的相应减少。

4. 撤职。即指有权机关依法对违法失职公务人员所作的一种行政处分。它是一种单方性的行政制裁措施。

（三）行政职务关系的消灭

行政职务关系的消灭，是指由于发生某些事件或行为致使行政职务关系不

---

〔1〕　胡建淼主编：《行政法学》，复旦大学出版社 2003 年版，第 64 页。

能继续存在。行政职务关系消灭的主要原因有：

1. 辞职。辞职是公务员本人提出申请，按法定程序辞去现任职务，以解除其与行政机关的职务关系的法律行为。辞职是公务员所享有的一项权利。

2. 辞退。辞退是国家行政机关依照法定的条件和程序，单方面解除公务员职务的一种行政行为。辞退是国家行政机关所行使的一项权力。

3. 离退休。它是指公务员因达到一定年龄和工龄，或因丧失工作能力而按照规定办理手续，离开工作岗位和公务员队伍，并可领取一定数额的养老金的情形。

4. 罢免。罢免是指权力机关对其选举产生或决定任命的公务员因违法失职免去其行政职务而使其不再具有公务员身份的行为。

5. 调离。即公务员因某种原因不适宜继续保留公务员身份，而被有关机关调出行政机关系统。

6. 开除。开除是公务员因严重违纪而受到的最严厉的行政处分。开除公职即意味着公务员原有身份的丧失，其行政职务关系归于消灭。

7. 判处刑罚。即公务员因触犯刑律而被判刑，表明其失去了担任公务员的资格条件，因而被除名，消灭其行政职务关系的情形。

8. 丧失国籍。因行政职务只能由具有本国公民资格者担任，丧失国籍，就意味着丧失了做公务员的资格，所以行政职务关系会因公务员丧失国籍而自动消灭。

9. 死亡。行政职务关系是行政机关与公务员之间的一种法律关系，公务员的主体生命存在是行政职务关系得以形成、延续的基础，公务员生命终结，其行政职务关系自然消灭。

■ 第三节　行政公务人员的多重身份与行为

一、行政公务人员的多重身份

（一）国家行政机关公务员的多重身份

国家行政机关公务员依照法定的方式和程序任职于国家行政机关，国家行政机关依法对与自己有隶属关系的公务员进行管理；该公务员由此也能代表所属的行政机关对外执行公务，行使行政职权和履行行政职责。与此同时，该公务员原来作为普通公民的身份并未丧失。因此，在法律上，国家行政机关公务员具有多重身份，并且其以不同的身份出现在不同的法律关系之中，其法律地位是不一样的。

1. 普通公民。公务员是公民中的一部分。作为普通公民，公务员享有宪法和法律、法规所赋予的各项权利，承担各项法定义务。他既能以民事主体的身份从事相关活动，出现在民事法律关系中；也能以行政相对人的身份出现在行政法律关系中。当以行政相对人的身份出现时，他与相应行政机关之间形成一种外部行政法律关系，此时，与其他行政相对人一样，作为外部行政法律关系中的一方当事人，其应当接受和服从相应行政机关的管理，并且在对有关的行政管理行为有异议时，可以原告身份对行政机关提起行政诉讼。

2. 国家行政机关公务员。当一个普通公民依照法定的方式和程序进入国家行政机关任职后，便取得公务员身份，享有国家公务员法所规定的各项权利，并承担国家公务员法所规定的各项义务。公务员的权利和义务往往与公务员担任的行政职务相联系，是对公务员行为的一种必不可少的保障和约束。公务员作为内部行政法律关系的一方当事人，其对应的主体是所属的国家行政机关，其应接受行政机关人事、档案、纪律等方面的管理，享有与所属国家行政机关相对应的权利，并承担相应的义务。

3. 行政主体的代表。行政机关公务员作为行政主体的代表，主要出现在外部行政管理事务中。公务员不具有独立的对外实施行政管理与服务的法律资格和地位，只能以所属的行政机关的名义，作为行政主体的代表行使行政职权，履行行政职责。此时，公务员的行为被视为其所属的行政主体的行为，无论对行政相对人，还是对所属的行政主体都有拘束力，其行为的法律效果也归属于行政主体而不是公务员个人。因此，在与行政相对人之间所形成的外部行政管理法律关系中，公务员并非作为一方当事人出现，不具有一方当事人的资格。当行政相对人对公务员实施的行政管理行为不服而申请行政复议时，公务员不能作为行政复议的被申请人，而只能以公务员所属的行政主体为被申请人；当行政相对人对公务员实施的行政管理行为不服而提起行政诉讼时，公务员也不能作为行政诉讼的被告，而只能以公务员所属的行政主体为被告。

（二）其他行政公务人员的多重身份

与国家行政机关公务员具有三重身份相似，其他行政公务人员也有着多重身份，包括：①公民；②其所属组织的内部成员；③在其所属组织获得授权或委托后，又具有了行政公务人员的身份；④作为行政主体的代表，以行政主体的名义执行行政公务。

其他行政公务人员具有公民身份与国家行政机关公务员具有公民身份是一样的，二者没有差别。其他行政公务人员作为行政公务人员的身份与作为行政主体代表的身份往往是一致的，二者一般不能分离，同时取得，同时消灭，这与国家行政机关公务员具有公务员身份和具有行政主体代表身份可以分离是有所区别的。

二、行政公务人员行为的性质与区分标准

不管是国家行政机关公务员还是其他行政公务人员，其以不同身份出现，所实施行为的性质也有所不同，主要表现为：

1. 个人行为。行政公务人员以普通公民的身份出现实施的行为属于个人行为。如行政公务人员到商店购买个人生活用品的行为。

2. 组织的非公务行为。行政公务人员以所属的行政机关或社会组织的名义参与民事法律关系实施的行为，属于行政机关或社会组织的民事行为，而不是公务行为。

3. 组织的公务行为。这又包括组织的内部公务行为和组织的外部公务行为两种。内部公务行为是指行政公务人员代表所属的行政主体从事内部事务管理活动，如档案员保管档案、机要员发放机要等；外部公务行为是指行政公务人员代表所属的行政主体从事外部事务管理活动，如税务机关工作人员向纳税人征税，工商机关工作人员吊销企业营业执照等。

总之，行政公务人员以不同的身份出现实施的行为，不外乎有个人行为和组织行为两种类型。组织行为有组织的公务行为和组织的非公务行为，组织的公务行为又有对内的和对外的公务行为之分。行政公务人员实施的不同性质的行为，会产生不同的法律后果，如承担责任的主体和承担责任的方式不同等，因此，有必要正确区分行政公务人员的个人行为和公务行为。

区分和确认行政公务人员的行为是否是公务行为可以分为三个步骤：①将行政公务人员的行为划分个人行为和组织行为。个人行为不是公务行为，因为公务行为不能以个人名义而只能以组织的名义作出。②将组织行为划分为组织的公务行为和组织的非公务行为（如民事行为）。③将组织的公务行为划分为组织的内部公务行为和组织的外部公务行为。

区分行政公务人员的个人行为和公务行为尚没有统一的标准。目前，理论界通常综合考虑以下要素来进行衡量、判断：

（1）时间要素。行政公务人员在上班时间实施的行为，通常认为是公务行为；在下班后实施的行为，则通常被视为非公务行为。

（2）职责要素。行政公务人员的行为属于其职责范围内的，视为公务行为；不属于其职责范围的，一般视为非公务行为。

（3）名义要素。行政公务人员的行为是以其所属的行政主体之名义作出的，视为公务行为；以其个人名义作出的，视为非公务行为。

（4）公益要素。行政公务人员的行为涉及公共利益的，视为公务行为；不

涉及公共利益而仅涉及个人利益的，则视为非公务行为。

（5）命令要素。行政公务人员的行为是根据其主管领导的命令、指示或委托实施的，视为公务行为；无命令或委托实施的，视为非公务行为。

（6）公务标志要素。行政公务人员执行公务时，佩带或出示能表明其公务身份的标志或证件，一般视为是公务行为；反之，则视为是非公务行为。

我们认为，确认行政公务人员的个人行为和公务行为，应当采用"名义＋职权与职责"要素标准。名义要素，通常以行政公务人员实施某种行为时出示证件、表明公务身份为标志。具体说来，就是先看行政公务人员实施行为时的名义。若以个人名义实施的，则为个人行为；若以单位的名义实施的，则为组织行为。在认定了行政公务人员的行为是组织行为的基础上，再判断该组织行为是组织的公务行为还是组织的非公务行为，若该组织行为与行政职权职责毫无关系，则为组织的非公务行为；若该组织行为与行政职权职责有关，如是行使职权、履行职责本身的行为，或者是与职权职责密切相关的行为，则为组织的公务行为。

【思考题】

1. 什么是行政公务人员？行政公务人员的范围有哪些？
2. 行政公务人员有哪些权利和义务？
3. 什么是行政职务关系？
4. 行政职务关系的类型有哪些？
5. 行政公务人员可能有哪些身份？
6. 如何区分行政公务人员的个人行为与公务行为？

第五章

第六章

行政相对人

■ 第一节 行政相对人概述

一、行政相对人的概念与特征

行政相对人是与行政主体相对应的一个行政法学概念，也是目前行政法学中使用较频繁的称谓，也有学者称之为"相对人""行政管理相对人""行政相对方""相对一方"等。行政相对人是指在行政法律关系中与行政主体互有权利义务的相对一方的个人和组织。例如，在税收征管法律关系中，税务机关是行政主体，纳税人就是行政相对人；在工商管理法律关系中，工商机关是行政主体，作为工商机关监管对象的企业和个体工商户等就是行政相对人。

这一概念包括以下几层含义：

1. 行政相对人是行政法律关系中与行政主体相对应的一方当事人。行政相对人包括个人和组织两种基本形态，但个人和组织并不是在任何时间、任何场合都可以成为行政相对人。当个人和组织不与行政主体发生行政法上的权利义务关系时，他们就不是行政相对人，如在民事活动中，个人和组织就只能成为民事主体。只有当个人和组织与行政主体形成某种行政法律关系时，才能成为行政相对人。行政相对人是个人和组织在行政活动过程中的一种特定身份，这种身份表明他们是行政法律关系中与行政主体对应的另一方主体，而不是被行政主体支配和控制的客体。

2. 行政相对人是与行政主体互有权利义务的一方当事人。这表现为行政相对人的权利义务与行政主体的义务权力具有"对应性"，即行政相对人对行政主体享有权利或承担义务，与此同时，行政主体则对行政相对人也承担义务（职责）或行使权力（职权）。但是，行政相对人的权利与义务与行政主体的权利义务在法律性质上是有区别的，行政相对人的权利属于私人权利，而行政主体的权力则属于公权力。

3. 行政相对人与行政主体之间在行政法上的权利义务关系具有多种形式。在行政法律关系中，行政相对人并不是单纯的被管理者或受支配者，而是一定权利义务统一的主体。其与行政主体之间形成多种形式的权利义务关系，如行政决定与服从中的管理与被管理关系，提供服务与接受服务中的服务与合作关系，行政合同关系，行政指导关系，监督与被监督的行政复议、行政诉讼关系等。

二、行政相对人的范围

（一）个人

个人亦即自然人，包括公民、外国人和无国籍人等。公民是指具有我国国籍的自然人。公民是最主要、最经常也是最广泛的行政相对人。按照我国有关法律的规定，外国人和无国籍人也可以成为我国行政相对人，即也可以成为行政法律关系中的一方当事人。当然，外国人和无国籍人作为行政相对人与我国公民作为行政相对人在行政法律关系中的地位有所不同，如外国人和无国籍人一般不享有只有中国公民才享有的某些权利，也无须承担只有中国公民才承担的某些义务。此外，对外国人和无国籍人可以适用某些特别的行政处罚手段。如根据《出境入境管理法》第 81 条的规定，外国人违反本法规定，情节严重，尚不构成犯罪的，公安部可以处驱逐出境。公安部的处罚决定为最终决定。

（二）组织

这里的组织包括法人和其他组织。法人是与自然人相对应的一个概念，按照《民法通则》的规定，法人是指具有民事权利能力和民事行为能力、依法独立享有民事权利和承担民事义务的组织。根据我国有关法律、法规的规定，它也是一种重要的行政相对人。国家机关（包括国家行政机关）实施非职权行为或处在非行使职权的场合、领域时，同样要接受相应行政主体的管理，相应行政主体同样可以依法对之实施有关行政行为，即国家机关（包括国家行政机关）也可以作为行政相对人。其他组织，也称为"非法人组织"，是指经有关主管部门批准或认可能够从事一定的生产、经营或其他活动，但不具备法人资格的社会性组织和经济性组织。其他组织主要有以下几种类型：①经国家主管部门批准或认可的从事一定生产或经营活动的经济实体。主要有个人合伙组织、合伙型联营组织、企业法人的分支机构、不具备法人资格的乡镇企业。②经一定主管机关批准或认可的处于筹备阶段的企业、事业单位和社会团体。③经有关部门批准，某些外国组织在我国设立的经营一定业务或从事一定社会活动的组织。

三、行政相对人的基本类型

依据不同的标准，行政相对人可以划分为不同的类型。现介绍以下几种主要类型：

（一）个体的相对人与组织的相对人

这是以行政相对人自身的存在形态为标准而划分的。个体的相对人是自然人形态的行政相对人，既包括公民，也包括外国人和无国籍人，如在涉外婚姻登记、涉外税收、出入境管理等行政法律关系中，外国人、无国籍人可成为行政相对人。组织的相对人是团体形态的行政相对人，包括法人和非法人组织两种情况。这里的法人和非法人组织也可能是外国的法人组织或非法人组织，其在中国国境内与我国的行政主体发生行政法律关系，成为行政相对人。

区分个体的相对人与组织的相对人的意义在于，在不同的法律关系中对行政相对人的类型有不同的要求。如社团登记管理法律关系中，只有社团组织才是民政管理机关的行政相对人；而在身份证管理法律关系中，只有公民个人才能是公安机关的行政相对人。

（二）特定相对人与不特定相对人

这是以行政行为的对象是否确定为标准划分的。特定的相对人是行政行为所指向的、可确定的对象，是与行政主体有特定权利义务关系的个人和组织。这类行政相对人在范围上明确、具体，通常是具体行政行为的相对人。不特定的相对人是行政行为所指向的广泛而不确定的对象，通常是抽象行政行为的相对人，如国家物价管理部门对某些物品的价格作出限定，它针对的就是不特定的相对人。特定相对人与不特定相对人还不能和抽象相对人与具体相对人一一对应，尽管两种区分非常接近。后者的区分是以行政行为对行政相对人的权益影响是否产生实际效果为标准。[1]

区分这两类不同的行政相对人，对于相对人的权利救济具有重要意义。目前，我国对这两类行政相对人提供的救济途径和救济的有效性上存在差别。

（三）直接相对人和间接相对人

也有学者将"直接相对人"和"间接相对人"称为"行政行为明指的相对人"和"受行政行为结果影响的相对人"。[2] 直接相对人是行政行为明确针对和指向的人，也是行政主体在作出行政行为时，主观上就明确指向且客观上也对其权益发生影响的相对人。从权利义务上看，他们因行政行为而对行政主体

---

[1] 参见姜明安主编：《行政法与行政诉讼法学》，北京大学出版社2011年版，第140页。
[2] 参见方世荣主编：《行政法与行政诉讼法学》，中国政法大学出版社2007年版，第72页。

直接享有权利或履行义务。如行政许可中的被许可人，行政处罚中的被处罚人。间接的相对人，是行政主体在作出一个行政行为时主观上并没有指向他的目的，但作出行政行为后，其利益却在客观上受到行为影响的人。例如，行政主体针对甲公民作出土地使用的行政许可行为，而该许可行为实际上却又影响到了乙公民已享有的土地使用权。甲公民是行政许可行为的直接相对人，乙公民就是间接相对人。

区分这两类不同的行政相对人，对于查明行政行为的效力对象和后果，以及明确行政主体作出违法行政行为后对受侵害对象应承担的法律责任具有重要意义。

（四）外部相对人和内部相对人

行政法律关系可分为外部行政法律关系和内部行政法律关系，外部行政法律关系是行政主体与社会上的个人和组织之间形成的权利义务关系；内部行政法律关系是行政主体与其内部公务人员之间形成的权利义务关系。以此为标准，行政相对人可以分为外部相对人和内部相对人。外部相对人是在外部行政法律关系中与行政主体相对应的、社会上的个人和组织；内部相对人则是在内部法律关系中与行政主体相对应的行政公务人员。

划分外部相对人和内部相对人的意义基于两大行政法学原理：①内部行政相对人不能成为外部具体行政行为的对象；②内部行政相对人不能做行政诉讼的原告。[1] 但是，也有学者对这种分类提出质疑，认为随着民主法治进程的加快，内外部的界限会被打破，内部行政相对人与外部行政相对人的划分，甚至内部行政法律关系与外部行政法律关系、内部行政行为与外部行政行为的划分，没有太大意义。[2]

■　第二节　行政相对人的权利义务

行政相对人的权利义务是指由行政法所规定或确认的，在行政法律关系中由行政相对人享有和履行、并与行政主体的义务和权力相对应的各种权利义务。行政相对人的权利义务是行政法意义上的权利义务，即个人和组织以行政相对人身份出现时所具有的权利义务，这种权利义务不同于个人和组织作为民事主体的权利义务。行政相对人的权利义务是行政相对人在行政法律关系中的法律地位的综合体现。

---

〔1〕　胡建淼：《行政法学》，法律出版社 2003 年版，第 130 页。
〔2〕　叶必丰：《行政法学》，武汉大学出版社 2003 年版，第 157 页。

一、行政相对人的权利

行政相对人的权利是行政相对人依行政法规定而享有的、针对行政主体所主张的权利。行政相对人的权利与行政主体的义务相辅相成，行政主体对行政相对人的这种权利则具有相对应的义务，即相对人的权利同时构成行政主体的义务。行政相对人在行政法律关系中主要享有下列权利：

1. 申请权。这是指行政相对人请求行政主体作为或不作为，以满足其某种利益需求的权利。这种申请权利是程序性的，但就其内容而言，可能是请求得到某种实体利益，如对颁发许可证提出申请；也可能是请求开始或进入某种程序，如申请举行听证或参加听证程序等。

2. 参与权。行政相对人有依法参与行政管理的权利。包括参与行政法规、规章及行政政策的制定；参与国民经济和社会发展计划的编制和实施；参与国家行政机关公务员的考试；参与与自身有利害关系的具体行政行为的相应程序等权利。

3. 了解权。行政相对人有权依法了解行政主体的各种行政信息，包括各种规范性法律文件、会议决议、决定、制度、标准、程序规则，以及与行政相对人本人有关的各种档案资料和其他有关信息。除法律、法规规定应予保密的外，行政相对人均有权查阅、复制。

4. 受保护权。即行政相对人的各种合法权益在受他人妨碍、侵害时，有请求行政主体保护的权利。如行政相对人的合法权益受他人侵害后请求行政主体予以处理的权利，行政相对人的合法权益受行政主体确认的权利等。

5. 受益权。即行政相对人通过行政主体的行政活动获得现实利益或可得利益的权利。具体有得到行政许可、行政指导和行政奖励的权利，在遭受自然灾害等紧急情况下有得到行政主体救助的权利，等等。

6. 受平等对待权。即行政相对人受到行政主体平等对待的权利。行政相对人是以个体身份与行政主体发生关系的，而行政相对人个体之间在法律面前是平等的。行政主体作为法律的执行者，对每一个个体的行政相对人都有平等对待的义务，同时，行政相对人对行政主体则具有受到平等对待的权利。

7. 陈述、申辩权。行政相对人在行政主体作出与自身权益有关、特别是不利的行为时，有权陈述自己的意见、看法，提供有关证据材料，进行说明和辩解，并驳斥行政主体的理由、依据等权利。

8. 抵制违法行为权。即行政相对人为保护自身合法权益而抵抗行政主体实施的明显违法或重大违法行政行为的权利。这里的合法权益包括各种法定权益和自由，如人身权、财产权、经营自主权、劳动权等，这些权益有的可能是其他部门法如民法而不属于行政法规定的权益，但为保护这些合法权益而抵抗行政主体非法侵害的权利却是行政法专门赋予行政相对人的，如拒绝行政主体乱摊派的权利、拒缴行政主体不合法行政罚款的权利，等等。

9. 行政监督权。即指行政相对人依法享有对行政主体及其工作人员实施的违法、不当的行政行为有权提出批评、控告、检举的权利，并有权就如何改善行政主体的工作和提高行政管理和服务质量提出建议、意见。它包括批评权、申诉权、控告权、检举权、建议权等。

10. 行政救济权。行政相对人认为行政主体实施的违法与不当的行政行为，或者是行政主体实施的合法行政行为侵犯了自己的合法权益，有获得相应行政救济的权利，包括申请行政复议权，提起行政诉讼权，请求行政赔偿权、行政补偿权等。

二、行政相对人的义务

行政相对人在行政法上享有一定权利，同时也必须履行行政法上的义务。行政相对人的义务是行政相对人在行政法律关系中，对行政主体所承担的一定作为或不作为的义务，行政主体对行政相对人的这种义务则具有相对应的权力。

在行政法律关系中，行政相对人对行政主体的义务主要有：

1. 服从行政管理的义务。具体包括遵守行政机关制定、发布的行政法规、行政规章和其他规范性文件的义务，执行行政命令、决定的义务。

2. 协助行政主体正常执行公务的义务。行政相对人对行政主体及其工作人员执行公务的行为，有主动予以协助的义务。如对行政主体行使调查取证权具有配合、协助的义务。

3. 接受行政监督的义务。行政相对人在行政法律关系中，要接受行政主体依法实施的监督，包括审查、检查、检验、鉴定等。

4. 遵守法定程序的义务。行政相对人无论是请求行政主体实施某种行政行为，还是应行政主体要求作出某种行为，均应遵守法律、法规、规章规定的程序。否则，可能导致自己提出的相应请求不能实现，甚至要为之承担相应的法律责任。

■ 第三节　行政相对人行为

一、行政相对人行为的含义和特点

行政相对人行为是指在行政活动中，由与行政主体相对应的行政相对人所

第六章

作出的，能够导致行政法律关系的发生、变更、消灭或者得到确认的各种行为的总称。行政相对人行为不同于行政主体的行政行为，也不等于个人和组织的所有行为。行政相对人行为有如下特征：[1]

1. 行政相对人行为是一种法律行为，这是它的法本质属性。行政相对人行为是作为法律范畴而存在的，就是说，对于个人或组织非法律属性的一般社会行为，不能称之为"行政相对人行为"。行政相对人行为是在法律行为意义上使用的，表明它是由法律规定的、能产生法律效果的行为。

2. 行政相对人行为是由行政法规定的行为，即由行政法规定了该类行为的模式及后果，这是它的部门法本质属性。行政相对人行为是行政法上的概念，而不是其他部门法上的概念，它由行政法加以调整，并依照行政法的规定产生、变更、消灭行政法律关系，能引起行政法规定的肯定性或者否定性的后果。这表明个人或组织的其他法律行为不在"行政相对人行为"之列，凡行政法未予规定的行为不属于行政相对人的行为，如公民、法人或其他组织实施的法律既不禁止也不肯定和保护的行为，这是行政相对人行为与其他行为的一个区别点。行政相对人的行为不可能都在法律规范之列，更不可能都在行政法规范之列。行政法所要规范的只是他们行为的一部分。行政法之所以要规范行政相对人的这一部分行为，通常是因为这一部分行为与公共利益相关联。

3. 行政相对人行为是能产生行政法法律效果的行为，这是该类行为在法律后果上的特征。行政相对人作出不能产生任何行政法效果的行为，在行政法学上没有研究意义。行政相对人的行为能产生法律上的效果，是指这类行为能产生、变更或消灭一定的行政法律关系。

但是应当看到，行政相对人行为在产生、变更和消灭行政法律关系上与行政主体的行政行为又有所不同。行政行为是国家行政权的运用，具有国家强制性，除行政合同、行政指导等之外，通常情况下，行政行为一旦作出就能直接产生、变更或消灭各种行政法律关系。而行政相对人行为是个体的行为，不具有对行政主体的强制力。因而，行政相对人行为产生、变更和消灭行政法律关系有不同情况：①行政相对人行为对于大量程序性行政法律关系的产生，都具有直接的作用。如行政相对人对行政许可的申请行为能直接导致行政主体给予答复的程序义务；行政相对人要求听证的行为、申请复议的行为则能直接导致听证、复议法律关系的产生。②行政相对人行为对于大量由行政相对人享有权利的实体行政法律关系的产生，具有必不可少的配合作用。如行政合同、行政

[1]　方世荣主编：《行政法与行政诉讼法学》，中国政法大学出版社 2007 年版，第 80~81 页。

指导、行政奖励、行政救助等行政法律关系，如果缺乏行政相对人的接受行为而仅有行政主体的行政行为是无法产生的。③行政相对人行为对于一些由行政相对人履行义务的实体行政法律关系的产生，具有成为前提条件的作用。如行政相对人实施违反行政法规范的行为，便是行政处罚法律关系产生的必要前提条件。

4. 行政相对人行为是行政法律关系中由个人、组织等一方作出的行为。这可从两个方面理解：①行政相对人行为的主体是行政法律关系中与行政主体对应的个人、组织等一方，在此行政法律关系中，行政相对人行为的主体既不是行政主体，也不是国家监督机关；②行政相对人行为是与行政行为相对应的一个概念，即它与行政行为互动而具有对应性，它由行政行为引起，或者它要引起行政行为的发生，或者是与行政行为融合的双方合意行为。个人、组织相互之间的、不与行政行为互动的行为，不属于行政相对人行为。

5. 行政相对人行为具有形式多样化和目的多重性的特点。行政相对人行为在法律标准化上远不如行政行为。因为行政行为是行政主体行使公权力的行为，在形式和程序上严格受法律控制，立法时就注重强调其法定的形式要件，否则就不能生效。而对于行政相对人，从便民原则出发，立法时除必要的以外，一般不严格规定其行为的法定形式要件，行政相对人行为在形式要求上具有一定程度的自由性。为此，行政相对人行为具有形式多样和灵活性的特点。

行政相对人行为的目的可能是多重的。通常而言，行政行为的目的单一，即为了实现预定的行政管理目标，维护一定的公共利益。行政主体不能基于个人、部门或集团利益作出行政行为，否则将构成滥用职权。而行政相对人不行使公权力，其行为目的既可为私益，也可为公益，还可能两者兼具。一般而言，行政相对人是要满足自身的利益，这是其行为最基本的目的。但行政相对人也可能以公益为目的，以达成行政管理目标为目的而作出行为，如协助行政公务的行为。有时还可能兼具几重目的。此外，行政相对人还可能出现行为的非目的性情形，即对行政相对人来讲，其作出该行为并没有自身的目的，通常是被行政主体强制作出行为。例如，行政相对人在不履行行政法义务时，被行政主体强制执行，被迫履行义务，此时行政相对人的行为是被迫的、非自愿性的，其行为并没有实际结果上的目的性。

6. 行政相对人行为对行政主体没有直接的强制力。这是和行政行为相比所具有的一个重要特点。行政行为是运用行政权的行为，具有强制力，行政行为一般都对行政相对人具有直接的强制力。而行政相对人行为是个体行为，不具有对行政主体或他方的直接强制力，行政相对人的行为如要实现其目的，则必须启动并借助一定的国家权力，如权力机关的监督权、司法机关的司法审查权以及上级行政机关的监督权。但这并不意味着行政相对人行为没有法律约束力。

第
六
章

行政相对人的合法行为经由法律确认，即受法律保障，具有法定的约束力。这种约束力虽不表现为直接的强制力，却具有法定的程序启动力和阻止力。

二、行政相对人行为的种类[1]

依据不同的标准，可以将行政相对人的行为划分为不同种类，主要有：

（一）合法行为与违法行为

合法行为是不违反行政法规定的行为。它又可分为消极的合法行为与积极的合法行为。消极的合法行为包括行政相对人的守法行为和作出法未明文禁止的行为。守法是行政法对行政相对人行为的最低要求，其偏重于要求行政相对人依法履行义务或不得滥用权利。实施法未明文禁止的行为是行政相对人的自由行为，对行政相对人的这种自由行为，行政主体负有不得干预和限制的义务。积极的合法行为是行政相对人依据法律规定积极参与行政管理和主张、保护自己权益的行为。其特点在于它是行政相对人对法律规定的积极、主动运用，这种行为通常是行使权利的结果。从真正实现行政法治的角度讲，行政主体在法制宣传、行政执法过程中，不能只注重要求行政相对人的守法行为，更要注重鼓励行政相对人积极运用法律的行为。

违法行为是违反行政法规定的行为。它又可分为第一性违法行为与第二性违法行为。第一性违法行为是行政相对人违反行政法基本规定，不履行行政法原初义务的行为。行政相对人的第一性违法行为往往是引导行政处罚法律关系产生的前提条件。第二性违法行为是行政相对人在不履行行政法规定的原初义务后，行政主体依法科以第二次惩罚性义务，而行政相对人对惩罚性义务仍不履行的行为。第二性违法行为往往是行政强制执行发生的前提条件。对行政相对人违法行为的这一划分，是具有实践意义的。

（二）权益性行为与义务性行为

权益性行为是行政相对人主张、享有和行使权利及自由的行为。其中，主张权利是在权利的享有和行使受到侵害或阻碍时，要求予以恢复和补救；享有权利和自由是对权利与自由享有的状态，如具有人身自由；行使权利是对某项权利的诸权能的具体运用，如对财产的使用。义务性行为是行政相对人履行法定义务的行为。

权益性行为与义务性行为的划分，其意义首先在于它们在内容上的不同，同时，这一划分还有许多其他不同的法律意义。如在法律效力上，权益性行为

---

[1] 方世荣主编：《行政法与行政诉讼法学》，中国政法大学出版社 2007 年版，第 82 ~ 84 页。

通常对行政主体所要求的是履行义务，因而对行政主体是具有约束力的；而义务性行为所对应的是行政主体的权力，该行为通常只对行政相对人自己有约束性。再如，在行为的改变上，由于权益性行为只涉及行政相对人自身可以处分的权利，因而，行政相对人对这类行为可以任意中止或撤回；而义务性行为因涉及公共利益或他人利益，行政相对人对此类行为就不具有任意性。

（三）强制性行为与任意性行为

强制性行为是法律对行政相对人规定了明确、具体的行为模式，行政相对人只能按法律规定的模式作出的行为。这种行为有利于行政相对人正确行使权利和切实履行义务。

任意性行为是法律对行政相对人没有规定固定的行为模式，只要行政相对人有意愿的表达，无论采用何种方式都可发生效力的行为。如行政相对人对行政主体的监督，就可以采用任意形式，不能对行政相对人加以严格限制，这是方便行政相对人的需要。

强制性行为与任意性行为的划分，对立法者科学地设定行政相对人的行为模式具有重要意义。对于行政相对人的哪一类行为设定为强制性行为，哪一类行为设定为任意性行为，必须根据实际和可能的情况，尽可能地照顾到行政相对人的利益。如果将本属任意性的行为强行设定为强制性的行为，则会给行政相对人带来诸多不便，难以调动行政相对人的积极性。同时，也可能导致行政主体以此来限制行政相对人的权利和自由。

除以上类型外，行政相对人行为还可以划分为主动行为与被动行为，实体行为与程序行为，行政法禁止、奖励、授权和命令的行为等类型。划分行政相对人行为的各种不同种类，其目的在于从不同角度全面了解并掌握不同类型行为各自的特点，以及它们与各种相应的不同行政行为的关系，以科学地进行行政立法、科学地实施行政执法、科学地引导行政相对人守法及用法。

三、行政相对人行为的效力与效果

行为效力与行为效果的区分源于法理中对法律效力和法律实效的区分。"法律效力的意思是法律规范是有约束力的，人们应当像法律规范所规定的那样行为，应当服从和适用法律规范。法律实效的意思是人们实际上就像根据法律规范规定的应当那样行为而行为，规范实际上被适用和服从。效力是法律的一种特性；所谓实效是人们实际行为的一种特性。"[1] 在行政法上，行政相对人行

---

〔1〕　〔奥〕凯尔森：《法与国家的一般理论》，沈宗灵译，中国大百科全书出版社1996年版，第42页。

为的效力与效果是和行政主体行政行为的效力与效果相对应的一组概念。所谓行政行为的效力，是指行政行为所具有的一种法律保护；而行政行为的效果，是指行政行为对权利义务的设定、变更或消灭，或者说行政行为所设定、变更或消灭的权利义务。[1] 现对照行政行为的效力与效果，对行政相对人行为的效力与效果作些分析。

（一）行政相对人行为的效力

行政相对人行为的效力是指行政相对人作出的行为能够对行政主体产生特定的法律约束力。这种约束力主要体现为程序启动力和阻止力。

1. 程序启动力。程序启动力是指行政相对人针对行政主体作出一定行为，行政主体必须对该行为加以回应的法律约束力。行政相对人行为本身不具有强制力，对作为对应一方的行政主体没有直接的强制执行力，但这并不意味着对行政主体完全没有约束力。行政相对人行为对行政主体的约束力，非因该行为具有公权力的属性，而是因为在民主、法治社会中相对人对行政主体的制约性，这种制约为法律所确定，是法律规定的一种约束力。这种约束力，是由双方的权利义务关系决定的。行政相对人的权利，对应着行政主体的义务；行政主体必须履行义务，以满足相对人的权利要求，这不是说行政主体要按照行政相对人的意志行事，而是指行政主体必须作出一定的行为回应相对人的权利要求。

程序启动力不同于形成力。在民法上，形成权是指权利人依自己的行为，使自己与他人间的法律关系发生变动的权利，如撤销权、解除权、追认权等。形成权之主要功能在于，权利得依其单方意思表示，使已成立的法律关系的效力变更或消灭。"形成权多在法律关系中附带的存在，因其行使，然后才形成权利的发生、变更或消灭效果……只系一种'权利变动的权'或'法律上能的权利'。"[2] 由此可见，作为隐形于形成权背后的一种法律保护——形成力，应当突出两个关键词，即单方性和法律效果。在行政法领域，行政相对人行为是否具有形成力是有疑问的，如行政相对人单方涉及实体权益请求的行为，属于法定紧急情形的，行政主体必须及时解决。但实际情况是，处于危难情况下的行政相对人虽然可以向行政主体求救，行政主体也有义务予以紧急救助且不能拒绝，但是行政机关必须先审查相对人的请求是否能够受理，是否符合法定的条件等。在实践中，这些程序可能是在很短的时间内作出的，但我们并不能因此而否认这些程序的存在。实际上，使行政救助这一行政法律关系产生的法律事实是行政主体的决定，而不是相对人的申请行为，后者起到的只是启动行政程

第六章

---

[1] 叶必丰：《行政行为的效力研究》，中国人民大学出版社 2002 年版，第 20~21 页。

[2] 韩忠谟：《法学绪论》，中国政法大学出版社 2002 年版，第 181 页。

序的作用。

行政相对人行为能协同国家有权机关的监督权力，对行政主体产生强制力。相对人的单独行为不能对行政主体发生强制力，但该行为可以启动并借助有关国家机关的监督权力形成对行政主体的强制力。这种强制力本质上还是国家机关行为的效力，仅仅是借助相对人行为的程序启动力而发生，不是行政相对人行为的效力。

2. 阻止力。阻止力是行政相对人依法作出的某种行为，具有能直接阻止违法行政行为生效或产生的效力。当行政行为具有重大、明显的瑕疵时，行政相对人可以拒绝接受该行政处理决定。同时，并不是行政相对人行为在任何情况下都具有阻止力，只有当行政行为无效时，行政相对人行为才能具有这种效力。具有阻止力的行政相对人行为，一般是法定的、对行政权力违法情形实施直接抵抗的行为。我国法律对行政相对人抵制乱摊派、乱罚款的权利已有规定。行政相对人依法以其行为抵制行政主体的非法侵害，具有阻止性的法律效力，是对行政权力滥用的重要约束机制，对于防止行政专横具有重要作用。

（二）行政相对人行为的法律效果

行政法律关系的产生、变更和消灭是基于某种法律事实，主要是法律行为。法律行为既包括行政主体的行政行为，又包括行政相对人行为。虽然行政相对人行为的效果与行政主体行政行为的效果不同，但行政相对人行为同样可以导致行政法律关系的产生、变更和消灭，这就是行政相对人行为的法律效果。行政相对人行为产生、变更和消灭行政法律关系可表现为：

1. 行政相对人的申请行为，可以产生行政程序法律关系。如果行政相对人申请的实体内容符合法律规定，就会产生、变更行政实体法律关系。

2. 行政相对人与行政主体双方的合意行为，使行政法律关系产生、变更和消灭。这发生在行政合同、行政委托等法律关系中。

3. 行政相对人自觉履行义务的行为，可以导致行政法律关系的消灭。[1]

【思考题】

1. 什么是行政相对人？

2. 行政相对人的基本类型有哪些？

3. 行政相对人有哪些权利和义务？

4. 行政相对人行为有哪些效力和效果？

---

〔1〕　方世荣：《论行政相对人》，中国政法大学出版社 2000 年版，第 149～150 页。

第三编 行政行为

第七章

行政行为

■ 第一节   行政行为的概念和分类

一、行政行为的概念

行政行为的理论是行政法学的核心内容，行政行为的概念是行政行为理论的基础与起点，也是行政法学的基本概念。

由于各个国家和地区的行政法律制度不同，对行政行为的概念存在着不同的理解。德国学者认为，行政行为是 19 世纪行政法理论的创造，行政行为是涉及一种范围很广泛的行政措施的总称，虽然这些措施在细节上不同，但他们确实具有共性，即都是行政机关针对公民或者法人，就特定具体事件作出的决定。哈特穆特·毛雷尔认为，如果对《联邦行政程序法》第 35 条第 1 款的法律定义作一些修饰，而不是内容上的缩减，可以将行政行为定义为：行政机关对具体事实作出的具有直接外部法律效果的处理行为。[1] 王名扬先生对法国行政法学中的行政行为根据不同的标准作出评述，认为行政行为是指国家行政机关一切与行政管理有关的行为，是用以产生行政法上效果的法律行为。[2]

在我国，行政行为的概念最早出现在 1983 年出版的第一部行政法学教材——《行政法概要》中，[3] 1989 年 4 月颁布的《中华人民共和国行政诉讼

---

〔1〕 ［德］哈特穆特·毛雷尔：《行政法学总论》，高家伟译，法律出版社 2000 年版，第 182 页。

〔2〕 王名扬：《法国行政法》，中国政法大学出版社 1988 年版，第 131 页。

〔3〕 王岷灿主编：《行政法概要》，法律出版社 1983 年版。

法》首次使用了具体行政行为这一概念，2014 年 11 月修改的《中华人民共和国行政诉讼法》则用"行政行为"替代了"具体行政行为"。根据现行法律的规定，并以学术界关于各种行政行为概念的学说为基础，本书认为，行政行为是指享有行政职权的行政主体运用行政职权作出的、具有法律意义的行为。基于这一概念，行政行为应当具备以下要素：

1. 主体要素。行政行为的主体限于行政主体。在我国，行政主体主要包括行政机关和法律法规授权的组织。只有行政机关和经法律法规明确授权的履行公共管理职能的组织行使职权所为的行为才是行政行为，而国家立法机关、司法机关、党的组织以及事业单位、人民团体不具有行政主体资格，其所实施的行为并非行政行为。在此应当明确的是，行政行为的具体实施者一般是行政机关工作人员，而工作人员个人不是行政主体，他们与行政主体之间形成一种职务关系，是以行政主体的名义实施行政行为，因此，行政行为的主体只能是行政主体。

2. 职权要素。行政行为是行政主体运用行政职权管理公共事务的行为。所谓行政职权，是指行政机关享有对公共事务进行管理的权力，包括行政许可权、行政处罚权、行政强制执行权等。行政主体所为的行为并非都是行政行为，只有行使行政职权的行为才属于行政行为，即行政主体公法上的行为才可能成为行政行为，而其私法上的行为，与行政职权没有直接联系，应属民事行为。需要注意的是，行政行为要求具备职权要素，但并非只有行政主体行使自己依法享有的职权时所作出的行为才是行政行为，行政主体在实施行政管理活动时，违法行使职权或滥用职权、超越职权的行为都是公法上的行为，属于行政行为，只是由于其合法性要素的欠缺将会导致行为的无效或可撤销。

3. 法律要素。行政行为是法律行为，它是具有法律意义、产生法律效果的行为。所谓法律意义或法律效果，即指对行政相对人法律上的权利和义务加以设定、变更、解除或作出具有法律约束力的确认等。法律要素是行政行为作为法律行为的核心要素，因法律要素存在，使行政行为有别于行政主体运用行政职权作出的其他行为。行政行为对行政相对人产生了影响，改变了原有的权利义务状态。这种影响既可能是对行政相对人有益的，如准予相对人从事特定活动的行政许可行为，发放抚恤金、最低生活保障费的行政给付行为等；也有可能是对行政相对人不利的影响，如征收税款的行为和行政处罚行为。

二、行政行为的特征

行政行为基于其主体和任务等方面的特殊性，相比其他法律行为，具有以下特征：

第七章

1. 行政行为的公益性。行政主体行使行政职权，管理公共事务的最终目的是维持社会的正常运转，保障公共利益的实现。因此，公益性是行政行为的根本目标指向和存在依据，是其最根本的属性。

行政行为的公益性要求行政主体行使职权所作行为，应以公共利益为出发点，要保证公共利益的实现。在社会形势发生重大变化使得行政行为的继续存在将有碍于公共利益实现的情况下，行政主体应当及时对原行政行为予以废止或变更。正是因为行政行为的公益性，决定了行政行为具有先定力等效力，要求行政相对人对生效的行政行为承认、遵从和履行。

2. 行政行为的执行性。行政主体的权力来自于立法机关的授权，立法机关通过制定法律赋予行政主体特定的职权，行政主体行使职权管理公共事务必须在法律赋予的职权范围内，不可超越。因此，行政行为是执行法律的行为，具有从属法律性。[1]

行政行为的执行性主要体现在两个方面：①行政主体通过实施具体的行政管理行为，履行法律规定的职责，直接实现法律。②通过行政立法活动，对立法机关制定的法律进行更为具体的规定或依授权作出补充规定，以便更好地执行法律。

3. 行政行为的单方性。行政行为一般是单方法律行为，依行政主体单方意思表示即可成立，无需行政相对人同意。例如，行政处罚行为由行政机关单方作出即可生效，并不需要被处罚人的同意。

行政行为单方性特点源于行政主体所具有的公权力属性。行政主体的职能是组织和管理社会事务，实现这种职能就要求赋予行政主体以自己的意志单方决定行政事务的权力，比如为实现公共利益，行政机关有权单方面决定公共资源的配置、赋予或剥夺行政相对人的权利。这是有效实现管理目标、保障秩序、提高效率的客观要求。

当然，行政行为的单方性并不意味着可以为了公共利益的需要而完全忽视行政相对人的要求，行政相对人有权参与行政活动、表达意见，并不是可以随意支配的客体。尤其是一些关系公民切身利益的重大事项的决定，行政主体必须充分听取民众或当事人的意见，以保证决定的科学性和合法性。

4. 行政行为的强制性。行政行为是行政主体行使公权力的行为，具有强制他人服从的力量。行政主体取得这种强制力的依据在于：①行政机关行使职权的行为实际上体现了国家的意志，为保证国家意志的有效实现，必须以国家强

---

[1] 王连昌、马怀德主编：《行政法学》，中国政法大学出版社2002年版，第107页。

制力作为保障；②行政行为的单方性决定了它必须有强制力加以保障，无论行政相对人是否愿意，都要接受，否则，行政机关所作出的单方意思表示将没有任何意义。因此，法律必须赋予行政机关一定的强制权，以保证行政管理目的能够实现。

行政行为的强制性要求受到拘束的行政相对人不得抗拒行政机关依法实施的行政行为。在行政相对人拒绝履行法定义务的情况下，行政机关有权行使行政强制权，通过直接或间接的手段，强制相对人履行义务或者达到与履行义务相同的法律状态。

三、行政行为的分类

行政行为有众多的表现形式，根据不同的标准可以划分为不同的种类。不同的行政行为由于其特点不同，它们在法律程序、法律效力、法律后果等方面也存在着差异。

（一）抽象行政行为与具体行政行为

以行政行为的适用对象是否特定为标准，可以将行政行为分为抽象行政行为与具体行政行为。

1. 含义。从理论上说，将行政行为表述为抽象行政行为和具体行政行为是我国学术界特有的对行政行为的分类。学术界对两种行为的定义与两者划分的标准有不同的看法，也有学者对这一分类提出了质疑。区分抽象行政行为与具体行政行为具有现实意义，我国行政法学界对此也有着较深入的研究。

一般认为，抽象行政行为是制定规范的行为，即行政主体针对不特定对象制定和发布具有普遍约束力的规范性文件的行为。它不仅指行政机关制定行政法规和行政规章的行为，还包括行政机关制定规章以下的其他规范性文件的行为。例如，县级人民政府作出的具有普遍约束力的决定、命令等即属于抽象行政行为。抽象行政行为可以在两种意义上使用：①静态意义上的，即行政机关制定的具有普遍约束力的规范性文件；②动态意义上的，是指行政机关制定规范性文件的行为。

对于具体行政行为的定义，一般认为，是指行政主体针对特定对象，就特定的事项作出的行政决定。如对某个公民作出的罚款决定、为某个企业颁发建筑工程许可证等行为都属于具体行政行为。

2. 两者的主要区别。从定义上看，抽象行政行为与具体行政行为的区别主要在于其所针对的对象是否具有特定性，而如何理解特定性，是问题的关键所在。多数教材将特定性解释为行政行为所针对的对象是特定的事项和特定的人，也有学者对此提出新的认识，认为"从理论上，所谓具体行政行为，就是行政

第七章

行为终结时，相对人已被确定的行政行为"。[1] 同时，也提出对抽象行政行为的认识，认为"客体方面，相对人在行政行为作出或者终结时未被确定，即在抽象行政行为作出时，对于行政主体来说，还不知道相对人都是谁"。[2] 我们认为，从行政行为终结时行政相对人的确定与否来理解所谓的特定性，具有其合理性和可操作性。

抽象行政行为和具体行政行为的另一个主要区别是：其是否具有反复适用的效力。抽象行政行为是制定有普遍约束力的规范性文件，这些规范性文件在其效力期间内，一直具有约束力，在有同样情形出现的条件下可以反复适用；而具体行政行为仅仅对于本次事项的处理有效，对于其他事项则不适用。

3. 区分的意义。根据《行政诉讼法》在 2014 年 11 月的修改案，"具体行政行为"被"行政行为"所替代，但第 12 条人民法院所规定的受案范围本质上仍然属于具体行政行为的范畴，因此，实际上并未消除抽象行政行为与具体行政行为的区别，两者依然适用不同的救济方式。行政诉讼中，行政相对人不得就抽象行政行为提起行政诉讼，并且抽象行政行为进入行政复议程序也有严格的限制，依《行政复议法》的规定，行政相对人只能在对具体行政行为提起复议的同时附带要求对抽象行政行为进行审查。

（二）内部行政行为与外部行政行为

以行政行为作用的对象及其法律地位为标准，可以将行政行为划分为内部行政行为与外部行政行为。

1. 含义。内部行政行为是指行政机关对其系统内部事务进行组织、管理的活动。内部行政行为一般可以分为两类：①上下级行政机关之间或同级行政机关之间的工作关系；②行政机关与其工作人员之间基于职务所形成的关系，如行政处分、人事任免等。

外部行政行为是指行政机关对其系统以外的社会公共事务进行管理的行为。它涉及的是行政机关与一般公民、法人和其他组织之间的关系，如行政处罚、行政许可、行政强制措施等。

区分内部行政行为和外部行政行为的标准是行为的对象及该对象所处的法律地位，如果行为针对行政机关内部机构及人员，并且该机构和人员处于执行公务的法律地位，那么该行为即属于内部行政行为；如果行为针对非行政机关及工作人员，或者虽然针对的是行政机关或工作人员，但他们处于和一般公民、

第七章

---

[1] 胡建淼主编：《行政行为基本范畴研究》，浙江大学出版社 2005 年版，第 38 页。
[2] 胡建淼主编：《行政行为基本范畴研究》，浙江大学出版社 2005 年版，第 36 页。

法人或者其他组织相同的被管理者的地位，则都属于外部行政行为。[1]

2. 区分的意义。区分内部行政行为和外部行政行为，在规范行政执法活动、确定行政诉讼受案范围等方面具有重要意义。内部行政行为和外部行政行为，在行为的主体、方式、程序以及责任等方面有不同的要求，由于外部行政行为直接影响外部社会公众的权利义务，而内部行政行为的效力仅及于内部机构和人员，因此，外部行政行为在主体资格、程序规则等方面要比内部行政行为有更为严格的要求。另外，内部行政行为原则上不接受司法审查，主要依赖行政机关内部的救济手段，我国的《行政诉讼法》和《行政复议法》都明确规定不受理针对内部行政行为提起的诉讼或者复议。

内部行政行为和外部行政行为受法律规制不是同步的。长期以来，人们更重视对行政机关影响公民权益的外部管理行为进行法律约束，而内部事务及人员的管理行为受法律控制的程度并不高。根据行政法治原则的要求，行政机关的一切权力行为都要有明确的法律依据，不能与法律相违背，一旦行为违法都要承担相应的法律责任，因此，应当不断健全规范内部行政行为的法律制度。

（三）羁束行政行为与裁量行政行为

以行政行为受法律约束程度的不同为标准，可以将其分为羁束行政行为与裁量行政行为。

1. 含义。羁束行政行为是指行政机关对行为所涉及的事项没有自由选择的余地，必须严格依照法律规定实施的行政行为。如税法对有关纳税条件、税率等作了明确规定，行政机关只能按其规定作出征收税款的行为。羁束行政行为是在法律有明确而详细规定的条件下进行的，受法律约束程度高，行政机关不具有主观判断选择的空间，不能将主观意志参与其中。

裁量行政行为是指行政机关可以在符合法律规定的原则、幅度等条件下，根据实际情况有选择地自主作出决定的行政行为。如法律对某违法行为的罚款规定为5000元以下，行政机关则根据违法者的违法情节、手段、后果等情况，在5000元之内作出罚款决定。裁量行政行为是行政机关行政裁量权运用的结果，行政裁量权在行政活动中广泛存在，它是由行政管理复杂性、多样性等特点决定的，但因其赋予行政机关较大的选择自由，较之羁束行政行为更易侵犯公民的权益，因此，合理控制行政裁量权成为当代行政法的主要内容。

2. 区分的意义。羁束行政行为和裁量行政行为的区分，对于分析和判定行政行为的合法性与合理性具有法律意义。羁束行政行为因法律规定详细明确，

第
七
章

---

[1]　应松年主编：《行政行为法》，人民出版社1993年版，第6页。

行政机关实施该行为时只能严格依法进行，一般只发生合法性问题，而裁量行政行为主要涉及合理性问题；羁束行政行为受行政合法性原则约束，裁量行政行为主要受行政合理性原则约束。羁束行政行为和裁量行政行为在我国受司法审查的程度也不同，我国行政诉讼的原则是审查行政行为的合法性，对裁量行政行为一般不予审查；羁束行政行为的违法判断相对简单，而裁量行政行为的司法审查标准极为复杂。

（四）授益性行政行为与负担性行政行为

以行政行为对相对人所造成影响的利与不利为标准，可将其分为授益性行政行为与负担性行政行为。

1. 含义。授益性行政行为是指行政主体作出的对行政相对人产生有利影响的行政行为，即授予行政相对人权益或免除其义务的行为。例如，颁发建筑许可证、授予荣誉称号等行为。

负担性行政行为是指行政主体作出的对行政相对人产生不利影响的行政行为，即为行政相对人设定义务或剥夺其权利、利益的行为。例如，罚款、行政征收等。

授益性行政行为和负担性行政行为之间不存在绝对的界限，有时一个行政行为既是授益性行为又是负担性行为。例如，解决当事人之间财产所有权或使用权归属争议的行政确权行为，对于权利得到确认的一方当事人来说这一行为是授益性的，但对于另一方当事人来说此行为则为负担性的。实际上，即使是针对同一相对人的行政行为也可能产生双重效果，同时具备授益性和负担性。

2. 区分的意义。授益性行政行为与负担性行政行为的分类意义在于明确行政行为对行政相对人权利义务影响的程度，以决定行政行为适用的方式、程序及其法律效力。首先，从程序上看，一般来讲，负担性行政行为因为会对相对人造成不利的后果，所以要求的程序和方式更为严格。其次，二者的法律约束力也不同。因对授益性行为的撤销和废止有严格的限制，行政机关一般不能擅自对已生效的授益性行政行为予以改变，而对负担性行政行为的撤销或变更的限制则较少。

（五）作为行政行为与不作为行政行为

以行政行为是否改变现有的法律状态为标准，可以将其分为作为行政行为与不作为行政行为。

1. 含义。作为行政行为又称积极行为，是指行政主体积极地作出改变现有权利义务状态的行为。例如颁发建筑许可证、征收税款的行为。

不作为行政行为又称消极行为，是指行政主体消极地维持现有权利义务状态的行为。不作为行政行为以行政主体负有作为义务为前提，而外部形态上表现为消极不为，所以，也被称之为怠于履行职务行为。它包括不履行法定职责、不予答复请求等形式。例如，行政机关对相对人提出的行政许可申请不予答复等行为。

2. 区分的意义。区分作为行政行为与不作为行政行为，有利于认清隐蔽式的违法行为，更好地保护相对人的合法权益。作为行政行为的违法情形比较显著，一般人即可识别。不作为行为的违法首先要求行政机关具有法定的职责，而一般的相对人很难分清行政机关的职责权限，不能确定行政机关的不作为是否具有违法性，即使利益受到损害也难以得到救济。因此，对不作为行政行为的研究对于相对人利益的保护具有重要意义。

（六）依职权行政行为与应申请行政行为

以行政行为是否由行政机关主动实施为标准，可以将其分为依职权行政行为与应申请行政行为。

1. 含义。依职权行政行为，又称主动行为，是指行政机关依据法定职权，无需相对人请求而主动实施的行为。例如，征收税款的行为、对违禁品的没收行为。

应申请行政行为，又称被动行为，是指行政机关只有在相对人提出请求后才能实施的行为，如发放最低生活保障费、颁发许可证等行为。

2. 区分的意义。区分依职权行政行为与应申请行政行为的意义是：①从启动程序上看，应申请行政行为首先要求相对人向行政主体提出申请，而依职权行为则由行政主体主动作出。②二者合法性的要求不同。对于依职权行为，只要某种法定事实发生，行政机关就可以实施行为，若其不依法履行职责则构成失职行为。而对于应申请行政行为，行政机关实施行为必须以当事人的申请为前提，若无申请不得主动为之。但为了维护公民的正当利益，若行政机关在没有申请的情况下径行作出行政行为，除非属于无效的情形，可以于事后由相对人提出申请予以补正，并不必然导致行为的撤销。

（七）要式行政行为与非要式行政行为

以行政行为是否需要采取某种法定的形式为标准，可以将其分为要式行政行为与非要式行政行为。

1. 含义。要式行政行为是指必须采取法定的方式作出才能生效的行政行为。例如，行政处罚必须制作书面处罚决定书，并且该处罚决定书必须符合法定的格式、加盖公章、注明日期，方能产生效力。

非要式行政行为是指法律没有明确规定具体行为方式，行政机关可以根据实际需要自行决定所采用的行为方式的行政行为。非要式行为是一种无需具备特定形式即可成立的行政行为，主要适用于需要迅速进行处理的紧急情况或者

第七章

简单轻微的事件。

2. 区分意义。区分要式行政行为与非要式行政行为的意义在于：非要式行政行为不会出现形式违法的问题，而要式行政行为必须具备特定形式才能合法有效。由于法律明确规定了要式行为所必须符合的形式要求，行为主体在实施要式行为时不仅行为内容要合法，而且行为的形式也要合法，如果不依法律规定的行为方式作出，则可能导致行为的无效或撤销。例如，《行政处罚法》规定，行政机关收缴相对人罚款时，应当向相对人出具省级财政部门统一印制的收据，没有收据的，当事人可以拒绝缴纳罚款。

（八）权力行为与非权力行为

以行政行为是否涉及行政权力的运用，可以将其划分为权力行为与非权力行为。

1. 含义。实现行政目的的方式一般有两种：①运用行政权力；②运用行政权力之外的柔和手段。权力行为是指运用行政权力来达到行政目的的行政行为。由于行政行为主要是履行国家职能的行为，为了实现公益目标，多数情况下，行政机关或组织可以运用行政权力达到行政目的，如行政处罚、行政强制、行政征收等都可以划入权力行为范畴。

非权力行为是指采用非权力方式，如劝告、建议、指导、契约等柔和手段来实现行政目的的行政行为。诸如行政指导、行政合同、行政奖励等，都可以归属于非权力行为范畴。

2. 区分意义。权力行为与非权力行为的区分意义在于：对于权力行为而言，因其涉及国家行政权力的运用，所以须受到立法的严格规制；对于非权力行为而言，立法限制则较为宽松。

■ 第二节　行政行为的成立、生效和合法要件

一、行政行为的成立

（一）行政行为成立的含义

行政行为的成立是指行政行为已经完成了作出的过程，具备了构成要件，成为确定的法律行为。只有正式成立的行政行为才能产生法律效力，如果行政行为尚未作出或成立，其效力则无从谈起。

（二）行政行为的成立要件

行政行为的成立需要具备一定的要件，缺少任一要件都会导致行政行为不能成立。行政行为的具体成立要件是：

1. 行为的主体是行政主体。行政行为的成立首先要求行为主体具有相应的资格。行政行为是代表国家管理社会公共事务的行为，这就要求只有经国家赋予行政管理职权，具有行政主体资格的机关或其他组织才有能力从事这一活动。因此，行政行为的成立首先要求行为的主体必须是享有管理职权的行政主体，不具有行政主体资格的组织或个人所为的行为不可能是行政行为，当然不能产生行政行为成立的法律效果。

为了满足行为成立的主体要件，就要求行政主体实施行政行为时，必须通过法定形式表明其主体资格，如在书面决定上加盖公章、现场实施行为时要求工作人员表明身份等。

2. 行为是行使行政职权的活动。行政行为是根据法律行使职权、履行职责的行为。无论是具体的行政决定还是制定规范的行为，都要求行为主体具有相应的职权。行政行为较民事行为等其他法律行为的重要区别在于行政行为是行政主体为实现管理目标、运用公权力实施的管理行为。因此，行政职权的存在是行政行为的本质要件，只有行为的主体享有职权并实际运用职权所为的行为才可能是具有行政管理性质的行为。如果行政主体的行为与其行使职权或履行职责的行为无关，则不成立行政行为。

3. 行为因正式的意思表示而存在。行政行为是行为主体意志的客观表现，行政主体只有将自己的意志通过文字、语言、符号或行动等方式表示出来，并告知相对人才能使之正式成立。如果没有这些意思表示，则无法使主体的意志客观化，行为无法被外界所识别，不能对外部他人产生效力，因而不能视其为正式成立的行为。[1]

具体来讲，行为因行为方式的不同存在不同的表示方式，但都要求达到能够使相对人知晓或能够推定其知晓的标准。例如，规范性文件必须经公布才能正式成立，否则不具有约束力；行政处罚决定必须送达当事人才可成立。

二、行政行为的生效

（一）行政行为生效的含义

行政行为生效是指行政行为法律效力的发生与存在，是行为效力在时间上的持续存在。行政行为自成立之时即生效，产生法律上的约束力。

行政行为成立与生效的关系不同于民事行为成立与生效的关系。民事行为成立后并不当然生效，还必须符合法律的规定，违法的民事行为不发生当事人

第七章

---

〔1〕　张树义主编：《行政程序法教程》，中国政法大学出版社 2005 年版，第 168 页。

所追求的法律后果。但行政行为由于具有公定力，自作出之时即推定其具有合法性。因此，行政行为自成立之时即产生法律上的约束力，这种约束力既针对行政机关也针对行政相对人。

（二）行政行为生效规则

一般来讲，行政行为自成立之时即生效，因此，行政行为的生效时间与成立时间是一致的。但由于行政行为的多样性，不同的行政行为生效的标准并不完全相同，因此生效时间的确定主要包括以下几种规则：

1. 即时生效。即时生效是指行政行为无需告知相对人，一经作出即具有法定效力，主要适用于需要迅速进行处理的紧急情况。例如，对醉酒的人进行管束、对着火的房屋进行拆除都不需要履行告知程序即可生效。即时生效是一种特殊的生效规则，由于不需要对相对人进行告知即可对相对人的权利义务造成影响，因此，如果不对其适用范围作出限制，则很容易导致相对人的合法利益受到侵害。

2. 告知生效。所谓告知生效，是指行政行为自行政机关通过告知，使相对人知晓行为内容之时生效。行政机关必须履行告知义务才能使行政行为对相对人产生法律效力，且此种告知有形式上的要求，即所采用的行为方式需能够使相对人知悉。具体来讲，根据不同的情况行政主体可以采用口头告知、书面告知、公告通知等多种方式。大部分行政行为适用此种生效规则。

3. 附款生效。即行政机关作出行政行为时附加了某种限制条款，只有当所附条款的要求得到满足时行政行为才发生法律效力。行政行为所附生效条款包括：期限、条件和负担。所谓附期限，是指在行政行为中指明一定的期限，把期限的到来作为行为生效的依据。大多数制定规范的行政行为适用这种生效方式。所谓附条件，是指在行政行为中指明一定的条件，把条件成就作为行政行为生效的根据。附负担主要是对负担性行政行为而言，受益人在取得利益的同时还要履行一定的义务，承担一定的负担，否则行为不生效。

三、行政行为的合法要件

行政行为的合法要件，是指构成合法行政行为所必须具备的条件。行政行为的合法要件不同于成立要件，成立的行政行为并不意味着它一定是合法有效的，对于行政行为是否成立的评价并不涉及其合法性，一个已经成立的行政行为也可能因为合法要件的欠缺而被撤销或确认无效。

行政行为合法必须具备以下条件：

1. 行为的主体合法。行政行为的行为人应当具有合法的主体资格，即：①应当具备行政主体资格，必须是法定的行政主体，能以自己的名义作出行为。

②具体实施行政行为的公务员或其他人员，应当具有合法身份或委托。只有具备合法身份或委托，才意味着他可以代表行政主体作出行为。

2. 行为的权限合法。权限合法是行政行为合法要件的重要内容之一，行政主体必须在法律规定的权限内作出行为，不能超越职权的界限，否则构成违法。行政主体权限包括事务管辖权、地域管辖权、级别管辖权、时间管辖权等内容。

3. 行为的内容合法。行政行为的内容会对行政相对人产生实体上的权利义务影响。内容合法要求：①作出行政行为所依据的证据确凿，有充分的事实依据；②行政行为要正确地适用法律规范，涉及行政相对人权利义务的行政决定应当有法律的依据；③行政行为的目的必须符合立法宗旨与原则，不能滥用职权。

4. 行为的程序合法。行政行为不仅要实体合法，程序也必须符合法律规定，违反法定程序的行为构成违法行为，将会被否定。程序合法要求行政行为必须符合法律所确定的行政程序的基本原则和基本制度。

5. 行为的形式合法。要式行政行为必须具备法定的形式才是合法有效的行为，否则即为无效行为。

■ 第三节　行政行为的效力

一、行政行为效力的含义

（一）行政行为效力的含义

行政行为是法律行为，它的效力实际上就是其在法律上的效果。法律行为在法律上的效力主要表现为法律行为处于一定法律关系之中，既受法律的约束又受到法律的保护。由此可见，行政行为的效力不仅表现为法律上的约束力，也表现为一种法律保护。

我们认为，行政行为是对相对人权利义务产生影响的行为，要使这种行为所产生的效果处于可靠、确定的状态，具有权威性，保证秩序的形成与存在，就需要具有一种法律上的力量作为保障，这种力量就是行政行为法律上的效力。因此，行政行为的效力是指对行政行为所引起的权利义务状态变化这一法律效果的保证力。

（二）行政行为效力的来源

行政行为的效力来源于法律。行政行为是对法律规范的具体化和落实，是对法律规范的执行，法律的稳定性、权威性通过行政行为所体现。因此，是法律赋予了行政行为相应的法律效力。

行政行为的效力来源于法律，决定了不仅行政相对人受行政行为的约束，而且行政机关也应受自己所为行为的约束。所以说，行政行为效力的理论不仅有益于行政管理目标的实现，更有利于对行政相对人合法利益的保障。

二、行政行为效力的内容

（一）公定力

1. 公定力的含义。行政行为的公定力是指行政行为一经作出，即被推定为合法、有效，并应受到尊重的效力。其内涵包括：①这种效力发生在行政行为作出后，而且行政行为一经作出即具有此效力。②它是一种对世的效力，不仅对作出行政行为的行政机关和行为针对的相对人有效，而且对一切机关、组织和个人都具有效力。③它是一种被推定的法律效力，并不意味着行政行为就真正的合法、有效、绝对正确，其实质效力须由法定机关通过法定程序加以确认，只是在确认之前约束人们不能对其任意否定。[1]

公定力是对行政行为效力内容的总体概括，是其他效力的基础。只有在行政行为成立之后，被推定为合法有效的前提下才可能发生确定力、拘束力和执行力。行政行为的确定力、拘束力和执行力是公定力的具体体现。

2. 公定力的依据。行政行为是行政机关行使行政权力的具体体现，行政权力是国家权力体系中负责执行国家权力机关意志，维护社会、经济、文化等秩序，增进社会福利及管理社会事务的权力。这就要求它要有权威，否则将导致社会秩序的混乱。当然，行政权力并非因其主体是国家而拥有权威，这种权威来自法律，是为了保护行政行为的受益者对行政行为的信任。如果允许任意否定行政行为的效力，将会损害行政行为信任者的权益。因此，公定力的存在是为了保护一般公众或当事人对行政行为的信任，进而稳定因行政行为而形成的权利义务关系。

是否所有的行政行为都具有公定力，对此认识不一，有"完全公定力"和"有限公定力"两种不同观点。"完全公定力说"认为，行政行为不论是否存在瑕疵，在依法消灭之前都具有公定力，其依据在于行政行为即使具有重大明显的瑕疵，也并不是任何人都有权、有能力辨认的，只有法定的国家机关才具备判断并确认行为无效的能力与权力。"有限公定力说"认为，行政行为一般具有公定力，但有重大明显瑕疵的行政行为是无效的，不产生约束力。更多学者认同"有限公定力说"，本书对此也持肯定态度。行政行为的公定力对于保障行政

---

[1]　张树义主编：《行政程序法教程》，中国政法大学出版社 2005 年版，第164页。

目标的实现、维护法律关系和社会秩序的稳定有着重要意义，但是如果认为行政行为在任何情况下都具有公定力，势必会不当地限制相对人的合法权益，明知违法还要服从，不符合法治正义原则。承认有重大明显瑕疵的行政行为不具有公定力，赋予相对人对其的抵抗权，有助于社会对行政机关依法行政的监督，也避免社会财富的不必要浪费，可以及时有效地保障相对人的合法权益。

（二）确定力

确定力是指行政行为一经作出，即具有稳定性，不得任意改变的效力。行政行为的确定力可分为形式确定力与实质确定力。

形式确定力又称"不可争力"，是就行政相对人而言的，即相对人在法定救济期限内未主张权利，在期限过后行政行为即被确定，不能再对此提出争议，要求加以改变。形式确定力的作用在于约束相对人对行政行为的信任并就其接受与否及时作出表示，以保证行政行为的及时实现和权利义务的稳定。

实质确定力也称"不可变更力"，是针对行政机关而言的，即行政机关对其所做的行政行为不得任意变更、撤销、废止。实质确定力是对行政机关的约束，目的在于限制行政机关依职权随意对已经生效的行政行为加以改变。行政行为一经作出就有相对的稳定性，以保证行政机关和相对人在稳定的法律关系中履行各自的义务，实现各自的权利。

行政行为的确定力具有相对性，即行政机关并非绝对不能改变已经作出的行政行为。在适当的范围、条件下，行政行为的作出机关或者其他有权机关可以将原行政行为加以改变。例如，当法律法规或社会形势发生重大变化，导致行政行为的存在不利于公共利益，或者行政行为欠缺合法要件时，为了维护公共利益和纠正违法，应当允许行政机关对行政行为进行变更或撤销。

（三）拘束力

拘束力是指行政行为成立并生效后所具有的，以其内容约束行政机关和行政相对人，使其遵守和服从该行政行为的法律效力。其内涵是从行政行为的内容上加以界定的，行政行为的内容是有关相对人权利义务的确定，拘束力的实质是要求对行政行为所确定的权利义务加以遵守和服从。因此，拘束力只约束、限制与行政行为所确定的权利义务有关的行政机关和相对人，而不约束其他人。在这一点上，它不同于公定力，公定力是对世的效力，要求整个社会对行政行为的效力予以尊重。

拘束力首先指向相对人，对已生效的行政行为，相对人必须严格遵守、服从，完全履行行政行为所设定的义务。主要表现在：①相对人必须履行具体行政行为对其设定的义务，不得抗拒。②相对人须严格遵守行政机关依法制定的规范性文件，不得违反，否则将追究其法律责任。

行政行为对行政机关也具有约束力，这种约束针对一切有权行政主体而不仅限于作出行为的机关。行政行为在未经法定程序撤销或废止之前，无论作出行政行为的机关还是其上级行政机关或其他监督机关，都负有尊重该行政行为内容的义务。

（四）执行力

执行力是指行政行为内容得以实现的法律效力，主要表现在权利主体有权要求义务主体履行特定的义务。执行力是行政主体实现管理目标的保障，如果行政行为设定的义务得不到实现，则该行政行为将失去存在的意义。对于执行力含义的理解需要注意以下三点：

1. 执行力以相对人负有义务为前提，即已经作出的行政行为在内容上为相对人设定了义务。不是所有行政行为都有执行问题，只有行政行为的内容是规定作为或不作为义务时才需要执行。如果行政行为的内容是决定或确认某种法律关系，则不需要执行。

2. 执行力包括相对人自行履行与强制执行。执行力首先要求负有义务的相对人自行履行，当相对人无正当理由拒不履行义务时，才产生强制执行的效力，行政机关可以依法强制执行或申请人民法院强制执行。事实上，行政行为所涉的义务主要依赖相对人主动履行，强制执行效力是作为一种潜在的威慑力量而存在的，以此来督促相对人自觉履行义务，只有在其拒不履行的情况下才能采取强制措施。

3. 执行力不仅及于相对人，也及于行政主体本身。行政主体作出某种行政行为，相对人可能从中取得某种利益，若之后由于行政主体不采取措施而致使相对人的利益难以实现，则相对人既可以申请行政主体自行履行，也可以通过行政复议或行政诉讼的途径，请求行政复议机关或人民法院责令行政主体作出行政行为。

三、行政行为的无效、撤销、变更和废止

（一）无效行政行为

1. 无效行政行为的含义。广义上的无效行政行为，即行政行为不具有法律效力，既包括因撤销、废止所导致的无效，也包括自始无效。在此所讨论的无效行政行为是狭义上的，即自始无效，是指行政行为自作出之时，因存在重大、明显的违法而自始不发生法律效力。

无效行政行为实际上是一种特殊的效力状态。一般情况下，由于行政行为具有公定力，行为自作出之时即推定其合法有效，发生法律效力。即使该行政行为存在瑕疵也不影响其生效，当事人只能事后申请救济；只有当行政行为的

违法程度达到重大、明显的标准时，才不能推定其合法有效，相对人有权拒绝履行。

无效行政行为的法律制度实际上是在法律上赋予相对人根据自己的认识和判断自我抵抗行政机关的非法侵害的权利。赋予相对人自我抵抗的权利，使其可以通过事前救济程序防止行政权力的专横，这是社会监督行政机关依法行政的重要途径，更主要的是可以避免相对人合法权益受到更大的损害，造成社会财富的浪费。

2. 无效行政行为的确认。"重大、明显违法"是理论上对引起无效行政行为原因的概括总结，具体来讲，具备以下情形的行政行为应属于无效行政行为：

（1）行为主体资格存在瑕疵。行政行为应当由具有合法身份或地位的人实施，当其行为人的主体资格不明确、行为人明显超越职权、行为人意思表示不真实时，会使相对人无法判定行为是否真正是行政机关所为或不能明确该行政行为的行政主体是谁，因此导致行政行为无效。

（2）行为的形式上存在瑕疵。行政行为需要通过一定的形式表现出来，形式上的瑕疵也会使行政行为是否存在难以确定，并对行政行为内容的确定性产生影响。例如，需要通过书面形式来表明效力的行政行为，若不具备书面的形式，则行为无效。

（3）行政行为内容上存在瑕疵。即行政行为的内容重大、明显违法。主要包括：①行为内容在客观上无法实现；②行为内容具有不确定性；③行为内容直接违反善良风俗；④行政行为内容的实现将可能导致犯罪等。

（4）行为主体受胁迫、受欺诈及恶意串通作出的行政行为。即行政机关工作人员在行政行为作出时受到了胁迫、欺诈或者存在恶意串通的情形，则作出的行政行为是无效行政行为。

需要指出的是，在建立无效行政行为制度的国家和地区，无效行政行为的情形是法定的，只有法律列举规定属于无效行政行为的，行为才不具有公定力。

3. 无效行政行为的法律后果。

（1）行为自始无效。行为从作出之日即不产生法律效力，并且不因事后追认补正的完成而取得效力。

（2）行政行为对任何人或机关都没有约束力，作为相对人可以不遵守、不接受，执行机关不应当履行，其他社会成员也不需尊重。

（3）宣告行政行为无效不受时效限制，利害关系人可以随时主张行为无效，不受法定救济时限的限制，有权机关也可以随时确认和宣告行为无效。

（二）行政行为的撤销

1. 撤销的含义。行政行为的撤销是指有权机关对依法已经发生效力的行行为予以否定，使之丧失法律效力的状态。即行政行为因违法或不当，由有权国家机关作出撤销决定，从而使之失去法律效力，恢复行为前的法律状态。

行政行为的撤销与无效行政行为是两种不同的效力状态，二者的区别主要体现在：①虽然二者的发生原因都是行为具有违法性，但违法的程度不同。无效行政行为的违法程度更高，必须达到"重大、明显违法"的标准；而撤销只适用于合法要件欠缺、行政行为不适当等一般违法行为。②行政行为无效时自始不具有公定力，相对人无需对其表示尊重；而行政行为的撤销在撤销之前行为仍具有公定力。③对无效行政行为的救济不受时效限制；而相对人申请撤销行政行为必须在法定期限内提起。

2. 撤销的法律后果。

（1）经撤销的行政行为自撤销之日起失去效力，但可以追溯到行为作出之日，使法律关系恢复到行政行为未作出的状态。因为该行为成立时就存在违法情形，所以撤销后可以溯及既往。

（2）行政机关和相对人依过错程度各自承担责任。因行政机关的违法行为给相对人造成损害的，行政机关应当给予赔偿。如果相对人对行为的撤销也具有过错，则应以其过错程度承担相应责任。

3. 对撤销的限制。行政行为的撤销是对已生效行为效力的否定，必然影响已经形成的法律秩序的稳定，因此撤销权的行使必须受到一定的限制。行政行为的确定力决定了行政行为一旦作出就具有了不可变更力，即使行为违法，行政主体和相对人也要受到一定的约束，非因法定的理由不能随意加以改变，其目的是保护公民已获得的利益不致丧失，已确定的负担不再增加。这正是限制撤销权的理论依据。具体来讲，对行政行为撤销的限制主要包括：

（1）行为性质的限制。一般情况下，撤销的限制主要适用于授益性行为，因为撤销授益性行为即意味着剥夺了相对人已经获得的利益，会使相对人处于不利的境地。对授益行为撤销的限制不是绝对的，如果相对人的信赖利益不具有正当性，特别是相对人因主观上的恶意而获得的信赖利益不值得保护，应当予以撤销。

（2）行为内容的限制。同样是授益性行为，内容不同，有关撤销的使用也不同。一般对于给付金钱或财物的行为不允许撤销，即使考虑到公共利益必须作出撤销决定的也只能使其产生向后的效力，先前的利益不能要求返还。

（3）时效的限制。即在一定的时间内，行政机关没有对可以撤销的行政行为加以撤销，则此行为不得再被撤销。

（三）行政行为的变更

1. 变更的含义。行政行为的变更，是指对行政行为的部分内容、形式或法律依据进行改变，使原行为的法律效力发生部分变动。对于抽象行政行为的变动通常称为修改。

变更与撤销在发生原因和法律效果上有很多相似之处，但两者仍存在明显的界限，具有独立存在的价值，不能简单地认为变更就是撤销原行为并作出新的行为。行政行为的变更只是其部分内容的改变，行政行为未经变更的部分始终保持法律效力，并未受变更部分行为的影响。

2. 变更的条件和法律后果。行政行为一经作出即具有确定力，不得任意改变，只有在符合法律规定的条件下才可由有权机关依法定程序予以变更。能够引起行政行为变更的情形主要有两种：①法律或者形势发生重大变动；②原行政行为内容部分违法或不当。

行政行为变更所引起的法律后果是：①相对人法律地位不发生改变，行政行为的内容经变更的部分自变更之日起丧失法律效力，未经变更的部分仍然有效；②为保护相对人的合理信赖利益，因行政行为变更给无过错相对人造成的损失应依法予以赔偿或补偿。

3. 变更的限制。行政行为的变更也受到一定的限制，有关撤销、废止的理论也同样适用于变更。但是，应当注意，对行政行为的性质进行分析时，要从行政相对人的利益角度来看。考虑是否应当对变更进行限制的关键，不是所要变更的行为是授益性行为还是负担性行为，而是变更行为本身对于相对人是授益性还是负担性的。实际上，对于负担性行为作出不利变更也将导致相对人的利益受损。因此，对变更的限制不仅针对授益性行政行为，对负担性行政行为的不利变更也应予以限制。

（四）行政行为的废止

1. 废止的含义。行政行为的废止，是指行政机关对于合法有效的行政行为，因为事后其所依据的事实或法律发生变化，导致行为不宜再存续而消灭其效力。被废止的行为在成立之初是合法有效的，只是因为事后客观情况发生变化，导致行为效力不能存续。

2. 废止的条件和法律后果。废止行政行为应当具备的条件是：①行政行为所依据的法律法规或客观形势发生重大变化；②必须符合社会公共利益的需要，为公共利益的目的；③必须具有法律上的依据。

行政行为废止所引起的法律后果有：①行政行为废止后，其效力自废止之日起终止。行政行为废止是向后发生效力，对该行为被废止前的效力没有影响，相对人依法已经履行的义务一般不能要求予以补偿，同样该行为已经给予相对人的利益也不能收回。②由于相对人本身并不存在过错，因此，当给行政相对人造成较大损失时，行政机关应适当予以补偿。

第七章

3. 废止的限制。废止针对的是已生效的行政行为，行政行为生效后即产生法律效力，并形成了一定的法律秩序，如果不对行政机关的废止行为加以严格限制，就会有损政府的公信力，同时也可能对相对人的正当权益造成侵犯。因此，行政行为的废止同撤销、变更一样，要受到严格的限制，要区分不同行政行为的性质、行为的不同内容，在法定的期间内决定是否废止该行为。

【思考题】

1. 什么是行政行为？
2. 行政行为有哪些分类？
3. 行政行为的合法要件是什么？
4. 行政行为有哪些效力？

第八章

制定规范行为

■ 第一节　行政规范概述

一、行政规范的概念和特征

（一）行政规范的概念

行政规范又称行政法律规范，是有关国家行政管理活动的法律规范总称。如果仅就行政规范的内容而言，在我国，行政规范的制定或发布主体可以是国家权力机关，如全国人大及其常委会；也可以是不同权力层级的行政机关，如国务院及其主管部门或各级政府。然而，我国行政法学界关于行政规范的认识不仅限于内容方面，有的还考虑到它的制定主体、行为特征或效力意义。如果虑及上述这些方面，关于行政规范的概念就可有以下四种理解：

1. 行政规范是指凡有权的国家机关依法定职权和程序制定或发布的有关国家行政管理活动的法律规范，包括各级权力机关和各级行政机关制定的具有普遍约束力的此类行为规范。这是关于行政规范最为宽泛的解释。

2. 行政规范是指国家行政机关依据法定职权和程序制定或发布的有关国家行政管理活动的法律规范，包括所有国家行政机关制定的具有普遍约束力的此类行为规范。

3. 行政规范是指具有行政法规和行政规章制定权的行政主体制定或发布的有关国家行政管理活动的法律规范，包括国务院和有规章制定权的主体制定的具有普遍约束力的此类行为规范。

4. 行政规范是指国务院和有规章制定权的主体制定或发布的行政法规和行政规章规范。这是关于行政规范最为狭义的理解。

本书采用第二种理解，即行政规范是国家行政机关依法制定或发布的有关国家行政管理活动的具有普遍约束力的行为规范之总称。

（二）行政规范的特征

行政规范的特征主要表现在制定主体、内容、行为和效力四个方面：

1. 行政规范的制定主体是不同权力层级的国家行政机关，具有广泛性和多样性。根据《宪法》《立法法》以及《地方各级人民代表大会和地方各级人民政府组织法》的规定，国务院可以规定行政措施、制定行政法规、发布决定和命令；国务院各部委及具有行政管理职能的直属机构有权发布命令、指示和规章；省、自治区、直辖市与设区的市的人民政府有权制定规章；县级以上地方各级人民政府可以制定行政措施、发布决定和命令；乡、镇人民政府可以发布决定和命令。由此，国务院/国务院各部委及其所属司、局、办/省、自治区、直辖市人民政府及其所属厅、局、委员会/设区的市的人民政府及其所属部门/不设区的市、县人民政府的工作部门及其派出机关（区公所、街道办事处）/乡镇人民政府等都可以依法成为行政规范的制定或发布主体。

2. 行政规范调整的是国家的行政管理活动，具有适时性的特点。行政机关是国家权力机关的执行机关，从事行政管理活动。制定或发布行政规范是行政机关开展行政管理活动的需要，其目的在于完成行政管理的任务。行政机关的行政管理活动具有很强的应对性，要根据社会实践的发展变化适时作出调整，这使得行政规范的制定或发布具有简便性。当然，不同权力位阶的行政机关所承担的行政管理任务不同，行政规范制定或发布的形式及其程序也呈现出多样性。如有行政立法、行政措施、决定或命令等区别。

3. 制定或发布行政规范是与具体行政行为相对的抽象行政行为。抽象行政行为与具体行政行为是行政法学对行政行为所作的基本分类之一，其区分标准是行政行为对象的特定或不特定。与具体行政行为的对象具有特定性相对，抽象行政行为的对象是不特定的，也即它所针对的是一般的人或事，具有普遍的约束力。行政规范是针对一类人或事的，具有普遍约束力的行为规范。这种对象与效力的普遍性或一般性使得行政规范可以作为具体行政行为的依据，在同类情形下出现时能反复适用而不是仅适用一次。由此，制定或发布行政规范的行为被视为抽象行政行为，从而与具体行政行为区别开来。

4. 行政规范在效力地位上具有派生性、从属性和多层次性的特点。制定或发布行政规范的权限或程序以上位法的规定为准。如国务院根据宪法和法律制定行政法规；国务院各部委根据法律和国务院行政法规、决定和命令制定规章；省、自治区、直辖市和设区的市人民政府根据法律、行政法规和本省、自治区、直辖市的地方性法规制定规章；县级以上地方各级人民政府依照法律规定的权限发布决定和命令。上述这些行政规范在效力上具有从属性，即制定或发布的行政规范不得与所根据的上位法相抵触或违反上位法的规定。此外，由于制定主体的多样性及其权限关系，行政规范之间的效力关系也呈现出多层次性的特点。如国务院与地方各级人民政府制定的行政规范之间、国务院与国务院各部委制定的行政规范之间、地方各级人民政府制定的行政规范之间形成了不同位阶的层次关系。

二、行政规范的种类和作用

（一）行政规范的种类

根据不同标准，行政规范可以有不同分类。

1. 根据制定主体及效力范围的不同，行政规范可以分为中央国家行政机关制定的行政规范与地方国家行政机关制定的行政规范。

中央国家行政机关制定的行政规范包括国务院及其工作部门依法制定和发布的行政法规、规章及具有普遍约束力的决定、命令、指示等。上述行政规范调整的是国家行政管理活动中必须统一协调的基本或普遍性问题，如全国性的治安管理、环境保护等。一般来说，中央国家行政机关制定的行政规范在全国范围内有效。

地方国家行政机关制定的行政规范包括了不同层级的地方行政机关依法制定和发布的规章和具有普遍约束力的决定、命令等。上述行政规范既要贯彻实施中央立法的规定，又要依法考虑地方行政管理的特殊性，因而具有一定的地方特色。地方国家行政机关制定的行政规范仅在其行政区域管辖范围内有效。

2. 根据权力来源不同，行政规范可以分为依职权制定或发布的行政规范和根据授权制定或发布的行政规范。

依职权制定的行政规范是行政机关根据宪法和组织法赋予的职权，就其职权范围内的事项制定行政法规、规章与其他具有普遍约束力的行为规范。如根据《宪法》第89条的规定，国务院有权根据宪法和法律，规定行政措施、制定行政法规、发布决定和命令，国务院据此制定或发布的行政规范即属于依职权制定或发布的。

根据授权制定的行政规范是行政机关依据规范性法律文件中的授权规定和专门的授权决议或决定制定或发布的行政管理规范。如《公路法》第68条规定"收费公路的具体管理办法，由国务院依照本法制定"，国务院据此制定的行政规范属于前种情形；1985年第六届全国人大授权国务院在经济体制改革和对外开放方面可以制定暂行规定或者条例，国务院据此制定的行政规范则属于后种情形。

应该指出，关于授权，人们通常有两种视角：一是从权力渊源的角度，所谓"一切权力来源于人民"或"行政机关没有固有的立法权，所有的立法都应是授权立法"之说即属于此;[1]另一种是就权力产生的具体方式而言,如本书在这里所阐述的根据授权规定、专门的授权决议或决定制定行政规范的权力。

3. 根据功能的不同,行政规范可以分为执行性行政规范与创制性行政规范。

执行性行政规范是行政机关为执行法律、法规等上位规范的规定而制定的,其制定既可依职权也可依授权,但不能任意增加、减少或改变所要执行的法律规范内容,尤其是不得创设新的权利(力)、义务(责任)。如《义务教育法》第44条第3款规定"义务教育经费保障的具体办法由国务院规定",国务院据此所作规定就属于执行性行政规范。

创制性行政规范是行政机关依法填补上位规范规定的空白或变通上位规范而制定的。其中,依法填补上位规范的空白的创制性行政规范是在没有相应的上位规范的前提下,行政机关根据法律赋予的职权所制定的,具有较大的自主性。变通上位规范的创制性行政规范又称补充性行政规范,其制定应以上位规范的授权或专门授权为准,无论何种情形,创制性行政规范都可依法创制新的权利(力)、义务(责任)。

4. 根据效力意义的不同,行政规范可以分为行政立法性规范与其他行政规范。

行政立法性规范是宪法和法律规定的特定行政机关依照特定程序制定的行政规范,它们既是行政机关行政管理活动的依据,也是人民法院审判案件的依据。行政立法性规范具有法源意义,也即我国正式的法律渊源。根据制定主体和效力地位的不同,行政立法性规范有行政法规和行政规章之分。

其他行政规范是各级人民政府或其主管部门依照宪法、法律、法规规定的权限发布的具有普遍约束力的决定、命令或其他形式的行政规范。其他行政规范是行政机关行政管理活动的依据,但不能作为人民法院审判案件的依据。由此,其他行政规范在我国不是正式的法律渊源,不具有法源意义。

(二)行政规范的作用

行政规范调整的是国家行政管理活动,其目的在于规范和制约国家行政权,保护公民、法人及其他社会组织的合法权益,保障和维护国家和社会的公共利益。国家行政管理活动涉及很多方面,如根据是否有隶属关系,行政机关在行政管理活动中要规范的关系有两类,即内部行政法律关系和外部行政法律关系。内部行政法律关系是行政主体之间或行政主体与其所属公务员之间形成的;外部法律关系则是行政主体与行政相对人之间因外部行政活动而形成的。从此角

---

〔1〕 罗豪才主编:《行政法学》,北京大学出版社2001年版,第102页。

度，行政规范对行政管理活动所发生的影响或作用可分为对内作用与对外作用两个方面。

行政规范的对内作用表现为它规范和调整行政主体之间及与其所属人员在行政管理过程中的内部组织关系、隶属关系、人事关系等。行政规范对内作用的对象是行政主体及其所属人员，如行政机关或行政机构与公务员；其内容是关于行政机关的内部行政管理活动，是在行政主体之间以及行政主体与其所属人员之间进行的。如上级行政机关对下级行政机关报告的审批、行政机关对渎职的公务员给予记过处分的决定等。

行政规范的对外作用表现为它规范和调整行政主体在管理社会事务的过程中与公民、法人和其他组织所发生的关系。行政规范对外作用的对象是所有具有行政主体资格的组织、公民、法人或其他组织；其内容是行政机关所从事的影响行政相对人权益的社会管理活动。如工商行政机关向某一企业颁发营业执照、环保行政机关对超标排污的企业予以行政处罚等。

上述分析是将行政规范视为一个整体而言。就具体的行政规范来说，有的可能用于对外作用，也有的用于对内作用，还有的兼发挥这两方面的作用。

三、行政规范的效力地位

行政规范在效力地位上的派生性、从属性和多层次性，决定了行政规范之间及其与法律、法规之间存在着错综复杂的效力关系。通过分析这些效力关系，我们可以认识不同层级的行政规范在我国法律体系中的效力地位。

1. 行政规范与全国人大及其常委会制定的法律之间。根据《宪法》和《立法法》的规定，无论何种效力等级的行政规范，其法律效力和地位都低于宪法和法律，它们与宪法和法律之间是上位规范与下位规范关系，即行政规范不得与宪法和法律相抵触。如果发生抵触，有权的国家机关可依法予以撤销或改变。如全国人大常委会有权撤销同宪法和法律相抵触的行政法规；国务院有权改变或撤销各部委和地方各级国家行政机关不适当的规章、决定、命令或指示；县级以上地方各级人民政府有权改变或撤销所属工作部门和下级人民政府发布的不适当的决定、命令等。

2. 行政规范与地方国家权力机关制定的法规之间。不同效力等级的行政规范与地方国家权力机关制定的法规之间既有上位规范与下位规范关系，也有不适合进行位阶排序的其他关系。根据《宪法》《立法法》的规定，省、自治区、直辖市和设区的市的人大及其常委会在不同宪法、法律和行政法规相抵触的前提下可以制定地方性法规。行政法规的效力高于地方性法规；省、自治区、直辖市和设区的市的人民政府可以根据法律、行政法规和本省、自治区、直辖市的地方性法规制定规章，地方性法规的效力高于本级和下级地方政府规章。因此，行政法规与地方性法规、地方性法规与地方政府规章之间是上位规范与下位规范的关系。不适合进行位阶排序的其他关系，如地方性法规与部门规章的效力关系，因为无法明确位序，《立法法》仅规定了地方性法规与部门规章之间发生冲突的裁决机制。

3. 行政规范之间。行政规范之间既有上位与下位关系，也有同位关系。根据《宪法》和《立法法》的规定，属于上位与下位关系的是：国务院制定或发布的行政法规、决定、命令与规章之间；上级国家行政机关的行政规范与下级国家行政机关的行政规范之间。属于同位关系的是：部门规章之间；部门规章与地方政府规章之间；同级人民政府发布的决定、命令之间；县级以上人民政府主管部门发布的决定、命令之间。

根据《宪法》《立法法》的规定，上位规范与下位规范之间应遵循"不抵触"或"不违反"原则；同位规范之间应遵循"保持一致"原则。行政规范与法律、地方性法规或行政规范之间如发生冲突，上位规范与下位规范之间解决冲突的基本原则是上位规范优于下位规范；同位规范之间遵循以权限为准、特别规定优于一般规定、新规定优于旧规定或法不溯及既往等原则；其他效力关系的冲突解决则依宪法和法律的规定。

■　第二节　行政立法行为

一、行政立法的概念与特征

（一）行政立法的概念

关于行政立法，人们的认识和观点颇多歧义。概括而言，行政立法的概念有以下几种界定方式：①仅就内容而言，行政立法是相对于刑事立法、民事立法或经济立法的概念，泛指国家机关依法制定或发布有关国家行政管理活动的法律规范的活动。[1] ②从内容兼主体的角度，行政立法是行政机关制定和发布的有关国家行政管理普遍性规范的活动。[2] ③从内容兼主体和效力的角度，有观点认为行政立法是有关国家机关制定行政法律规范的立法行为，[3] 也有观点

---

〔1〕 参见应松年主编：《行政行为法》，人民出版社1993年版，第40页。

〔2〕 参见杨海坤主编：《行政法与行政诉讼法》，法律出版社1992年版，第53页。

〔3〕 参见胡建淼：《行政法学》，法律出版社1998年版，第298页。

认为行政立法是特定行政机关依法定职权或程序制定行政法规和行政规章的行为。[1] 本书从内容兼主体和效力的角度认为，行政立法是特定国家行政机关依法定的职权和程序制定、具有法源意义的行政法规和行政规章的活动。

（二）行政立法的特征

1. 行政立法的主体是行政机关，但并非所有的行政机关，只有享有行政法规和行政规章制定权的行政机关才是行政立法的主体。根据《宪法》和《立法法》的规定，国务院有权依职权或授权制定行政法规；国务院各部门有权制定规章；省、自治区、直辖市人民政府和设区的市/自治州的人民政府有权制定规章。由此，我国享有行政立法权的主体是国务院、国务院各部门和两类地方政府。

2. 行政立法是制定具有法源意义的规范性文件的活动。首先，行政立法是产生具有普遍约束力的行政规范的活动，不同于针对特定人或事，只具有一次性效力的具体行政行为；其次，行政立法是产生具有法源意义的行政规范的活动，不同于那种虽发布的是具有普遍约束力的行政规范但却不具有法源意义的规范制定活动。如各级行政机关发布指示、决定、命令的活动。

3. 行政立法要严格依法定的职权和程序进行。我国《宪法》《立法法》以及《地方各级人民代表大会和地方各级人民政府组织法》明确规定了行政立法的职权或程序。如行政法规的制定主体是国务院；国务院制定行政法规要经过立项、起草、征求意见、审查、决定和公布等程序。而且，行政立法在形式、体例结构以及语句表达等方面都有着不同于一般行政公文的特殊要求。

4. 行政立法既是行政管理活动，又是立法活动。行政立法是行政机关应行政管理的需要而进行的活动。在这里，"行政管理"既是行政立法的活动内容和目的，又规定了它的权限范围。行政立法也是行政机关在行政管理过程中不可或缺的方式或手段。这里，"立法"表明了行政机关以实施行政管理的方式特征，即它不是针对特定人或事适用的、具有普遍约束力的法律规范的活动，而是产生具有普遍约束力的行为规范的活动。也有学者从从属于权力机关立法的意义上认为行政立法是准立法行为。[2] 其实，从国家权力行使的历史来看，制定规范与执行规范对于权力主体来说，从来不是且也不能截然分开的。即使国家权力的分工制约已合理化的现代社会，所谓"分"，主要表现在机构设置上，人员、事权和活动方式等一般没有也无法绝对分开。对此，行政机关的行政管理活动从没有将制定规范活动摒弃在外就是一个明证。

---

〔1〕　参见应松年主编：《行政法与行政诉讼法》，法律出版社 2005 年版，第 128 页。

〔2〕　参见刘莘：《行政立法研究》，法律出版社 2003 年版，第 12 页。

二、行政法规

（一）行政法规的概念和特征

行政法规是国务院根据宪法和法律制定的、有关国家行政管理活动的规范性法律文件，是我国正式的法律渊源之一。作为我国立法体系中的重要和主要层级，行政法规既不同于法律、地方性法规，也不同于行政规章，其特征主要表现为：

1. 行政法规的制定权专属于国务院，其他国家机关不享有这种权力。

2. 行政法规的制定具有从属性和创制性双重特点。一方面，行政法规的制定要依据宪法和法律，不得与宪法和法律相抵触；另一方面，行政法规可以依法对法律没有规制的事项作出规定，创制权利（力）和义务（职责），这使得行政法规不同于行政规章。

3. 国务院在国家权力体系中的地位及其所从事的行政管理活动的广泛性使得行政法规的调整范围涉及社会生活的各个方面，其效力范围遍及全国。在这方面，行政法规区别于地方性法规和行政规章。

4. 行政法规是国务院制定的具有法源意义的规范性文件，它既是行政机关实施法律的依据，也是审判机关适用法律的依据，这使得行政法规区别于国务院发布的其他规范性文件。

（二）行政法规的制定权限

根据《立法法》的规定，国务院制定行政法规的权限包括以下方面：

1. 为执行法律规定的需要，国务院可以制定行政法规。这类行政法规属于执行性立法，它必须与相关的法律保持一致，不能超越该法律的权限规定创设权利（力）和义务。目前，制定这类行政法规的情况主要有三种：①法律颁布之后，国务院根据法条授权，针对该法律实施中的各种问题制定比较全面具体的实施细则、实施条例和实施办法。如《税收征收管理法》第 93 条规定："国务院根据本法制定实施细则。"②国务院根据法条授权，就法律实施中某一项规定制定专门规定。如《行政处罚法》第 63 条规定："本法第 46 条罚款决定与罚款收缴分离的规定，由国务院制定具体实施办法。"③国务院根据法条授权，对法律实施的过渡、衔接等相关问题作出规定。如 2004 年修订的《公司法》第 229 条规定："本法施行前依照法律、行政法规、地方性法规和国务院有关主管部门制定的《有限责任公司规范意见》《股份有限公司规范意见》登记成立的公司，继续保留，其中不完全具备本法规定的条件的，应当在规定的限期内达到本法规定的条件。具体实施办法，由国务院另行规定。"

2. 国务院可以就《宪法》第 89 条规定的行政管理职权事项制定行政法规，

但不得侵犯全国人大及其常委会的国家立法权。根据《宪法》第89条规定，国务院行使的行政管理职权主要包括四个方面：①领导全国性行政工作；②领导和管理部门性行政工作；③行使行政机关的编制审定权和行政人员的任免、奖惩权；④行使行政监督权。在这些行政职权范围内，国务院虽然可以制定和颁布行政法规，但受到全国人大及其常委会所行使的国家立法权的限制。《立法法》明确列举了属于全国人大及其常委会的专属立法权事项。其中与国务院管理职权有关的，如限制人身自由的强制措施或处罚属绝对保留事项，国务院对此不能制定行政法规；其他专属事项，如属于国务院行政管理职权内的且尚未制定法律的，经全国人大及其常委会授权，国务院可以制定行政法规。

3. 国务院可以就全国人大及其常委会授权的事项制定行政法规。根据《立法法》第8、65条规定，属于全国人大及其常委会专有立法权范围内的事项，全国人大及其常委会可以根据需要授权国务院对其中的部分事项先制定行政法规，但有关犯罪和刑罚、对公民政治权利的剥夺和限制人身自由的强制措施和处罚、司法制度等事项不得授权。根据《立法法》第10～12条规定，国务院根据全国人大及其常委会的授权制定行政法规时，应当按照授权的目的、事项、范围、期限以及被授权机关实施授权决定应当遵循的原则来行使该项权力，如授权期限不得超过5年、不得将该项权力转授给其他机关等。而且，对于所授权的事项，当制定法律的条件成熟时，国务院应当及时提请全国人大及其常委会制定法律。自1982年《宪法》制定以来，全国人大及其常委会先后两次通过决定授权国务院制定条例或规定，即1984年9月，第六届全国人大常委会第七次会议通过决定，授权国务院在实施国营企业利改税和改革工商税制的过程中，拟定有关税收条例，以草案形式发布试行，再根据试行的经验加以修订，提请全国人大常委会审议；1985年4月，第六届全国人大第三次会议通过决定，授权国务院对于有关经济体制改革和对外开放方面的问题，必要时可根据宪法，在同有关法律和全国人大及其常委会的有关决定的基本原则不相抵触的前提下制定暂行的规定或条例。

由上所述，国务院制定行政法规的权力来源主要有三种途径：①依据职权制定行政法规；②依据单行法律的授权规定制定行政法规；③依据特别授权决定制定行政法规。

（三）行政法规的制定程序

行政法规的制定程序是国务院根据宪法法律规定，制定、修改和废止行政法规活动的程序。根据《立法法》和国务院制定的《行政法规制定程序条例》的规定，行政法规的制定程序主要有以下步骤或环节：

1. 立项。立项是根据国务院有关部门的申请，国务院将行政法规项目编入年度立法工作计划的活动。国务院每年要编制本年度的立法工作计划。国务院有关部门认为需要立法时，应于国务院年度立法工作计划编制之前，向国务院报送行政法规立项申请。只有编入国务院年度立法工作计划的行政法规项目才能进入制定行政法规的第二个步骤——起草。

2. 起草。国务院编制年度立法工作计划时，同时确定行政法规项目的起草机构。起草机构起草行政法规时应当深入调查研究，广泛听取各方的意见，与相关部门积极协商，并将重大问题报请国务院决定。在此基础上，起草机构向国务院报送由其主要负责人签署的行政法规送审稿。

3. 审查。国务院法制机构负责审查报送国务院的行政法规送审稿。国务院法制机构应当就行政法规送审稿所涉及的主要问题，深入基层调查研究，广泛听取和征求有关机关、组织、专家和公民的意见，在此基础上对行政法规送审稿进行修改，形成行政法规草案和对该草案的说明。行政法规草案由国务院法制机构主要负责人建议提请国务院常务会议审议，或由国务院法制机构直接提请国务院审批。

4. 决定和公布。行政法规草案由国务院常务会议审议，或者由国务院审批。国务院法制机构应当根据国务院的审议意见，对行政法规草案进行修改，形成草案修改稿，报请总理签署国务院令公布施行。行政法规应当自公布之日起30日内施行，但涉及国家安全、外汇汇率、货币政策的确定以及公布后不立即施行将有碍行政法规施行的，可以自公布之日起施行。在国务院公报上刊登的行政法规文本为标准文本。

三、行政规章

（一）行政规章的概念和特征

行政规章是特定国家行政机关依法定权限和程序制定和发布的有关行政管理活动的规范性法律文件，具有法源意义。无论主体、内容或效力上，行政规章都不同于行政法规，具有自己的特征，具体表现为：

1. 行政规章的制定主体是特定的国家行政机关。根据《宪法》和《立法法》的规定，我国有权制定行政规章的行政机关有两个层次：①中央行政机关，如国务院各部、委员会、中国人民银行、审计署和具有行政管理职能的直属机构；②地方行政机关，如省、自治区、直辖市和设区的市/自治州的人民政府。有权制定行政规章的地方行政机关又可分为两个层次，即省、自治区、直辖市的人民政府与设区的市/自治州的人民政府。中央行政机关制定的行政规章称为部门规章；地方行政机关制定的行政规章则称为地方规章。

2. 行政规章是关于某一方面或区域的行政管理事务的规定。如部门规章只调整属于国务院部门职权范围内的行政管理活动，全局性行政管理事务由国务院依法制定行政法规；地方规章则调整的是其辖区内的行政管理事务，具有区域性特点。

3. 行政规章具有较强的从属性，没有法律依据不能创设权利（力）和义务（职责）。根据《立法法》第 80、82 条的规定，无论部门规章或地方规章都主要是执行性的。部门规章执行法律或者国务院的行政法规、决定或命令。没有法律或者国务院的行政法规、决定、命令的依据，部门规章不得设定减损公民、法人和其他组织权利或者增加其义务的规范，不得增加本部门的权力或者减少本部门的法定职责；地方规章除执行法律、行政法规和地方性法规的规定外，可就属于本行政区域的具体行政管理事项作出规定。没有法律、行政法规、地方性法规的依据，地方政府规章不得设定减损公民、法人和其他组织权利或者增加其义务的规范。

上述规定表明：首先，行政规章调整的事项不得超出上位法规定的调整范围。其次，上位法有规定的，行政规章只能将上位法调整的权利义务关系具体化，并在此限度内依法享有权利义务的创制权；上位法没有规定的，行政规章依法享有严格限制的权利义务创制权。如根据《行政处罚法》的规定，部门规章可以在法律、行政法规规定的给予行政处罚的行为、种类和幅度范围内作出具体规定；尚未制定法律、行政法规的，法律规定的国务院各部、委员会规定的规章对违反行政管理秩序的行为，可以设定警告或者一定数量罚款的行政处罚，罚款的限额由国务院规定。地方规章可以在法律、法规规定的给予行政处罚的行为、种类和幅度的范围内作出具体规定；尚未制定法律、法规的，地方规章可以设定警告或者一定数量罚款的行政处罚，罚款的限额由省、自治区、直辖市人民代表大会常务委员会规定。又如《行政许可法》规定，该法第 12 条可以设定许可的事项，尚未制定法律、法规的，因行政管理的需要，确需立即实施行政许可的，省、自治区、直辖市人民政府规章可以设定 1 年的临时性许可。如果临时性许可需要继续实施的，应当提请本级人民代表大会及其常委会制定地方性法规，而不能由省级人民政府的地方规章来规定。

4. 行政规章的法源地位不同于法律、行政法规和地方性法规。根据《行政诉讼法》的规定，人民法院审理行政案件，以法律、行政法规和地方性法规等为依据，参照规章。

（二）行政规章的制定权限

1. 国务院各部门制定部门规章的权限。根据《立法法》第 80 条规定，国务院各部门可以根据法律和国务院的行政法规、决定、命令，在本部门权限范围内，制定规章。部门规章规定的事项应当属于执行法律或者国务院的行政法规、决定和命令的事项。由此，部门规章的制定权限应当是：①在本部门权限范围内执行法律和行政法规；②在本部门权限范围内执行国务院的决定或命令。

2. 有关地方人民政府制定地方政府规章的权限。根据《立法法》第82条规定，地方政府制定地方规章的权限是：①为执行法律、行政法规、地方性法规的规定需要制定规章的事项。这里有两种情况：一是法律、行政法规和地方性法规明确规定由地方人民政府制定规章的事项，地方政府可以据此授权制定地方规章；二是法律、行政法规和地方性法规没有规定地方人民政府可以制定规章，但为执行法律、行政法规、地方性法规，地方人民政府可以根据需要制定一些配套措施和具体规定。②属于本行政区域的具体管理事项。关于本行政区域的具体管理事项，根据《立法法》第82条第3款规定，设区的市、自治州的人民政府只能就其中的城乡建设与管理、环境保护、历史文化保护等方面事项制定规章。

（三）行政规章的制定程序

行政规章的制定程序是指行政规章的立项、起草、审查、决定、公布等程序，有部门规章的制定程序与地方政府规章的制定程序之分。部门规章或地方规章的制定包括以下步骤：

1. 立项。根据国务院部门内设机构或其他机构，或者省、自治区、直辖市和设区的市/自治州的人民政府所属工作部门或下级人民政府提出的立项申请，部门法制机构，或省、自治区、直辖市和设区的市/自治州的人民政府法制机构拟定本部门年度规章制定计划，报本部门、本级人民政府批准后施行。

2. 起草。部门规章由国务院部门组织起草。地方政府规章由省、自治区、直辖市和设区的市/自治州的人民政府组织起草。起草规章应当深入调查研究，广泛听取有关机关、组织和公民的意见。起草的规章如直接涉及公民、法人或者其他组织的切身利益，有关机关、组织或者公民对其有重大意见分歧的，应当向社会公布，征求社会各界意见；起草单位也可以举行听证会。在此基础上，起草单位形成规章草案送审稿，并将规章送审稿及其说明、对规章送审稿主要问题的不同意见和其他有关材料按规定报送审查。

3. 审查。规章送审稿由法制机构负责统一审查。法制机构应当认真研究各方面的意见，与起草单位协商后，对规章送审稿进行修改，形成规章草案和对草案的说明，由法制机构主要负责人签署，提出提请本部门或者本级人民政府有关会议审议的建议。

4. 决定和公布。部门规章应当经部务会议或者委员会会议决定；地方政府规章应当经政府常务会议或者全体会议决定。法制机构应当根据有关会议审议意见对规章草案进行修改，形成草案修改稿，报请本部门首长或者省长、自治区主席、市长/州长签署命令予以公布。规章应当自公布之日起 30 日后施行，但涉及国家安全、外汇汇率、货币政策的确定以及公布后不立即施行将有碍规章施行的，可以自公布之日起施行。在部门公报或者国务院公报和地方人民政府公报上刊登的规章文本为标准文本。

■ 第三节 制定其他行政规范行为

一、其他行政规范的概念与特征

（一）其他行政规范的概念

其他行政规范是各级国家行政机关为实施宪法、法律、法规和规章所发布的具有普遍约束力的决定、命令、行政措施等，不具有法源意义。

在我国，除有权国家行政机关的行政立法外，行政机关为实施法律法规的规定还发布了大量的虽非行政立法但具有普遍约束力的行政规范。关于这些行政规范，学者们或以"行政规则"，或以"行政规范性文件"称之；将其他行政规范称为"行政规则"之说[1]；将其他行政规范称为"行政规范性文件"之说[2]。法律规定之中或称其为"其他规范性文件"，或冠之以"规定"之名，前者见《行政处罚法》第 14 条规定，后者见《行政复议法》第 7 条规定。本书将它称为"其他规范"，意为行政立法以外的其他规范。其他规范虽不是行政立法，但也属于抽象行政行为，可以作为具体行政行为的依据，在我国行政管理活动中具有重要作用。

（二）制定其他行政规范行为的特征

与行政立法相比，制定其他行政规范的行为具有以下特征：

1. 在主体上，其他行政规范的制定主体具有广泛性。其他行政规范的制定主体是各级国家行政机关。根据《宪法》《地方各级人民代表大会和地方各级人民政府组织法》的规定，国务院可以发布行政措施、决定和命令；各部、委可以发布命令、指示；县级以上地方各级人民政府及其工作部门可以规定行政措施、发布决定和命令；乡、镇人民政府可以发布决定和命令。与行政立法主体相比，其他行政规范的制定主体相当广泛，几乎所有的行政机关都具有依法发布其他行政规范的权力。

2. 在权限上，其他行政规范的制定具有从属性和执行性，即不得减损公民、

---

〔1〕 参见胡建淼主编：《行政法学》，复旦大学出版社 2003 年版，第 129 页。

〔2〕 参见应松年主编：《行政法与行政诉讼法》，法律出版社 2005 年版，第 148 页。

法人和其他组织权利或者增加其义务，不得增加本部门的权力或者减少本部门的法定职责。与之相比，行政法规和规章则可以依法创制权利（力）和义务（职责），兼具有从属性和创制性。

3. 在效力上，其他行政规范具有多层次的特点。其他行政规范有中央和地方之分；中央之中有国务院与其部门之分；地方之中，各级人民政府或其部门制定的其他行政规范也存在着不同层级。其中，下位规范除不得与上位行政立法相抵触外，也不得与其他上级行政规范相抵触。与其他行政规范相比，行政法规不得与上位立法相抵触；部门规章不得违反上位立法及其他行政规范；地方规章则不得违反上位立法。

4. 在制定程序上，较之于行政立法，其他行政规范的制定比较简单。行政法规、规章的制定主要是根据《立法法》《行政法规制定程序条例》和《规章制定程序条例》等来规定的，其他行政规范的制定依据主要是国务院部委以及地方政府制定的相关规章。目前，关于其他行政规范的制定，民政部、农业部、国土资源部、国家民委、国家旅游局等部委都发布了专门的管理规定，如《农业部规范性文件管理规定》《税收规范性文件制定管理办法》等，各省、市、自治区等地方政府也制定了或正在制定专门的规定予以规范，如《上海市行政规范性文件制定和备案规定》《陕西省规范性文件监督管理办法》等。总体而言，从国务院部委到地方政府，其他行政规范制定活动的规范化与制度化进展很快，但仍须继续加强和完善。

5. 与行政立法不同，其他行政规范不具有法源意义，不属于我国的正式法律渊源。

二、其他行政规范的分类和制定程序

（一）其他行政规范的分类

根据制定主体的不同，其他行政规范可分为三类：

1. 有行政法规、规章制定权的行政机关发布或规定的其他行政规范，包括国务院发布的行政措施、决定、命令；国务院的部委、中国人民银行、审计署和具有行政管理职能的直属机构发布的命令、指示；省、自治区、直辖市和设区的市/自治州的人民政府规定的行政措施、发布的决定和命令。其中，国务院发布的其他行政规范是国务院各部委制定行政规章的根据，省、自治区、直辖市和设区的市/自治州的人民政府制定的行政措施、发布的决定和命令是下级行政机关发布执行决定和命令的依据。

2. 不享有规章制定权的地方政府发布或规定的其他行政规范，包括乡镇人民政府和不设区的市/县级人民政府发布的决定、命令或规定的行政措施。其中，上级人民政府发布的决定、命令和规定的行政措施是下级行政机关发布、执行决定或命令的依据。

3. 不具有规章制定权的各级政府工作部门所发布的其他行政规范，包括国务院和县级以上人民政府工作部门发布的命令或指示。其中，上级行政机关工作部门所发布的命令或指示是下级行政机关相应工作部门发布、执行决定或指示的依据。

（二）其他行政规范的制定程序

根据国务院部委与地方政府所制定和发布的有关规章规定，制定作为行政管理依据的规范性文件一般要经过起草、审查、审议、公布、备案审查、修改或废止等程序或环节。

有权的行政机关组织起草其他行政规范时，应当依据职权，根据国家的法律、法规和其他规定进行。起草其他行政规范应当采取多种形式广泛听取意见，常见形式有书面征求意见、座谈会、听证会、论证会或者向社会公开征求意见等。

其他行政规范草案拟就后，应当对草案进行合法性审查。进行合法性审查主要是对制定权限、内容是否违反相关法律、法规、规章或者上级政府发布的规范性文件等进行审查。通常，对其他行政规范的合法性审查是由制定机关的法制工作部门主持进行的。

经过审查，所拟定的其他行政规范的合法性不存在问题之后，应当由制定机关负责人提交集体讨论并作出决定。未经征求意见、合法性审查，或者未经制定机关集体讨论决定的其他行政规范不得发布实施。

其他行政规范是否公开发布，由制定机关决定。涉及公民、法人或者其他组织合法权益的行政规范性文件，应当通过政府公报、政府网站、新闻媒体等向社会公布，未经公布的不得作为行政管理的依据。

其他规范性文件发布后，由政府制定的，应当自发布之日起15日内报上一级政府备案；由政府职能部门制定的，应当自发布之日起15内报本级政府备案。备案机关有权对报备的规范性文件进行审查，发现与法律、法规、规章和国家方针政策相抵触或者超越法定权限、违反制定程序的，应当纠正。

有权的行政机关要定期对规范性文件进行清理，对不符合法律、法规、规章规定，或者相互抵触、依据缺失以及不适应经济社会发展要求的，特别是对含有地方保护、行业保护内容的规范性文件，要予以修改或者废止。清理后要向社会公布继续有效、废止和失效的规范性文件目录，未列入继续有效的文件目录的规范性文件，不得作为行政管理的依据。

除此之外，有的部委规章或地方规章还规定了定期对其他行政规范进行评估的环节或程序要求。

三、其他行政规范的效力地位

其他行政规范不具有法源意义，这意味着它不能作为人民法院审理行政案件的适用依据。然而，其他行政规范可以作为行政机关的执行依据和行政相对人应遵守的行为规范，具有执行力和强制性。

1. 其他行政规范不能作为人民法院审理行政案件的适用依据。在我国，人民法院审理行政案件应当依据法律、行政法规、地方性法规、自治条例和单行条例、合法有效的规章等正式法律渊源，除此之外，全国人大常委会的法律解释、国务院或其授权的部门公布的行政法规解释以及合法有效的规章解释也是人民法院审理行政案件的依据。其他行政规范不属于正式法律渊源，不能作为人民法院审理行政案件的依据。但在审判实践中，人民法院审理行政案件时如果认为被诉具体行政行为依据的其他行政规范合法、有效合理、适当的，在认定具体行政行为合法的同时应承认其效力。人民法院可以在裁判理由中对其他行政规范是否合法、有效、合理或适当进行评述。[1]

2. 其他行政规范具有执行力。其他行政规范发布后，发布机关及其所属的下级行政机关在实施具体行政行为时必须遵循并执行该规范的规定，将其作为行政决定的依据。行政机关不执行、错误适用或违反其他行政规范可能导致相关行为、决定的错误、违法或被撤销。

3. 其他行政规范具有强制性。其他行政规范一经发布，行政相对人必须遵守和服从。如果行政相对人违反其他行政规范的规定，行政执行机关可依法对其采取强制措施，强制其履行义务，或者依法对其科以行政处罚，追究其行政法律责任。

四、制定其他行政规范行为的监督与救济

关于制定其他行政规范行为的监督与救济，我国目前的主要方式或途径是：

1. 根据《宪法》《各级人民代表大会常务委员会监督法》的相关规定，对制定其他行政规范的行为，同级人大有监督和处理权。如全国人大常委会有权撤销国务院制定的同宪法、法律相抵触的行政法规、决定和命令；县级以上地方各级人大常委会经审查认为本级人民政府发布的决定、命令有以下情形的，应当予以撤销：①超越法定权限，限制或剥夺公民、法人或其他组织的合法权利或者增加其义务的；②同法律、法规规定相抵触的；③有其他不适当的情

---

[1]　参见 2004 年 5 月最高人民法院《关于审理行政案件适用法律规范问题的座谈会纪要》。

形的。

2. 根据《宪法》《立法法》《地方各级人民代表大会和地方各级人民政府组织法》的相关规定，对制定其他行政规范的行为，上级行政机关有监督和处理权。如国务院有权改变或撤销各部委发布的不适当的命令、指示和规章，有权改变或撤销地方各级国家行政机关的不适当的决定和命令；县级以上的地方各级人民政府有权改变或者撤销所属各工作部门和下级人民政府不适当的决定。目前，为了有效行使行政监督权，关于其他行政规范的备案审查制度还在不断完善之中，相关工作也在逐步开展。

3. 除了上级行政机关外，复议机关在复议案件中根据公民提出的审查申请，也可依法对被请求审查的制定其他行政规范的行为行使监督和救济权。根据《行政复议法》第7、26条规定，行政相对人在对具体行政行为申请复议时，如果认为具体行政行为所依据的规定，如国务院部门的规定、县级以上地方各级人民政府及其工作部门的规定以及乡镇人民政府的规定违法的，可以一并提出审查申请。对此，复议机关可在其职权范围内予以改变或撤销；如果没有职权改变或撤销的，则提请上级行政机关或其他有权机关处理。

4. 根据《行政诉讼法》的相关规定，我国法院不受理行政相对人对行政法规、规章或者行政机关制定、发布的具有普遍约束力的决定、命令提起的行政诉讼，但行政相对人如果认为行政行为所依据的国务院部门和地方人民政府及其部门制定的规范性文件不合法的，在对行政行为提起诉讼时，可以一并请求对该规范性文件进行审查。人民法院在审理行政案件中，经审查认为上述规范性文件不合法的，不作为认定行政行为合法的依据，并向制定机关提出处理建议。

【思考题】

1. 什么是行政规范？请谈谈你对制定行政规范行为的特征和作用的认识。
2. 试论行政立法的种类、权限和效力地位。
3. 试比较行政立法与制定其他行政规范的行为。

第八章

第九章

授益行政行为

■ 第一节 授益行政行为概述

在大陆法系国家，行政法理论是围绕行政行为而展开的。授益行政行为和不利行政行为的区分，是学理上的而非法律文本上的，迄今为止并没有哪个法律文本明确写有"授益行政行为"或者"不利行政行为"，这与抽象行政行为、具体行政行为的分类不同。授益行政行为是一类行政行为的总称，是以行政行为对利害关系人所产生的法律效果为标准所作的分类，具体是以行政行为的内容对行政相对人是否有利为标准作出的分类。学界一般认为：授益行政行为，是指行政主体确认或赋予相对人某项权益或者解除其某项义务，证明其具有法律优越地位的行政行为，其实质是对相对人有利的行政行为，如授予许可证、发给抚恤金。不利行政行为又称负担行政行为，是指行政主体对相对人科以义务或者限制其权利，证明其具有法律不利地位的行政行为，其实质是对相对人不利的行政行为，如行政处罚、行政强制。

之所以如此区分，主要有两个方面的考虑。在比较宏观的层面上，我们借此可以认识到现代行政所能对行政相对人产生的不同影响。换言之，现代行政对于行政相对人而言，并不都是一种带来不利后果（如行政处罚、行政强制等）的管理行为，在许多方面，还是会给行政相对人以有利后果（如行政许可、行政奖励等）。在具体制度建构层面上，对两种不同的行为，行政法往往有不同的要求或者规则。大体上行政法倾向于严格约束不利行政行为，而放宽对授益行政行为的要求。然而，授益行政行为和不利行政行为的区分有时又是相对的。对于同一个行政相对人，某个行为可能既是授益的又是不利的。例如，行政相对人请求劳动部门发放法律规定的最高标准的伤亡补助金，而劳动部门则按最低标准发放。就劳动部门已经发放伤亡补助金而言，其是授益的，但由于并未达到行政相对人所预期的目标，故在行政相对人看来又是不利的。正是由于授

第九章

益行政行为和不利行政行为存在上述的相对性，故在具体制度建构上，也不能机械地认为行政法对授益行政行为的要求必定比对不利行政行为的要求宽松，这需要根据具体情况加以判断。

一、授益行政行为的内涵

（一）授益行政行为概念的由来

行政行为这个概念的最早出现与政府的干预职能紧密联系，而授益行政行为的出现又与政府的服务职能有关。在国家现代化的过程中，政府的职能或迟或早、或慢或快都将发生变化。政治统治、社会管理、社会服务是政府行为方向和基本任务（职能）的三大方面。政府改革的趋势就是使传统的政治统治、社会管理职能逐渐淡去，而使社会服务职能更加突显。

福利国家时代的到来，使政府的服务职能得到扩张，信赖保护在与依法行政原则的冲突中逐渐得到立法与判例的支持，直至发展为行政法的原则之一。授益行政行为的概念在 1936 年德国威敦比克邦的行政法典总则草案中第一次以"立法形式"出现。1976 年，德国《联邦行政程序法》对授益行政行为的撤销作出了限制性规定。继德国将行政行为分为授益行政行为和不利行政行为后，日本和我国台湾地区也纷纷效仿，并最终使这一分类发展为行政行为的一个基本范畴。

（二）授益行政行为的含义

传统观点认为：所谓授益行政行为，是指赋予相对人某种权益，或解除其某项义务的行政行为，如行政许可行为，颁发使用权、所有权证的行为，发放救济、减免税金的行为等。由于现代国家的主要职能是服务行政，因而授益行政行为应当成为现代行政行为的核心部分，随着政府服务范围的日益扩大，授益行政行为的内涵也应该逐渐丰富。因此，在当前的背景下可以这样界定授益行政行为：授益行政行为是行政主体所作的、能够给行政相对人带来直接利益的所有行政行为。

（三）授益行政行为的特征

1. 授益性。授益性是授益行政行为区别于其他行政行为的根本特征。授益，顾名思义，就是给予利益或好处的意思。行政法上的授益，意味着对行政相对人权利或利益的赋予、扩大和认可等。

2. 作为性。行政行为有两种存在形式：作为与不作为。作为形式的行政行为要求行政主体积极地作出某种行动；相反，不作为形式的行政行为要求行政主体消极地不作为。对应地，行政主体有两类义务，即作为义务和不作为义务。在不同时代，这两类义务占有不同的地位。在夜警国家时代，国家只担当"守夜人"的角色，其主要职责（作为义务）是对外防卫和外交、对内维护治安；其不作为义务（不侵犯公民的权利和自由）则是备受关注的。而在福利国家时代，人们在要求国家不侵犯其私有空间的同时，更加强调其作为义务，日益要求国家在为公民提供更多的服务上有所作为。授益行政行为就是在这样的时代背景下应运而生的。

3. 非强制性。因为行政行为常常是伴随着权力而行使的，所以传统行政法学总是强调行政行为的强制性，认为强制性是行政行为的基本特征。现实却是，越来越多的弱强制（甚至非强制）性的行政手段被政府所采用，如行政指导、行政合同、行政奖励、行政物质帮助等。非强制性是授益性行政行为手段上的特征，而授益性则是其目的上的特征，手段是为目的服务的，所以授益性才是其根本特征。为什么授益行政行为具有非强制性？就是因为这些行为运行的结果会给行政相对人带来利益，一般不需要强制性手段作保障，行政相对人为了自己的利益考虑自会配合与服从。授益行为本来不应该带有强制的成分，如果出现强制，则可能违背了相对人的期待利益，其授益性很可能已经发生变异。行为是否有益的价值判断主体应该是行政相对人自身，如果相对人拒绝"授益"，则此"授益"可能已经变成了损害，与服务型政府的本质要求相冲突。

4. 裁量性。根据行政行为受法律约束的程度不同，行政行为可以分为羁束行政行为和裁量行政行为。授益行政行为多数是裁量行为，这是由其授益性和非强制性所决定的。行政行为受法律控制的程度应该与其强制性的大小成正比。授益行政行为既然强制性较弱，那么法律对其控制也应该相应较弱，允许较大的裁量余地，便于行政主体更好地为社会公众服务。不过，现代社会中的每一种资源都具有有限性，因此，行政主体在作出是否批准、许可、同意、认可等决定时，也必须严格按照法定条件和程序进行。

5. 抑制公益性。综观授益性行政行为，其目的不外乎抑制公益上的危险，抑制影响公共利益的因素。对行政相对人（个人或组织）权利或利益的赋予、扩大和认可，本身就意味着对公众利益的一种抑制。

二、授益行政行为的外延

根据授益行政行为的内涵，参照国内外学者相关理论，可以将授益行政行为的外延概括如下：

1. 行政保障行为。行政保障行为是指行政机关为保障公民最低限度的、健康的、文明的生活而进行的给付活动，如公共扶助、社会接济、社会福利、社会保险等。行政保障行为是针对相对人保障性受益权的，属于社会保障行政的范畴，现代福利国家的主要职能就是通过行政保障行为来实现的。因此，行政保障行为是最重要的一种授益行政行为。我国是发展中国家，在社会保障方面还远远达不到西方福利国家的水平，但是为了社会主义市场经济体制的建立和完善，为了社会的安定和人民的安居乐业，我们必须尽快建立一个社会保障体系，同时规范行政机关的行政保障行为。

2. 助成性行政指导。行政指导是指行政机关为实现其特定的行政目的，采取建议、指导、指示、希望、劝告、警告等手段，以谋求行政相对人同意的行政行为。现代社会，行政指导日益成为政府行政的最常用手段。行政指导的形式多种多样，以行政指导机能的差异为标准，可将其分为规制性行政指导、助成性行政指导和调整性行政指导三种类型，其中助成性行政指导属于授益行政行为。所谓助成性行政指导，是指以帮助、保护相对人实现其价值和利益为目的的行政指导，如对劳动者的就业指导等。

3. 行政奖励行为。行政奖励是行政机关依法向符合条件的相对人给予奖励的行政行为。传统行政法学奉行的是消极的行政观，强调行政法的抑制作用，即对行政相对人的抑制，或对行政主体的抑制。现代行政法体现积极的精神，不仅要发挥行政主体的积极性和创造性，还要激励相对人的主动性和创造性。行政奖励就是激励相对人的有效措施，同时也是一种重要的授益行政行为。

4. 行政许可行为。行政许可是指行政机关根据相对人的申请，依照法律的规定，通过颁发证明或批准、登记、认可等方式，允许其从事某些活动，行使某项权利，获得某种资格和能力的具体行政行为。行政许可行为往往具有双重属性，即对行政相对人来说是授益，对第三人来说可能是负担。由于我们区分授益与负担的标准是针对行政行为的直接相对人的，所以行政许可是授益行政行为。

5. 部分行政合同行为。行政合同是行政机关为了实现行政目的而与相对人达成的协议。行政合同行为在有些国家被称为行政私法行为，即行政主体用私法手段实现公益目的的行为。对行政主体来说，签订行政合同是为了公共利益，但对于相对人来说，其之所以愿意与行政主体签订合同，是因为能够从中获益。实际上，多数情况下，相对人确实能够从行政机关的行政合同行为中得到好处，因此，这些行政合同行为是授益行政行为。

在大陆法系国家，行政法主要由行政组织法、行政作用法、行政救济法和行政程序法组成，其中行政作用法规范行政主体的各种活动。将行政作用分为秩序行政作用、保护（整备）行政作用和给付行政作用，这是当前日本行政法学界广为接受的观点。秩序行政作用是以国家或公共团体的存续为目的的作用，主要是防卫、警察和财政作用；整备行政作用，是指以整备和形成秩序为目的的作用；给付行政作用，是指以保障生活和提供福利为目的的作用。对行政作用的这种区分，有助于我们区分授益行政行为与其他行政行为，与给付行政相应的就是授益行政行为，反之，则是其他行政行为。

应当注意的是，授益行政行为与广义上的给付行政在外延方面有很大的重合。广义上的给付行政，包括通过授益性活动而直接促进社会成员利益的所有行政活动，大体有三类：①供给行政，是指通过公共用物、公共设施、公共企业等的设置和经营来提供日常生活中必不可少的公共服务的行政活动。②社会保障行政，是指为保障国民最低限度的、健康的、文明的生活而进行的给付活动，包括公共扶助、社会接济、社会福利、社会保险等。③资助行政，是指为了保证经营的安定、满足公共需要，而对私人、私营企业提供资金或其他财产利益的行政行为。对给付行政的这三种分类，为我们区别各个具体的授益行政行为提供了指导。我们知道，权利和义务是不可分割的，没有无权利的义务，也没有无义务的权利。在给付行政中，行政主体负有作为义务，相对人受益权利的实现需要行政主体授益义务的履行，所以授益行政行为的类别与行政相对人的受益权利相对应。

三、授益行政行为遵循的基本规则

（一）授益行政行为的撤销规则

一个行政行为应被撤销多是因该行为存在违法情形。授益行政行为撤销的一个总原则是：违法授益行政行为以撤销为原则，以不得撤销为例外。可撤销的情形比较多，不胜列举，采取排除法，把不得撤销的情形列举出来即可。不得撤销的情形一般包括：①撤销该行为将对公共利益造成重大危害；②在信赖保护原则优位于依法行政原则的情况下。这种情况必须同时满足这样三个条件：一是受益人必须对争议授益行政行为有实际信赖，且该信赖必须值得保护；二是受益人必须有信赖行为，即受益人必须基于该信赖，已使用所提供之给付，或已有处分行为，已无法恢复原状，或恢复原状将遭受期待不能的损失；三是信赖利益必须大于撤销所欲维护的公共利益。

值得注意的是，对于违法的授益行政行为，尤其违法原因可以归责于行政机关的情况下，应当首先保护相对人的权益，行政机关原则上不得撤销该行政行为。如果确实由于重大公共利益需要而必须撤销的，也应当给相对人以补偿。

（二）授益行政行为的废止规则

由于涉及行政相对人的合法权益，对授益行政行为的废止必须慎重。从德国《联邦行政程序法》和我国台湾地区"行政程序法"的规定来看，授益行政行为的废止，除须有法律特别授权外，具有下列情形的也可以废止：①废止权的保留；②不履行附带义务；③作为授益行政行为根据的事实或法律状态的事后变更，不废止将危及公共利益；④违反目的或任务使用给付；⑤紧迫的公共利益需要。

此外，由于作为废止对象的授益行政行为不仅合法而且对行政相对人有利，为了保护行政相对人的既得利益，原则上不允许废止产生溯及既往的效力，即只能允许废止的授益行政行为向后（自废止时或自所指定较后的时日起）失去效力。

这里有必要注意区别于授益行政行为的撤销和无效。依通说和各国的法例、判例，行政行为成立时具有重大且明显违法情形的无效。无效的行政行为应经国家有权机关的确认或宣告。经确认或宣告的行政行为原则上自始不具有法律效力，包括不具有公定力。行政行为可因被撤销而丧失效力，其被撤销的原因是它在成立时具有违法的情形。同无效一样，被撤销的行政行为视为自始不具有法律效力，权利义务关系被恢复到该行政行为作出以前的状态。对撤销前已经发生的法律效果应当依法作出处理：行政相对人已经取得的利益应被收回，所负有的负担应予解除；如果撤销是由于相对人的恶意所致，那么即使该行为的实施给相对人造成了损失也不赔偿；如果基于公共利益和个人利益的平衡，依法确有必要设定该权利义务的，应当用另一个行政行为来替换原行政行为。当然如有必要，对可撤销的行政行为也可以确定自行为被撤销之日起丧失法律效力，而不予追溯。

行政行为可因不再适应新的需要而被废止。也就是说废止适用于合法的行政行为。被废止的行政行为自废止决定确定的时间起才丧失法律效力。废止之前的法律效力不受废止行为的影响。

（三）授益行政行为中的信赖保护原则

信赖保护原则作为行政法领域一个普遍性原则，要求行政机关信守自己的诺言，要求行政活动具有真实性、稳定性和善良性，不得变化无常，不得溯及既往。对于授益行政行为而言，信赖保护原则要贯穿于该行为运行的全过程，形成相互衔接的运行机制。概括来看，信赖保护原则体现在授益行政行为的下述几个环节：①行政主体须本着诚信精神作出授益行政行为，不得朝令夕改，授益行政行为的作出要具有前瞻性。②行政主体从维持法的安定性出发，原则上不得作出改变原授益行政行为的抽象行政行为，但基于公共利益需要的改变除外。③最常见也最重要的是，对授益行政行为的撤销或废止应充分考虑行政相对人的信赖利益。

行政相对人在与行政机关从事法律交往过程中，应做到意思表示真实、准确，不得故意作出虚假陈述以谋取不正当利益。否则，构成违反诚信原则，其行为将受到否定评价。在立法方面，一些国家或地区的行政程序法明确规定，当相对人因故意或者重大过失作出虚假或不完整陈述造成行政机关作出授益行为时，其所获利益将不受保护。德国 1997 年《联邦行政程序法》第 48 条第 2 项规定：基于以下情况，受益人不得以信赖为其依据（主张信赖利益保护）：①受益人以欺诈、胁迫或行贿取得一行政行为的；②受益人以严重不正确或不完整的陈述取得一行政行为的；③明知或因重大过失而不知行政行为的违法性。

综合理论与实践的评判标准，受信赖保护的授益行政行为条件可归纳为两点：

1. 行政相对人信赖授益行政行为的存在并实际享有授益行为产生的法律后果。这要求授益行政行为具备行政行为的一般成立要件，行政主体、客体、程序合法，并以明示的方法使授益行为为相对人知晓。其次，行政相对人有充分的理由相信该授益行政行为的存续力，并已经实际获得了行政主体给予的物质利益或利用赋予的资格参与了社会活动。

2. 对授益的行政行为的信赖值得保护，须授益行政行为是合法作出的，是行政主体的真实意思表示，行政相对人不得以欺诈、胁迫、贿赂等方法或者提供不完整的重要资料等手段获得授益。

■ 第二节　行政给付

一、行政给付的概述

（一）行政给付的定义

行政给付在我国又称为行政救助或行政物质帮助，它是指行政主体基于法定职责或服务的要求，在特定相对人处于失业、年老、疾病或丧失劳动能力及其他法定的情况下，依照法律、法规和政策的规定，赋予其一定的物质权益或与物质有关的权益的具体行政行为。

（二）行政给付的特征

行政给付具有三个鲜明的特征：

1. 行政给付表现为行政主体行使职权的具体行政行为。行政给付履行的是行政帮助的行政职权，并且是行政主体的一项法定职权，区别于社会个人或民间组织给需要帮助的对象提供资助的行为。

2. 行政给付的内容是物资权益或与物资有关的权益，针对的对象是提出申请的行政相对人。行政给付的内容多为给予行政相对人金钱财物，或者与财物相关的利益，比如享受免费教育、享受公费医疗、享受社会救助等。行政给付的对象是特定的，即具备法定条件的行政相对人，比如残疾人、革命烈士家属、对国家有特殊贡献的专家等，这些对象在行政给付中都有资格依法提出申请并获取行政给付，但程序上要求比较严格。

3. 行政给付作为行政主体履行职权的行为，是一种行政执法行为，必须严格依法作出，任意扩大或缩小给付的对象、内容、数量，以及在程序上的疏漏，都是违法的行政行为。

（三）我国行政给付的现状

1. 行政给付形式多样。例如：大学生的车票减免；军人享受的国家保险；因工负伤、致残军人、国家公职人员抚恤金；退伍、复员、退休、离休、下岗人员的补贴、安置、就业、最低生活保障金；老年人的乘车、游园费用减免和"五保"福利；老、少、边、穷地区相对人的扶贫款；等等。

2. 行政给付存在的问题。

（1）现有的行政给付标准不统一，条件模糊。如前所述，行政给付的形式多种多样，有抚恤金、特定人员离退休金、社会救济、福利金、自然灾害救济金等。每一类型行政给付规范的制定机关不同，适用的标准多种多样。例如同样是有关抚恤金的行政给付，2004年8月1日发布的《军人抚恤优待条例》由国务院、中央军事委员会制定；2014年4月30日民政部、最高人民法院等九部门以民发〔2014〕101号印发《人民警察抚恤优待办法》。可见，单就因公牺牲或致残的公务人员的抚恤就有若干种规定，适用不同的标准，由不同的行政机关执行。

（2）行政给付的程序不统一，缺乏透明度。行政给付作为一种社会制度，虽然允许在具体实施上存在差别，但是也必须有一些必经程序，如听证程序与公开公示程序等，以保障行政给付的及时有效。

（3）大部分行政给付缺乏物资保障，具体执行过程中行政机关的自由裁量权过大。

二、行政给付的内容与形式

（一）行政给付的内容

1. 物质上的权益，即为相对人提供一定数量的金钱或实物。

2. 与物质上的权益相关联的权益，如提供免费受教育的机会、享受免费或减费医疗等。

（二）行政给付的形式

1. 抚恤金。这是最为常见的一种行政给付形式。一般包括对特定牺牲、病

第九章

故人员的家属的抚恤金、残疾抚恤金以及军烈属、复员退伍军人生活补助费、退伍军人安置费等。

2. 特定人员离退休金。指由民政部门管理的军队离休、退休干部的离休金或退休金和有关补贴。

3. 社会救济、福利金。包括农村社会救济，城镇社会救济，精简、退职老弱病残职工救济以及对社会福利院、敬老院、儿童福利院等社会福利机构的经费资助。

4. 自然灾害救济金及救济物资。包括生活救济费和救济物资、安置抢救转移费及物资援助等。

5. 社会养老保险金。以及其他形式的行政给付等。

三、行政给付的程序

1. 现状。我国目前尚没有统一的行政给付的法律规定，但在不同的法律、法规和政策中，分别对不同的行政给付形式作了一些简单的程序规定，并且将这些规定作为行政给付的法律或政策对待。

2. 一般步骤。

（1）申请，即由行政相对人提出要求救助的申请，从而启动行政给付程序。现实中也存在行政主体依职权主动实施行政给付的情况。

（2）审查，即由实施行政给付的主体对相对人的申请及相对人的实际境况和条件进行审查、核对，以判明申请人是否符合行政给付的条件。

（3）批准，即由实施行政给付的主体或其上级主管部门对符合条件的给付申请予以同意。

（4）实施，即由实施行政给付的主体具体交付相对人行政给付的钱、物，并办理相应的手续。

■ 第三节　行政奖励

一、行政奖励的概念和特征

（一）行政奖励的概念

行政奖励，是指由行政主体对为国家、社会和人民作出突出贡献，或者模范遵守法纪的行政相对人，依法给予物质的或精神的奖励的具体行政行为。实体法上多表述为"表彰奖励"或"奖励"等。

（二）行政奖励的主要特征

1. 行政奖励属具体行政行为。①行政奖励由行政主体作出，这区别于社会奖励，如诺贝尔奖、各种基金会的奖项等；②行政奖励是行政主体行使行政职权的方式，行政奖励的主要对象是行政相对人，这种对象是特定的，是贡献突出或者模范遵纪守法的组织或个人，而不是一定范围内的不特定多数人。行政奖励对行政相对人产生实际的权利义务上的法律效果。

2. 行政奖励属于非强制行政行为。行政奖励的作用方式主要是通过利益诱导，对特定的群体或个人施加影响，促使其作为或不作为，从而达到施政的目的。因此，从行为的动机和表象来看，行政奖励不具有命令—服从的特征，而突出表现为非强制行政行为。

3. 行政奖励是典型的授益性行政行为。法治国家中的行政相对人享有广泛的权利，即"利益""主张""资格""权能"和"自由"，这些权利要素随着社会的发展还在不断延伸、扩展。行政奖励中的受奖权就是在发展中出现并被认可的新的权利类型，即行政相对人根据法律规定，对物质奖励享有所有权或使用权，对精神奖励享有名誉权、荣誉权，对权能奖励享有某种资格，对信息奖励享有知悉权等。

二、行政奖励的分类

（一）内部行政奖励和外部行政奖励

这是以实施行政奖励的主体与受奖者关系的不同为标准所作的分类。

内部行政奖励，是指行政机关和法律、法规授权的组织，基于隶属关系，对其所属下级机关和公务员或工作人员的奖励。

外部行政奖励，是指行政机关和法律、法规授权的组织，基于行政管理关系，对外部行政相对人所给予的奖励。

（二）精神奖励和物质奖励

这是以行政奖励的内容和外在表现形式为标准所作的分类。

精神奖励是给予受奖人某种荣誉的奖励，如通报表扬、记功、授予荣誉称号等。

物质奖励是给予受奖人一定奖品或奖金的奖励，如奖励人民币 5 万元、奖励住房 1 套、奖励汽车 1 辆等。

三、行政奖励的形式

1. 通报表扬。这是指实施行政奖励的主体以一定的形式，在一定的范围内对受奖人进行公开的肯定和赞扬。它属于精神奖励的一种形式。

第九章

2. 记功。这是指实施行政奖励的主体公开对受奖人加以肯定，并记入受奖人个人或单位档案的一种奖励形式。记功也属于精神奖励的一种形式。

3. 奖金或奖品。这是指实施行政奖励的主体发给受奖人奖金或奖品的奖励形式。发给奖品或奖金属于物质奖励的一种形式。

4. 晋级。这是指实施行政奖励的主体以提高受奖人职务级别和工资级别的方式，对受奖人进行的奖励。晋级也属于物质奖励的一种形式。

5. 通令嘉奖。这是指较高级别的行政奖励主体在较大范围内公开对受奖人进行肯定和赞扬，并明确对受奖人以通令嘉奖的形式予以奖励。通令嘉奖属于精神奖励的一种形式。

6. 授予荣誉称号。这是指实施行政奖励的主体授予受奖者先进工作者、劳动模范等称号。授予荣誉称号属于精神奖励的一种形式。

四、行政奖励的实施原则

1. 精神奖励和物质奖励相结合的原则。包括两方面含义：①在设立行政奖励的环节中，精神奖励和物质奖励的形式应该并重，而不能一头重一头轻；②在实施行政奖励的环节中，精神奖励和物质奖励既可以分别单独实施，又可以同时并用。

2. 标准法定、实事求是的原则。标准法定是指行政奖励的条件、形式由法律规定。实事求是是对实施行政奖励的要求。

3. 奖当其行原则。该原则的含义是：行政奖励的程度应与受奖者的行为或成绩相匹配。这是公正实施行政奖励要求的集中体现。

4. 公正平等原则。该原则的含义是：在法定的奖励条件下，人人都有平等的受奖权，工作成绩或贡献是实施行政奖励的唯一依据。这一原则要求：必须有一种体现民主、公正和平等的评奖机制，凡符合法定奖励条件者，都有平等受奖的权利。

■　第四节　行政许可

一、行政许可的概念

行政许可，是指行政主体根据行政相对人的申请，依法准予申请人从事特定活动或实施某种行为的行政行为。

2003 年 8 月 27 日通过，并于 2004 年 7 月 1 日生效的《行政许可法》在规范内容上表现出较为明显的广泛性，并且对核准、认可、登记等行政许可形态作出了相应的规定。该法第 2 条规定："本法所称行政许可，是指行政机关根据公民、法人或者其他组织的申请，经依法审查，准予其从事特定活动的行为。"该法第 3 条第 2 款进一步规定："有关行政机关对其他机关或者对其直接管理的事业单位的人事、财务、外事等事项的审批，不适用本法。"其实，学术界对行政许可的定义多有争议，存在将行政确认纳入行政许可的倾向，比如行政登记。我们认为，行政许可是以法律普遍禁止为前提的一种管理行为，因此行政许可的范围应当以是否赋予申请人某一方面的行为资格为限度。是否获得许可是以申请人是否享有一定的行为能力为标准，而不是以一定的法律关系是否存在为标准。对法律关系的确认事项一般不宜纳入行政许可范围中。通过行政许可，行政主体解除法律对申请人的禁止，申请人获得一定的行为资格。

二、行政许可的性质

对行政许可的性质有两种看法，一种认为，行政许可是一种解禁行为；另一种看法认为，行政许可是一种赋权性或称为授益性的行为。我们认为，解禁与赋权在这里是从不同的角度对同一问题的两种认识，都能在一定程度上反映行政许可的本质。禁止是行政许可得以存在的前提，纳入行政许可的领域一般是法律所禁止的领域，而赋权则是行政许可的结果。

三、行政许可的特征

1. 行政许可是法定行政主体的行政行为。不具法定行政主体资格的一般社会团体、自治组织、民间协会等向其成员颁发资格证书及许可性文件的行为不是行政许可行为。

2. 行政许可是依申请的行政行为。行政相对人提出申请，是行政许可的前提条件，行政主体不因为行政相对人准备从事某项活动而主动颁发许可证或执照，即没有行政相对人的申请，行政主体不能主动实施许可行为。行政相对人提出申请，是其从事某种法律行为之前必须履行的法定义务，但行政相对人有了申请并不必然得到行政主体的许可，具体许可颁发与否还要根据法律规范来决定。

3. 行政许可是解除一般法律禁止的行政行为。许可是对禁止的解除，没有法律的一般禁止，便不存在行政许可。行政许可行为是对符合条件的特定对象解除限制或禁止，允许其从事某项活动，享有特定权利和资格的行为。如国家为了国防安全、社会治安和社会建设的需要，只许可符合特定条件的组织或个人从事爆破物品的制作、运输和销售活动等。

第九章

4. 行政许可是授益性行政行为。行政许可不是对行政相对人科以义务或处以惩罚的行为，而是赋予行政相对人某种权利或资格的行为。如颁发给行政相对人从事律师、会计、审计、监理等活动的资格证，便使行政相对人获得了某种法律上的资格。

5. 行政许可是要式行政行为。这是行政许可在形式上的特点。行政许可是通过颁发许可证或执照等形式实施的行政行为，必须遵循法定的程序，采用特定的法律形式，如许可证或执照的批准文件、审批表、登记等。因此，行政许可必然是要式行政行为。

四、行政许可的原则

1. 许可法定原则。设定和实施行政许可，应当依照法定的权限、条件和程序。

2. 公平、公开、公正原则。设定和实施行政许可应当公正对待所有潜在申请人，不得规定歧视条款、不得以行政许可为手段设置地区封锁。许可机关应当公开行政许可的实施和结果，除法律规定不得公开的事项外，有关许可的所有信息都应该公开；有关行政许可的规定应当公布，未经公布的，不得作为行政许可的依据。

3. 程序正当原则。申请人和相关人员对行政许可决定享有陈述、申辩的权利，对行政许可决定不服的，有申请复议或者提起行政诉讼以及请求国家赔偿的权利。

4. 信赖保护原则。公民、法人或者其他组织依法取得的行政许可受法律保护，行政机关不得擅自改变已经生效的行政许可。行政许可所依据的法律、法规、规章修改或者废止，或者准予行政许可所依据的客观情况发生重大变化的，为了公共利益的需要，行政机关可以依法变更或者撤回已经生效的行政许可。由此给公民、法人或者其他组织造成财产损失的，行政机关应当依法给予补偿。《行政许可法》第8条对此作了规定。

5. 服务原则。行政许可必须方便公民、法人和其他组织，行政机关应提高办事效率，提供优质服务。

6. 不得转让原则。依法取得的行政许可，除法律法规规定依照法定条件和程序可以转让的外，不得转让。

7. 监督检查原则。行政机关必须认真履行监督检查的职责，对有关许可的实施状况进行定期或不定期、正式或非正式的检查。县级以上人民政府应当建立、健全对行政机关实施行政许可行为的监督制度。

第九章

五、行政许可的种类

学理上，根据不同的划分标准，可将行政许可分为很多种类，其中主要的分类有：

1. 以行政许可的范围为标准，可分为一般行政许可和特殊行政许可。一般行政许可，是指行政机关对符合法定条件的申请人直接给予的许可，它对申请人及申请事项并无特殊的限制，如驾驶许可、营业许可等。特殊行政许可，是指除必须符合一般许可的条件外，还对申请人或申请事项有特别限制的许可，又称"特许"，如持枪许可、烟草专卖许可等。

2. 以行政许可的目的和形式为标准，可分为行为行政许可和资格行政许可。行为行政许可，是指行政机关允许符合条件的申请人从事某项活动的许可，如生产、经营许可等。资格行政许可，是指行政机关应申请人的申请，经过一定的考核程序，核发相应的证明文书，允许其享有某种资格或确认其具有某种能力的许可，如向申请人颁发律师证、造价工程师证、监理工程师证、驾驶执照等。

3. 以行政许可享有的程度为标准，可分为排他性行政许可和非排他性行政许可。排他性行政许可也称独占性行政许可，是指某一相对人获得该项许可后，其他任何组织或个人均不能再获得该项许可，如专利许可、商标许可、烟草专卖许可等。非排他性行政许可，也称共存行政许可，是指为具备法定条件的任何相对人所申请并获得的许可。大部分行政许可都是非排他性行政许可，如经营许可、驾驶许可等。

4. 以行政许可是否附加必须履行的义务为标准，可分为权利性行政许可和附义务的行政许可。权利性行政许可也称无条件放弃的行政许可，是指申请人取得行政许可后，并不承担一定作为的义务，相对人可以自由放弃被许可的权利，并不因此而承担法律责任的许可，如捕鱼许可、驾驶许可等。附义务行政许可又称有条件放弃的行政许可，是指被许可人获得许可的同时必须承担作为的义务，否则要承担相应法律责任或丧失被许可权利的许可，如我国《企业法人登记管理条例》第22条规定，企业法人领取《企业法人营业执照》后，满6个月尚未开展经营活动或者停止经营活动满1年的，视同歇业，登记主管机关应当收缴《企业法人营业执照》《企业法人营业执照》副本，收缴公章，并将注销登记情况告知开户银行。

5. 以行政许可存续时间为标准，可分为永久的行政许可和附期限的行政许可。永久的行政许可，是指被许可人取得许可证后，只要其本人不放弃或者不因法定事由被主管机关吊销，将持续并永久有效的许可，如生产某种产品的许可、永久性居住证等。附期限的行政许可，是指在一定时间内具有效力、逾期将失去效力的许可，包括长期许可、短期许可和临时许可三种。附期限行政许可的具体期限依有关规定而确定，如食品卫生许可、出入境许可等。

六、行政许可的设定

行政许可的设定应当遵循经济和社会发展规律，应有利于发挥公民、法人或者其他组织的积极性、主动性，有利于维护公共利益和社会秩序，有利于促进经济、社会和生态环境协调发展。

（一）行政许可设定范围

1. 可以设定行政许可事项的范围。

（1）普通许可事项，即直接涉及国家安全、公共安全、经济宏观调控、生态环境保护以及直接关系人身健康、生命财产安全等特定活动，需要按照法定条件予以批准的事项。主要包括：①危险物品的生产、储存、销售、使用；②新闻出版、广播影视的有关活动；③金融、保险、证券等涉及高度社会信用的行业的市场准入和经营活动；④利用财政资金或者由政府担保的外国政府、国际组织贷款的投资项目和涉及产业布局、需要实施调控的投资项目；⑤污染防治、环境保护；⑥直接关系人身健康、生命财产安全的事项。普通许可事项需符合三个条件：①这类事项应当是防范危险、保障安全的事项；②法律对这类事项没有禁止但都附有条件；③符合《行政许可法》第11、13条的规定。

（2）特许事项，即有限资源开发利用、公共资源配置以及直接关系公共利益的特定行业的市场准入等，需要赋予特定权利的事项。特许事项需符合两个条件：①这类事项原则上都涉及资源配置。②特许通常都是有偿的，可以转让。

（3）认可事项，即提供公众服务并且直接关系公共利益的职业、行业，需要确定具有特殊信誉、特殊条件或者特殊技能等资格、资质的事项，认可事项需符合五个条件：①为公众提供服务，而不是为个人提供服务。②属于直接关系公共利益的职业、行业，如建筑业、律师、医师。③需要具备特殊信誉、特殊条件或者特殊技能。特殊信誉，是以特殊技能和品德支撑的信誉，如会计师、医师所应具备的信誉；特殊条件，是指不同于同类事物或者不同于一般平常情况的条件；特殊技能，指常人所没有而应当经过学习、培训方能取得的技能。④认可事项的资格一般可以通过考试来判断并与特定身份相联系，不得转让。⑤符合《行政许可法》第11、13条的规定。

（4）核准事项，即直接关系公共安全、人身健康、生命财产安全的重要设备、设施、产品、物品，需要按照技术标准、技术规范，通过检验、检测、检疫等方式进行审定的事项。核准事项需符合三个条件：①这些设备、设施、产品、物品需按事前公布的技术标准、技术规范来建造、施工或者生产、提供。

②审定的方式是检验、检测、检疫，审定的依据是事前公布的技术标准、技术规范。这里的技术标准、技术规范，是可量、可测的，有科学的数据支撑的。③符合《行政许可法》第11、13条的规定。

（5）登记事项，即企业或者其他组织的设立等需要确定主体资格的事项。作为行政许可的登记，是指企业或者其他组织未经登记就没有从事某种活动的能力或者资格，如果未登记即从事某种活动，即属违法。这种登记的功能是证明性的，或者是向社会提供某种信息。

（6）法律、行政法规规定的其他事项。

2. 不可以设行政许可的事项。主要包括：①公民、法人或者其他组织能够自主解决的事项；②市场竞争机制能够有效解决的；③行业组织或者中介机构能够自律管理的；④采用事后监督等其他行政管理方式能够解决的事项。

（二）行政许可的设定权限

1. 设定主体。有权设定行政许可的国家机关包括全国人大及其常委会，国务院，省、自治区、直辖市人大及其常委会，省、自治区、直辖市人民政府依照《行政许可法》规定的权限可以设定行政许可。其他国家机关一律无权设定行政许可。

2. 设定形式，即什么样的规范性文件才能设定行政许可。《行政许可法》规定，法律，行政法规，国务院的决定，地方性法规，省、自治区、直辖市人民政府规章可以设定行政许可；其他规范性文件一律不得设定行政许可。

3. 行政许可的设定规则。①凡《行政许可法》规定可以设定行政许可的事项，法律都可以设定行政许可。②对可以设定行政许可的事项，尚未制定法律的，行政法规可以设定行政许可。③必要时，国务院可以通过发布决定的方式设定行政许可。实施后，除临时性行政许可事项外，应当及时提请全国人大及其常委会制定法律，或者自行制定行政法规。④对于可以设定行政许可的事项，尚未制定法律、行政法规的，地方性法规可以设定行政许可，但地方性法规在设定行政许可时受到以下四个方面的限制：一是不得对《行政许可法》规定的可以设定行政许可的事项以外的其他事项设定行政许可；二是不得设定应当由国家统一确定的有关公民、法人或者其他组织的资格、资质的行政许可；三是不得设定企业或者其他组织的设立登记及其前置性行政许可；四是设定的行政许可，不得限制其他地区的个人或者企业到本地区从事生产经营和提供服务，不得限制其他地区的商品进入本地区市场。⑤对于可以设定行政许可的事项，尚未制定法律、行政法规和地方性法规的，因行政管理需要，确需立即实施行政许可的，省、自治区、直辖市人民政府规章可以设定临时性的行政许可。临时性行政许可实施满1年，需要继续实施的，应当提请本级人大及其常委会制定地方性法规。

七、行政许可的实施

（一）行政许可的实施主体

行政许可由具有行政许可权的行政机关在法定权限范围内实施。法律、法规授权的具有管理公共事务职能的组织，在法定授权范围内，可以以自己的名义实施行政许可。

行政机关在其法定职权范围内，依照法律、法规、规章的规定，可以委托其他行政机关实施行政许可。委托机关应当将受委托行政机关和受委托实施行政许可的内容予以公告。委托行政机关对受委托行政机关实施行政许可的行为应当负责监督，并对该行为的后果承担法律责任。受委托行政机关在委托范围内，以委托行政机关名义实施行政许可；并不得再委托其他组织或者个人实施行政许可。

经国务院批准，省、自治区、直辖市人民政府根据精简、统一、效能的原则，可以决定一个行政机关行使有关行政机关的行政许可权。行政许可需要行政机关内设的多个机构办理的，该行政机关应当确定一个机构统一受理行政许可申请，统一送达行政许可决定。行政许可依法由地方人民政府两个以上部门分别实施的，本级人民政府可以确定一个部门受理行政许可申请并转告有关部门分别提出意见后统一办理，或者组织有关部门联合办理、集中办理。

（二）行政许可的实施程序

行政许可实施行为作为行政管理的有效手段，如果规制不当很容易被滥用，会对公民、法人或者其他组织的合法权益造成损害。所以《行政许可法》第四章从以下几个方面对行政许可的实施行为进行规制：

1. 申请与受理。申请与受理，是指行政许可申请人提出行政许可的申请和行政机关受理行政许可申请的过程。这是行政机关作出行政许可的前提条件。《行政许可法》第29～33条规定了行政许可的申请和受理程序。

2. 审查与决定。行政机关在受理行政许可申请后，按照法定的程序对行政许可申请材料进行审查，决定是否应该核发许可证。行政许可的决定，是指行政机关经过审查之后作出准予或者不准予行政许可的决定的活动。这个过程是行政许可实施的关键环节，必须加强规制力度。《行政许可法》第34～41条规定了审查与决定程序。

3. 期限。《行政许可法》第42～45条规定了实施行政许可的期限。行政许可的期限的确定有利于提高行政效率，保护行政相对人的合法权益。"迟来的正义是非正义"，在传统行政许可活动中，由于没有很好的规定作出行政许可的期限，所以有的行政机关工作人员以"研究研究"为由拖延不办，极大地损害了行政相对人的合法权益，也为行政腐败的滋生创造了条件，所以《行政许可法》在第三章第四节中明确规定了行政许可的期限。

4. 听证。现代行政权运行机制旨在实现行政主体与行政相对人之间的良性互动，行政相对人不再是被动的行政管理活动的接受者，听证制度正是实现行政相对人与行政主体之间互动的桥梁。《行政许可法》第46~48条规定了行政许可听证制度。

5. 变更与延续。行政机关作出行政许可以后，行政相对人超出许可范围的活动或者超过行政许可期限的活动，必须向行政许可机关申请变更或者延续许可。《行政许可法》第49条和第50条对这个问题作了原则性的规定。

八、行政许可的监督检查

（一）监督检查的主体和对象

《行政许可法》将监督检查的主体规定为两种：一是设定的主体；二是实施的主体。监督检查的对象，一般指行政相对人，但行政机关本身也可以被视为监督的对象。《行政许可法》规定，上级行政机关应当加强对下级行政机关实施行政许可的监督检查，及时纠正行政许可实施中的违法行为。对行政相对人的监督，这里具体指对被许可人的监督检查，实施的主体是行政机关，同时《行政许可法》规定，个人和组织发现违法从事行政许可事项的活动，有权向行政机关举报，行政机关应当及时核实、处理。同时，根据属地原则，违法行为发生地的行政机关也有权对被许可人实施监督，被许可人在发证机关辖区外从事违法活动，违法行为发生地的行政机关应当将被许可人的违法事实、处理结果抄告作出行政许可决定的行政机关。

（二）监督检查的主要内容

行政许可的监督检查是行政许可权的自然延伸，为此，《行政许可法》专门规定了通过行政活动对行政许可的实施情况进行监督检查，从而把事前审批与事后监督统一起来。为保障法律的有效实施，实现立法的目的，应当对监督检查的内容作进一步的明确。从《行政许可法》的规定来看，就监督检查问题针对不同的主体，分别作了相应的规定和约束。首先是对设定主体的约束，即凡该法规定为设定许可主体的机关有权设定行政许可，其他主体没有这项权力，超越法定权力设定行政许可的要依法予以撤销和纠正。其次是对实施主体即行政机关的约束，《行政许可法》明确规定，行政机关实施监督检查，不得妨碍被许可人正常的生产经营活动，不得索取或者收受被许可人的财物，不得谋取其他利益。违反该规定的，要受到相应的法律制裁或行政制裁。最后是对行政相

第九章

对人、被许可人的监督检查。《行政许可法》规定，行政机关通过核查反映被许可人从事行政许可事项活动情况的有关材料，履行监督责任。行政机关依法对被许可人从事行政许可事项的活动进行监督检查和处理的情况应建立档案，公众有权查阅。

（三）监督检查的手段

一般来说，监督检查的手段应包括监督检查的方式和在监督检查中发现问题的处理方式。其中监督检查的方式主要是书面检查为主，辅以必要的实地检查手段。监督检查主体通过对被许可人的监督检查，发现其有违法行为的，可以对其采取责令改正、撤销许可、注销许可等监督处理措施。很显然，《行政许可法》设定许可监督检查制度对于纠正我国行政许可领域目前存在着的重许可、轻监管，甚至只许可、不监管的现象，保证行政许可真正发挥其应有的作用有着极为重要的意义。

九、《行政许可法》对政府管理的影响

《行政许可法》是一部规范政府行为的重要法律。这部法律的贯彻实施，对政府管理工作产生了重大而深远的影响。这种影响主要体现在四个方面：

（一）贯彻实施《行政许可法》，能促进政府管理理念的更新

《行政许可法》的颁布施行，有利于进一步转变传统的行政管理理念和思维方式，树立适应建立完善的社会主义市场经济体制的现代管理理念，最重要的是有利于进一步树立以下四个管理理念：①以民为本的管理理念；②公开透明的管理理念；③诚实信用的管理理念；④权责一致的管理理念。

（二）贯彻实施《行政许可法》，能促进政府管理方式的创新

一方面，政府应按照《行政许可法》的规定，继续下决心取消一批不应设立行政许可的事项，真正把政府不该管的事交给企业、市场、行业组织和中介机构，减少政府不必要的事前审批。另一方面，需要研究建立和完善适应社会主义市场经济体制的新的行政管理方式、机制，在继续加强政府经济调节和市场监管职能的同时，更加重视政府的社会管理、公共服务职能，切实把政府经济管理职能转到主要为市场主体服务和创造良好发展环境上来。

（三）贯彻实施《行政许可法》，能促进政府职能的根本性转变

《行政许可法》要求我们必须下大力气解决政府的行政权力对社会经济生活和公民个人生活干预过度的问题，培育社会自律机制，发挥行业组织、中介机构在社会生活中的作用；同时，又要解决在某些方面政府管理不到位的问题，从根本上促进政府职能转移，使政府职能切实转移到经济调节、市场监管、社会管理、公共服务等领域。

（四）贯彻实施《行政许可法》，对政府的立法工作提出了新的要求

对政府立法工作提出的新要求有：①政府立法应当明确具体，具有操作性；②政府立法应当不断增强科学性；③政府立法应当逐步扩大公众参与；④政府立法应着眼于规范行政行为，提高行政管理效率，方便和服务广大群众。

【思考题】

1. 授益行政行为的时代意义是什么？它会有什么样的发展趋势？

2. 如何理解授益行政行为中的"信赖保护原则"？

3. 什么是行政给付？

4. 什么是行政奖励？

5. 什么是行政许可？行政许可的性质是什么？

6. 行政许可有哪些原则？

7. 案例分析：2007 年 11 月 12 日，鲁滩公司从江西等地购进 360 吨工业盐。苏州盐务局认为，鲁滩公司进行工业盐购销和运输时，应当按照《江苏盐业实施办法》的规定办理工业盐准运证，鲁滩公司未办理工业盐准运证即从省外购进工业盐涉嫌违法。2009 年 2 月 26 日，苏州盐务局经听证、集体讨论后认为，鲁滩公司未经江苏省盐业公司调拨或盐业行政主管部门批准从省外购进盐产品的行为，违反了《盐业管理条例》第 20 条、《江苏盐业实施办法》第 23 条、第 32 条第 2 项的规定，并根据《江苏盐业实施办法》第 42 条的规定，对鲁滩公司作出了（苏）盐政一般［2009］第 001 - B 号处罚决定书，决定没收鲁滩公司违法购进的精制工业盐 121.7 吨、粉盐 93.1 吨，并处罚款 122 363 元。

鲁滩公司不服该决定，于 2 月 27 日向苏州市人民政府申请行政复议。苏州市人民政府于 4 月 24 日作出了［2009］苏行复第 8 号复议决定书，维持了苏州盐务局作出的处罚决定。鲁滩公司向苏州市金阊区人民法院提起诉讼，法院认为根据《行政许可法》第 15 条第 1 款、第 16 条第 3 款的规定，在已经制定法律、行政法规的情况下，地方政府规章只能在法律、行政法规设定的行政许可事项范围内对实施行政许可作出具体规定，不能设定新的行政许可。既然法律及《盐业管理条例》没有设定工业盐准运证这一行政许可，作为地方政府规章的《江苏盐业实施办法》不能设定工业盐准运证制度。据此，金阊区人民法院于 2011 年 4 月 29 日作出（2009）金行初字第 0027 号行政判决书，判决撤销苏州盐务局（苏）盐政一般［2009］第 001 - B 号处罚决定书。

请回答以下问题：

（1）法院的判决是否正确？

（2）根据本案，思考地方规章行政许可的设定权。

第九章

第十章

不利行政行为

■ 第一节　不利行政行为概述

一、不利行政行为的概念

不利行政行为，又称负担行政行为，是指剥夺、限制公民、法人某种权益，或课以某项义务的行政行为，如行政强制、行政处罚、税收、收费等行政行为。

不利行政行为是与授益行政行为相对应的概念。它与授益行政行为的区分标准是行政主体与行政相对人之间的权利义务关系，即行政行为对行政相对人所造成影响之利与不利。

二、不利行政行为的特征

由于不利行政行为是与授益行政行为相对应的一个概念，其特征实际上就是它与授益行政行为的区别所在。

1. 不利行政行为意味着行政相对人权益的减少、限制或剥夺等，而授益行政行为意味着对相对人权益的增加、扩大、认可等。因此，为了有效地维护当事人的合法权益，各国法律都规定，在权力设定、程序适用上，不利行政行为要严于授益行政行为。

2. 对不利行政行为的监督相对及时，而对授益行政行为的监督则具有滞后性。究其原因，授益行政行为对相对人是有利的，即使授益行政行为不合法、不适当，一般来说，相对人并不会对其提起行政复议、行政诉讼，也不会申诉。而授益行政行为的利害关系人因难于及时发现授益行政行为对其合法权益的侵害，也易错过救济机会。而不利行政行为对相对人是不利的，如果相对人认为其不合法、不适当，一般说来会及时寻求法律救济，提起行政复议、行政申诉或行政诉讼。利害关系人一般也能及时发现不利行政行为对其合法权益的侵害，

第十章

因而会及时采取法律救济措施。因此，对授益行政行为的监督一般比较滞后，并且不到位，对不利行政行为则监督比较及时、到位。

3. 授益行政行为较不利行政行为对社会法律关系的安全和稳定的影响更大。不利行政行为限制甚至剥夺了相对人参与某种社会法律关系的机会和过程，限制甚至剥夺了相对人的某种权益，因而对违法的不利行政行为的撤销，一般不会影响社会法律关系的安全和稳定，甚或有利于保障和促进社会法律关系的安全、稳定和发展。而当不合法、不适当的授益行政行为进入社会法律关系的流转过程中，相对人根据授益行政行为赋予的某种权益进行了与此相关联的社会行为和法律行为时，则对违法的授益行政行为的处理，不仅仅是对违法授益行政行为的评价问题，而且还会对与违法的授益行政行为相关联的社会法律关系的安全和稳定产生影响。为此，各国法律对授益行政行为的撤销、废止等，都设定了限制条件。不利行政行为的撤销、废止等则比较简单，没有什么限制条件，而授益行政行为的撤销、废止等比较复杂，必须考虑国民的信赖利益保护和社会公共利益等问题，因而受到诸多限制。这也是区分授益行政行为与不利行政行为的重要法律意义。[1]

值得注意的是，部分授益行政行为具有双重属性，即行政行为对某一特定人是授益行政行为，对另外一些人则是不利行政行为。如核发土地使用权证，对持证人而言是授益行政行为，但对相邻者而言是不利行政行为。征用土地的行政行为也是具有双重属性的行政行为。对此，既要从授益行政行为和不利行政行为两方面思考问题，更要从授益行政行为与不利行政行为统一于一个行政行为的特殊性上，整体把握该行政行为的本质特征。

三、不利行政行为的范围和种类

凡行政主体作出之行为对行政相对人产生不利后果的，无论是要求相对人作为或不作为，还是变更限制其权利或自由，都是不利行政行为。

可见，确定不利行政行为范围的关键是判断行政行为产生的法律效果对行政相对人是有利还是不利。与之相关的两个问题是，感受有利或者不利的主体是立法者、行政主体还是相对人？是主观感受还是行政行为客观上产生了某种权利、利益或义务、负担？实际上，既然行政行为效果所指对象是行政相对人，则感受有利或不利的主体应当是行政相对人而非其他主体。其次，应当以行政行为给行政相对人权益的增加、减少、变更、扩大、认可等客观标准来评价行

---

[1] 朱英禄："对授益行政行为的思考"，载《人民司法》2000年第2期。

政行为的有利或不利。再次，这个"利"字应含有好处、权利、利益、自由、资格或某种主张的意思。

基于这个考虑，不利行政行为的种类主要包括：行政征收、行政征用、行政处罚、行政强制等。本章的其他部分将介绍这几种典型的不利行政行为。

■ 第二节　行政征收

一、行政征收的概念和特征

（一）行政征收的概念

所谓行政征收，是指行政主体凭借国家行政权，根据国家和社会公共利益的需要，依法向行政相对人强制地、无偿地征集一定数额金钱或实物的单方具体行政行为。

（二）行政征收的特征

1. 强制性。行政征收机关实施行政征收行为，实质上是行使国家赋予的征收权，这种权力具有强制他人服从的效力。因此，实施行政征收行为不需要征得相对人的同意，甚至可以在违背相对人意志的情况下进行。征收的对象、数额及具体征收的程序，完全由行政机关依法确定，无须与相对人协商一致。行政相对人必须服从行政征收命令，否则，应承担一定的法律后果。

2. 无偿性。国家为了完成其职能，维护其统治，必须耗用一定的物质资财，而作为凌驾于社会生产之上的管理机构的国家行政机关，其本身并不直接从事生产，创造财富。因而，只有凭借国家行政权力，通过行政征收来取得所需物质资财。行政相对人的财产一经国家征收，其所有权就转移为国家所有，成为国家财产的一部分，由国家负责分配和使用，以满足国家事务开支的需要。行政征收必然是无偿的，是财产的单向流转，国家无需向被征收主体偿付报酬。

3. 法定性。行政征收直接指向的是行政相对人的经济利益，由于其强制性和无偿性，决定了其对相对人的权益始终都具有侵害性。因此，为了确保行政相对人的合法权益不受违法行政征收行为的侵害，必须确立行政征收法定的原则。将行政征收的整个过程纳入法律调整的范围，使具体的行政行为受相对稳定的法律支配，使行政征收项目、行政征收金额、行政征收机关、行政征收相对人、行政征收程序都有法律上的明确依据，这是现代行政特别是不利行政行为所必须遵循的原则。如果没有法律根据，任何擅自决定征收的行为都是侵害相对人合法权益的侵权行为，都为法律所不容许。

二、行政征收的分类和设定

（一）行政征收的分类

1. 以行政征收发生的原因或条件为标准，行政征收可以分为四类：

（1）因法律、法规确定的义务而产生的行政征收。

（2）因行政相对人对国有资源、资产的使用而产生的行政征收。

（3）因行政机关进行行政管理、提供服务而产生的征收。

（4）因政主体对行政相对人进行行政规制而产生的征收。

2. 以行政征收的内容为标准，行政征收可以分为两大类：

（1）税。税收是指国家为实现社会经济目标，由税务机关凭借其行政权力，依法定标准强制性无偿取得纳税义务人的税金，并纳入国家财政收入的一种活动。我国税收征收的主体是国家税务机关和海关。

（2）费。行政收费是指行政主体依法向特定相对人提供了行政服务或行政管理，为满足特别的行政支出需要而向相对人收取一定费用的活动。

（二）行政征收的设定

行政征收的设定是指何种立法主体有权创设或规定行政征收。

1. 行政征税的设定。我国依法征税制度经历了不断变革的过程，以1994年税制改革为界，行政税收的设定主体层级有所提升。1994年税制改革之前，行政税收设定主体范围过大，较大的市的政府也有权制定有关税收的地方政府规章。1994年税制改革对税收设定作了较大的调整，其税收立法层次是：①全国性税种的立法权，即包括全部中央税和在全国范围内征收的地方税的法律的制定、公布和税种的开征、停征权属于全国人民代表大会及其常委会；②经全国人民代表大会及其常委会的授权，全国性税种可以先由国务院制定行政法规，以"条例"或"暂行条例"形式发布；③经全国人大及其常委会授权，国务院有制定税法实施细则、增减税目和调整税率的权力；④经全国人大及其常委会的授权，国务院有税法的解释权；经国务院授权，国家税务管理部门等有税收条例的解释权和制定税收条例实施细则的权力；⑤省级人大及其常委会有根据本地区实际情况，在不违反国家统一税法的前提下，开征全国性税种以外的地方税种的税收立法权；⑥经省级人大及其常委会授权，省级人民政府有本地区地方税收法律规范的解释权和制定税法实施细则、调整税目、税率的权力。

2. 行政收费的设定。行政收费的设定制度所要解决的是什么样的立法主体可以设定何种范围的行政收费的问题。我国目前行政收费的设定主要有以下几种情况：①法律对行政收费作出原则性规定，授权国务院或其他行政机关制定具体实施办法；②行政法规对行政收费作出具体规定；③由国务院部门规章和地方政府规章作出行政收费的具体规定；④在法律、法规、规章都没有作出规定的情况下，由规范性文件作出行政收费的规定。

三、行政征收的方式、程序与时限

（一）行政征收的方式

行政征收的方式包括行政征收的行为方式及行政征收的计算方式两个方面。

在行政征收的行为方式上，根据我国法律、法规的规定，行政征收有查账征收、查定征收、查验征收、定期定额征收以及代征、代扣、代缴等多种方式，在实际征收过程中具体采用哪种征收方式由征收机关根据法律、法规的规定及应征人的具体生产经营情况而定。此外，由于征收是直接处分相对人的财产所有权，因而，征收机关无论采用上述哪种征收方式都必须使用书面形式。譬如，根据《税收征收管理法》第 34 条规定，税务机关征收税款和扣缴义务人代扣、代收税款时，必须给纳税人开具完税凭证。

行政征收的计算方式是确定征收额的方法，它是行政征收的核心要素，反映了行政征收的深度。其计算方式，直接关系到国家的财政收入和应征人的负担，因而，计算方式不仅要合理、科学，而且应当法律化，以避免行政征收的随意性。从我国现行法律法规的规定看，行政征收的计算方式大多已为法律法规所明确规定，例如，国务院发布的《矿产资源补偿费征收管理规定》第 5 条规定："矿产资源补偿费按照下列方式计算：征收矿产资源补偿费金额＝矿产品销售收入×补偿费费率×开采回采率系数。"

（二）实施行政征收的程序

行政征收的程序，是指行政征收行为应按照什么顺序进行。行政征收按其实现方式的不同，分为相对人的自愿缴纳和行政主体强制征收两种方式。当相对人按照法律、法规规定的期限或行政主体确定的期限全部、主动履行了缴纳义务时，法律上的行政征收即告结束；当相对人没有按照规定期限履行缴纳义务时，行政征收即进入强制征收阶段。为了保证强制征收的顺利实现，避免给相对人造成不应有的损害，法律、法规应当明确规定实施强制征收的程序及行政主体可以采取的强制措施。例如，根据《税收征收管理法》的规定，纳税人和扣缴义务人未按规定期限履行缴纳义务的，税务机关首先应当责令限期缴纳，并加征 0.05% 的滞纳金；如果纳税人和扣缴义务人逾期仍未缴纳的，税务机关可以采取通知其开户银行从其存款中扣缴税款或查封、扣押、拍卖其价值相当于应纳税款的商品、货物或其他财产，以拍卖所得抵缴税款。从上述规定可以看出，催告和强制执行是实施强制税收征收的两个基本的程序。但目前除《税收征收管理法》等对强制征收的程序作了比较详细的规定以外，其他不少有关行政征收的法律规范都缺少对强制征收程序的明确规定，这是我国征收立法的一大缺陷。其结果要么可能导致行政征收无法实现，要么可能因违法征收而损害相对人的合法权益。

（三）行政征收的时限

行政征收的时限包括行政征收的期限和行政征收的时效两个方面。

行政征收的期限是指实施并完成行政征收的时间限制。目前我国立法对相对人的缴纳期限的规定比较明确，如《矿产资源补偿费征收管理规定》第 8 条第 1 款规定："采矿权人应当于每年的 7 月 31 日前缴纳上半年的矿产资源补偿费；于下一年度 1 月 31 日前缴纳上一年度下半年的矿产资源补偿费。"但对行政主体应当完成行政征收的期限立法缺少明确规定，实践中往往由行政主体自行决定，这样不利于征收的迅速、及时实现。因此，今后立法除了应当明确相对人履行义务的期限以外，还应当明确规定行政主体实施及完成行政征收行为的期限。

行政征收的时效是行政主体丧失对相对人征收权力的期限，即行政主体如果未行使征收权，在多长期限内即丧失对相对人的征收权力。对此，我国已有法律开始规定行政征收的时效，如《税收征收管理法》第 52 条规定："因税务机关的责任，致使纳税人、扣缴义务人未缴或者少缴税款的，税务机关在 3 年内可以要求纳税人、扣缴义务人补缴税款……因纳税人、扣缴义务人计算错误等失误，未缴或者少缴税款的，税务机关在 3 年内可以追征税款、滞纳金；有特殊情况的，追征期可以延长到 5 年。"从上述规定可以看出，我国税收征收的时效是 3 年，特殊情况下可以延长到 5 年。但目前其他的法律、法规大多缺少对行政征收时效的明确规定，这样不利于社会经济秩序的稳定和对相对人权益的保护。

■ 第三节　行政征用

一、行政征用的概念及其与行政征收的区别

行政征用是指行政主体出于公共利益目的，依据法律之规定，以强制的方式取得行政相对人的财产所有权、使用权或劳务，并给予合理经济补偿的制度。目前主要体现在国家对集体土地的征用上，此外还有国家对文物的强制征购、行政机关对船只的强制租用等。

行政征收与行政征用的主要区别在于：①从法律后果看，行政征收的结果是财产所有权从相对方转归国家，而行政征用的后果则是行政主体暂时取得了

被征用方财产的使用权，不发生财产所有权的转移；②从行为的标的看，行政征收的标的一般仅限于财产，而行政征用的标的除财产外还可能包括劳务；③从能否取得补偿来看，行政征收是无偿的，而行政征用一般应是有偿的，行政主体应当给予被征用方相应的经济补偿。

二、行政征用的基本原则

行政征用必须遵循一定的原则。法国自大革命时期的《人权宣言》起就确定了公用征收的基本原则：①合法认定公共需要的存在；②公平补偿被征用人的损失；③在占有被征用财产前，事先支付补偿。上述原则直到今天仍继续适用，并成为各国通用的原则。我国的行政征用基本上也遵循了上述原则（事先支付补偿除外），但在适用上有所差别，具体表现在以下两个方面：

（一）征用目的以公共利益为限

公共利益需要成为各国征用行为遵循的首要原则。但具体如何认定公共利益的需要，我国与其他国家却存在差异。有的国家（如法国）有专门的公用征收目的的调查及审批程序。我国法律法规虽然也规定行政征用以满足公共利益的需要为前提，但在公共利益需要的认定方面并没有相应的规定，也未将此作为行政征用的程序性要件。

（二）适当补偿原则

行政征用补偿原则是指在行政征用补偿中应当遵循的一些基本的规则、标准。当今世界各国在行政征用的补偿上大都采取"公平合理"的原则，但各自的做法有所不同。如法国采用公正补偿原则，被征用人的全部损失都能得到补偿，同时法国只对直接的、物质的、确定的损失进行补偿。而日本宪法明确规定采用正当补偿原则。我国行政征用制度则不同，在补偿问题上更多地采用了适当补偿的原则。决定一国征用采用何种补偿原则，与该国的国力、经济制度及相应的观念等因素有关。我国以适当补偿为原则，一方面与国力较弱有关，即使有征用补偿的规定，补偿的标准一般也比较低；另一方面，我国公有制的观念在很大程度上也影响着征用补偿原则的确定。

三、我国行政征用法律制度的现状

我国关于行政征用的规定最早可见于民主革命时期解放区的政策条例。如1944年1月颁布的《陕甘宁边区地权条例》规定："由于建筑国防工事，兴修交通道路……政府得租用、征用或以其他土地交换任何人民或团体所有的土地。"新中国成立以后，国家也相继制定了一些条例、办法对行政征用作出现定。1982年《宪法》第10条第3款明确规定："国家为了公共利益的需要，可以依照法律规定对土地实行征用。"这条规定构成了我国政府行政征用的权力基础，成为行政征用行为立法的根据。目前，我国的行政征用制度主要体现在以下法律、法规中：①《土地管理法》第2条第4款规定："国家为了公共利益的需要，可以依法对土地实行征收或者征用并给予补偿。"②《外资企业法》第5条规定："国家对外资企业不实行国有化和征收；在特殊情况下，根据社会公共利益的需要，对外资企业可以依照法律程序实行征收，并给予相应的补偿。"《中外合资经营企业法》也有类似的规定。③《国防法》第48条规定："国家根据动员需要，可以依法征收、征用组织和个人的设备设施、交通工具和其他物资。县级以上人民政府对被征收、征用者因征收、征用所造成的直接经济损失，按照国家有关规定给予适当补偿。"以上法律、法规是我国行政主体实施征用行为的主要依据，在实践中发挥了一定作用。但这种以单行法律、法规规定行政征用制度的做法局限性大，不可能建立一个完善的行政征用制度以满足现实生活的需要。

■　第四节　行政处罚

一、行政处罚概述

（一）行政处罚的概念与特征

行政处罚就是指行政机关和被授权组织基于行政管理职权，对违反行政法律规范的行政相对人给予行政惩戒的行为。它是政府在管理社会公共事务的活动中，为了保障社会经济秩序和社会生活秩序而实施的一种具体行政行为。

行政处罚具有以下三个特征：

1. 行政处罚具有行政性。它要求其实施主体必须是行政机关或者其他被授权机关，要求违法行为的性质是行政违法行为。

2. 行政处罚具有惩戒性。行政处罚的目的是惩罚违法，警戒和教育违法者并预防新的违法行为发生。

3. 处罚对象的一般性。一般来说，凡是违反行政法律规范的公民、法人或其他组织都属于行政处罚的对象，而不限于某一范围或某一类人员。这一点与行政处分相区别。

（二）行政处罚与相关概念的区别

1. 行政处罚与行政处分。行政处分是行政主体对其系统内部违反行政法规范的公务人员实施的一种惩戒措施。二者的区别是：①行政处罚是由享有法定处罚权的外部行政主体实施的，其处罚权已为法律、法规明确规定；行政处分则是由受处分的公务人员所在的机关或上级机关或行政监察机关作出的，行政机关一般都享有对其工作人员的行政处分权。②行政处罚的对象是违反行政法规范的公民、法人或其他组织；行政处分的对象仅限于行政主体系统内部的公务人员。③行政处罚属于外部行政行为，以行政管理关系为基础，以维护社会秩序为目的；行政处分则属于内部行政行为，以行政隶属关系为基础，以维护系统内部秩序为目的。④行政处罚的种类很多，有警告、罚款、没收、吊扣证照、责令停产停业、行政拘留等，其形式大都与被处罚人的人身权、财产权等基本权利有关；行政处分的种类只有警告、记过、记大过、降级、撤职和开除等形式，其形式与被处分人的职务权利有关，且处分比处罚的程度要轻。⑤受处罚人对行政处罚不服的，可申请行政复议和提起行政诉讼，通过行政复议和行政诉讼获得救济；受处分人对行政处分不服的，则只能向作出处分的机关或其上一级机关或行政监察机关申诉。

2. 行政处罚与刑罚处罚。刑罚处罚，又称刑事处罚，简称刑罚，是人民法院依法对犯罪分子所实施的一种最严厉的制裁手段。二者的区别在于：①行政处罚权属于行政权的一部分；刑罚处罚权归属于审判权的范畴，属于司法权的一部分。②行政处罚是由具有外部管理权限的行政机关或法律、法规授权的组织实施的；刑罚的实施主体是国家司法机关——人民法院。③行政处罚的对象是违反行政法规范的公民、法人或其他组织；刑罚只能对违反刑事法规范的犯罪分子实施，而不能对只违反行政法规范并尚未构成犯罪的人实施。④行政处罚的种类很多，既有《行政处罚法》的统一规定，又有各行政法律、法规的分散规定；刑罚的种类统一由《刑法》规定，包括主刑和附加刑两大类。⑤行政处罚是按照《行政处罚法》所规定的行政程序作出的；刑罚必须根据《刑事诉讼法》规定的普通司法程序决定。

二、行政处罚的原则

《行政处罚法》明确规定了行政处罚的基本原则。这是实施行政处罚必须遵循的基本行为准则，包括实体性原则和程序性原则两个方面，具体可以概括为：

（一）处罚法定原则

该项原则的法律依据是《行政处罚法》第 3 条的规定，其具体要求有四：①对公民和组织实施行政处罚必须有法定依据，法无明文规定不得处罚。②行政处罚必须由有权设定行政处罚的国家机关在《行政处罚法》规定的权限范围内设定，并以法定的程序制定、公布，无权的行政机关不得设定行政处罚；有权的机关也不得越权设定；有关行政处罚的规定不公布的，不得作为行政处罚的依据。③实施行政处罚应当由具有行政处罚权的行政机关在法定职权范围内实施；其他机关或者组织必须经法律、行政法规、地方性法规明确的授权或者经法律、法规、规章规定的委托才有权实施行政处罚。④行政机关实施行政处罚必须严格依法定程序进行。

（二）过罚相当原则

设定和实施行政处罚必须以事实为根据，与违法行为的事实、性质、情节以及社会危害程度相当。这也可以视为我国行政法上比例原则的要求具体化。

（三）公正、公开原则

《行政处罚法》第4条第1款是该项原则的法律依据。

公正原则包括实体公正和程序公正。实体公正具体表现在：行政机关的处罚行为要前后一致；作出的处罚决定应与相对人的违法程度成比例；行政处罚应符合行政惯例等。程序公正是指行政机关在进行行政处罚时，在程序上平等地对待各方当事人，排除各种可能造成不平等或偏见的因素。

公开原则，是指行政机关在行政处罚过程中，要通过一定的方式和途径让相对一方当事人了解有关的情况。

（四）处罚与教育相结合原则

《行政处罚法》第5条规定的该项原则，体现了我国行政处罚的特色。处罚不是目的，而是一种手段，通过处罚教育违法者和广大公民，从而预防和制止违法行为。教育是处罚的基础和目的，处罚是教育的手段和保证，两者相辅相成。

（五）一事不再罚原则

《行政处罚法》第24条规定："对当事人的同一个违法行为，不得给予两次以上罚款的行政处罚。"这是一事不再罚原则的法律依据。在行政处罚法中，一事不再罚原则的含义是：

1. 对于同一违法行为，一个机关已经给予罚款处罚的，其他机关不得再次给予罚款处罚。

2. 对于同一违法行为，如果一个机关已经给予罚款以外的其他种类处罚，如暂扣许可证或者暂扣执照等，其他机关是否可以再次给予相同的处罚，《行政处罚法》没有明确规定。但根据过罚相当原则，对同一违法行为，一个机关已经给予处罚的，其他机关不应再次给予相同的处罚，否则，就违背了过罚相当原则。

3. 至于是否可以给予其他种类的行政处罚，需要根据实际情况区别对待。一般来说，一个机关给予的处罚已经足以纠正违法行为的，其他机关不应再给予其他处罚。如果一个机关给予的处罚还不足以纠正违法行为，则其他机关可以再给予其他处罚。因此，其他机关决定给予的处罚应当是前一个机关无权给予的不同处罚，如果前一个机关有权给予处罚而没有给予，说明该违法行为不必给予该种处罚，则其他机关同样不应给予此种处罚。

（六）保障相对人权利原则

《行政处罚法》第6条规定："公民、法人或其他组织对行政机关所给予的行政处罚，享有陈述权、申辩权；对行政处罚不服的，有权依法申请行政复议或者提起行政诉讼。公民、法人或者其他组织因行政机关违法给予行政处罚受到损害的，有权依法提出赔偿要求。"

三、行政处罚的种类和设定

（一）行政处罚的种类

《行政处罚法》第8条将行政处罚主要分为以下六类：

1. 警告，指对违法者予以申诫和谴责的一种处罚，一般适用于情节比较轻微的违法行为，惩罚的程度较轻。

2. 罚款，指强制违法者在一定期限内向国家交纳一定数量的货币，而使其遭受一定经济利益损失的一种处罚，主要适用于以牟取非法经济利益为目的的行政违法行为。

3. 没收违法所得和非法财物，指行政机关依法将行为人以违法手段取得的金钱、其他财物、违禁物或违法行为所用工具等收归国有的一种处罚。

4. 责令停产停业，指行政机关强制要求违法者停止生产或者经营的一种处罚。

5. 暂扣或者吊销许可证、暂扣或者吊销执照，指行政机关依法限制或者剥夺违法者原有的特许权利或者资格的一种处罚。暂扣与吊销也有区别：暂扣是指中止违法者从事某种活动的权利或资格，待其改正违法行为或经过一段期限后，再发还其许可证或者执照，恢复其某种权利或者资格；吊销则是为了禁止违法者继续从事某种活动，剥夺其某种权利或者撤销对其某种资格的确认。

6. 行政拘留，指公安机关限制违反治安管理秩序的行为人短期人身自由的一种处罚。行政拘留与刑事拘留不同，前者是公安机关对行政违法行为人所作的行政制裁，后者则是公安机关对犯罪嫌疑人实施的、临时剥夺其人身自由的刑事强制措施。行政拘留也不同于司法拘留，后者是人民法院对妨害诉讼程序的行为人所实施的、临时剥夺其人身自由的司法强制措施。行政拘留与行政扣留也有区别，后者是行政机关为保障行政管理活动的顺利进行而依法采取的、临时限制行为人的人身自由或强制保管行为人的物品的行政强制措施。

除上述六种主要处罚形式外，《行政处罚法》还规定，法律、行政法规可以规定其他种类的行政处罚。

（二）行政处罚的设定

行政处罚的设定，是指有权设定行政处罚的国家机关自行创制行政处罚的活动。

从行政处罚不同的立法主体和规范性文件形式来划分，可以把行政处罚设定权分为以下层次：

1. 法律可以设定各种行政处罚。限制人身自由的行政处罚，只能由法律设定。

2. 行政法规可以设定除限制人身自由以外的行政处罚。法律对违法行为已经作出行政处罚规定，行政法规需要作出具体规定的，必须在法律规定的给予行政处罚的行为、种类和幅度的范围内规定。

3. 地方性法规可以设定除限制人身自由、吊销企业营业执照以外的行政处罚。法律、行政法规对违法行为已经作出行政处罚规定，地方性法规需要作出具体规定的，必须在法律、行政法规规定的给予行政处罚的行为、种类和幅度的范围内规定。

4. 国务院部、委制定的规章可以在法律、行政法规规定的给予行政处罚的行为、种类和幅度的范围内作出具体规定；尚未制定法律、行政法规的，国务院部、委员会制定的规章对违反行政管理秩序的行为，可以设定警告或者一定数量罚款的行政处罚，罚款的限额由国务院规定；国务院可以授权具有行政处罚权的直属机构依照上述部门规章设定权的规定，规定行政处罚。

5. 省、自治区、直辖市人民政府和较大的市人民政府制定的规章可以在法律、法规规定的给予行政处罚的行为、种类和幅度的范围内作出具体规定；尚未制定法律、法规的，上述地方人民政府制定的规章对违反行政管理秩序的行为，可以设定警告或者一定数量罚款的行政处罚，罚款的限额由省、自治区、直辖市人民代表大会常务委员会规定。

除法律、行政法规、地方性法规和规章外，其他规范性文件不得设定行政处罚。

四、行政处罚的管辖与适用

（一）行政处罚的管辖

行政处罚的管辖，是指具有行政处罚权的实施主体之间的权限划分。根据《行政处罚法》和其他相关法律规定，行政处罚的管辖主要分为以下几种：

1. 职能管辖。职能管辖是指根据行政机关的职能确定其行政处罚的管辖范围，一般均由法律作出明确规定。如根据《治安管理处罚法》规定，治安管理处罚由公安机关管辖。职能管辖一般较为单一，即每一事务由对其负有管理职能的一个处罚机关管辖，但立法上有时也会有共同管辖或交叉管辖的规定。如《水污染防治法》第 80 条规定："违反本法规定，有下列情形之一的，由海事管理机构、渔业主管部门按照职责分工责令停止违法行为，处以罚款；造成水污染的，责令限制采取治理措施，消除污染；逾期不采取治理措施的，海事管理机构、渔业主管部门按照职责分工可以指定有治理能力的单位代为治理，所需费用由船舶承担……"又如《计量法》第 30 条规定："本法规定的行政处罚，由县级以上地方人民政府计量行政部门决定。本法第 26 条规定的行政处罚，也可以由工商行政管理部门决定"，此即为交叉管辖。

2. 级别管辖。级别管辖是指根据行政机关的级别确定其行政处罚管辖范围。我国的行政处罚立法大部分对级别管辖作出了明确规定。如《行政处罚法》第 20 条规定："行政处罚由违法行为发生地的县级以上地方人民政府具有行政处罚权的行政机关管辖。法律、行政法规另有规定的除外。"因此，当法律、法规未对级别管辖作出规定或规定不明确时，可以推定县级行政机关拥有管辖权。

3. 地域管辖。地域管辖是指根据行政机关的管理区域确定其行政处罚管辖范围。职能管辖解决的是由哪一类行政机关管辖的问题，级别管辖解决的是由哪一级行政机关管辖的问题，而地域管辖解决的是在两个以上的同级行政机关之间特别是县级行政机关之间由谁管辖的问题。由于各级行政机关均是在明确的行政区域的基础上设置的，每个行政机关均有其确定的管理区域，所以，《行政处罚法》明确规定行政处罚由违法行为发生地的行政机关管辖，如生产、经营伪劣产品的，由生产地或经营地行政机关予以处罚。

4. 指定管辖。指定管辖是指两个以上的行政机关之间发生管辖纠纷，或有权管辖的行政机关因特殊原因不能行使管辖权时，由产生纠纷的行政机关的共同的上一级行政机关确定由谁管辖。

5. 转移管辖。转移管辖是指经上级行政机关决定或同意，将下级行政机关的管辖权转交给上级行政机关或将上级行政机关的管辖权转交给下级行政机关。

（二）行政处罚的适用

行政处罚的适用，是指行政处罚的实施主体在对违法案件进行调查核实的基础上，依法决定是否对违法人给予行政处罚以及如何科处行政处罚的活动。

1. 行政处罚的法定条件。行政处罚是在特定的行政管理情形下实施的，因而需要符合如下法定条件：

（1）行为人实施了行政违法行为。这包括两个要素：①违法行为是客观存在的，即行为人已经实施或正在实施违法行为，不能将行为人的主观臆想或者设想当作违法行为。②行为人所实施的行为违反了法律、法规或者规章的规定。对违反法律、法规和规章以下的其他规范性文件规定的行为，不应属于违法行为，因而不受行政处罚。这里还要强调指出的是，《行政处罚法》第24条明确规定："对当事人的同一个违法行为，不得给予两次以上罚款的行政处罚。"

（2）违法行为侵犯了行政管理秩序。违法行为侵犯了国家依法保护的行政管理方面的社会关系和法律秩序。这是行政处罚区别于侵犯其他管理秩序而被追究其他法律责任（如民事责任或者刑事责任）的主要特点。

（3）行为人具有责任能力。这包含两个方面：①被处罚人是行政相对人，包括公民、法人和其他组织。②被处罚人是具有责任能力的行为人。换言之，即使构成其他应受处罚的条件，相对人未达到法定的责任年龄或不具有法定的辨别能力，也不应给予行政处罚。如不满14周岁的人违法的，应责令监护人加以管教，但不予行政处罚；又如精神病人在不能辨认或者控制自己行为时有违法行为的，也不予行政处罚。

2. 决定行政处罚的情节。情节本身虽然不是行政处罚的法定条件，但对行政处罚的适用产生重要影响。如《行政处罚法》第27条规定："当事人有下列情形之一的，应当依法从轻或者减轻行政处罚：①主动消除或者减轻违法行为危害后果的；②受他人胁迫有违法行为的；③配合行政机关查处违法行为有立功表现的；④其他依法从轻或者减轻行政处罚的。违法行为轻微并及时纠正，没有造成危害后果的，不予行政处罚。"

3. 行政处罚的时效。行政处罚的时效，是指对违反行政管理秩序的行为人追究行政责任，予以行政处罚的有效期限。《行政处罚法》对行政处罚的时效作出了明确规定："违法行为在2年内未被发现的，不再给予行政处罚。法律另有规定的除外。"时效的计算，是从违法行为发生之日起计算；如果违法行为有连续或者继续状态的，则从行为终了之日起计算。连续状态，是指行为人连续实施数个同一种类的违法行为，如连续多次销售伪劣商品。继续状态，是指一个违法行为在时间上的延续。

五、行政处罚的程序

行政处罚的程序可分为行政处罚的决定程序和执行程序两部分。在决定程序中又分为简易程序、一般程序和听证程序。

（一）行政处罚的决定程序

在整个行政处罚的决定程序中应当坚持：①必须查明违法事实，才能给予处罚，违法事实不清的不能处罚；②在作出处罚决定前，必须告知当事人作出处罚决定的事实、理由和依据，以及当事人依法享有的权利；③当事人有权陈述和申辩，行政机关必须充分听取，不得因当事人的申辩而加重处罚。

1. 简易程序。简易程序，是指行政处罚实施主体对事实清楚、情节简单、后果轻微的行政违法行为当场进行处罚的程序。设置简易程序的益处在于：①有利于提高行政效率，及时处理应急事件；②有利于节约执法成本，并且也为当事人所接受。

2. 一般程序。一般程序，是相对于简易程序而言的。一般程序是行政处罚程序中的基本程序，它具有内容完整、要求严格、适用广泛的特点，主要包括立案调查阶段和审查决定阶段。

（1）立案调查阶段。立案调查是行政处罚案件处理的初始阶段和调查核实过程。立案，是指行政机关对于公民、法人或者其他组织的检举、控告或者本机关在执法检查中发现的违法情况或者具有较大违法嫌疑的行为，认为有进一步深入调查的必要，因而决定专项查处的活动。

调查实质上是行政机关取得证据的过程。《行政处罚法》规定行政机关有一般调查取证的权力，但如行使影响当事人基本权利的检查权时，就必须有法律法规的明确授权。调查案情的方式因事而异，主要有：询问当事人、证人；提取物证、检查；勘验、鉴定。《行政处罚法》赋予行政机关在调查取证时享有两项重要的权力：①抽样取证；②登记保存，即在证据可能灭失或者以后难以取得的情况下，经行政机关负责人批准，可以先行登记保存，但应在 7 日内及时作出处理决定；在此期间，当事人或者有关人员不得销毁或者转移证据。在调查取证过程中，为保证公正执法，《行政处罚法》引进了回避制度，与当事人有直接利害关系的执法人员应主动回避，当事人也有权申请其回避；同时，行政机关在调查或检查时的执法人员不得少于 2 人。

（2）审查决定阶段。案件调查终结后，执法人员应就所调查的事实和取得的证据材料进行分析判断，作出书面报告或者填写《案件处理意见呈报表》，具体提出案件的处理建议，然后报主管领导审批。在正式作出行政处罚决定之前，行政机关必须依法履行两项义务：①事先告知，即行政机关必须事先将准备作出的行政处罚决定的事实、理由及依据告知当事人，并告知当事人依法享有的权利；②听取意见，即行政机关必须充分听取当事人的意见，对当事人提出的事实、理由和证据应当认真进行复核。

在行政机关执法人员对案件调查终结并且履行了事先告知和听取意见的义务后，行政机关负责人应当对调查结果进行审查，根据不同情况，分别作出如下决定：①确有应受行政处罚的违法行为的，根据情节轻重及具体情况，作出行政处罚决定；②违法行为轻微，依法可以不予行政处罚的，不予行政处罚；③违法事实不能成立的，不得给予行政处罚；④违法行为已构成犯罪的，移送司法机关处理。对情节复杂或者重大违法的行为给予较重的行政处罚的，行政机关的负责人应当集体讨论决定。行政处罚应当制作行政处罚决定书。

　　行政机关应当在宣告行政处罚决定书后将其当场交付当事人；当事人不在场的，行政机关应当在 7 日内依照《民事诉讼法》的有关规定，将行政处罚决定书送达当事人。

　　3. 听证程序。行政处罚中的听证程序，是指在行政机关作出行政处罚决定之前，由行政机关指派专人主持、听取案件调查人员和当事人就案件事实、处罚理由及适用依据进行的陈述、质证和辩论的法定程序。听证程序具有四个特征：①阶段性。听证只是处罚过程中的一个阶段，而不是处罚的全部过程，尽管听证主持人有权提出案件的处理建议，但不能代替行政处罚决定，这与行政处罚的简易程序和一般程序相区别。②局部性。听证并不适用于全部行政处罚，而仅限于对当事人的权益产生较大影响的责令停产停业、吊销许可证或执照、较大数额的罚款等行政处罚。③选择性。行政处罚听证程序的主动权掌握在当事人手中，即使属于听证的适用范围，如果当事人不提出听证要求，听证程序就不能启动。④准司法性。听证程序既有司法的特点，也有非司法的内容。从司法角度看，听证主持人的地位比较超脱，相当于第三方来听取争议双方当事人的陈述和争辩，并由听证主持人对案件的事实和处理提出自己的独立见解；而且听证的程序比较正规，法律对听证的适用范围、管辖权属、主体资格以及方法步骤等都有严格的规定。从非司法角度看，听证是事前监督，即在作出行政处罚决定之前实施听证，这样做既可监督与防止行政行为对当事人合法权益的侵犯，也有利于保证行政处罚的合法与公正。这与行政诉讼的事后监督相区别，而且听证的程序总体上比司法程序简便。

　　被处罚人在听证程序中主要享有以下权利：①要求或者放弃听证；②认为听证主持人与案件有利害关系而申请其回避；③可以委托 1～2 人作为代理人参加听证；④进行陈述、申辩和质证；⑤对听证笔录进行审核。被处罚人在听证程序中也应履行相应的义务，如应当按时到指定地点出席听证、遵守听证纪律、如实回答听证主持人的询问等。

　　（二）行政处罚的执行程序

　　执行程序是行政处罚程序中极为重要的组成部分。为此，《行政处罚法》对执行程序作了如下规定：

　　1. 建立裁执分离和收支两条线制度，即作出处罚决定的行政机关与收缴罚款的机构分离，不仅收缴的罚款必须全部上缴国家财政，而且财政部门也不得以任何形式或理由将罚款再返还罚款单位。

　　2. 在某些特殊情况下执法人员可以当场收缴罚款：①依法给予 20 元以下的罚款的；②不当场收缴事后难以执行的；③在边远、水上、交通不便地区，行政机关及其执法人员作出罚款决定后，当事人向指定的银行缴纳罚款确有困难，经当事人提出的。行政机关及其执法人员当场收缴罚款的，必须向当事人出具省、自治区、直辖市财政部门统一制发的罚款收据；不出具财政部门统一制发的罚款收据的，当事人有权拒绝缴纳罚款。执法人员当场收缴的罚款，应当自收缴罚款之日起 2 日内交至行政机关；在水上当场收缴的罚款，应当自抵岸之日起 2 日内交至行政机关；行政机关应当在 2 日内将罚款缴付指定的银行。

3. 对当事人逾期不履行行政处罚决定的，《行政处罚法》规定了以下措施：①到期不缴纳罚款的，每日按罚款数额的 3% 加处罚款；②根据法律规定，可将查封、扣押的财物拍卖或者将冻结的存款划拨抵缴罚款；在没有法律授予的强制执行权的情况下，行政机关可以申请人民法院强制执行行政处罚决定。

■ 第五节　行政强制

一、行政强制概述

（一）行政强制的概念

广义的行政强制指行政主体和人民法院为实现具体行政行为的内容，或为维护公共利益和公共秩序，预防和制止违法行为和危害事件发生，而实施的强行限制公民、法人或其他组织权利的行为。

而在狭义上，行政强制仅指行政主体为实现具体行政行为的内容，或为维护公共利益和公共秩序，预防和制止违法行为和危害事件发生，而实施的强行限制相对人权利的行政行为，包括行政强制执行和行政强制措施。

2011 年 6 月 30 日第十一届全国人民代表大会常务委员会第二十一次会议通过的《行政强制法》第 2 条明确规定："本法所称行政强制，包括行政强制措施和行政强制执行。行政强制措施，是指行政机关在行政管理过程中，为制止违法行为、防止证据损毁、避免危害发生、控制危险扩大等情形，依法对公民的人身自由实施暂时性限制，或者对公民、法人或者其他组织的财物实施暂时性控制的行为。行政强制执行，是指行政机关或者行政机关申请人民法院，对不履行行政决定的公民、法人或者其他组织，依法强制履行义务的行为。"但发生或者即将发生自然灾害、事故灾难、公共卫生事件或者社会安全事件等突发事件，行政机关采取应急措施或者临时措施，依照有关法律、行政法规的规定执行。行政机关采取金融业审慎监管措施、进出境货物强制性技术监控措施，依照有关法律、行政法规的规定执行。

行政强制的设定和实施，应当依照法定的权限、范围、条件和程序。行政强制的设定和实施，应当适当，采用非强制手段可以达到行政管理目的的，不得设定和实施行政强制。法律还规定，实施行政强制应当坚持教育与强制相结合，行政机关及其工作人员不得利用行政强制权为单位或者个人谋取利益。

（二）行政强制的特征

1. 行政强制是有关的强制性行为的概称。这种强制性体现为行政主体运用国家权力强行实现有关主体所追求的状态，往往不顾及相对人是否同意和接受。

2. 行政强制的主体是行政主体。人民法院强制执行行政行为，不包括在本书所称的行政强制中。

3. 行政强制是组合性概念，包括行政强制执行和行政强制措施。

4. 行政强制属侵益性行为，是基于公权力的运作和公共利益的追求，对特定相对人权利进行约束和限制的行为。

（三）行政强制行为的种类

理论上和立法上均依据不同的标准，对行政强制作了不同的种类划分。如果以是否有确定义务的具体行政行为的先行存在为标准，可以将行政强制分为行政强制执行和行政强制措施。行政强制执行，是指行政主体在必要时对不履行具体行政行为所确定义务的相对人，采取强制方式强制其履行义务或直接实现与履行有同一状态的具体行政行为。行政强制措施不以具体行政行为的先行存在为条件，而是针对违法行为或危害事件而采取的，以预防、制止和消除违法行为和危害事件为目的的限权性措施。当然，对行政强制执行和行政强制措施可以再进行分类，具体内容可参见《行政强制法》第9、12条的规定。

（四）行政强制的原则

1. 行政强制法定原则。根据《行政强制法》第4条"行政强制的设定和实施，应当依照法定的权限、范围、条件和程序"的规定，行政强制应当遵循法定原则，行政强制法定原则是依法行政原则在行政强制领域内的表现。

2. 行政强制适当原则。根据《行政强制法》第5条"行政强制的设定和实施，应当适当。采用非强制手段可以达到行政管理目的的，不得设定和实施行政强制"的规定，行政强制必须遵循适当原则。这是比例原则在行政强制领域内的体现。

3. 说服教育和强制相结合的原则。根据《行政强制法》第6条"实施行政强制，应当坚持教育与强制相结合"的规定，行政强制应遵循教育与强制相结合的原则。行政强制的目的不是为了强制而强制，而是通过强制手段督促行政相对人履行相应的义务，如果能够借由教育的方式达到履行的目的，就不应动用强制措施，因而应当将教育贯彻在行政强制的事前、事中、事后的整个过程中。

4. 行政强制不得滥用原则。根据《行政强制法》第7条"行政机关及其工作人员不得利用行政强制权为单位或者个人谋取利益"的规定，行政强制不得滥用。

（五）行政强制的设定

1. 行政强制措施的设定。基于行政强制措施的侵益性，《行政强制法》规定行政强制措施一般由法律设定。但有两种例外情况：

（1）尚未制定法律，且属于国务院行政管理职权事项，行政法规可以设定除限制公民人身自由，冻结存款、汇款以及应当由法律规定的行政强制措施以外的其他行政强制措施。[1]

（2）尚未制定法律、行政法规，且属于地方性事务的，地方性法规可以设定查封场所、设施或者财务以及扣押财物的行政强制措施。[2]

同时，为了防止立法的部门化和地方化，《行政强制法》第11条对这两种例外情形作了严格的限制，法律对行政强制措施的对象、条件、种类作了规定的，行政法规、地方性法规不得作出扩大规定，要严格按照法律的规定设定行政强制措施。法律中未设定行政强制措施的，行政法规、地方性法规不得设定行政强制措施。

2. 行政强制执行的设定。我国《行政强制法》在行政强制的设定上采取的绝对的法律保留原则，第13条规定："行政强制执行由法律设定。法律没有规定行政机关强制执行的，作出行政决定的行政机关应当申请人民法院强制执行。"因而，行政强制执行均只能由法律设定，行政法规、地方性法规、规章均不得设定行政强制执行。

二、行政强制执行

（一）行政强制执行的概念和特征

行政强制执行指行政相对人不履行行政处理决定中设定的义务，有关国家机关依法强制其履行义务或采取一定措施达到与履行义务相同的状态。

行政强制执行的特征有：①行政强制执行是由行政机关或人民法院实施的强制执行行为，以行政主体和法院为执行主体；②行政强制执行是对具体行政行为的执行，是以已生效的具体行政行为确定的义务为执行内容；③行政强制执行是对相对人所实施的强制执行，目的在于迫使相对人履行义务或用代执行等方式达到与履行义务相同之状态，最终确保行政法律秩序的实现；④行政强制执行以相对人逾期不履行已经生效的具体行政行为所确定的义务为前提，是

[1]　参见《行政强制法》第10条。
[2]　参见《行政强制法》第10条。

执行发动条件。另外，行政强制执行还有程序性、相对独立性、对行政行为的普遍适用性等特征。

（二）行政强制执行的性质

行政强制执行究竟是行政行为还是司法行为，抑或是行政司法混合的行为？如果是行政行为，如何解释法院依申请采取强制措施的行为？如果是司法行为，那么又如何解释行政机关自行执行的情形？如果是混合行为，是否意味着行政强制执行本身就是一种界限不清的行为，很难界定？事实上，行政强制执行是就行政机关或司法机关所要强制当事人履行的义务而言的，也就是说，无论是行政机关还是司法机关，它所执行的前提或基础是行政义务，即行政法律规范或行政机关设定的义务。而使用的手段即强制措施，则可能是行政的或司法的。所以，从执行主体或形式上看，有些行政强制执行是一种行政行为，另外一些则为司法行为。但从行政强制执行的内容即行政义务角度看，行政强制执行是一种行政行为。由于性质不同，救济途径也有所不同。如果是针对行政强制执行的内容寻求救济，只能通过行政诉讼和行政复议途径；如果是针对行政强制执行措施寻求救济，则可能要分别通过行政诉讼和司法申诉赔偿进行。

（三）行政强制执行的方式

《行政强制法》第12条明确规定了行政强制执行的方式：①加处罚款或者滞纳金；②划拨存款、汇款；③拍卖或者依法处理查封、扣押的场所、设施或者财物；④排除妨碍、恢复原状；⑤代履行；⑥其他强制执行方式。

在行政法理论上，以执法人是否可以请人代替法定义务人履行其义务为标准，将行政强制执行的种类分为间接强制和直接强制。

1. 间接强制，即通过间接办法强制法定义务人履行义务。又可分为代执行和执行罚。

（1）代执行，又称代履行。义务人不履行法定义务，而该义务又可由他人代为履行时，有执行权的机关可请人代替法定义务人履行义务，再由法定义务人负担费用，称为代执行。例如，拆除违章建筑，人民法院可请人代为拆除，再由不履行拆除义务的法定义务人负担费用。代执行是一种比较缓和的执行方式，因而有很大的实用价值，但仅限于可以代执行的作为义务，因而在范围上又受到一定限制。代执行是由执行机关自行代执行还是请第三者代执行，理论上有争论，实践中做法也不一样。日本规定由行政机关自为；奥地利规定由行政机关自为，也可请第三者代为；德国则规定只能由第三者代为。我国学界认为，对代执行的主体似不宜作统一规定，可由单行法根据不同行政领域的特点单独规定。代执行的费用是事先征收还是事后征收，各国的规定不一：事先征收，会给义务人造成心理压力，促其履行义务，这就起了类似于执行罚的作用；

事后征收，便于结算，避免因事先预收而多退少补。我国对此无统一规定。代执行的程序一般为告诫、代执行和收取费用三个阶段。

（2）执行罚。义务人不履行法定义务，而该义务又不能由他人代为履行，有执行权的机关可通过使不履行义务的法定义务人承担新的持续不断的给付义务，促使其履行义务，称为执行罚。例如，对到期不纳税款者，每天处以税款的2‰的滞纳金的执行罚，以促其缴纳税款。执行罚除使义务人负担新的金钱给付义务外，是否还可以科以其他义务？各国似未见有此类规定。故有些国家和地区，将执行罚称为"怠金""强制金"等，执行罚的程序，大致与代执行一样，必须事先告诫，并附有期限，在义务人履行义务后，执行罚应立即停止。执行罚不是行政处罚。执行罚具有罚的外形与功能，两者都是使违法人承担新的义务；在执行罚不能迫使义务人履行义务时，最终仍需与行政处罚一样，采取直接强制执行手段。但它与行政处罚显然不同：①性质不同。行政处罚和执行罚虽然都是针对不履行法定义务的当事人，但行政处罚本质上属于制裁性法律责任，仅限于设定新的义务；执行罚属于强制性法律责任，是以设定新的义务的办法来促使当事人履行法定义务。②目的不同。行政处罚的目的在于制裁，通过制裁，使当事人以后不再违法，着眼点在于过去的违法行为；执行罚的目的在于促使义务人履行义务或实现与履行义务相同的状态，其着眼点在于将来义务内容的实现。③原则不同。制裁性法律责任一般都以"一事不再罚"为原则，一次违法行为惩罚一次；强制性法律责任的最终目的在于义务的履行，因而执行罚可以多次适用，直至义务人履行义务为止。

2. 直接强制。在适用间接强制没有达到目的，或无法采用代执行、执行罚等间接强制手段，或因情况紧急，来不及运用间接强制的办法，有执行权的机关也可依法对法定义务人实施直接强制，迫使其履行义务或实现与履行义务相同的状态。

直接强制是迫使法定义务人履行义务或实现与履行义务相同的状态之最有效的方法，也是行政行为中最严厉的手段。它既有利于直接、有效地实现行政目的，又易于造成对公民合法权益的损害或冲击，因此，采取直接强制执行必须十分慎重，对实施直接强制的条件作必要的、严格的规定：①行政机关实施直接强制执行的权力必须由法律明确授权。凡是法律没有明确授权的，就必须申请人民法院强制执行。②采取直接强制执行手段，必须是在穷尽其他间接强制执行手段之后。③必须对直接强制执行的条件和程序作严格、明确的规定。我国单行法中规定了许多直接强制执行的措施，但大都没有关于条件和程序的规定，这一状况亟待改进。④直接强制执行中必须严格贯彻适度原则（国外又称比例原则），以实现义务人应承担的义务为限，不能扩大，不能给义务人的人身和财产造成超过其应承担义务的范围的损害。直接强制执行大致可按其内容分为对人身的强制、对行为的强制和对财物的强制。

（四）行政强制执行的程序

1. 一般规定。我国《行政强制法》对行政强制执行程序作出了明确的规定。一般来说，行政机关依法作出行政决定后，当事人在行政机关决定的期限内不履行义务的，具有行政强制执行权的行政机关依法强制执行。

行政机关作出强制执行决定前，应当事先催告当事人履行义务。催告应当以书面形式作出，并载明下列事项：①履行义务的期限；②履行义务的方式；③涉及金钱给付的，应当有明确的金额和给付方式；④当事人依法享有的陈述权和申辩权。当事人收到催告书后有权进行陈述和申辩。行政机关应当充分听取当事人的意见，对当事人提出的事实、理由和证据，应当进行记录、复核。当事人提出的事实、理由或者证据成立的，行政机关应当采纳。经催告，当事人逾期仍不履行行政决定，且无正当理由的，行政机关可以作出强制执行决定。

强制执行决定应当以书面形式作出，并载明下列事项：①当事人的姓名或者名称、地址；②强制执行的理由和依据；③强制执行的方式和时间；④申请行政复议或者提起行政诉讼的途径和期限；⑤行政机关的名称、印章和日期。在催告期间，对有证据证明有转移或者隐匿财物迹象的，行政机关可以作出立即强制执行决定。催告书、行政强制执行决定书应当直接送达当事人。当事人拒绝接收或者无法直接送达当事人的，应当依照《民事诉讼法》的有关规定送达。

有下列情形之一的，中止执行：①当事人履行行政决定确有困难或者暂无履行能力的；②第三人对执行标的主张权利，确有理由的；③执行可能造成难以弥补的损失，且中止执行不损害公共利益的；④行政机关认为需要中止执行的其他情形。中止执行的情形消失后，行政机关应当恢复执行。对没有明显社会危害、当事人确无能力履行、中止执行满3年未恢复执行的，行政机关不再执行。有下列情形之一的，终结执行：①公民死亡，无遗产可供执行，又无义务承受人的；②法人或者其他组织终止，无财产可供执行，又无义务承受人的；③执行标的灭失的；④据以执行的行政决定被撤销的；⑤行政机关认为需要终结执行的其他情形。

实施行政强制执行，行政机关可以在不损害公共利益和他人合法权益的情况下，与当事人达成执行协议。执行协议可以约定分阶段履行。当事人采取补救措施的，可以减免加处的罚款或者滞纳金。执行协议应当履行。当事人不履行执行协议的，行政机关应当恢复强制执行。

行政机关不得在夜间或者法定节假日实施行政强制执行。但是，情况紧急的除外。行政机关不得对居民生活采取停止供水、供电、供热、供燃气等方式迫使当事人履行相关行政决定。对违法的建筑物、构筑物、设施等需要强制拆除的，应当由行政机关予以公告，限期当事人自行拆除。当事人在法定期限内不申请行政复议或者提起行政诉讼，又不拆除的，行政机关可以依法强制拆除。

2. 金钱给付义务的执行程序。行政机关依法作出金钱给付义务的行政决定，当事人逾期不履行的，行政机关可以依法加处罚款或者滞纳金。加处罚款或者滞纳金的标准应当告知当事人。加处罚款或者滞纳金的数额不得超出金钱给付义务的数额。行政机关依照《行政强制法》第45条规定实施加处罚款或者滞纳金超过30日，经催告当事人仍不履行的，具有行政强制执行权的行政机关可以强制执行。

没有行政强制执行权的行政机关应当申请人民法院强制执行。但是，当事人在法定期限内不申请行政复议或者提起行政诉讼，经催告仍不履行的，在实施行政管理过程中已经采取查封、扣押措施的行政机关，可以将查封、扣押的财物依法拍卖抵缴罚款。划拨存款、汇款应当由法律规定的行政机关决定，并书面通知金融机构。金融机构接到行政机关依法作出划拨存款、汇款的决定后，应当立即划拨。法律规定以外的行政机关或者组织要求划拨当事人存款、汇款的，金融机构应当拒绝。依法拍卖财物，由行政机关委托拍卖机构依照《拍卖法》的规定办理。划拨的存款、汇款以及拍卖和依法处理所得的款项应当上缴国库或者划入财政专户。任何行政机关或者个人不得以任何形式截留、私分或者变相私分。

3. 代履行程序。行政机关依法作出要求当事人履行排除妨碍、恢复原状等义务的行政决定，当事人逾期不履行，经催告仍不履行，其后果已经或者将危害交通安全、造成环境污染或者破坏自然资源的，行政机关可以代履行，或者委托没有利害关系的第三人代履行。

代履行应当遵守下列规定：①代履行前送达决定书，代履行决定书应当载明当事人的姓名或者名称、地址，代履行的理由和依据、方式和时间、标的、费用预算以及代履行人；②代履行3日前，催告当事人履行，当事人履行的，停止代履行；③代履行时，作出决定的行政机关应当派员到场监督；④代履行完毕后，行政机关到场监督的工作人员、代履行人和当事人或者见证人应当在执行文书上签名或者盖章。代履行的费用按照成本合理确定，由当事人承担。但是，法律另有规定的除外。代履行不得采用暴力、胁迫以及其他非法方式。

需要立即清除道路、河道、航道或者公共场所的遗洒物、障碍物或者污染物，当事人不能清除的，行政机关可以决定立即实施代履行；当事人不在场的，行政机关应当在事后立即通知当事人，并依法作出处理。

4. 申请人民法院强制执行。由于我国强制执行是以申请人民法院强制执行为原则，以行政机关自行强制执行为例外，故执行主体在多数情况下是人民法院，在有法律特别规定的情况下，执行主体是行政机关，两者在执行程序方面并不完全相同。

当事人在法定期限内不申请行政复议或者提起行政诉讼，又不履行行政决定的，没有行政强制执行权的行政机关可以自期限届满之日起 3 个月内，依照本章规定申请人民法院强制执行。行政机关申请人民法院强制执行前，应当催告当事人履行义务。催告书送达 10 日后当事人仍未履行义务的，行政机关可以向所在地有管辖权的人民法院申请强制执行；执行对象是不动产的，向不动产所在地有管辖权的人民法院申请强制执行。

行政机关向人民法院申请强制执行，应当提供下列材料：①强制执行申请书；②行政决定书及作出决定的事实、理由和依据；③当事人的意见及行政机关催告情况；④申请强制执行标的情况；⑤法律、行政法规规定的其他材料。强制执行申请书应当由行政机关负责人签名，加盖行政机关的印章，并注明日期。

人民法院接到行政机关强制执行的申请，应当在 5 日内受理。行政机关对人民法院不予受理的裁定有异议的，可以在 15 日内向上一级人民法院申请复议，上一级人民法院应当自收到复议申请之日起 15 日内作出是否受理的裁定。人民法院对行政机关强制执行的申请进行书面审查，对符合《行政强制法》第 55 条规定，且行政决定具备法定执行效力的，除《行政强制法》第 58 条规定的情形外，人民法院应当自受理之日起 7 日内作出执行裁定。

人民法院发现有下列情形之一的，在作出裁定前可以听取被执行人和行政机关的意见：①明显缺乏事实根据的；②明显缺乏法律、法规依据的；③其他明显违法并损害被执行人合法权益的。人民法院应当自受理之日起 30 日内作出是否执行的裁定。裁定不予执行的，应当说明理由，并在 5 日内将不予执行的裁定送达行政机关。行政机关对人民法院不予执行的裁定有异议的，可以自收到裁定之日起 15 日内向上一级人民法院申请复议，上一级人民法院应当自收到复议申请之日起 30 日内作出是否执行的裁定。因情况紧急，为保障公共安全，行政机关可以申请人民法院立即执行。经人民法院院长批准，人民法院应当自作出执行裁定之日起 5 日内执行。

行政机关申请人民法院强制执行，不缴纳申请费。强制执行的费用由被执行人承担。人民法院以划拨、拍卖方式强制执行的，可以在划拨、拍卖后将强制执行的费用扣除。依法拍卖财物，由人民法院委托拍卖机构依照《拍卖法》

的规定办理。划拨的存款、汇款以及拍卖和依法处理所得的款项应当上缴国库或者划入财政专户，不得以任何形式截留、私分或者变相私分。

三、行政强制措施

（一）行政强制措施的概念

行政强制措施是行政机关为了预防、制止或控制危害社会行为的发生，依法采取的对有关对象的人身、财产和行为自由加以暂时性限制，使其保持一定状态的手段。行政强制措施的特点是：①采取行政强制措施的目的在于预防、制止或控制危害社会的行为发生。一般说来，采取行政强制措施的原因，有时是为了预防危害社会行为发生，有时是为了制止危害社会行为的继续，或者两者兼而有之。因此，行政强制措施带有明显的预防性、制止性。②行政强制措施的内容大致包括人身和财物两大类。③行政强制措施与行政处理决定紧密相连，常常是行政机关作出行政处理决定的前奏和准备；行政机关作出行政处理决定，首先要进行调查研究，为此就需要采取行政强制措施，使被调查的人与财产保持于一定状态，调查才得以顺利进行。行政强制措施与行政强制执行也紧密相连，常常是执行机关作出行政强制执行的准备和前奏。执行机关在作出财产方面的行政强制执行前，必须防止被执行人逃匿财产，这就需要对被执行的财产采取保全措施，行政强制措施不仅具有预防性和制止性，而且还具有临时性。④行政机关是否有权采取行政强制措施，必须有法律的授权，并严格依照法律的规定办事。

（二）行政强制措施的种类

《行政强制法》第9条明确规定了行政强制措施的种类包括：①限制公民人身自由；②查封场所、设施或者财物；③扣押财物；④冻结存款、汇款；⑤其他行政强制措施。

在学理上，依措施的标的，也可分为两大类：①对人身的强制措施，如扣留。《海关法》第6条第4项规定："……对有走私嫌疑的运输工具、货物物品和走私犯罪嫌疑人，经直属海关关长或者其授权的隶属海关关长批准，可以扣留；对走私犯罪嫌疑人，扣留时间不超过24小时，在特殊情况下可以延长至48小时。"②对财物的强制措施。如"登记保存"（《行政处罚法》第37条）；"扣留"（《海关法》第6条第3项规定："与违反本法或者其他有关法律、行政法规的进出境运输工具、货物、物品有牵连的，可以扣留。"）；"冻结"，或称"暂停支付"（如《税收征收管理法》第38条规定："经县以上税务局（分局）局长批准，税务机关可以……书面通知纳税人开户银行或者其他金融机构冻结纳税人的金额相当于应纳税款的存款。"）。

（三）行政强制措施的实施程序

1. 一般规定。行政机关履行行政管理职责，依照法律、法规的规定，实施行政强制措施。违法行为情节显著轻微或者没有明显社会危害的，可以不采取行政强制措施。行政强制措施由法律、法规规定的行政机关在法定职权范围内实施。行政强制措施实施权不得委托。依据《行政处罚法》的规定，行使相对集中行政处罚权的行政机关，可以实施法律、法规规定的与行政处罚权有关的行政强制措施。行政强制措施应当由行政机关中具备资格的行政执法人员实施，其他人员不得实施。

行政机关中实施行政强制措施应当遵守下列规定：①实施前须向行政机关负责人报告并经批准；②由 2 名以上行政执法人员实施；③出示执法身份证件；④通知当事人到场；⑤当场告知当事人采取行政强制措施的理由、依据以及当事人依法享有的权利、救济途径；⑥听取当事人的陈述和申辩；⑦制作现场笔录；⑧现场笔录由当事人和行政执法人员签名或者盖章，当事人拒绝的，在笔录中予以注明；⑨当事人不到场的，邀请见证人到场，由见证人和行政执法人员在现场笔录上签名或者盖章；⑩法律、法规规定的其他程序。

情况紧急下需要当场实施行政强制措施的，行政执法人员应当在 24 小时内向行政机关负责人报告，并补办批准手续。行政机关负责人认为不应当采取行政强制措施的，应当立即解除。

依照法律规定实施限制公民人身自由的行政强制措施，除应当履行《行政强制法》第 18 条规定的程序外，还应当遵守下列规定：①当场告知或者实施行政强制措施后立即通知当事人家属实施行政强制措施的行政机关、地点和期限；②在紧急情况下当场实施行政强制措施的，在返回行政机关后，立即向行政机关负责人报告并补办批准手续；③法律规定的其他程序。实施限制人身自由的行政强制措施不得超过法定期限。实施行政强制措施的目的已经达到或者条件已经消失，应当立即解除。违法行为涉嫌犯罪应当移送司法机关的，行政机关应当将查封、扣押、冻结的财物一并移送，并书面告知当事人。

2. 查封、扣押应遵守的程序。查封、扣押应当由法律、法规规定的行政机关实施，其他任何行政机关或者组织不得实施。查封、扣押限于涉案的场所、设施或者财物，不得查封、扣押与违法行为无关的场所、设施或者财物；不得查封、扣押公民个人及其所扶养家属的生活必需品。当事人的场所、设施或者财物已被其他国家机关依法查封的，不得重复查封。

行政机关决定实施查封、扣押的，应当履行《行政强制法》第 18 条规定的程序，制作并当场交付查封、扣押决定书和清单。查封、扣押决定书应当载明下列事项：①当事人的姓名或者名称、地址；②查封、扣押的理由、依据和期限；③查封、扣押场所、设施或者财物的名称、数量等；④申请行政复议或者提起行政诉讼的途径和期限；⑤行政机关的名称、印章和日期。查封、扣押清单一式二份，由当事人和行政机关分别保存。

查封、扣押的期限不得超过30日；情况复杂的，经行政机关负责人批准，可以延长，但是延长期限不得超过30日。法律、行政法规另有规定的除外。延长查封、扣押的决定应当及时书面告知当事人，并说明理由。因查封、扣押发生的保管费用由行政机关承担。

对物品需要进行检测、检验、检疫或者技术鉴定的，查封、扣押的期间不包括检测、检验、检疫或者技术鉴定的期间。检测、检验、检疫或者技术鉴定的期间应当明确，并书面告知当事人。检测、检验、检疫或者技术鉴定的费用由行政机关承担。

对查封、扣押的场所、设施或者财物，行政机关应当妥善保管，不得使用或者损毁；造成损失的，应当承担赔偿责任。对查封的场所、设施或者财物，行政机关可以委托第三人保管，第三人不得损毁或者擅自转移、处置。因第三人的原因造成的损失，行政机关先行赔付后，有权向第三人追偿。

有下列情形之一的，行政机关应当及时作出解除查封、扣押决定：①当事人没有违法行为；②查封、扣押的场所、设施或者财物与违法行为无关；③行政机关对违法行为已经作出处理决定，不再需要查封、扣押；④查封、扣押期限已经届满；⑤其他不再需要采取查封、扣押措施的情形。解除查封、扣押应当立即退还财物；已将鲜活物品或者其他不易保管的财物拍卖或者变卖的，退还拍卖或者变卖所得款项。变卖价格明显低于市场价格，给当事人造成损失的，应当给予补偿。

3. 冻结应遵守的程序。冻结存款、汇款应当由法律规定的行政机关实施，不得委托给其他行政机关或者组织；其他任何行政机关或者组织不得冻结存款、汇款。冻结存款、汇款的数额应当与违法行为涉及的金额相当；已被其他国家机关依法冻结的，不得重复冻结。行政机关依照法律规定决定实施冻结存款、汇款的，应当履行《行政强制法》第18条第1、2、3、7项规定的程序，并向金融机构交付冻结通知书。金融机构接到行政机关依法作出的冻结通知书后，应当立即予以冻结，不得拖延，不得在冻结前向当事人泄露信息。法律规定以外的行政机关或者组织要求冻结当事人存款、汇款的，金融机构应当拒绝。

依照法律规定冻结存款、汇款的，作出决定的行政机关应当在3日内向当事人交付冻结决定书。冻结决定书应当载明下列事项：①当事人的姓名或者名称、地址；②冻结的理由、依据和期限；③冻结的账号和数额；④申请行政复议或者提起行政诉讼的途径和期限；⑤行政机关的名称、印章和日期。

自冻结存款、汇款之日起30日内，行政机关应当作出处理决定或者作出解除冻结决定；情况复杂的，经行政机关负责人批准，可以延长，但是延长期限不得超过30日。法律另有规定的除外。延长冻结的决定应当及时书面告知当事人，并说明理由。

有下列情形之一的，行政机关应当及时作出解除冻结决定：①当事人没有违法行为；②冻结的存款、汇款与违法行为无关；③行政机关对违法行为已经作出处理决定，不再需要冻结；④冻结期限已经届满；⑤其他不再需要采取冻结措施的情形。行政机关作出解除冻结决定的，应当及时通知金融机构和当事人。金融机构接到通知后，应当立即解除冻结。行政机关逾期未作出处理决定或者解除冻结决定的，金融机构应当自冻结期满之日起解除冻结。

4. 行政强制措施的补救。行政强制措施具有可诉性，这与行政强制执行不同。行政强制执行是在行政机关作出行政处理决定后，当事人既不履行又不起诉的情况下才可能采取。行政强制执行所执行的是行政处理决定，既然当事人对行政处理决定没有起诉，就不可能再对执行该决定起诉。除非执行机关在执行过程中有错误，才可能提起新的诉讼。行政强制措施不同。大部分行政强制措施都是在行政处理决定前采取的，作为独立的具体行政行为，当事人不服，可以提起行政诉讼。

【思考题】

案例一：这个案例究竟是不是行政处罚中的"一案两处"？

案情：当事人田××，男，38岁，个体粮油经营户。

当事人于1999年8月27日从河南华光制粉有限公司购进"云燕"牌高筋面粉60吨，9月5日，在运往兴义途经顶效火车站时，顶效开发区工商局以"无合法手续贩运粮食"为由将当事人的面粉12.4吨暂扣。9月6日，兴义市工商局又对当事人已运往兴义库存的32.55吨面粉，以其行为违反国务院第244号令及市府〔1999〕52号文件规定为由，实施暂扣。

后经兴义和顶效工商局查明，当事人田××持有粮食部门颁发的"粮食经营许可证"和"工商营业执照"，从河南华光制粉有限公司购进的该批面粉有全国统一的随货同行单据和发票。但是当事人田××购进面粉的发票上使用的名称为"兴义市粮贸公司田××"，经查明兴义市粮贸公司无田××此人，兴义市粮贸公司也未委托田××办理面粉购进业务。田××是未经他人允许擅自使用他人已登记注册的企业名称进行面粉交易活动。于是兴义市工商局和顶效开发区工商局分别于1999年12月20日和1999年12月29日依据《企业名称登记管理规定》第29条规定给予当事人2万元和1.5万元罚款。当事人田××不服顶效开发区工商局所作出的处罚决定，认为兴义市工商局已给予了2万元罚款，顶效工商局再给予1.5万元罚款，违背了《行政处罚法》规定的"一案不两处"的原则，于2000年1月5日向黔西南州

第十章

工商局申请复议。

是不是"一案两处":

在复议过程中，针对当事人在复议申请中提出的一案两处的问题，产生了两种不同意见，问题争论的焦点是当事人的违法行为究竟是不是同一违法行为。

第一种意见认为不是同一违法行为。理由是：①兴义市对当事人田××的处罚是根据当事人擅自冒用"兴义市粮贸公司"名称购进面粉 32.55 吨在兴义的违法事实进行的处罚，而顶效工商局的处罚是根据当事人冒用"兴义市粮贸公司"的名义购进面粉 12.4 吨在顶效的违法事实进行的处罚，当事人的违法行为是在不同地点，不同时间的两个违法行为。②作出处罚的行政机关不同。兴义市工商局和顶效工商局是各自具有独立行使行政处罚权的两个行政执法主体，不是同一机关给予同一当事人的两次处罚。

第二种意见认为是同一违法行为。理由是：①通常所说的一案两处，即是同一违法行为给予两次以上的处罚。本案中，两个工商局所查扣的面粉从表面形式上看是不同地点和不同时间不同机关查扣的，但从当事人的违法行为的实质来看，它都是以"兴义市粮贸公司田××"的名义购进的同一批运抵兴义火车站的货物，只不过是在货物从兴义火车站运往兴义的过程中，一部分已运达兴义，另一部分还在途中，事实上是同一违法行为的物体运动形式。②两个工商局处罚认定的主要依据都是当事人提供的同一张购货单位为"兴义市粮贸公司田××"的河南省粮食销售统一发票随货同行联，这就说明两个工商局认定的当事人违法行为的证据是同一个。因此，应是同一违法行为。③兴义市工商局与顶效工商局虽然不是同一机关，但是同是行使工商行政管理这一职权，两个工商局都以同一个违法主体的同一违法事实及同一证据各自给予当事人处罚，实质上就是给予两次以上的处罚。

提示：现实工作中，类似案例大量发生，我们在把握是一个违法行为还是两个违法行为时，一般可从以下几个方面分析：①违法行为实施过程中，违法行为人主观上是一个故意，还是两个故意；②行为侵害的是一个客体还是两个客体，及社会主义法律所保护的社会关系；③违法结果造成了一个法律结果还是两个法律结果；④实施了一个违法行为，还是两个违法行为。只有综合四方面的违法行为构成要件，才能正确判断违法行为的性质。

案例二：分析被告行政机关的强制行为是否合法？

案情：2005 年 6 月 25 日，某部门向被告某市质量技术监督局（以下简称质监局）举报，原告姜某违法装运液化气。被告质监局即组织执法人员，对原告姜某的运送石油液化气罐车进行检查。经查，运送石油液化气的苏 MC1056 汽车罐车驾驶员丁某无汽车准驾证，押运员原告姜某无汽车罐车押运员证。被告质监局遂于同日作出质技监封字 2005 第 5806 号《质量技术监督登记（封存）决定书》，以原告姜某及享达燃气公司（原告姜某系享达燃气公司的业主）"购进液化石油气使用的罐车驾驶员、押运员均无质量监督部门核发的准驾证和押运证、涉嫌存在安全问题"为由，根据《技术监督行政案件办理程序的规定》（未引用条款），对装运液化气的罐车进行异地登记（封存），期限为 1 个月。该登记（封存）决定书同时规定，如不服决定，可在收到决定书之日起 60 日内申请复议，也可以于 3 个月内向人民法院提起行政诉讼。2005 年 7 月 30 日，被告将登记（封存）的液化气罐车放行。2005 年 9 月 28 日和 9 月 30 日，被告某市质监局以"无准驾证及押运员证驾驶液化气罐车"同一理由，分别暂扣原告姜某人民币 3000 元和 2000 元，并出具了编号为 0000028441 和 0000028449 的《暂扣款（物）专用收据》。2006 年 3 月 10 日，原告姜某以被告某市质监局登记（封存）液化气罐车系违法扣押原告合法财产的违法行为、扣押人民币 5000 元无法律依据等理由诉至法院，要求确认被告扣押 5000 元人民币的行为违法，同时要求返还被扣押的 5000 元。

请回答以下问题：

1. 原告的诉讼请求是否超过诉讼时效？
2. 被告的行政强制行为是否合法？是否侵犯原告的合法权益？

第十一章

非权力行政行为

■　第一节　行政合同行为

一、行政合同的概念与特征

（一）行政合同的概念

行政合同，在日本以及我国台湾地区也称为行政契约，一般认为是指行政主体依其行政职能、为实现特定的行政目标，而与其他行政主体或者行政相对人协商一致达成的协议。定义行政合同的不同措辞很多，其实质意义大同小异。[1]

从形式上看，行政合同的成立基于行政主体和其他行政主体或相对人之间达成合意，但这种合意不同于民事合同中的合意，而是在行政法领域形成的发生行政法效力的合意。行政合同的合意主要发生在行政主体与相对人之间，当然也可以在行政主体之间存在，广义行政合同概念中，在特殊情形下甚至可以发生在行政相对人之间。[2] 从实质上看，行政合同所追求的目的是实现公共行政目标，换言之，行政主体订立行政合同是为了建立、变更或者消灭某种行政法律关系。

行政合同与一般行政行为（主要是具体行政行为），都是实现行政职能的手段、方式，都是针对特定事件所为的具有对外效果的行为。与具体行政行为相比，行政合同的特点在于它是行政主体与合同相对人的双方合意行为，而具体

―――――――

〔1〕　这里主要参酌：方世荣、石佑启主编：《行政法与行政诉讼法》，北京大学出版社 2005 年版，第292 页；应松年主编：《行政法与行政诉讼法学》，法律出版社 2005 年版，第305 页；胡建淼主编：《行政法学》，复旦大学出版社 2003 年版，第161 页。

〔2〕　参见应松年主编：《行政法与行政诉讼法学》，法律出版社 2005 年版，第305 页。

行政行为则是由行政机关单方面作出的行为。由于这一差异，二者在合法要件、法律效果、违法后果、效力变化以及强制执行的可能性上有一定的区别。行政合同属于具有法律效果的法律行为，因此与事实行为不同。行政合同也不同于依申请的行政行为，依申请的行政行为仍然是单方行政行为，而行政合同是双方行政行为，合同对方当事人的同意是行政合同成立的必要条件。

（二）行政合同的特征

行政合同以契约的形式规范行政主体之间或行政主体与行政相对人之间的权利义务。其最显著的特征在行政合同与民事合同的不同中表现出来，概括起来有五个方面：

1. 除法律明确规定的特殊情形外，行政合同的当事人一方必定是行政主体。需要注意的是，行政机关为实现一定的民事目的而进行民事行为时所签订的合同仍属于民事合同。

2. 行政合同是一种实现公共行政目的的手段，其内容必须符合法律、法规的规定，双方都无完全的自由处分权。而民事主体签订民事合同的目的在于其自身的利益，从民事合同当事人的角度来讲，并不考虑公共的目的。

3. 民事法律关系主体在确立、变更、终止民事关系时，相互之间是平等的。订立行政合同的双方当事人地位不同，无论在合同成立之前，还是在合同成立之后，双方都不存在民事合同意义上的平等关系。

4. 虽然行政合同的成立与民事合同一样以双方意思表示一致为前提，但行政合同有一些不同于民事合同的特点。在合同订立时，民事合同当事人在选择合同相对方时总以合同能够实现自身经济利益最大化为原则；而某些行政合同，如政府采购合同、政府购买公共服务合同等，行政机关往往会以实现多元公共行政的目的选择特定的当事人或者限制某些当事人的合同订立资格。在行政合同的履行过程中，行政机关具有某些单方面的特权，如监督权、指挥权、合同变更权、解除权等；而民事合同的任何一方当事人均无此特权。在某些国家，合同双方可以将这些特权通过协商的方式签订于合同中。而在行政合同法律理论比较发达的国家（如法国），行政机关则无需合同规定而自然具有上述权力，相对人只要签订的是行政合同，即使在具体的合同中未规定行政特权条款，也应视为其已就上述内容与行政机关协商一致。当然，行政主体单方面解除合同的权利的行使是有条件的，所谓"有条件"，是指合同缔结后出现了妨碍合同目的实现的客观条件。此外，行政机关要单方面解除合同，必须要有职权和法律上的合理根据，并受公平、合理、合法原则的支配。行政机关非因相对人的过错而解除合同，导致相对人财产上受到损失的，应予以合理的补偿。

5. 行政合同纠纷通常通过行政法的救济途径解决。在我国，民事合同发生纠纷，由人民法院民事审判庭处理。在行政合同方面，依据《行政诉讼法》第12条第1款第11项及最高人民法院《关于适用〈中华人民共和国行政诉讼法〉若干问题的解释》（法释〔2015〕9号）第11条第1款的规定，行政机关为实现公共利益或者行政管理目标，在法定职责范围内，与公民、法人或者其他组织协商订立的具有行政法上权利义务内容的协议，均属于行政诉讼的受案范围。

二、行政合同的作用、范围与分类

（一）行政合同的作用

行政合同不像行政命令行为那样僵硬，是一种富有弹性和灵活性的管理形式，能够赋予相对方主动性和创造性。行政合同虽有双方当事人的自由协商，但又保留有行政主体必要的行政优先权，是在各国行政管理实践中应用广泛的一种现代管理方式。

行政合同的作用可以从两个方面来理解：

1. 从行政机关方面来说，订立行政合同既可以更好地履行行政职能，又可以因合同双方权利义务关系的明确性而避免相互扯皮、推诿，杜绝不负责任的官僚主义作风。

订立行政合同能使行政机关与行政相对人之间的权利义务关系相对确定和明晰。合同内容对于双方均是一种限制和制约。虽然行政机关在行政合同的签订和履行中享有行政优先权，但它也不能无视合同的规定而任意行为。即使由于种种原因需要改变或中止合同，它也要给相对人以相应的补偿。这样，既保证了国家行政目标的实现，也便于恰当合理地处理双方的责、权、利关系，以避免相互扯皮、相互推诿和不负责任的现象发生。

2. 从相对人方面来说，订立行政合同既可以使他们更好地发挥积极性和创造性，又可以使合同争议发生后控告有门，解决有据。

在行政管理领域内正确运用行政合同这一法律形式，既可以保证行政权的正确运用，也可以充分发挥行政相对方的积极性和创造性。尤其在刚性行政手段难以奏效的领域，行政合同在实现行政目标上有着其他行政行为方式无法比拟的优越之处。同时，订立行政合同可以使当事人双方的地位明确，各自的权利义务得以明晰，如果在履行合同中发生争议，行政主体可以凭此处置相对人，相对人也可以据此向人民法院提起诉讼，寻求法律保护或救济。此外，从宏观背景上看，行政合同的大量涌现可以说是在变革了的社会背景下，当代公共行政面对行政参与、行政民主潮流的自然反应。

（二）行政合同的范围

只要不存在禁止性法律规定，行政主体与相对人缔结行政合同并无固定的领域限制。通常，在行政行为和行政合同的选择上，尽管法律允许行政机关优先以采取行政行为的方式处理行政事务，但一般不会对行政机关提出强制性要求。当然，目前行政合同还不能在一般意义上成为行政行为的替代性行政方式。对于不适于采取行政合同方式的行政事务，行政合同的方式不得介入。从各国行政合同的法律实践来看，行政主体可以就四类事项与行政相对人缔结行政合同：①关系国计民生的事项。凡国计民生事项，必是行政机关履行职责的重点。行政合同的运用，保证了国计民生事项得以实现。②与其他社会主体自身生存相关的创造财富的事项。例如，粮食和农副产品的生产和供应，对农民来说，既是在创造财富、对社会作贡献，又与自己的切身利益息息相关。对于行政机关来说，保证供应是义务，保护关心农民的切身利益也是责任。行政合同可以解决这两方面的问题。③能够用具体指标量化的政府直接投资创建的基础设施，如交通、原材料、通讯以及电力、自来水、热力、燃气供应等能源项目。④社会公共物品。提供社会公共物品是政府的义务，如建设市政设施、消防设施和公共的文化休闲设施等。

（三）行政合同的分类

1. 根据合同双方当事人的地位，行政合同分为对等合同和不对等合同。这里作为划分标准的"地位"，是指合同当事人在自然状态下所处的事实上或法律上的地位，而不是缔约时所拥有的法律或形式上地位，因为后种地位完全可以通过法律规定而拟制平等。

对等合同是由地位平等的当事人之间缔结的合同。在行政合同中属于对等合同的主要是由不具有隶属关系的行政主体之间签订的合同，比如，政府间就毗邻行政区域界线的争议所达成的协议。[1] 在例外情况下，非行政主体之间亦有可能缔结对等合同，比如，两个企业间为完成国家订货任务而签订的合同。[2]

不对等合同是处于隶属关系的行政主体与其所属部门或人员或者相对人之间签订的行政合同，现实生活中政府签订的大部分合同都属于这一类。

2. 根据合同所基于的行政关系的范围，行政合同分为内部合同和外部合同。前者指行政机关相互之间或行政机关与其公务员之间签订的合同，后者指行政机关与公民、法人或其他组织之间签订的合同。

3. 根据合同中行政主体的权力因素对合意达成的影响程度，行政合同可以

〔1〕　参见国务院 1989 年 2 月 3 日《行政区域边界争议处理条例》第 3、14 条。

〔2〕　参见国家计委 1992 年 10 月 28 日《关于对部分生产资料实行国家订货的暂行管理办法（草案）》第 4 条。

分为混合合同、纯粹合同和假合同。[1] 混合合同是指双方合意的达成是行政权力和合同当事人民事权利平衡、妥协的结果，这类合同的突出特点是行政主体在订立合同时，其行政权力因素受到较大制约，合同中较多流露出双方的协商、妥协、相互尊重的内涵，如土地使用权出让合同。纯粹合同是指行政主体对于行政合同的订立和合同内容拥有较大决定权的合同，如治安管理处罚中的担保合同。假合同是指利用了行政合同的外在形式，但实际内容却是行政命令等刚性行政行为的合同，如计划生育合同。

三、行政合同的缔结

（一）行政合同的缔结原则

行政合同由于其行政性和合意性的双重性，使其在整个缔结过程中都区别于民事合同的成立过程而带有自身特征。行政机关缔结行政合同应遵循以下原则：

1. 适应行政需要的原则。行政机关缔结行政合同不能随心所欲，而必须出于行政需要，符合行政目标。这种需要并非由法律、法规明确规定，而是行政机关根据法律、法规的原则精神结合具体情况具体分析而决定的。订立行政合同既要符合公共利益的要求，又要照顾到相对人的合法利益；既要严密谨慎，又要大胆创新。

2. 不超越行政权限的原则。行政机关缔结行政合同，不能超出自己管辖的事务范围和权限范围，否则，即属于无效合同。

3. 合同内容合法的原则。行政合同对于国家法律和政策明令禁止的事项不得加以规定，行政机关不得就这些事项与管理相对人缔结行政合同。例如，国家已明令压缩的基本建设项目，行政机关不得与相对人就重建这些项目缔结行政合同。

（二）行政合同的缔结方式

行政合同的缔结方式主要有招标、拍卖、邀请发价、直接磋商等。

1. 招标。是指行政机关通过一定方式，公布一定的条件，向公众发出的以订立合同为目的的意思表示。招标人在发出招标的公告前或公告后需要制定标底，标底不能公开；相对人按照招标人公布的资格和条件进行投标；行政机关经过评议后与提出最优条件的投标人签订合同。在行政合同相对发达的法国，招标是最常用的订立行政合同的方式。[2] 我国政府在国有土地有偿出让和公路

---

〔1〕　参见应松年主编：《行政法与行政诉讼法学》，法律出版社 2005 年版，第 310、311 页。

〔2〕　王名扬：《法国行政法》，中国政法大学出版社 1988 年版，第 183 页。

工程建设过程中，也经常采用招标的方式订立行政合同。以招标方式订立行政合同对行政相对人一方来说拥有较大的自由选择权，但行政机关也可通过设立资格来限制行政相对人一方参加招标。对行政机关来说，确定行政合同的缔约人只能是中标人，不能是中标人之外的其他行政相对人，以保护中标的行政相对人的合法权益。招标这种缔结行政合同的方式，可以防止营私舞弊和财政经费的浪费。《国务院关于科学技术拨款管理的暂行规定》《城镇国有土地使用权出让和转让暂行条例》等法律、法规中均规定了这种缔约形式。

2. 拍卖。是指由行政机关通过预设的拍卖程序，由竞拍人参与竞拍，最后与出价最高者订立行政合同的一种方式。拍卖与招标形式不同，但其性质基本一致。两者的区别在于相互竞争的竞拍人彼此知道其他竞拍人的条件，可以随时改变自己要约的内容，最后由条件最优的竞拍人与拍卖人订立合同。从我国行政合同实施中看，招标与拍卖适用的法律程序是不同的，选择订立行政合同的行政相对人一方也是有差别的，拍卖通常仅适用于国有资产的出让。

3. 邀请发价。行政机关基于政治、经济、技术等方面的原因，在招标时不一定与要价最低的相对方缔结合同，而是邀请他认为适当的人发价，而行政机关在参加投标的企业中有选择合同当事人的自由。这种程序一般也采取公开的方式。

4. 直接磋商。在某些特定情况下，行政机关可以直接与其他组织或公民进行协商，签订合同。这种方式在民事合同中较为常见，但由于直接磋商存在公开性差、容易滋生舞弊腐败等问题，因而在行政合同的签订过程中，必须受到法律、法规的限制。

四、行政合同中的权利与义务

（一）行政机关的权利和义务

1. 行政机关的权利。

（1）选择合同相对方的权利。行政机关在订立行政合的同时，可以根据实际情况和要求选择适当的合同相对方，对于某些行政合同，作为行政相对人的组织和个人如果没有法律规定的理由和依据，一般不能拒绝行政机关选择其为相应行政合同的当事人。

（2）对合同履行的监督权和指挥权。行政机关在行政合同中具有双重身份，既是合同的一方，受合同的约束，同时，它又代表国家行使行政管理权。在执行合同的过程中，行政机关对合同的履行不仅有监督和控制的权力，而且在某些情况下对合同的具体执行有指挥权。

（3）单方面变更或解除合同的权利。在行政合同的履行过程中，行政机关根据国家法律、政策或计划的变更，以及公共利益的需要，有权变更或解除合同，不必取得相对人的同意。但是，这种权利的行使不是没有限制的。①这种权力只能在公共利益需要的限度以内行使；②不能变更或解除与公共利益无关的条款；③对相对人因变更或解除合同所造成的损失应予以补偿；④行政机关多方面的变更超过一定的限度或接近一个全新的义务时，相对方可以请求另订合同。

（4）对不履行或不适当履行合同义务的相对人的制裁权。如果相对人违反合同，行政机关具有制裁的权力。行政机关行使这一权力的目的，不仅是处罚违反合同的当事人，更主要的是为了保障公务的实施。因此，制裁权是行政机关保障行政合同履行的一种特权。行政机关的制裁权是一种当然的权力，不论合同中有无规定，它都可以依照职权行使。

2. 行政机关的义务。

（1）依法履行合同的义务。行政机关作为行政合同的主要一方当事人，本身具有优越的地位，这种优越的地位不意味着行政机关可以不依法履行义务。在行政合同的履行中强调行政机关依法履行合同义务具有重要意义。

（2）保证兑现其应给予合同相对方的优惠或照顾的义务。在行政合同中规定的优惠或照顾条件，对于相对方履行合同义务极其重要，也是行政主体吸引相对方的有利条件。因此，一旦以合同形式将其确定下来，行政机关就有义务保证其兑现，不允许随意更改或打折扣。

（3）给予相对方物质损害赔偿或补偿的义务。在履行行政合同过程中，凡是因行政机关的原因引起合同的变更、解除，从而使相对方受到物质损害的，行政机关有义务根据有关规定和实际损害情况进行赔偿或补偿。

（4）按照合同规定给付价金的义务。

（二）相对方的权利和义务

1. 相对方的权利。

（1）取得报酬权。相对方的报酬通常是在合同中规定的，也可能直接由法律、法规规定。行政合同中的报酬，通常为对相对方提供的服务或产品的价金。此外，行政合同也可能给予相对方以其他形式的报酬，例如，可以在合同中规定允许相对方利用行政机关的公产、设备或资料，在相对方需要大量投资而本身所不及时，行政机关可协助其解决。行政合同还可规定给予相对方价金以外的其他经济利益，如贷款、津贴、提供担保、减轻或免除赋税等。行政合同的报酬条款和其他关于公务的组织和执行的条款不同，不能由行政机关单方面变更。

（2）损害赔偿请求权和特权行为损害的补偿权。损害赔偿请求权是类似民事合同的一项权利。相对方由于行政机关的过失受到损害时，可以请求人民法院判决行政机关赔偿损失。所谓特权行为损害的补偿权，是指行政机关在签订合同以后，由于公共利益的需要，单方面变更或终止合同的特权行为造成相对方的损害时，相对方以其损害为由提出要求行政机关予以补偿的权利。相对方由于行政机关的特权行为而造成或增加的全部负担（损害），不论合同中有无具体规定，都可以请求行政机关予以补偿。享有这种补偿的请求权是行政合同制度的一个重要原则。它既是维护当事人经济利益平衡的需要，也是公共利益的需要。当然，相对方补偿权的范围只能以实际损失为限，不能期求过高的利益。为了避免计算实际损失困难起见，也可以在合同中先规定一个补偿数额。

（3）不可预见的困难情况的补偿权。行政合同在履行的过程中，有时可能出现当事人订约时所不能预见的情况或困难，从而使合同的履行虽然不是不可能，但已使相对方遭受极大的损失，使履行合同极端困难，这种情况或困难称为不可预见的情况或困难。例如，在公共工程进行中遇到当初所不可预见的地质结构变化；在农产品订购合同的履行中，遇到当初所不可预见的特大洪涝灾害；等等。相对人在履行行政合同中遇到不可预见的情况或困难时，有权请求行政机关共同承担损失，或请求行政机关予以补偿。

2. 相对方的义务。

（1）按照合同规定的要求和期限认真履行合同的义务。

（2）接受行政机关管理、监督和指挥的义务。

五、行政合同的程序[1]

（一）行政合同的履行

行政合同依法成立后，在当事人之间产生了法律约束的效力，双方当事人必须全面、正确、及时地履行合同。行政合同的履行一般遵循如下原则：①实际履行。行政合同所确立的内容必须获得实现，否则行政职能的实现就会受到影响。实际履行要求缔约双方当事人按照合同的约定履行，而不能任意变更或者使用其他方法（如违约金或赔偿损失）取代合同的履行。只要公共利益需要，而当事人又有能力履行且没有法定理由免除的，就必须实际地履行。②自己履行。行政合同缔结后，原则上应由当事人自己履行，不能由他人代替履行或分包。只要没有取得行政主体的同意，当事人就不得自行更换，也不得委托给其他人代为履行。③全面、适当、及时履行。行政合同应获得全面、适当、及时的履行，在任何条款上都不得违反合同的规定，不能只履行其中的一部分条款，

---

〔1〕应松年教授在其主编的《行政法与行政诉讼法学》一书中对行政合同的订立程序作出了比较细致的分析。参见应松年主编：《行政法与行政诉讼法学》，法律出版社 2005 年版，第 318~332 页。

对其他部分条款置之不理，也不能对合同的标的、履行时间、地点、方式等进行任意变更。

（二）行政合同的变更

行政合同的变更是指现存行政合同基于行政机关的裁量或其他法律事实，在不改变现存合同性质的基础上，对涉及合同主体、客体、内容的条款作相应的修改、补充和限制。

行政合同的变更主要基于以下两种理由：①行政机关为满足公共利益的需要行使裁量权，单方面变更合同；②因一定的法律事实的出现而导致行政合同的变更，如不可抗力等。

行政合同变更后，原合同不再履行，双方当事人按变更后的权利义务关系行使权利，履行义务。因行政机关单方面变更行政合同的，行政机关应对相对方因此受到的损失进行补偿。

（三）行政合同的解除

行政合同的解除是指行政合同当事人一方尚未履行或尚未全面履行义务时，双方当事人提前结束约定的权利义务关系。

行政合同的解除方式有两种：①单方解除，即行政机关基于自己单方的意思表示即可产生解除效力的解除方式；②协议解除，即相对方提出解除合同的意思表示，在征得行政机关同意后提前终止行政合同的效力。

行政合同解除后双方当事人之间合同关系终止，彼此不再享有原合同规定的权利和承担相应的义务。因行政机关单方面解除行政合同的，行政机关应对相对方因此受到的损失进行补偿。

（四）行政合同的终止

行政合同的终止主要有下述情形：①合同履行完毕或者合同期限届满；②双方当事人同意解除；③行政机关依法律或政策规定以及出于公共利益的需要，单方面解除合同；④因不可抗力导致合同履行已不可能；⑤行政机关因相对方的过错而宣布解除合同；⑥因行政机关有严重过错，法院可根据相对方的申请依法判决解除合同。

六、行政合同的法律救济

按照《行政诉讼法》第 12 条第 1 款第 11 项及最高人民法院《关于适用〈中华人民共和国行政诉讼法〉若干问题的解释》（法释〔2015〕9 号）第 11 条第 1 款的规定，行政机关为实现公共利益或者行政管理目标，在法定职责范围内，与公民、法人或者其他组织协商订立的具有行政法上权利义务内容的协议，均属于行政诉讼的受案范围。据此，行政合同中的当事人认为行政机关的行为侵害自己的合法权益，可以通过行政复议寻求救济，对行政复议结果不服的，可以向人民法院提起行政诉讼。从我国行政诉讼的司法实践看，引发纠纷的行政合同常见的有政府特许经营合同、土地或房屋等征收征用补偿合同、政府采购合同、行政允诺合同等。

由于行政合同纠纷中包含民事性质的成分，法院在处理行政合同争议时应当参照适用合同法等民事法律制度。按照《行政诉讼法》第 78 条之规定，法院经审理查明，行政机关不依法履行、未按照约定履行或者违法变更、解除行政合同的，判决行政机关承担继续履行、采取补救措施或者赔偿损失等责任；行政机关变更、解除行政合同虽然合法，但未依法给予补偿的，判决给予补偿。

■ 第二节 行政指导

一、行政指导的概念与特征

（一）行政指导的概念

行政指导是行政主体在其职责任务或其所管辖的事务范围内，为有效实现一定的行政目的，适应复杂多变的经济和社会生活的需要，基于国家的法律原则和政策，在获得行政相对人的同意或其自愿的情况下，采取灵活的非强制手段，不直接、当然地建立行政法律关系的行为。行政指导定义在中外（外国主要是指日本）都呈复杂情形。有学者指出了把握行政指导概念应当注意的几个方面：[1]

1. 行政主体实施行政指导是根据其职责和承担的具体任务的要求进行的，只要属于其管辖范围内的事务，行政主体均可实施行政指导。

2. 实施行政指导的原因和目的是适应现代市场经济条件下日益复杂多变的社会、经济生活对行政管理的需要，以弥补传统行政法的不足。

3. 有一些行政指导行为有具体的法律依据，但多数行政指导行为则是基于法律原则以及行政组织法上的职能规定作出的，有的则是直接根据国家政策而适时灵活作出的。

4. 行政指导行为不具有强制力，行政相对人可自主决定接受或配合与否，因而不直接产生行政法律后果，这使它明显区别于行政立法、行政命令、行政

---

[1] 参见应松年主编：《行政法与行政诉讼法学》，法律出版社 2005 年版，第 335 页。

强制、行政裁决等行为。

（二）行政指导的特征

行政指导的特征表现在：

1. 行政指导是行政主体的社会管理行为，是一种外部行为。只有具有行政主体资格的行政机关和法律法规授权的组织才能实施行政指导行为。行政指导是行政主体对行政相对人作出的行为，行政机关内部虽也存在指导关系，如上下级业务部门的业务指导，但行政指导不同于行政组织系统内部上下级行政机关之间基于行政隶属关系、监督关系而产生的指导、监督等内部行为。

2. 行政指导适用的范围极其广泛，其方法多种多样。法律对行政指导具体方法没有作出明确的羁束性规定，而是由行政主体根据法定的职责任务和管辖事务的范围灵活采取具体的指导方法，如引导、劝告、建议、协商、示范、制定导向性政策、发布官方信息等。

3. 行政指导属于"积极行政"的范畴、符合积极的法治原则，是对传统的"消极行政"和传统上依法行政原则的必要的补充。传统行政主要是"消极行政"，政府扮演"守夜人"的警察角色，对社会生活尤其是经济活动很少主动干预。在现代市场经济条件下，社会经济生活日趋复杂化和多样化，政府为了平衡社会整体利益和个人利益，兼顾公平与效率，注重降低社会成本和增进社会福利，消极行政已不能满足客观需要。这就要求行政主体从实现一定行政目的，特别是从社会经济发展的目的出发，实施积极的行动，包括采取行政指导方式，补充单纯法律强制手段的不足。行政指导行为是在不违背法律原则和精神的前提下，为实现一定的行政目的而作出的，符合积极的法治原则，是对传统上依法行政原则的一种必要补充。

4. 行政指导是行政主体单方面的意思表示，属于单方行为。行政主体实施行政指导的目的在于取得行政相对人的同意与协助，实现其所期望的行政目标，其意志实现的方式既区别于行政合同那种双方意思达成一致才告成立的双方行为，也区别于行政命令以法律后果的威慑强制相对人采取某种行为，行政指导行为不直接引起相对人必须履行某一相应义务的后果。

5. 行政指导是一种不具有法律强制力的行为。与具有强制力的行政命令行为不同，行政指导主要以指导、劝告、建议、鼓励等柔性的、非强制性的方式进行，并辅以利益诱导机制，向特定行政相对人施加作用和影响，以促使其为一定行为或不为一定行为，从而达到一定的行政目的。行政指导由行政主体作出后，相对人如不服从，通常不适用行政处罚或行政强制执行等处理手段。

二、行政指导的形式与分类

（一）行政指导的形式

我国行政指导的形式主要有：

1. 指导、引导、辅导。由行政机关给予行政相对人以具体的指示教导、指点带领、指导帮助，使其自愿按符合行政目标的方向去作出行为和发展。

2. 劝告、劝导、规劝。行政机关通过讲道理，启发开导行政相对人，劝其改正错误或接受意见，包括在特殊情况下以郑重规范的方式加以劝告。

3. 告诫、劝诫、提醒。行政机关以恳切而严厉的态度劝告、提醒行政相对人改正缺点错误，避免将来再犯类似错误；或把行政相对人没有想到或想不到的问题和事项提出来，促使其加以注意和警惕，避免不必要的错误和损失。

4. 建议、意见、主张。行政机关根据社会管理需要和实现行政目标的要求，向行政相对人提出建议，供其选择采纳；或面向社会公开发表自己的意见和主张，听凭行政相对人接受采纳。

5. 商讨、协商、沟通。行政机关为了社会公益而与行政相对人商量讨论、交换意见，以便取得一致意见，从而解决某些较大、较复杂的问题，求得行政相对人对行政机关某些活动的理解和主动配合。

6. 赞成（或反对）、表彰、提倡。行政机关针对行政相对人的某种言行，公开表明赞同与否的态度，或对本行政区域内出现的好人好事公开赞扬，指出其优点鼓励大家学习和实践，从而形成一种官方导向。

7. 示范、推广、宣传。行政机关作出或选择某种可供学习的具体典范，向行政相对人说明讲解，使其相信并自愿照着去做，以榜样的力量来扩大某种事物推行的范围或起作用的范围及其效果。

8. 鼓励、勉励、奖励。行政机关采取精神的或物质的手段，来激发鼓励行政相对人自愿按照符合社会公益、有利于实现行政目的同时也符合相对人的长远、总体利益的方向去努力。

9. 调解、协调、斡旋。行政机关主动或根据行政相对人的要求采取某些措施来协调争执双方的关系，劝说发生争执的行政相对人各方消除误解、作出让步、达成妥协，从而化解纠纷、形成共识，促进社会稳定与协调发展。

10. 指导性计划、规划。市场经济并不一概排斥行政计划，特别是指导性计划的作用不可替代和忽视。指导性计划、规划是广义行政指导的重要内容和主要方式。

11. 导向性政策。行政机关为促进经济与社会发展，专门发布某项行政政策，如产业政策、财政政策、货币政策等，在一定时期内实施于本行政区域，通过利益诱导机制来影响行政相对人的行为。

12. 发布官方信息。现代社会是信息社会，及时、准确、系统的信息对于行政相对人来说至关重要。由具有信息收集、整理和运用等方面优势的行政机关发布官方信息，提供优质的信息服务，这无疑有利于正确引导行政相对人的行为选择，保障经济与社会生活的健康运行。

（二）行政指导的分类

我国学者对行政指导的主要分类方法有：

1. 以有无法律根据为标准，分为有法律根据的行政指导和无法律根据的行政指导。前者是指法律、法规、规章明文规定的行政指导，后者指没有法律明文规定的行政指导。前者如《全民所有制工业企业法》第 56 条第 1 项规定，政府要指导企业制定发展规划；《全民所有制工业企业转换经营机制条例》第 43 条规定，政府要运用经济杠杆引导企业行为，根据产业政策引导企业组织结构调整；等等。无法律依据的行政指导在实践中则更为普遍。例如，行政机关通过召开会议，发布座谈纪要或者公布某种信息情报；或者对相对人直接提出某种建议、劝告，引导相对人的行为符合行政机关的某种行政意图；等等。

2. 以其指导层次为标准，分为宏观行政指导和个别行政指导。前者指行政机关对不特定的行业和相对人进行的行政指导，如 1989 年 3 月 15 日《国务院关于当前产业政策要点的决定》就属于对我国整个国民经济产业结构进行调整的宏观指导；后者指针对特定的行业、地区和相对人进行的行政指导，如某行政机关针对某企业经营不善或不良行为，在尚未达到违法或违法情节极为轻微的情况下提出劝告、希望或警告等，即属于个别指导。

3. 以其作用的性质为标准，分为促进性指导和限制性指导。前者指行政机关通过采取鼓励性措施等方式，促进行政相对人积极作为而进行的指导，如全国人大 1993 年颁布的《农业技术推广法》第 23 条规定："县、乡镇国家农业技术推广机构应当组织农业劳动者学习农业科学技术知识，提高其应用农业技术的能力。教育、人力资源和社会保障、农业、林业、水利、科学技术等部门应当支持农业科研单位、有关学校开展有关农业推广的职业技术教育和技术培训，提高农业技术推广人员和农业劳动者的技术素质。国家鼓励社会力量开展农业技术培训。"即属于促进性指导。后者指行政机关以限制行政相对人的行为为目的而进行的指导。如 2011 年 3～5 月间，国家发改委先后单独或者会同农业部、商务部、工业和信息化部等部门约谈部分日化、方便面、奶粉、酒类企业，召开部分行业协会会议，就稳定市场价格、规范价格秩序提出建议，强调维护价格稳定。要求企业不集中搭车涨价，不超过成本上升合理幅度涨价，不提前散布涨价信息，更不能串通涨价等，则属于限制性指导。

4. 以行业或部门管理领域为标准还可分为教育、科技、商业、对外贸易等若干类别。如全国人大于 1993 年颁布的《农业技术推广法》属于农业行政指导，国家工商总局于 2009 年 11 月 25 日发布的《关于工商行政管理机关全面推进行政指导工作的意见》属于工商行政指导，而江苏省地方税局于 2009 年 12 月 23 日发布的《江苏省地方税务局税务行政指导工作规则》则是税务行政指导。

5. 以其功能为标准，分为管制性行政指导、调整性行政指导、促进性行政指导。管制性行政指导是指对于妨害秩序或公益的行为加以预防或抑制。调整性行政指导是指相对人相互之间发生争执，自行协商不成时行政主体出面调停以达成妥协。促进性行政指导是指行政主体为了促使行政相对人的行为合法化而给予的行政指导。

三、行政指导的原则与作用

（一）行政指导的原则

1. 合法原则。合法原则总的要求是行政指导行为不得违反法的精神原则和具体规范，不得违反基本法理。具体来说有四个层次的要求：

（1）任何层次的行政行为法规范如果已就行政指导作出具体规定，则应从其规定而实施行政指导行为。

（2）如无此种具体规定，行政机关可按行政组织法的一般规定，在其职能、职责或管辖事务范围内实施行政指导行为。

（3）如无此种一般规定，行政机关可依据宪法和有关法律对该行政机关及该领域事务作出的最一般规定或立法目的、精神而实施行政指导行为。

（4）实施行政指导行为不得违背一些基本的法理，如比例原则、诚信原则等，必须具有正当性和可信度。

2. 自愿原则。自愿原则要求行政机关实施行政指导行为时，不能像采取行政命令行为那样可以不考虑行政相对人的意愿，而必须充分尊重行政相对人的自主权利，只能采取指导、劝告、建议、说服、调停、沟通等非强制方式，通过行政相对人自愿同意或协力去达到行政目的。也即行政相对人接受行政指导与否听凭其自愿，由其自主决定是否为一定作为或不作为。

3. 公开原则。从一些国家的行政实务来看，由于行政指导在操作中因缺乏透明度和带有某种隐秘性而产生不公正、变相强制性等诸多弊端，所以坚持公开原则，增加指导行为的透明度，是非常重要的。必须采取有效措施增强行政指导行为的公开性和透明度，包括向受指导方明示此项行政指导的目的、内容及负责指导者，在对相对人提出要求时应采取书面形式等，这是实现行政指导法治化的重要前提条件。

（二）行政指导的作用

1. 补充和替代作用。我国现阶段经济和社会生活迅速发展和变化，难免会出现立法跟不上、存在"法律空白"的现象。为补充法律手段之不足，行政机关有必要及时灵活地采取行政指导措施调整有关事项。即使在某些已有具体法律规定的场合，如采用法律强制手段尚不必要或可能效果较差，也可以采取行政指导措施来替代法律手段进行调整，以更为有效地实现行政目标。

2. 引导和促进作用。由于行政机关在掌握知识、信息、政策等方面的优越性，其实施行政指导能有效地引导行政相对人进行有关行为的正确选择，从而有利于促进社会经济与科技的健康发展。特别在目前我国向市场经济体制的转轨过程中，行政指导更具有一种导向和促进作用，能够合理引导、影响行政相对人的行为选择，保障社会主义市场经济顺利进行。

3. 协调和疏导作用。社会生活的多元主体之间的利益矛盾和冲突是难免的，为避免这种利益矛盾和冲突对正常社会经济秩序的干扰和破坏，需要通过各种途径和手段对之进行协调，而行政指导正是一种灵活有效的协调手段。由于行政指导的非强制性和自主抉择性，使其在缓解和平衡各种利益主体间的矛盾和冲突中具有特别有效的作用。尤其是对于社会经济组织之间的冲突，更需要通过行政指导进行协调和斡旋。此外，对于某些一时发生隔阂、阻碍的社会关系，也需要采取行政指导及时地予以疏通和调停。

4. 预防和抑制作用。在现实生活中，某些社会组织和个人往往存在一种为增加自身利益而不惜损害社会利益的倾向。对此需要通过某种外在影响力加以适当抑制。在损害社会利益的行为尚处于萌芽状态时，最宜采用行政指导这种非强制性的积极行政方式进行调整。实践证明，行政指导对于可能发生的妨害社会经济秩序和社会公益的行为，可以起到防患于未然的作用；对于刚萌芽的妨害行为，则可以起到防微杜渐的抑制作用。

四、行政指导的监督与救济

对行政指导的法律控制，实际上可以归纳为三个问题，即行政指导的法律依据，行政指导的程序控制，行政指导的救济。

（一）行政指导的法律依据

从法治行政的要求看，一切行政行为均要有法律的授权，这是由行政权的特征所决定的，也是法律保留和法律优先原则的具体体现。应该说，对行政指导这种行政行为，只要有组织法上的依据即可，而不必强求一定要有具体行为法上的依据，也即以组织法为其最后的保留领域，如果对行政指导仍坚持传统的法律保留原则，那么就失去了其存在的理由。行政机关只要在组织法规定的职权和所管辖的事务范围内，均有权采用行政指导的方法进行有关事项的管理。"行政指导的作用不仅从行政指导的相对人来判断，而且也应该从与此有关的国民各种权利自由与宪法价值序列关系及行政目的等方面进行判断。"[1] 行政指导是行政自由裁量权的一种表现，它可以根据行政权对宪政下的行政权价值作出机动权较大的自由判断，最终为达到行政目的服务。但是，任何行政指导，即使不是针对特定相对人的行政指导，也不允许超越组织法所规定的范围而随心所欲地进行。因为"一切行政活动不得与法律相抵触，行政指导也必须合法化。因此不允许行政指导超越有关行政机关组织法规定的权限"。[2] 行政组织法的法律依据控制了行政指导的合目的性。另外，除有组织法的依据外，行政指导还必须符合法律规定的一般原则，也即行政指导还要受一般法律原则的拘束。

（二）行政指导的程序控制

由于行政指导的广泛性、灵活性、隐秘性等特性，以及以组织法为其最后的保留原则，使得对行政指导的法律程序控制具有了特别重要的意义。

行政指导的程序规则从总体上来讲适用行政程序的一般程序规则。具体来说，抽象行政指导适用诸如行政立法等抽象行政行为的一般程序规则，具体行政指导适用具体行政行为的一般程序规则。但由于行政指导的特殊性，在适用一般行政行为程序规则时，又不可机械从事，这特别表现在具体行政指导方面。一般地说，对于那些带有规制、抑制、纠正性质的具体行政指导，其具体程序大致包括：采用书面形式、指导内容及过程公开、说明实施指导的理由依据、提供给不服从指导者在被公布姓名之前陈述意见的机会等。对于那些带有授益、助成、诱导、预防性质的行政指导，诸如对公民生活、学习、消费、就业等的指导，在行政程序方面的要求则可以相对宽松。

（三）行政指导的救济

对行政指导的救济一般可以通过承认错误、赔礼道歉、责令履行、补偿损失等方式来进行。

至于能否提起行政复议或行政诉讼则要具体分析。如果行政指导是纯指导性的，即如果认为行政指导不当，可以提出申诉。如果因错误行政指导而造成严重损失，则可提出补偿，其程序与一般补偿程序相同。但如果行政指导实际上是强制性的，就可看成是具体行政行为，可以申请复议或提起行政诉讼，谋求司法救济。

对行政指导能否申请行政复议或提起行政诉讼在理论上存在很大争议。一

---

[1] ［日］室井力主编：《日本现代行政法》，吴微译，中国政法大学出版社1995年版，第154页。
[2] ［日］室井力主编：《日本现代行政法》，吴微译，中国政法大学出版社1995年版，第155页。

般认为，行政指导是行政主体为了实现一定行政目的，基于法律甚至政策作出的没有强制性、不直接产生法律效果的行为，相对人接受行政指导完全是出于自愿而作出的响应，因此，不能提起行政复议或行政诉讼。我们认为，对行政指导行为不服能否提起行政复议或者行政诉讼与行政指导是否具有强制性，以及相对人是否自愿接受行政指导的问题没有关系。对行政指导能否提起行政复议或者行政诉讼主要看行政指导是否可能产生纠纷，以及行政指导是否可能对相对人造成非相对人自身过错产生的损害。如果这两个条件成立，行政指导就应当允许纳入行政救济的范围。无论从国外还是从我国行政指导的实践来看，行政指导因暗箱操作产生的程序、内容、结果不透明，变相强制，行政主体自己违背指导承诺等问题给相对人造成损害等引起纠纷的现象都是存在的，因此，通过行政救济途径给予受到损害的权益以救济，监督纠正行政指导的各种问题才是正确选择。至于学术界提出的行政指导因为比较隐蔽、不容易留下痕迹，相对人难以说明其损害与行政指导之间的因果关系等，我们认为属于行政复议或者行政诉讼中的当事人能否胜诉的问题，与是否应当将行政指导纳入行政救济的讨论没有关系。

■ 第三节　行政事实行为

一、行政事实行为的概念与特征

（一）行政事实行为的概念

行政事实行为的概念来源于德国学者耶律那克（W. Jelinek），他将行政分为公行政与国库行政；其中，公行政又分为官方高权行政与单纯高权行政。这里的单纯高权行政，如建设街道、铺设绿地、兴建垃圾焚化炉等就是行政事实行为。[1] 这类行为不受行政法的支配，如若违法，依刑法、民法或国家赔偿法确定其赔偿责任。[2] 行政事实行为概念形成之后逐渐为大陆法系及受大陆法系影响或为与大陆法系法律传统相似的国家的学者们所接受，影响较为广泛。

行政事实行为概念形成以来颇具争议，不仅其产出国——德国至今未形成统一认识，其他输入地，如日本、中国及我国台湾地区对此概念的认识也充满着歧义。据学者所述统计，台湾地区目前关于行政事实行为的定义有十多种。[3] 大陆学术界关于行政事实行为也有各种界定，如有从法律效果的角度认为行政

---

〔1〕　参见翁岳生编：《行政法》，中国法制出版社 2002 年版，第 897 页。
〔2〕　参见陈新民：《行政法学总论》，三民书局 1997 年版，第 307 页。
〔3〕　参见翁岳生编：《行政法》，中国法制出版社 2002 年版，第 894 页注 1。

事实行为是不直接或间接发生法律效果的行为[1]；也有观点认为行政事实行为是行政主体不以追求特定行政法律关系的产生、变更和消灭为目的的行为[2]；还有学者认为行政事实行为是行政主体以不产生法律约束力，而以影响或改变事实状态为目的实施的行为[3]；等等。

　　行政事实行为是与行政法律行为或行政行为相对应的概念。在一般法学理论中，为法律所调整的行为是具有法律意义的行为，它包括了合法与违法、故意与过失、既遂与未遂、作为与不作为等。其中，合法行为又可分为法律行为、准法律行为、事实行为等。法律行为是"欲生法律效力的意思表示"；准法律行为是对法律效果仅有间接希望；事实行为是"其法律效果不依当事人意思即能发生者"。[4]正是在这种意义上，关于行政事实行为，人们一般认为它是"以某种事实结果而不是法律后果为目的的所有行政措施"[5]，或"行政主体所为不以产生特定法律效果，而是以事实效果为目的之行政行为形式"[6]，或"行政主体作出的不直接产生法律效果但产生事实效果的行为"[7]。这里的法律效果或后果指的是行政法律关系的产生、变更或消灭；事实结果或效果则指并不具有建立或独立建立行政法律关系意义的某种结果，如为社会提供公共服务、辅助行政行为的执行或实施等。法律效果与事实效果区分的意义在于，如果行政行为意在建立行政法律关系，那么，这种行为属于行政行为；在我国，具体行政行为侵害公民权益的可通过行政诉讼获得救济。如果行政行为不以建立行政法律关系为目标，且没有产生这种法律效果的行为就属于事实行为；因事实行为或其违法受到的侵害可获得刑事的、民事的或国家赔偿的救济。

　　综上所述，从行为意图与行为结果的关系及其意义和救济的角度，本书将行政事实行为界定为：行政事实行为是指行政主体基于行政职权实施的，不以直接建立行政法律关系为目的的行为；因行政事实行为或其违法受到侵害的救济途径或程序不同于行政行为。

　　（二）行政事实行为的特征

　　行政事实行为具有以下特征：

　　1. 行政性。行政事实行为是行政主体基于行政职权作出的行为。其主体是

〔1〕　参见王珉灿主编：《行政法概论》，法律出版社1983年版，第97页。

〔2〕　参见杨立宪："论行政事实行为的界定"，载《行政法学研究》2001年第1期。

〔3〕　姜明安主编：《行政法与行政诉讼法》，北京大学出版社、高等教育出版社1999年版，第256页。

〔4〕　参见［德］考夫曼：《法律哲学》，刘幸义等译，法律出版社2004年版。

〔5〕　［德］哈特穆特·毛雷尔：《行政法学总论》，高家伟译，法律出版社2000年版，第391页。

〔6〕　参见翁岳生编：《行政法》，中国法制出版社2002年版，第895页。

〔7〕　参见应松年主编：《行政法与行政诉讼法学》，法律出版社2005年版，第344页。

行政机关，行为的性质或目的是实现或执行行政职权。行政主体没有行政职权依据所实施的行政事实行为构成违法，应当依法承担相应的法律后果。

2. 法律性。行政事实行为虽非建立行政法律关系的行为，但却是受法律调整的行为，且为合法行为。在这一点上，行政事实行为与行政行为没有原则区别。[1] 由此，行政事实行为必须符合法律的要求，如权限要求、程序要求，否则即构成违法。

3. 非处理性。这是行政事实行为与具体行政行为的区别之一。具体行政行为具有处理行为的属性，即它是一种具有法律约束力的命令，以建立行政法律关系为目的。[2] 行政事实行为既不具有这种处理性的行为特征，也不具有建立行政法律关系的意义。

4. 非明确性。行政事实行为虽为法律所调整，但法律规定具有非明确性的特点，其主要是行政事实行为的权责在法律上不像行政行为那样明确具体。这使得"事实行为的合法要件一般比较宽松，特别是大多享有所谓的法外空间"，[3] 以至有学者认为行政事实行为"立于法的灰色地带"[4]。对此，有学者认为应将行政事实行为纳入行政法治轨道，也有观点认为应将行政事实行为纳入行政复议与行政诉讼的范围。应该指出，作为合法行为，行政事实行为已经是纳入法治轨道的行为。只不过随着法治发展及保护公民权利的强烈诉求，这些为法律"模糊"调整的行政事实行为，其权责在法律上将愈来愈明确。然而，我们应该保持清醒的是，行政事实行为之所以能够自成一类，是由于法律调整的特殊性及其特有的救济方式。如果赋予它以建构行政法律关系的意义，甚至将它纳入复议或行政诉讼范围，该行为就已成为行政行为，不再属于行政事实行为的范畴。

5. 救济方式的特殊性。为有效保护公民的权利，规制国家权力，现代法治在要求行政事实行为应受到法律更多制约的同时，强调行政事实行为的可救济性。因有别于行政行为，行政事实行为或其违法所受到侵害的救济方式与行政行为有不同之处。如在我国，因行政事实行为或其违法受到的侵害不能直接通过行政诉讼得到救济。

二、行政事实行为的构成要件

分析行政事实行为的构成要件在于认识、识别或判断行政事实行为。由上

---

〔1〕　参见［德］哈特穆特·毛雷尔：《行政法学总论》，高家伟译，法律出版社 2000 年版，第 392 页。
〔2〕　参见［德］哈特穆特·毛雷尔：《行政法学总论》，高家伟译，法律出版社 2000 年版，第 183 页。
〔3〕　参见［德］哈特穆特·毛雷尔：《行政法学总论》，高家伟译，法律出版社 2000 年版，第 392 页。
〔4〕　参见翁岳生编：《行政法》，中国法制出版社 2002 年版，第 898 页。

所述，行政事实行为的构成要件可概括为以下几方面：

1. 从行为主体来看，行政事实行为的实施者是具有行政职权的行政机关和法律法规授权的组织，也即行政法学上所说的行政主体。非行政主体所实施的行为不能构成行政事实行为。

2. 从行为的客观方面来看，行政事实行为是行政主体行使行政职权的行为。与行政行为相同，行政事实行为是行政主体行使行政职权的行为，具有法定性。也就是说，行政事实行为要依法行使，无权或违法行使行政事实行为要依法承担法律责任。

3. 从行为的主观方面来看，行政事实行为不以建立行政法律关系为目的。也就是说，行政事实行为的主体没有作出建立行政法律关系的单方意思表示。

4. 从行为的后果来看，行政事实行为不会直接导致行政法律关系的产生、变更或消灭。如此说并不否认有的行政事实行为与行政行为有关，对行政法律关系的建立具有间接意义，如通知、告知等行政辅助行为。

三、行政事实行为的种类

行政事实行为是一个逻辑范畴，指具有上述特征或构成要件的行为。也就是说，只要具有这些特征或符合所述构成要件的行为就属于行政事实行为。因是否具有建构行政法律关系意义之类的考量或权衡，不同国家在不同时期乃至同一时期，行政事实行为的范围或种类具有不确定性，但仍可以大致地概括或归纳。也即一般情况下，下述行为具有行政事实行为的意义：

1. 为公共事业管理所必需而开展的日常业务活动，具有普惠性和服务性，一般指行政主体设立、经营和维持公共机构和公共设施的行为。如设置公共水电设施和交通信号灯、交通标志、交通标线、开放马路供公众使用、设立公立学校、空气品质检测等。

2. 即时性行为。这是行政主体在执行公务过程中根据公共管理的需要即时采取的行为，具有临时性、紧急性及一定的自由裁量性。如交通行政机关移出横倒在公路上的树木、拖走抛锚车辆、修补灾后路基、清理各种路障，以保证交通畅通。

3. 执行或补充行为。这是行政主体在实现行政行为的过程中所采取的不具有独立的法律效果的行为，其意义仅在于帮助或辅助行政行为的完成或实现。如工商行政管理机关销毁收缴的假冒伪劣产品，公安机关下达违法示威活动应予解散的命令后所采取的驱散行为，行政机关应行政相对方申请交付人事资料等证明材料，等等。

4. 无拘束力的提供咨询、建议、报告以及通告、通知的行为。如行政主体应行政相对方请求提供各种就业信息或咨询意见、推荐优质产品、作出价格预测等，这类行为往往被认为是行政指导行为。此外，主管机关发布抽烟有害健康通告、交警有关车祸事故的调查报告也属于此类行政事实行为。

5. 行政协商行为。行政协商行为又称非正式行政行为或非正式行政活动，指行政决定作出时或作出前，行政机关与公民之间进行协商或者其他形式的接触行为，不具有法律约束力。行政协商行为有利于民主参与以及行政双方的沟通和了解，并能减轻行政程序的负担，节约时间和费用，但因缺乏透明度而游离于法律的有效监督之外，存在着损害法定程序及第三人利益的风险。[1]

四、行政事实行为的救济

行政事实行为是受法律调整的行为。尽管它不以建立行政法律关系为目的，但因其行使或违法所导致的权益侵害应该且事实上是能够通过司法途径获得救济的。在不同国家或地区，行政事实行为的救济或者是民事的，或者是刑事的，或为国家赔偿。如在法国，行政主体的赔偿责任原则上由行政法院管辖，使用不同于民事赔偿的行政赔偿行为规则。但行政机关的活动受私法支配时，行政主体按私法的规定负赔偿责任，由普通法院管辖。这类赔偿责任一般不在行政法学中讨论。[2]

在德国，行政事实行为及其违法可能产生损害赔偿请求权、补偿请求权、清除请求权或恢复原状请求权，当事人或者向普通法院提出，或者向行政法院提出。向行政法院寻求法律保护的可适用一般的给付之诉，如请求不实施特定的事实行为、请求清除事实行为造成的后果，以及请求实施特定的事实行为；如果给付之诉不适用，可以根据法律规定提起确认之诉。但适用于行政行为的撤销之诉和义务之诉不能适用于行政事实行为。[3]

在我国，根据《国家赔偿法》有关规定，行政事实行为违法可获得国家赔偿。《国家赔偿法》第3条第2~5项规定，行政机关及其工作人员在行使行政职权时非法拘禁或者以其他方法非法剥夺公民人身自由的，以殴打、虐待等行为或者唆使、放纵他人以殴打、虐待等行为造成公民身体伤害或者死亡的，违法使用武器、警械造成公民身体伤害或者死亡的以及造成公民身体伤害或者死亡的其他违法行为，受害人有取得国家赔偿的权利；第4条第2、4项规定，行

---

〔1〕 参见〔德〕哈特穆特·毛雷尔：《行政法学总论》，高家伟译，法律出版社2000年版，第348页。

〔2〕 参见王名扬：《法国行政法》，中国政法大学出版社1988年版，第706~709页。

〔3〕 参见〔德〕哈特穆特·毛雷尔：《行政法学总论》，高家伟译，法律出版社2000年版，第392~393页。

政机关及其工作人员在行使行政职权时违法对财产采取查封、扣押、冻结等行政强制措施以及造成财产损害的其他违法行为，受害人有获得国家赔偿的权利。也就是说，根据上述规定，行政事实行为如果违法，所导致的损害可通过国家赔偿的途径获得救济。

【思考题】

1. 如何辨别行政合同与民事合同？
2. 如何理解对等合同与不对等合同的分类？
3. 行政指导行为的法律性质是什么？
4. 如何对行政指导进行法律控制？
5. 什么是行政事实行为？行政事实行为有哪些特征？
6. 如何监督和救济行政事实行为？

第十二章

行政程序

■ 第一节　行政程序概述

一、行政程序的概念

程序，是与"实体"相对应的概念，是为了达到特定目的所采取的一系列行为、步骤或者方法。行政程序，是指行政主体在运用行政权力，作出行政行为过程中，所必须遵循的步骤、方式、顺序和时限。

在行政权力的运行过程中，程序为实体目标的实现提供了重要保障，而程序的这种作用是通过步骤、方式、顺序、时限这些基本程序要素来得以完成的。步骤是指完成行政行为所要经历的阶段，一般由启动、进行与终结三个部分组成。方式是指行政行为的外部表现形式，外部表现形式也是行政程序的一个方面要求，行政行为必须以某种形式表现出来，或书面或口头，或秘密或公开。顺序，是指行政程序的先后次序，它要求步骤的实施必须按先后顺序进行，不可以前后颠倒，否则将影响行政行为的效力。时限，是指对行政行为所经历的一定时间限度的规定。步骤、方式、顺序与时限共同构成了行政行为时间与空间上的表现形式，是行政程序的基本要素。

对行政程序概念的理解还应注意以下几点：

1. 行政程序是行政主体所应遵循的程序。行政程序是针对行政主体而言的，是行政主体在作出行政职权活动时所应遵循的，而不是立法、司法机关行使职权的程序，也不是行政相对人必须遵循的程序。

2. 行政程序是行政主体在运用行政职权时的程序，并不是行政主体的一切活动程序都属行政程序，都要遵循行政程序规则。当行政主体扮演民事主体角色时，其行为程序不是行政程序；同样，当行政主体参与诉讼时，其活动程序也不属行政程序的范畴，而是司法程序，应当遵守司法程序规则。所以行政程序只是行政主体行使行政职权、履行职责时的行为程序。

3. 行政程序是对行政职权的限制。行政程序通过对行政职权运行的步骤、方式、顺序、时限等加以规范，为行政职权设定了一套运行的途径与范围，可以防止行政职权的失范、脱序及随意行使，达到制约行政权力的目的。

4. 行政程序是公民的参与程序。行政程序的基本内容有说明理由、听取意见、告知、听证、回避等，这些都体现了公民参与的精神。行政程序通过这些基本制度的设计，使得相对人能参与到行政机关的行政活动过程中来，影响行政决定的内容，从而保障行政决定的合理性与合法性。因此，行政程序不仅是行政机关作出行政决定的操作程序，还是以相对人的程序权利制约行政职权的重要法律制度。

二、行政程序的基本分类

（一）事前程序与事后程序

事前程序与事后程序是以行政行为对外发生法律效力的时间点为标准对行政程序所作的划分。

事前程序是在行政行为对外发生法律效力之前的程序；事后程序是在行政行为对外发生法律效力之后的程序。行政决定的作出需要遵循一定的规则与形式，遵照一定的步骤与方法，才能最终形成其对外效力，这就是行政行为应该遵循的事前程序，如行政立法程序、行政处罚程序、行政许可程序或行政指导程序等。事后程序是指行政行为的效力发生后，对行政行为效力的二次评价与认定过程中所应该遵循的程序，如行政复议程序。行政程序中的事后程序是以行政主体为中心的，所以不包括以司法权为中心的行政诉讼程序。

（二）内部程序与外部程序

行政程序按活动的内外部性质，可以划分为内部程序与外部程序。

内部程序是适用于行政主体内部上下级之间或部门相互之间的程序规则，如内部行政机构的设置、撤销、变更等程序，上下级部门间的审批程序、工作汇报程序，机关之间的监督程序、考核程序等，内部程序往往表现出较大的裁量空间。外部程序是行政主体与行政相对人之间互相往来时所应该遵循的程序，往往涉及行政相对人程序上的权利义务关系。外部行政程序是行政程序法理论研究的核心所在，研究行政程序主要是研究外部行政程序。行政主体作出行政行为影响相对人合法权益主要是适用外部行政程序的。

（三）正式程序与非正式程序

行政程序按履行程序的要式程度，可以分为正式程序与非正式程序。

一般来讲，正式程序是由法律明确规定的，行政主体在依据正式程序作出行政行为时需要进行繁复的言辞辩论，同时，由辩论所产生的"听证记录"拘束行政机关的决定。非正式程序中，行政主体有较大的裁量权，在作出行政行为时可以根据具体情况自由选择是否进行言辞辩论，同时不需要根据"听证记录"作出最终决定。基于效率原则的考虑，行政职权的具体运行过程中，存在着大量的非正式程序。

（四）强制性程序与任意性程序

根据行政主体在作出行政行为的过程中对程序的运用有无选择余地，可以把行政程序分为强制性程序与任意性程序。

无选择性是强制性程序的最大特征，而在任意性程序中，行政主体可以根据具体情况酌情决定适用何种行政程序。在我国的《行政处罚法》中规定，行政主体在作出处罚决定之前，必须告知相对人行政处罚的事实、理由、依据和有关权利等，否则，行政处罚不能成立，这里规定的就是行政处罚的强制性程序。强制性程序的适用存在合法与否的问题，而任意性程序只存在合理与否的问题。在我国目前的行政复议与行政诉讼中，行政行为因违反法定程序可以依法撤销的仅限于"强制性程序"，对于任意性程序而言，不存在违法撤销的问题，但在以后的行政法治发展中，程序的合理性要求将会更加受到重视。

（五）抽象行为程序与具体行为程序

根据行政主体作出的行政行为是否针对特定的当事人，可以把行政行为分为抽象行政行为与具体行政行为。与之相对应，行政程序也可以分为抽象行政程序与具体行政程序。

抽象行政程序是指行政主体在立法及制定其他规范性文件过程中所应该遵循的程序。具体行政程序是行政主体实施行政许可、行政处罚、行政裁决等具体行政行为过程中所应该遵循的程序。由于抽象行政行为与具体行政行为对公民的权益影响程度与方式不同，所以在行政程序法上，抽象行为程序与具体行为程序的法律要求是不同的。

■ 第二节　行政程序法

一、行政程序法的概念与作用

（一）行政程序法的概念

行政程序法是关于行政程序的法律规范，是有关行政权力运行方式、步骤和时间、顺序以及行政机关和相对人在行政程序中权利（力）义务的法律规范的总和。[1]

　　行政程序法不同于行政实体法。行政实体法是对公共管理中行政机关与行政相对人各自权利义务空间的界定，确立行政机关与相对人的关系和地位的法律规范；而行政程序法则是规定行政机关与相对人如何实现实体权利义务的程序的法律规范。也就是说，行政相对人只有通过行政程序，才能使其应享有的合法权利变成真实享有的权利；行政机关的行政权力也只有通过行政程序，才能对行政相对人的权利义务产生影响。

　　行政程序法也不同于行政诉讼法。虽然两者都属于程序法范畴，而且都具有规范和制约行政权力的功能，但行政程序法规范的是行政职权运作的程序，而行政诉讼法规范的是人民法院诉讼活动的程序。

　　（二）行政程序法的作用

　　程序制度相对于实体制度而言具有工具理性的意义。程序的规范是为了实体权利的更好实现，但同时，程序又有其自身独立的价值，承担着独立的社会使命。程序的正义既是约束公权力的必要手段，也是国家法治化程度的当然标准。行政程序法作为法治社会的制度性结构中的重要组成部分，有着其独特的社会作用。

　　1. 重塑政府活动的合法性基础。现代政府的合法性基础来源于民意。"水能载舟，亦能覆舟"，国家权力的行使必须有公民的同意并授权才有其正当性。基于这样的理念，"代议制"政府应运而生，公民通过代表表达意愿，行使权利，由此构成了政府的合法性基础，所以，政府的行政行为必须有议会授权，执行议会决定。但随着行政国家的发展，行政权不断扩大与膨胀，政府活动不仅仅是在执行议会的决定，而是出现了越来越多的自由裁量领域，这些政府行为已经超出了执行议会决定的范畴，必须为其寻找新的合法性基础。行政程序法律规范强调公民的参与权利，通过公民对行政行为过程的广泛参与，使得行政行为被公民所认同，即使是对于相对人不利的结果，也能使其从心理上加以接受，进而弥补了代议制民主对政府合法性支持的不足，重塑了政府活动的合法性基础。

　　2. 制约行政权力，保护公民权益。权力具有不断自我膨胀的特质，所以必须对权力加以制约。现代社会，国家所担负的行政职能越来越多，行政权也随之不断膨胀，影响公民社会生活的方方面面，公民拥有了一个"从摇篮到坟墓"的政府。行政权的过分强大，必然会影响公民的生活，妨碍权利的行使，所以

---

[1]　张树义主编：《行政法学》，北京大学出版社 2005 年版，第 294 页。

要对国家行政权加以制约。对于行政权力的制约包括外部与内部两个层面。外部的制约是指在行政权之外设置监督其权力运行的机制，如立法权的监督、司法权的监督；而内部的制约是指在行政机关自身的活动中规制行政权力的运行。行政程序法就承担了内部规制行政权力的重担，通过为行政权力的运行设置步骤、范围、方式、时间等的界限，让行政权在有界限的范围内活动，从而限制行政权的自我膨胀。"程序的规则之所以重要，正是由于在实体法上不能不给与行政机关巨大权力的缘故。议会在授予行政机关权力的时候，往往同时规定行使权力的程序。"[1]

天赋人权，公民权利拥有在先性，行政权来源于公民权利，行政权的存在是为了保护公民权利；但同时，行政权力拥有着可以强制个体服从的力量，在其运行过程中，也可能造成对个体公民权利的侵害。行政程序法的重要作用在于，为行政权运行划定了一个边界，也为公民权利筑起了一道牢固的防线。在行为过程中的告知、说明理由、听证等程序制度的规定，给公民提供充分的陈述事实、答辩的权利，让公民充分参与到行政决定的过程中来，从而降低行政权力运行给公民造成的不必要伤害，保护公民权利。

3. 提高行政效率，增强行政行为的可接受性。行政程序法为政府活动提供了一系列步骤、方式、时限与顺序规范，使得行政决定的作出有章可循，减少同类行政权力行使过程中的重复探究，保证行政活动的准确、及时、有效；同时，通过公民参与等程序作出的行政决定能增强其准确性，可以减少在执行过程中与公民权利之间的摩擦，保证职权行使过程的畅通，减少事后的救济成本。"在程序法上规定一些限制，当然是对行政机关的活动制造了一些障碍。看起来是妨碍行政效率，实际上，自然公正原则防止行政机关的专横行为，可以维持公民对行政机关的信任与良好关系，减少行政机关之间的摩擦，最大限度地提高行政效率。"[2]

4. 弥补实体法规定不足，推动依法行政。依法行政是指行政机关行使行政权力，管理公共事务，必须由法律授权，并依据法律规定。[3] 依法行政不仅需要实体合法，也需要程序合法。程序违法，也会使行政行为丧失其效力。目前，我国行政法上的实体与程序立法都存在着一些缺陷和漏洞，一时难以迅速弥补，法律的不健全、不完善成为制约社会发展的一大瓶颈。在这种情形下，行政程序法的全面规范可以在一定程度上弥补实体法的不足与缺陷。"一个法治上相对

第十二章

落后的国家，实定法的规范密度原本偏低，许多事情法律完全没有规范，或者法律的规范十分粗糙（挂一漏万），结果往往出现无'法'可依，乃至任由权力者予取予求的不公平现象。准此以观，建立一套通行的行政程序法，可谓是落实'依法行政'原则的捷径，稍可弥补实体法律建设远远落后于社会发展的现实。"[1]

二、国外行政程序立法的概况

（一）国外行政程序立法概况

随着行政国家、福利国家的不断发展，行政权在现代社会不断膨胀与扩张，社会生活已由传统的"议会主导"不断向"行政主导"演进，因而，对行政权力的内在制度性制约显得格外重要，行政程序在行政法的发展中也显示出越来越重要的地位。自 1889 年西班牙制定了世界上第一部行政程序法典后，行政程序法在世界范围内的发展经历了三个阶段。第一个阶段是从 1889 年到第二次世界大战之前，这时制定行政程序法的国家有西班牙（1889 年）、奥地利（1925年）等，该阶段制定的行政程序法以规范行政权力、提高行政效率为中心。第二个阶段是第二次世界大战之后至 20 世纪 90 年代，美国（1946 年）、德国（1976 年）等欧美国家完成了行政程序法典的制定，该阶段的行政程序法是以规范和保障公民的参与权为中心的。第三个阶段是 20 世纪 90 年代之后，行政程序法典的制定以亚洲为中心，日本、韩国、中国台湾地区、中国澳门地区都相继制定了行政程序法，该阶段行政程序法的发展以保障行政的公开、透明，保护公民的程序权利为中心。

行政程序法的产生与发展是民主法治的产物，体现了人民主权的观念，促进了"高权行政"向"服务行政"的转变。在行政权力的运行过程中，公民可以在法律的保障下充分了解、参与、监督行政行为，并对自己所面临的不利情形提出陈述与抗辩，增强了其与行政权力抗衡的力量，通过程序性权利保障了对实体权利的尊重。

（二）几个具有代表性的国家行政程序立法介绍

1. 奥地利的行政程序法。奥地利于 1925 年制定了《一般行政程序法》（AVG），并于 1950 年进行了修订。在 1925 年奥地利还通过了《行政程序法执行法》（EGVG）、《行政罚法》（VSTG）和《行政执行法》（VVG）三个有关行政程序的立法。

---

[1] 翁岳生编：《行政法》，中国法制出版社 2002 年版，第 941 页。

　　《一般行政程序法》（AVG）是以简化行政程序、提高行政效率及保护公民权利为目的，以行政机关的"裁决"为核心的。《一般行政程序法》（AVG）首推效率原则，力求程序的妥当、迅速、简单与节省，设定了行政机关作出"裁决"的严格期限，规定了可以不经调查程序而直接作出"裁决"的简易程序，给予主持言词审理、询问、勘验或者调查证据的公务员以秩序罚与放肆罚的行政处罚权，这些程序性规定均是有助于提高行政效率、简化行政程序的制度。当然，《一般行政程序法》（AVG）也重视在公平原则指导下对公民权利的保护，主要表现在规定了公民的听证权利、卷宗阅览权利以及提起通常救济与特别救济的权利。

　　2. 美国的行政程序法。美国是典型的联邦制国家，拥有联邦与州的双重主权，因而，其行政程序的立法可以分为联邦与州两个层面。《联邦行政程序法》（APA）是联邦行政机关的程序法典，不能直接适用于各州政府，50 个州各有自己的行政程序法。美国的《联邦行政程序法》（APA）制定于 1946 年，除此之外，美国联邦层面的程序立法还包括后来制定的《资讯自由法》（FOIA，1966 年制定，1974 年修正）、《隐私法》（Privacy Act，1974 年）、《阳光政府法》（Government in the Sunshine Act，1976 年）、《协商式规则制定法》、《行政争议解决法》等法律规范。

　　美国行政程序立法都是建立在联邦宪法"正当程序"原则基础上的，充分体现了公民参与行政程序的思想。关于正当程序的内涵，美国社会传统上认为正当程序须有听证，即有与司法审判时相同的程序保障。现在，由于考虑到社会现实中行政程序的日益复杂与繁琐，正当程序原则逐渐放弃了"完全听证"的立场，改为"利益衡量说"，即考虑个人利益性质、听证成本等因素来决定"正当程序"的内容。美国的《联邦行政程序法》（APA）设计了资讯公开与获得、规则制定（行政立法）与行政裁决（行政司法）三种程序，对于规则制定与行政裁决又规定了正式程序与非正式程序两种不同的程序规则。两种程序都体现了当政府作出的决策与决定影响公民合法权益时，公民有充分的程序参与权。其中，正式程序必须举行两造争讼式的听证并依据听证笔录作出最终行政行为；而非正式程序行政主体只需要将行政决定告知所有利害关系人，以及给予所有利害关系人以书面或口头表达意见的机会，并且，最终行政决定不受各方评论意见的拘束。

　　3. 日本的行政程序法。日本《行政程序法》的制定经历了一个较为漫长的过程，1964 年时就曾推出了行政程序法草案，几番周折，直至 1993 年才最终制定，并于 1994 年开始执行。

　　日本《行政程序法》以"谋求行政营运中，确保其公正性与提升其透明性，进而有助于国民权利与利益之保护"（第 1 条）为目的，第一次将"透明性"概念运用于行政程序法中。日本《行政程序法》遵循了有限立法的思想，由总则、对申请之处分、不利益处分、行政指导、申报及附则六部分组成。总则中规定了《行政程序法》的立法目的、定义以及除外适用，附则中规定了地方公共团体的程序措施。该程序法主体部分仅对行政处分（对申请之处分、不利益处分）、行政指导和申报的一般性程序作了规范，对于行政立法、行政合同、行政裁决等其他行政行为的程序没有加以一般的法典化规定，而是制定了其他相关的法令。日本《行政程序法》强调程序的透明性，这一理念在该法的各章中都有具体的体现。

三、中国行政程序立法的现状

（一）我国行政程序的立法发展分为三个阶段

第一阶段，1989 年之前，行政程序立法的萌芽阶段。在这个阶段的前期，行政法被定义为行政管理法，行政法的重心是尽最大可能地确保行政权的实现，所以行政法的核心内容是行政实体法。在 20 世纪的 80 年代以前，我国的行政程序法基本是一片空白。80 年代以后，在一些单行法律规范中，在规定实体规范的同时，开始对程序规范作出规定，如《治安管理处罚条例》《企业法人登记管理条例》等，但这些规定主要是关于管理程序的规定，赋予行政机关的程序性权力较多，对行政机关的程序性义务规定较少。这一阶段的行政程序基本是行政机关的工作程序，相对人在行政程序中处于被动地位，没有对行政权力的运行形成制约机制。[1]

第二阶段，1989～1996 年，行政程序立法的探索发展阶段。1989 年《行政诉讼法》的出台，确立了程序违法无效的原则，使得行政权力行使过程中程序的价值开始凸显，引起人们对行政程序的关注，极大地推动了我国行政程序的立法。这一时期，在行政诉讼法的推动下，一些地方政府与部门开始对行政程序作一些专门性的规定，出现了回避、说明理由等行政程序制度，开始为行政机关设定程序性义务，但这个阶段的行政程序法依然带有浓厚的管理色彩。

第三阶段，1996 年至今，行政程序立法的初步规范阶段。随着 1996 年《行政处罚法》的出台，作为行政程序核心内容的听证制度开始确立，以后的《价格法》《立法法》《行政许可法》《行政强制法》等对听证、告知、笔录等程序

---

〔1〕　王万华：《行政程序法研究》，中国法制出版社 2000 年版，第 82 页。

制度作出具体的规定，这些程序制度的建立改变了过去行政管理中行政主体与行政相对人简单的命令与服从关系，使行政相对人开始作为行政行为的直接参与者进入到国家的管理活动中。2008 年，湖南省人民政府公布了我国首部对行政程序进行系统规定的地方性法规《湖南省行政程序规定》，对行政决策、行政执法、行政合同、行政指导、行政裁决等程序作了较为详尽的规定。这一阶段的行政程序立法中，行政机关的义务被突出，程序制约行政权力的功能被重视，这些都标志着我国的行政程序立法已经走向规范化。

（二）我国行政程序法发展的趋势

20 多年来，我国的行政程序立法经历了从无到有，从被动推进到主动发展的历史演变过程。人们已经认识到，建设以宪法为核心的有中国特色的社会主义法律体系、实现依法治国的目标需要大量的行政程序立法作为规范行政权力、保障公民权利的基础。当前，我国的行政立法仍然处于一个相对薄弱的时期，行政程序的立法更是如此，大量的行政行为如行政计划、行政公产、行政合同等缺少相应的实体与程序立法规定，各种行政程序的规定多散见于各个实体法规范之中，不同行政行为的程序规定各不相同，缺少统一的、完善的标准。

对于未来我国行政程序立法的发展，学界展开了充分的讨论，制定一部《行政程序法》已成为当前行政法学界的主要课题，并将进入立法的议程。就行政程序法的立法讨论中有两个突出的问题：①目前我国是否已经具备了制定一部独立的行政程序法典的条件；②关于行政程序立法目标模式的选择。对前者，我们认为鉴于行政活动的程序性特点，以及我国制定《行政处罚法》《行政许可法》《行政强制法》等所积累的立法经验，制定一部独立的行政程序法应当是较好的选择。对后者，目前学界有两种不同的观点：一是效率优先，兼顾公正；二是公正优先，兼顾效率。公正是控制行政权力与保护公民权利的基础，效率则是行政的生命，两者不可偏废，特别是在我国行政权力过于强大、行政权控制社会生活方方面面的国情背景之下，一方面要注重对公民权利的切实保护，避免强大的行政权力对其的侵害；另一方面还要注重行政的效率问题，迟到的公正就是不公正。公正与效率虽然相互促进、相互作用，但是，应当承认两者之间存在冲突，对于两者主次关系的确定，不可能只从它们自身关系出发。在选择行政程序法的目标模式时，应当充分考虑现实国情、行政法治发展的水平、行政法学理论基础的研究状况等因素。

■ 第三节　行政程序的基本原则与基本制度

一、行政程序的基本原则

（一）公开原则

公开原则是指行政主体作出行政行为时，除了涉及国家秘密、个人隐私和商业秘密的外，必须通过一定的方式让行政相对人了解行政行为相关情况的原则。行政公开原则一方面可以使行政相对人有效地参与行政程序，维护自己的合法利益；另一方面，可以通过行政公开，监督行政主体依法行使权力，避免权力的滥用，规范行政权的行使。"公开原则是制止自由裁量权专横行使最有效的武器。"[1]

公开原则具体应包括以下内容：

1. 行使行政职权的依据公开。行使行政职权的依据包括一般性职权依据和个别性决定依据。一般性职权依据是指由法定的国家机关制定、发布的不具有直接执行性的规范性文件。它是一种预设的法律规范，因此，它的公开有助于行政相对人预测行政权的运作，经济地安排自己的活动。个别性决定依据指行政主体在对具体个案作出最终行政决定之前，应当向行政相对人公开这一最终行政决定的依据，包括事实依据、法律规范依据和裁量依据。[2]

2. 行使行政职权的过程公开。行政主体应当就行政职权行使过程中决定和影响相对人权益的环节向相对人公开，保障其参与和了解相关行政决定。行政职权行使过程中的公开一般包括行政信息的公开以及听证程序的建立两个方面。行政信息的公开是相对人参与行政程序，维护自身合法权益的重要前提。因此，除法律禁止公开的信息外，一切有关行政职权行使的信息，行政主体应该依申请或依职权及时、迅速地向相对人提供。听证程序是指在行政职权行使过程中，在作出影响相对人权益的决定前，由其表达意见、提供证据，行政主体听取意见、接受证据的程序。

3. 行政决定的公开。行政主体在作出行政决定之后，应当将决定的内容以法定的形式向相关人及社会公开，使相对人在不服行政决定时能及时行使行政救济权。没有公开的行政决定不能产生法律效力，不具有执行力。行政决定的公开包括向相对人公开决定结论和向社会公众公开决定结论两个方面。

---

〔1〕　王名扬：《美国行政法》，中国法制出版社1995年版，第109页。

〔2〕　章剑生：《行政程序法基本理论》，法律出版社2003年版，第53～54页。

公开原则需要一系列的制度保障，主要包括：行政法规和规章的公布制度、行政决定送达制度、行政信息公开制度、表明身份制度、行政告知制度、说明理由制度、行政听证制度、阅览卷宗制度等。

（二）公正原则

公正原则是指行政主体在作出行政行为的过程中，应该正当地行使职权，平等地对待各方当事人。行政主体公正地行使行政权力，一方面可以树立行政主体的权威；另一方面，也使公民与社会信服行政权，是行政职权具有执行力的保证。

公正原则在行政程序中具体包括以下内容：

1. 行政主体所选择的行政程序必须符合社会的一般公正心态，具有正当性。正当性要求行政主体必须在公正的心态支配下行使职权，充分考虑相关的因素。行政程序的正当性要求包括法律解释正当、裁量正当和目的正当。法律解释正当是指行政主体在个案中对所适用法律依据的解释，或者对整个条文在具体适用中的解释符合法律解释的一般逻辑，可以为大众所接受。裁量正当是指行政主体在作出行政决定时，对应当考虑的因素予以了充分考虑，对不应当考虑的因素予以彻底的排除。目的正当是指行政主体在作出行政行为时，服从法律所规定的目的。

2. 行政主体所选择的行政程序符合规律或常识，具有社会认同性。客观规律与常识体现了人们对客观事物的认同性。行政主体只有选择符合规律与常识的相应程序，所作出的行政行为才会为社会所接受，因而获得社会力量的支持，达到行使行政职权的目的。为了使行政行为得到社会的广泛认同，行政程序的设计中应尽可能地做到：注重行政惯例在行使职权过程中的运用；相同的情况应当相同对待，不同的情况应当区别对待；应当以同一标准行使行政职权，在社会中树立起应有的权威。

3. 行政主体所选择的行政程序应当具有说理性。即行政主体在行政程序中，应向行政相对人说明理由，减少行政过程中的独断、专横、恣意。行政程序的说理性包括：向相对人说明支持行政行为所依赖的事实的各种证据；说明用于支持行政行为的国家机关制定的各种规范性文件；说明用于支持行政主体行使自由裁量权时所考虑的各种因素。

公正原则需要一系列的制度保障，主要包括：内部审裁分离制度、回避制度、信息对称制度、行政听证制度、行政证据制度、单方接触禁止制度、说明理由制度、案卷排他制度等。

（三）参与原则

参与原则是指行政相对人为了维护其自身的合法权益而参与到行政程序过

程之中，就所涉事实与法律问题阐述自己的主张，从而影响行政主体作出有利于自己的行政决定的原则。参与原则，一方面可以通过公民对行政活动的外在监督驱使行政主体更加公正地行使行政职权；另一方面也促使行政相对人形成认同行政决定的心理基础，更为重要的是，参与原则使得行政相对人能在行政程序中成为具有独立人格的主体，而不是行政权力可以随意支配、具有附属性的客体。

参与原则的具体内容主要体现为行政相对人在行政程序上的权利，主要有：

1. 获得通知的权利。行政相对人有要求行政主体通知其何时、以何种方式参与行政程序的权利。获得通知的权利是行政相对人参与行政程序的前提，保证相对人知悉时限的计算、救济的申请、证据的及时收集等权利，是其有效参与行政程序的重要保障。

2. 陈述、申辩权利。所谓的陈述、申辩是指行政相对人有权就行政行为提出自己的意见，提出自己掌握的事实、所持理由和证据，并对行政主体提出的于己不利的主张进行辩解，申明自己的主张。

3. 参与听证权利。听证权利是参与原则的核心，有利于行政主体全面、客观、公正地作出决定，体现行政行为的公正与民主，其本质是相对人运用法定程序性权利对抗行政主体的不当行为，可以避免公民和行政机关之间因地位不平等而造成的不公平。

4. 提出申请的权利。申请权是行政相对人请求行政主体启动行政程序的权利，是相对人真正取得法律主体资格的重要条件，意味着行政相对人可以要求行政主体行使与如何行使行政权。申请权的主要内容包括：听证请求权、回避请求权、卷宗阅览请求权、复议请求权等。

（四）效率原则

效率原则是指行政主体在作出行政行为时，在不损害行政相对人合法权益的前提下，所遵循的步骤、方式、顺序、时限等程序要素必须确保基本的行政效率。效率是行政的生命与基础，是行政区别于立法、司法的重要特征之一。无效率则无行政，无效率的行政不能满足繁杂众多的社会事务管理的需要；无效率则无公正，迟来的公正无法有效地保护公民的正当权益。因此，行政程序的目的不仅在于保护公民的参与权利，而且应该兼顾行政效率，在行政程序中应确立效率原则。

行政程序中的效率原则与其他原则之间是对立统一的关系。从本质上说，无论强调效率还是公正、公开、参与，都是为了促成行政目的的实现，更好地保障行政相对人、相关人及全社会公民的合法权益。但有时也会产生矛盾，过多地强调公开、参与可能会耗费大量的行政成本，制约行政效率的实现。所以，要尽量促成两者之间的协调与统一，在保障公民权益的前提下尽可能地提高行政效率。提高行政效率的程序设计包括代理制度、不停止执行制度、文书格式化制度、行政应急制度等，集中体现在以下两个制度：

1. 时效制度。时效制度是指行政主体在作出行政行为时，特别是涉及行政相对人权益时，法律法规要对之规定明确的时间限制，超出时限限制即为违法。

2. 简易程序制度。简易程序是指行政主体在事实简单、法律规定清晰、易于判断的情形下，在作出行政行为时适当简化程序、减少步骤的方法。简易程序有助于行政效率的提高。

二、行政程序的基本制度

（一）听证制度

听证制度是行政程序基本制度的核心，集中体现了行政程序公开、公正、参与的基本精神与原则。

1. 听证的含义。听证是指行政主体在作出影响行政相对人权益的行政行为前，告知行政相对人作出该行政行为的理由，行政相对人有权陈述意见、提供证据，行政主体听取意见、接受证据，并据此作出相应决定的程序。

听证制度作为一种听取利害关系人意见的制度，最初出现在司法权运行的过程中，是司法审判活动的必经程序。自然公正原则认为在听取一方意见之前，不能对其施行不利惩罚。20 世纪之后，随着行政国家的不断发展，国家的政治中心开始从议会转向政府，为了规范行政权，通过借鉴司法权的运作模式，将听证引入行政领域，从而确立了行政听证制度。

行政听证制度最本质的内涵是行政相对人的行政参与权利。一方面，行政主体通过听证制度可以全面了解社会信息，促进行政决定的科学化、民主化，提高行政行为的社会可接受程度；另一方面，行政相对人可以通过听证制度，促使行政权力运行过程的透明化，增强对行政权力的约束。

2. 听证适用的范围。从理论上讲，凡是行政主体作出的行政行为可能对相对人权益产生不利影响的，相对人都可以要求通过听证来表达自己的利益要求。但行政职权的公益性与效率要求决定了并不是所有行政行为都可以适用听证程序。听证制度在具体情形中的适用与否，取决于行政程序中公正、公开、参与与效率等价值之间的协调与平衡。目前，界定行政听证范围的标准主要有：行政行为对相对人造成的不利程度；行政行为的效率要求程度；涉及的公共利益与私人利益之间的轻重缓急等。

3. 正式听证制度。听证制度的基本形式可以分为正式听证与非正式听证。正式听证是由法律严格规定的，借助司法审判程序而发展起来的一种程序模式。

正式听证程序要求：由独立的人员主持听证；当事人事先必须得到通知，了解听证的主要事实与依据；双方提出证据并互相质证与辩论；行政机关只能根据听证记录作出裁决。非正式听证是一种陈述式的听证，指不采用司法型审判程序听取意见，且不以笔录作为裁决唯一依据的一种程序模式。我国法律中所规定的听证是正式听证制度。

完整的听证制度由听证启动、听证通知、听证、听证决定等内容构成。听证程序的启动可以有两种方式：行政相对人申请听证或者行政主体依职权启动听证程序。我国目前的听证制度设计中就规定了这两种不同的听证启动方式。听证通知是指行政主体在举行听证之前，将有关听证的事项依法定程序通知有关当事人的一种行政行为。听证是指在听证主持人的主持下，行政主体的代表与行政相对人就案件的事实与法律问题展开质证与辩论的过程，这是听证制度的核心内容。听证程序中双方都有相同的机会就事实与法律问题提出证据、开展陈述、交叉质证和辩论，充分体现"两造兼听"的特点。听证过程中，必须对整个质证辩论的过程作出一个书面记录，并在听证结束后由双方当事人阅读、补正后签名，称为听证笔录。听证笔录是一种具有法律意义的文书，对行政决定具有约束力，行政主体必须依据听证笔录作出最终决定。这就是听证制度中的"案卷排他性原则"，即在依法举行的听证中，行政主体作出的最终决定，不得考虑听证记录以外的任何材料。若可以不遵守这一原则，行政主体在作出行政决定时可以随意抛开记录不顾，那么听证制度就失去了其本来的意义。

4. 我国的听证制度。我国的听证制度源于 1996 年制定的《行政处罚法》，《行政处罚法》第一次在法律上规定了行政听证制度。之后，我国的众多法律、行政法规、地方性法规及规章都开始引进听证这一正当程序的核心制度。

1996 年制定的《行政处罚法》第五章关于行政处罚的决定中，专门列出一节规定了听证程序。该法列举的听证范围是"行政机关作出责令停产停业、吊销许可证或者执照、较大数额罚款等行政处罚决定"。在听证过程中，规定了行政主体告知听证、组织听证的义务，以及行政相对人的公开、公平听证权、委托代理人的选择权、举行听证时的申辩质证权，同时还规定了听证主持人的选择与回避制度等。[1] 这些条款的规定，勾画出了我国行政听证制度的大致轮廓。

2003 年制定的《行政许可法》中进一步在立法上完善了行政听证制度：①《行政许可法》进一步明确了听证的启动程序，听证程序可以依当事人申请或依行政主体职权这两种方式而启动；②在听证范围的规定上，《行政许可法》

---

〔1〕《行政处罚法》第 42 条。

采用了概括式的方式。法律、法规、规章规定实施行政许可应当听证的事项，或者认为需要听证的其他涉及公共利益的重大行政许可事项，以及涉及申请人与他人之间重大利益关系的事项，都可以适用听证程序。相对于《行政处罚法》中的列举式而言，《行政许可法》以概括式确定的听证范围更加广泛，同时也为以后的进一步扩展提供了空间。③进一步明确了行政机关组织听证的期限问题，行政机关应当在申请人及利害关系人提起申请20日内组织听证，防止行政主体通过消极地、无限制地拖延听证来损害申请人及利害关系人的听证权利。④最重要的是《行政许可法》规定了听证笔录的效力问题，"行政机关应当根据听证笔录，作出行政许可决定"。[1] 这一规定体现了听证制度中的"案卷排他性原则"，根据听证笔录作出行政决定是听证制度充分发挥其作用的核心所在，也是听证制度中最重要的一个环节，离开了听证笔录对于行政决定的约束力，听证制度也就失去了其自身的价值。

关于听证制度的规定，我国的《立法法》《价格法》《治安管理处罚法》中都有所体现。

（二）告知制度

1. 告知制度的含义。告知制度是指在行政行为的过程中，行政主体应当随时告知行政相对人行政行为的相关内容及其所享有的程序权利，确保其知悉和正确参与行政程序。

对行政机关而言，告知是一项程序义务；而对行政相对人而言，获得告知是一项程序权利。行政机关不告知或不及时告知，或告知内容错误的将要承担法律责任。

2. 告知制度的基本内容。告知制度是一项基本的行政程序制度，一方面要求行政主体告知行政相对人及相关人行政行为的相关内容，包括行为的时间、地点、主要过程、事实与法律依据以及相对人所享有的陈述、申辩、听证权利等；另一方面要求行政主体告知行政相对人如不服该行政行为可以寻求救济的方法。告知可以采用口头通知、书面通知或送达、公告等不同方式。如果事后行政相对人与行政主体对是否告知发生争议，由行政主体对此承担举证责任。

（三）说明理由制度

1. 说明理由的含义。说明理由是指行政主体在作出影响行政相对人权益的行政行为时，应该向其说明作出该行政行为的事实理由和法律依据。

行政行为说明理由制度是满足公民知情权的需要、实现公民权利的重要制

---

[1] 《行政许可法》第48条第2款。

度，同时，也是检测一国政府法治建设水平的重要指标。行政行为是否符合法治的要求，是否有合情合理的法律依据、事实根据及充分合理的逻辑推理和结论，都可以从说明理由制度中作出判断。说明理由制度是行政行为合法性、公正性的外在表现，是其合法性、公正性的外衣，也是其实质合法性、公正性的重要保障。

2. 说明理由制度的内容。说明理由制度所涉及的内容，首先就是说明理由适用的范围，即何种情况下行政机关要向相对人说明理由。关于说明理由的范围应当是一种原则性的规定。一般来说，行政机关对行政相对人作出产生不利影响的行政行为时就应当说明理由。行政机关正式作出决定的，对决定应当说明理由。因关系国家重大利益而不宜作出理由说明的事项，或者是对相对人不产生利益影响的事项，或者理由明显而无须说明以避免因此造成行政资源浪费等情况下，可以不说明理由。但必须明确的是，在立法上应当确定行政行为以说明理由为原则，以不说明理由为例外，由法律明确作出排除性规定。其次，说明理由的具体内容，即需要说明什么，它包括合法性理由与合理性理由两个方面。合法性理由是指用于证明行政行为合法性的依据，包括事实依据与法律依据；合理性理由是指用于证明行政主体正当运用自由裁量权的依据，包括公共利益、惯例等。最后，说明理由的形式和时限，一般而言，书面形式是说明理由的主要形式，口头形式为补充。说明理由的时间，一般应是行政行为作出时，但特殊情况下，出于公平公正之法治理念，行政主体事后的补充说明也是说明理由的行为，如行政应急情况下先行为后说明理由，还有应申请而作出的理由说明。

（四）信息公开制度

1. 信息公开的含义。信息公开是指行政主体根据职权或者应行政相对人请求，将政府信息向行政相对人或者社会公开展示，并允许其查阅、摘抄和复制。[1]

信息公开制度是行政程序中的一个重要制度，是行政程序立法的重要组成部分，它承认了公民对国家拥有的信息有公开请求权，国家对这种信息公开的请求有回答的义务，规定了行政机关提供特定信息的义务和公民请求信息公开的权利。

2. 信息公开制度的主要内容。信息公开包括主动公开和被动公开，两种公开都需要明确信息公开的范围，以避免政府找各种借口和理由规避法律。立法

[1]　章剑生：《行政程序法基本理论》，法律出版社 2003 年版，第 247 页。

上一般以公开为原则、不公开为例外的形式确定公开范围。除涉及国家秘密、个人隐私或者商业秘密时才能对公众保密以外，其他政府信息都应予以公开。信息公开的形式多种多样，政府公开信息可以通过网站、窗口、电话、媒体、记者会、公告栏、政府公报、听证会等各种形式进行信息发布。这些方式有些适合政府主动公开，有些适合政府应公民申请公开。信息公开的方式和途径应当由法律明确规定。对于行政机关不公开或不及时公开信息的行为，行政相对人应当有获得救济的权利，否则，信息公开制度将难以实现它的功能。

（五）职权分离制度

1. 职权分离的含义。职权分离是指行政主体调查与审查的职权以及决定与裁决的职权分别由不同机构和人员行使，以保障相对人的合法权益不受侵犯。行政程序法中职权分离制度的法理基础是分权理论。若对案件调查、审查的人或机构同时又有对案件作出裁决的权力，那么就难以确保相对人的合法权益不受侵犯。

2. 职权分离制度的主要内容。职权分离制度包含内部职权分离模式以及职权完全分离模式。内部职权分离是指在同一行政主体内部由不同的机构或人员分别行使案件调查和审查权与裁决权的一种制度。职权完全分离是指行政案件的调查和审查权与决定、裁决权分别交给两个相互完全独立的机构来行使。在行政程序制度上，内部职权分离是常态，职权完全分离是例外。职权分离制度的意义在于确保行政裁决的公正性，防止过于集中、强势的权力破坏权利与权力的制度平衡，避免行政专横独断、滥权侵权，防止利益冲突，避免关联交易，树立行政相对人对行政主体的信任感，消除行政相对人和社会公众对行政偏私的疑虑，从而促使行政相对人自觉履行行政裁决。

（六）行政回避制度

1. 行政回避的含义。行政回避是指行政主体的公务人员在行使职权过程中因存在法律禁止的身份关系或其他法定利益冲突情形，为保障实体处理结果和程序进展的公正性，依法进行的人员替换。回避是一项历史十分悠久的法律制度。如英国普通法中的自然公正原则就指出"任何人都不得在与自己有关的案件中担任法官"。我国法律制度的历史上也存在着回避制度，包括任职回避、地区回避、公务回避等。行政程序法上的回避制度主要指的是公务回避。

2. 行政回避制度的内容。我国行政回避制度包括自行回避和申请回避两种方式。自行回避指的是行政主体的公务人员认为自己与本案有法律规定的回避事由，主动提出回避处理本案的请求，行政主体经过审查后认为回避事由成立的，应当依法进行人员的替换。申请回避指的是行政相对人认为处理本案的公务人员有法律规定的回避事由，依法向行政主体提出要求该公务人员回避处理本案的请求，经行政主体审查后认为回避事由不成立，应当决定驳回申请；回避事由成立的，应当依法进行人员的替换。在行政程序制度中设立回避制度是人民追求公正行为结果的需要，其价值在于避免利益冲突，预防行政腐败，防止行政偏见，维护行政法律程序的公正性，保障行政行为的实体公正，维护和提升行政公信力，提高利益冲突的双方当事人寻求法律程序来解决争议的信心，客观上也有助于培育社会稳定发展的积极力量。

（七）案卷制度

1. 案卷的含义。案卷指的是行政主体的行政行为所依据的证据、记录和法律文书等，根据一定的顺序所组成的书面材料。行政程序中支持行政行为合法性的唯一依据就是案卷，正式的行政程序必须有案卷，这是依法行政的基本要求之一。

2. 案卷制度的内容。我国案卷制度又称为案卷排他制度，包含以下三个方面：①案卷的合法性，即与案件有关的材料取得的途径都必须是合法的，对相对人不利的证据都必须经过质证环节；②证据材料取得的时间，即证据或其他书面材料必须是行政主体在行政程序结束之前取得的，否则不得作为行政行为的依据；③案卷具有封闭性，在行政程序结束后案卷一旦形成便具有封闭性特点。案卷制度的主要意义是：①防止了行政主观随意性，通过证据与书面材料保证行政决定的说理性和说服力；②强化了行政程序的严谨性和有效性，促进严格规范执法；③使证据更接近于事实真相，更准确地实现事实与法律的结合，有助于达到实体正义。

【思考题】

1. 什么是行政程序？
2. 行政程序有哪些作用？
3. 行政程序有哪些基本原则？
4. 行政程序有哪些基本制度？

第十三章

行政裁决和行政复议

■ 第一节 行政裁决

一、行政裁决的概念

（一）行政裁决的概念与特点

行政裁决这一概念在学界曾形成过最广义说、广义说、狭义说三种观点。[1]最广义说认为，行政裁决是指行政机关依照某种特定程序（准司法程序）对特定人的权利义务作出具有法律效力的决定的活动。依据这一理解，行政裁决不仅包括行政机关对民事纠纷的处理，还包括行政机关依严格程序作出的行政处理行为。广义说认为，行政裁决是指行政司法，即行政机关作为第三方解决民事纠纷、行政争议的活动，它包括行政复议在内。狭义说认为，行政裁决是指行政机关依照法律规定，居间解决特定的民事纠纷的具体行政行为。

关于行政裁决的定义，目前普遍采纳的观点是狭义上的，即行政裁决是指行政主体依照法律的明确授权，以第三者的身份根据一定的程序，对平等主体之间发生的、与行政管理活动密切相关的特定的民事争议进行审查并裁决的行政行为。[2]

行政裁决有以下特点：

1. 行政裁决的主体是国家行政机关。行政裁决是由行政机关作出的，是行政机关行使行政职权的活动，而国家司法机关或社会团体、民间组织解决纠纷所作出的司法裁判、民间仲裁等，则不属于行政裁决。

---

[1] 张尚鷟主编：《走出低谷的中国行政法学——中国行政法学综述与评价》，中国政法大学出版社1991年版，第285~286页。

[2] 马怀德主编：《行政法与行政诉讼法》，中国法制出版社2015年版，第254页。

2. 行政裁决解决与行政管理事项有关的民事纠纷。行政裁决是行政机关以中间人身份，裁断平等主体之间的民事纠纷的行为。行政裁决所解决的民事纠纷，具有一定的限制性。不是也绝不可能是任何民事纠纷都可以通过行政裁决予以解决，只有在特定的情况下，即出现了民事纠纷与行政管理事项密切相关的情况时，行政机关才能从行政管理的角度去裁决民事纠纷，以实现行政管理的目标。

3. 行政机关在行政裁决中以中立第三人的身份对民事纠纷进行居中裁决。行政裁决的法律关系是三方法律关系。其中，民事纠纷的双方当事人是实体权利义务的承担者，拥有行政裁决权的行政机关则以中立"第三人"的身份出现，他独立于争议双方当事人之外，依职权对纠纷作出裁决。行政裁决的这一特点不同于行政处罚、行政许可等行政行为，行政机关在进行这些行为时所形成的法律关系都是双方法律关系。

4. 行政裁决权来源于法律的明确授权。行政裁决权通过法律形式直接授予给特定的行政机关，这里的"法律"应当是指全国人民代表大会及其常务委员会制定的法律。根据国家职能的分工，一般而言，对于民事纠纷的裁决属国家司法机关的职能范畴，在何种情况下行政机关可以裁决民事纠纷，行使具有司法性质的职权，自然要涉及行政职权与司法职权的分工问题，而这种国家职权的分工，在我国只有国家最高权力机关才有权作出规定。所以，行政裁决权必须以法律形式明确授予，非经法律明确授权，任何行政机关不享有行政裁决权。

5. 行政裁决的程序具有准司法性的特征。应该说，这种特征是由行政裁决活动的本质属性所决定的。如前所述，行政裁决是行政机关以居间人的身份，裁决平等主体之间民事纠纷的活动，行政机关扮演的是一种类似于法官的中间裁判者的角色，为了保证行政机关能够公正地裁决纠纷，法律理应为行政裁决活动规定一种类似于审判活动的程序，以达到定分止争之效。

（二）行政裁决的性质

行政裁决作为一种行政管理行为方式，一方面，是由行使国家行政职权的行政机关实施的，其行为主体资格及行为权力来源等决定了其"行政"的性质；另一方面，它又是裁决纠纷的行为，采用司法程序中的主要原则与步骤，表现出一种"司法"的特性。因而其行为在表现形式上介乎于行政行为与司法行为之间。

但是从本质上看，行政裁决行为仍属于行政行为，具有行政行为的基本属性。因为行政裁决是行政主体运用行政职权的行为，无行政职权的存在和运用就无行政裁决行为。行政裁决的内容涉及当事人的权益，又是行政机关依单方意志作出的。最主要的是行政裁决的目的是管理公共事务，其实质是按照行政机关的单方意志对纠纷予以强制性解决。但行政裁决行为具有司法性的特点也不可忽略，行政机关在此承担着类似法官的裁判者的角色，在行政裁决中既存在着行政机关与双方当事人之间的相互关系，也存在着纠纷双方当事人之间的相互关系。行政裁决的这一特点，决定了行政裁决在其行为的具体程序、原则与规则上，必然与司法行为基本一致。

二、国外行政裁决制度介绍

行政裁决最早兴起于19世纪后期的英美国家。在英美国家，由行政机关来解决民事纠纷的做法早已存在，但大规模的兴起始于19世纪末，主要表现为英国的行政裁判所和美国的独立机构的大量出现。

19世纪中叶，工业革命在主要资本主义国家展开，随着工业革命的进行，科学技术的发展日新月异、社会分工日益细密，大量新兴社会领域开始出现，社会经济得以迅速发展。随着社会经济领域的巨大变革，社会纠纷也随之大量增多。与传统的民事纠纷相比，这些纠纷具有高度的专业性与技术性，要解决这些纠纷，不仅需要掌握相关的法律知识，还需要具备相关的专业技术知识。例如，对于一个专利权的纠纷，裁判者不仅要熟悉知识产权的相关法律，还要能够判断"申请专利的技术与以前已存在的技术相比是否有显著的进步"。[1] 对于这种纠纷的解决，法院开始感到无所适从。因为，在英美国家观念中，法官只是法律问题的专家，法官所接受的训练和每天所从事的工作更多地是从法律角度来考虑问题，而对于这些纠纷中所涉及的专业知识，他们不是内行，而且，日益细密和具体的现代分工也使得法官具有每一领域的专门知识和经验几乎成为不可能。此时，行政机关的优势就凸显出来了。行政机关因为长期管理这方面的事务，具有处理这类纠纷所需的专门知识、专门经验和专门技能。因此，将这些特殊的民事纠纷交给行政机关来处理将会更有利于纠纷的解决。基于上述原因，法律创设行政裁决制度，赋予行政机关以准司法权，允许行政机关在行政管理过程中裁决和处理与行政管理有关的民事纠纷。

（一）英国的行政裁判所

英国的行政裁判所，通常简称为裁判所（Tribunal），是指在一般法院以外，由法律规定设立的用以解决行政上的争端以及公民相互间某些和社会政策有密切关系的争端的特别裁判机构。它们都是作为某些行政运作的组成部分而设立的，所以经常统称为行政裁判所，是英国行政司法制度的标志。

---

〔1〕 何兵：《现代社会的纠纷解决》，法律出版社2003年版，第227页。

1. 行政裁判所解决纠纷的种类。英国的行政裁判所大都是为了某一特殊的目的或执行某一特定法律而设立的，其种类非常繁多。行政裁判所大多是受理行政机关与公民之间的争端，但有些行政裁判所则只受理公民之间与某些社会政策有密切关系的争端，如租金裁判所、工业裁判所等都是受理公民之间的争端。行政裁判所主要有财产权与税收方面的裁判所，工业和工业关系方面的裁判所，社会福利方面的裁判所，此外，还有外国人入境裁判所、入境上诉裁判所等。

2. 行政裁判所的性质及特点。关于行政裁判所的性质，英国行政界和法学界持有不同的看法。行政界认为行政裁判所首先是行政机构的一部分，帮助完成行政任务，应受行政机关控制；法学界认为行政裁判所应当成为司法机构的一部分，应按司法审判形式组织。弗兰克斯委员会采纳了后一观点，认为行政裁判所是按议会旨意设立的审判机关，不是行政机关的一部分；但同时也采纳了行政机关的某些观点，认为出于行政争端的特点，行政裁判所不能等同于法院。[1]

英国的行政裁判所具有以下特点：①行政裁判所不是根据国家行政机关的委任立法或部长的自由裁量设立，而是根据议会的法律设立的；②行政裁判所裁决案件只根据事实和法律，不受行政部门的任意干预；③行政裁判所审理案件不适用行政程序，而采用不完全等同于普通法院司法程序的简便、灵活、迅速的准司法程序；④当事人不服行政裁判所的裁决，通常可就法律问题向高等法院上诉；⑤行政裁判所受理的案件不仅包括涉及行政的以行政机关为一方当事人的案件，而且也包括双方为公民的案件。

（二）美国的行政司法制度

美国行政司法制度在世界行政司法制度发展史上占有重要地位并具有代表性。众所周知，美国是实行三权分立制度的典型国家，但从1887年州际贸易委员会成立后，情况发生了变化，特别是进入20世纪以后，随着行政管理活动的日益复杂，给传统的严格的三权分立制度带来了冲击。美国授予行政机关司法权力是出于现代行政的需要。在美国，法官裁决行政上的争端不但缺乏行政管理方面的专门知识，而且人们普遍认为法官的心理状态也缺乏解决行政问题所需要的开拓进取精神。美国行政机关的司法权力，主要由独立管制机构与许多行政部门来行使。行政机关行使司法权力与法院之间有一个关键的差别："法院是公正的仲裁人，它唯一的职责是判决法院之外的当事人提起诉讼的案件，它

〔1〕　王名扬：《英国行政法》，中国政法大学出版社1987年版，第139页。

除了判决争论理由的是非以外，没有其他责任。行政机关则不一样，行政司法一般处理两种类型的案件：①行政机关可以和法院一样，处于与己无关的双方当事人之间的法官地位；②需要审判的案件中的一方当事人是该机关自己。"[1]可见，行政机关司法权力行使的范围，既包括行政争议案件，也包括相关的民事纠纷。也就是说，有关民事的司法权力也被授予行政机关。

三、行政裁决的基本原则

行政裁决的基本原则，是在行政裁判的整个活动中起主导作用的准则，它集中体现着裁决的公正、效率、效益等价值目标的要求。

（一）合法原则

合法原则是指行政裁决活动必须遵守法律，符合法律。合法原则是任何行政活动所应遵循的最基本的原则，一切行政活动都必须以法律为依据，符合法律规定的活动权限、手段、程序等内容，不能同法律相抵触，否则要承担相应的法律后果。行政裁决合法，应包括以下具体内容：行政裁决不能超越法定权限；行政裁决必须证据充分；行政裁决必须正确适用法律、法规；行政裁决程序必须合法；行政裁决机关不能滥用职权。

（二）当事人权利义务一律平等原则

这一原则是由"公民在适用法律上一律平等"的宪法原则所派生出来的，同时也根源于民事纠纷的特点。民事法律关系主体之间的平等性，要求并决定着在解决民事纠纷的行政裁决中，当事人必然处于平等的地位。只有在裁决中将当事人置于平等的地位，才能使其平等地行使权利，平等地履行义务，获得平等的保护机会。

（三）公平原则

公平是法律规范的精神之一，它不仅支配着法院对纠纷的处理，同样也是行政裁决的基本准则。公平原则要求以事实为依据，以法律为准绳；同时还要求当某些平等主体之间的纠纷无法找到一个具体的民事法律规范或习惯等来处理时，行政机关应尊重历史和现实，从有利于安定团结、有利于维护当事人权益出发，根据有关法理，本着公平合理的原则，实事求是地进行裁决。

（四）处分原则

所谓处分，是指当事人在裁决纠纷的活动中，在法律规定的范围内，自由支配、处置自己依法享有的实体权利与程序上的权利。行政裁决适用这一原则，是

---

〔1〕　[美]伯纳德·施瓦茨：《行政法》，徐炳译，群众出版社1986年版，第9～10页。

由民事纠纷的特点决定的。对于民事权利，当事人可以使用和支配，享有自由处分的权利。当然，这种处分也不是绝对自由的，要在法律规定的范围内进行。

（五）及时原则

及时原则是行政裁决效率价值目标在程序上的具体要求。及时原则要求行政机关对当事人的裁决请求及时地作出回应，迅速地作出处理。行政裁决的许多案件是当事人的合法权益正在受到侵害的案件，这就要求裁决机关及时处理，制止违法行为，减少可能造成的更大损失。

（六）调解原则

行政裁决活动应以调解为原则。调解是纠纷双方当事人在第三人的主持下，自愿协商，达成协议，以解决纠纷的一种方式。行政复议之所以不适用调解的原则，是因为在复议中，有一方是代表国家行使行政权力的行政机关，行政权力对行政机关来说既是其职权，也是其职责，放弃职权的行使就意味着违法失职，因而行政机关一方当事人没有对权力随意处理的自由。而行政裁决则不同，它是行政机关以第三人的身份解决民事纠纷的活动，行政机关本身与纠纷无关，纠纷的双方当事人都是民事主体，他们有对自己权利进行处分的自由，存在调解的基础。

（七）司法最终裁决原则

司法最终裁决原则的基本内涵是：立法机关可以把初步裁决权赋予行政机关，但行政机关的行政裁决不能是终局裁决。当事人对行政机关的裁决不服，可以再向法院提起诉讼。行政裁决尽管追求公正，但法院的司法公正具有最高的权威性，而行政机关裁决纠纷有其自身难以克服的缺陷，其公断人地位的独立性与司法机关相比仍有一定的距离。

四、行政裁决的范围

行政裁决的范围，是指行政机关行使行政裁决权，依法裁决一定范围内的民事纠纷的权限，即哪些民事纠纷可以由行政机关通过行政裁决解决。它是行政机关解决民事纠纷与其他国家机关、社会团体裁决民事纠纷的权限划分。

（一）我国行政裁决的范围

从现行法律制度上看，我国行政裁决的具体范围是：

1. 损害赔偿纠纷。损害赔偿纠纷是一方当事人的权益受到侵害后，要求侵害者给予赔偿所引起的纠纷。当双方当事人就损害赔偿责任和数额等产生纠纷后，受侵害者可依法要求有关行政机关进行裁决，确认赔偿责任和赔偿金额，使其受到损害的权益得到恢复或补偿。近年来，我国通过立法的方式删除了大部分对损害赔偿纠纷进行行政裁决的规定。如已失效的《治安管理处罚条例》

第 38 条规定："被裁决赔偿损失或负担医疗费用的，应当在接到裁决书后 5 日内将费用交裁决机关代转；数额较大的，可以分期交纳。拒不交纳的，由裁决机关通知其所在单位从本人工资中扣除，或者扣押财物折抵。"2007 年发布的《治安管理处罚法》则在第 9 条规定："对于因民间纠纷引起的打架斗殴或者损毁他人财物等违反治安管理行为，情节较轻的，公安机关可以调解处理。经公安机关调解，当事人达成协议的，不予处罚。经调解未达成协议或者达成协议后不履行的，公安机关应当依照本法的规定对违反治安管理行为人给予处罚，并告知当事人可以就民事争议依法向人民法院提起民事诉讼。"

2. 权属纠纷。权属纠纷是指双方当事人因财产所有权与使用权的归属产生的争议。这类纠纷主要包括土地、矿产、草原等资源的权属争议。如《渔业法》《土地管理法》《草原法》《森林法》《矿产资源法》等法律中都有关于行政裁决的规定。同时，国有资产产权纠纷也属这一类纠纷。

3. 关于补偿问题的纠纷。双方当事人之间有关补偿问题的争议可以请求行政机关进行裁决，作出强制性补偿决定。如《国有土地上房屋征收与补偿条例》第 26 条第 1 款规定："房屋征收部门与被征收人在征收补偿方案确定的签约期限内达不成补偿协议，或者被征收房屋所有权人不明确的，由房屋征收部门报请作出房屋征收决定的市、县级人民政府依照本条例的规定，按照征收补偿方案作出补偿决定，并在房屋征收范围内予以公告。"在我国的法律、法规中，涉及补偿的还有草原征用补偿，水面、滩涂征用补偿，土地征用的补偿等，这类纠纷的内容与行政管理活动有直接的关系。行政机关对补偿纠纷的裁决与对当事人之间损害赔偿的裁决并不完全相同。损害赔偿的裁决是针对当事人的违法侵权行为造成的损害而进行的裁决，它是以当事人违法为前提的。而补偿的裁决是对当事人合法行为所带来的损失的弥补，而这一合法行为往往又是由行政机关所许可的。

4. 其他侵权纠纷。其他侵权纠纷是指除上述纠纷之外，由于一方当事人的合法权益受到侵犯而产生的纠纷。如《专利法》第 57 条规定："取得实施强制许可的单位或者个人应当付给专利权人合理的使用费，或者依照中华人民共和国参加的有关国际条约的规定处理使用费问题。付给使用费的，其数额由双方协商；双方不能达成协议的，由国务院专利行政部门裁决。"

（二）行政裁决范围的分析

行政裁决的范围是与行政管理职权密切相关的平等主体之间的特定民事纠纷。行政裁决并非涉足所有的民事纠纷，它仅解决"与行政管理职权密切相关的平等主体之间的特定民事纠纷"。根据国家职能分工的传统理论，解决民事纠纷本是法院的职能。但是在现代社会，随着社会经济的迅速发展和科学技术的进步，越来越多的民事纠纷开始呈现出不同于以往的特点。与传统的民事纠纷相比，现在的许多纠纷更具有技术性、专门性、政策性，甚至与行政管理活动缠绕在一起。要解决这些纠纷，完全靠法院已难以承受，而行政机关因为长期管理这方面的事务，具有处理这种特殊纠纷的专门知识、专门经验和专门技能，因此行政机关裁决民事纠纷的活动应运而生。"若民事纠纷与行政机关的行政职权毫无关系，则不宜将此类纠纷授权行政机关以行政裁决的方式解决。"[1]

五、行政裁决的基本程序与救济途径

（一）行政裁决的基本程序制度

行政裁决具有行政性与司法性双重特征，与一般行政行为相比较，行政裁决程序体现出更多的司法性特点。因此，它除了应有一般行政行为所具有的程序制度以外，以下制度尤为重要，可以更好地反映出行政裁决的特性。

1. 回避制度。回避制度是指承办案件的人员与本案有利害关系，可能影响案件公正裁决时，终止其行政裁决权，由他人裁决的制度。行政裁决回避制度应包括回避条件、回避方式、回避程序等内容。行政裁决回避条件应当与诉讼程序中规定的回避条件相同。

2. 代理制度。我国的民事诉讼、仲裁等制度都明确规定了代理制度，这一制度理当引入行政裁决活动中。在裁决活动中，当事人有权亲自为自己辩护，有权使用证据等正当手段驳斥对方的观点和对自己不利的证据，也应当有权委托代理人协助自己行使提供证据和辩论等权利。行政裁决确立代理制度的目的在于：①可以帮助当事人实现裁决活动的保护功能；②可以协助裁决机构全面查清纠纷事实，有利于正确及时地处理案件。随着我国法制的不断健全和完善，律师介入行政管理领域将越来越广泛，并将发挥重要的作用，律师在行政管理领域中介入的时间、具体的权利义务等应与其在诉讼活动中的相关内容大体相同。

3. 听证制度。听证是指以公开举行由全部利害关系人参加的听证会的形式，来听取各方面的陈述与意见的活动。

听证制度在行政裁决中处于重要的地位，但并不是说所有的行政裁决都必须采取听证的程序。是否适用听证，应考虑以下因素：①受到行政行为影响的权利或利益的性质，听证程序所保护的一般是比较重要的权利和利益；②若不适用听证，当事人的权利或利益被侵犯或被剥夺的可能性以及政府在事后的救

第
十
三
章

---

[1]　杨海坤、章志远：《行政法学基本论》，中国政法大学出版社 2004 年版，第 222 页。

济中所可能付出的成本；③因进行听证而给政府利益或社会公共利益所造成的影响或损失。

4. 时效制度。行政裁决制度的准司法程序的特点，决定它必须有完善的时效制度。时效是一种法律制度，其规定法律文件和法律事实产生或消灭法律效力的时间范围。确立时效制度有利于稳定社会秩序，有利于促使权利人及时行使权利，有利于行政裁决机构及时裁决案件。在我国现有的法律、法规中，有一些关于行政裁决申请期限和裁决期限的规定，例如《专利法》第 41 条第 1 款规定："国务院专利行政部门设立专利复审委员会。专利申请人对国务院专利行政部门驳回申请的决定不服的，可以自收到通知之日起 3 个月内，向专利复审委员会请求复审……"

（二）不服行政裁决的救济途径

对行政裁决行为不服，相对人将通过何种救济途径保障权益，即对行政裁决决定不服，是提起行政诉讼，还是提起民事诉讼，这个问题在学术界有着较大的争议，而且立法也有不一致的规定。我国目前的《行政复议法》《行政诉讼法》以及相关司法解释中，确定了两种行政裁决的救济途径：一种是当事人对行政裁决不服，可以就原来的民事纠纷向法院提起民事诉讼；一种是当事人对行政裁决不服，可以依法对该裁决决定提起行政诉讼，法院可以在解决行政裁决合法性的基础上，一并解决民事纠纷，即通常所说的行政附带民事诉讼。

我们认为，不服行政裁决，应当是提出争议的当事人以民事纠纷的另一方当事人为被告提起民事诉讼。行政裁决所处理的纠纷，虽然经过行政机关处理，但其基本属性仍属于平等主体之间的民事权益纠纷。纠纷一方当事人对行政机关就民事纠纷所作的行政裁决不服而提起诉讼时，其最终所要求解决的还是民事纠纷。那么，将行政裁决所处理的纠纷通过民事诉讼程序解决，从解决纠纷的角度来看，无论是解决纠纷的主持人，还是所遵循的程序规则，都更有利于民事纠纷的解决。而且，行政机关在行政裁决中的地位是居间人身份，是一个司法意义上的裁决者，而"裁决者不能为被告"的司法规则，也决定了对行政裁决不服，不应当以裁决者行政机关为被告而提起行政诉讼。

对行政裁决不服提起民事诉讼，并不否认行政裁决的行政行为的性质。它仍然具有法律效力，而不因当事人的主观意志被否定，只是在当事人提起民事诉讼前作为行政裁决行为，不产生公定力，或者先定力，即在当事人提起民事诉讼的时效内，不发生法律效力；当过了时效而当事人不提起诉讼时，才产生应有的法律效力，并具有强制执行力。

■ 第二节　行政复议

一、行政复议概述

（一）行政复议的概念与特征

根据《行政复议法》的规定，行政复议是指公民、法人或者其他组织认为具体行政行为侵犯其合法权益，依照法定的条件和程序向法定的行政机关提出复议申请，由受理的行政机关对该具体行政行为进行审查并作出决定的活动。

我国行政复议制度有以下特征：

1. 行政复议是由上一级行政机关解决行政争议的制度。行政复议作为行政机关解决纠纷的一项制度，其解决纠纷的性质是行政纠纷，所以不同于行政裁决行为。解决纠纷的主持人是行政机关，且是作出引起纠纷的行政行为的行政机关的上一级机关。我国原则上不设立专门的行政复议机关。

2. 行政复议是行政机关的职权行为，具有行政行为的性质。这一特点使其不同于同样解决行政纠纷的行政诉讼制度。

3. 行政复议审查的对象一般是具体行政行为。行政相对人提起行政复议应当针对具体行政行为，而不能就抽象行政行为直接要求行政机关进行复议审查。这一特点是对我国行政复议范围的界定。

4. 行政复议程序是一种准司法性程序，不同于行政机关上下级之间的一般监督，作为复议机关的上一级行政机关必须严格按照法定的复议程序，对案件进行受理、审查并作出决定。在行政复议中的程序规则具有一定的司法性质。

（二）行政复议的性质

1. 行政复议制度具有行政与司法的双重性质。作为行政行为，行政复议遵循严格的层级制度，追求效率，是行政机关运用行政职权对外作出的具有法律效力的行为。但是行政复议与一般行政行为不同的是其具有司法的性质，它是行政机关作为"法官"进行居中裁判，作出复议决定的行为，在程序方面吸收了大量的司法规则，"公正"是行政复议制度所要追求的目标之一。为此，人们往往因为行政复议具有的这种双重特性，把行政复议理解为准司法行为。

2. 行政复议是一种内部纠错的机制，是上级机关对于下级机关的监督，上级机关对下级机关违法或不当的行政行为有权依职权撤销、变更或确认违法。

3. 行政复议是国家行政救济机制中的重要制度，目的在于确保公民受到具体行政行为侵害时能得到确认和补救，并且通过这种制度纠正违法行为、弥补公民损失。行政复议处理行政纠纷更为迅速、高效，并有利于树立行政机关的威信。

（三）行政复议与行政诉讼的区别与联系

由于行政复议具有司法的性质，人们常常将其与行政诉讼相混淆，其实行政复议与作为司法行为的行政诉讼还是有本质区别的，表现在：

1. 行为性质不同。行政复议是由上一级行政机关对下一级行政机关所作的具体行政行为的审查，是行政机关运用行政职权的活动，本质上是一种行政行为；而行政诉讼是人民法院对行政机关的行政行为进行的司法监督，是法院运用审判权的司法活动，属于司法行为。

2. 审理主体不同。行政复议所采取的是上一级行政机关复议原则，是由行政系统内部机关进行审理；而行政诉讼的审理机关是人民法院。

3. 审查范围不同。行政复议审查的是侵害公民、法人或其他组织合法权益的具体行政行为，同时也对部分抽象行政行为进行附带审查；行政诉讼审查的是侵害公民、法人或其他组织人身权、财产权的具体行政行为，并且不审查抽象行政行为。

4. 审查程度不同。行政复议不仅审查具体行政行为的合法性，而且还要审查具体行政行为的合理性；而行政诉讼只审查具体行政行为的合法性，合理性被看作是行政行为自由裁量权的范围，法院无权进行审查。

5. 审理的规则和程序不同。行政复议以书面复议为原则、实行一级复议制度；而行政诉讼实行言辞辩论制度、实行两审终审制。相对于行政诉讼来说，行政复议更为灵活、简单。

行政复议与行政诉讼同是行政救济机制，两者在程序上有不同的衔接方式：[1]

1. 选择型，即由公民、法人或者其他组织在行政复议与行政诉讼之间自由选择，在选择了行政复议后如对复议决定不服仍可提起行政诉讼。我国法律上以自愿选择为原则，以法律特别规定为例外。

2. 选择兼终局型，即由公民、法人或其他组织自由选择行政复议或行政诉讼，但选择了行政复议后即不得再提起行政诉讼，如《出境入境管理法》作了这样的规定。

3. 必经型，即行政复议是行政诉讼的必经程序，通常称为复议先行或复议前置。公民、法人或者其他组织不服行政机关的具体行政行为，必须先向行政机关申请复议，如不服复议决定，再行起诉，未经复议不得起诉。这种情况的

---

〔1〕 张树义主编：《行政法学》，北京大学出版社 2005 年版，第 326 页。

典型是《税收征收管理法》的规定，有关纳税争议，应当先复议再提起行政诉讼。

4. 复议终局型，即以行政复议决定为终局决定，公民、法人或其他组织只能申请复议，不能提起行政诉讼，且行政复议产生最终的法律效力。《行政复议法》规定了有关自然资源确权的复议决定是终局性的，不可以提起行政诉讼（如《行政复议法》第14条和第30条）。

二、行政复议基本原则

行政复议基本原则贯穿于行政复议过程的始终，是行政复议制度的灵魂，不但反映行政复议的基本特点，更对行政复议各阶段的行为具有普遍的指导意义。《行政复议法》第4条规定，行政复议机关履行行政复议职责，应当遵循合法、公正、公开、及时、便民的原则，坚持有错必纠，保障法律、法规的正确实施。

（一）合法原则

作为行政行为，行政复议必须遵守合法原则，行政机关在进行行政复议时要严格按照宪法、法律的规定，以事实为依据，以法律为准绳，切实保护相对人的合法权益，作出公正的复议决定。行政复议的合法原则具体包括以下内容：

1. 复议机关合法。《行政复议法》第12～15条分别规定了各种情形下的复议机关，只有依法享有复议权的行政机关才能够受理复议案件。同时，复议机构和人员应当是复议机关内专门从事复议工作的机构和人员，以确保复议决定的合法、公正。

2. 行政复议案件依据合法。复议机关审理复议案件，应依据宪法、法律、行政法规、地方性法规和上级行政机关制定的其他规范性文件，正确适用这些规范，不能与其相抵触。

3. 行政复议审理程序合法。《行政复议法》及有关法律、法规规定了具体的复议程序，行政复议机关审理行政复议案件时应当严格按照法定程序进行，以实现程序的正义并保障实体正义的实现。

（二）公正原则

公正原则是指行政机关在处理行政复议案件时，要公正地对待双方当事人，不能有所偏袒。行政复议具有司法的性质，而司法的核心原则就是公正，所以行政复议必须保障实现公正的价值。而且行政复议机关与作为复议案件当事人的一方同为行政机关，这就更加需要强调公正原则，复议机关不能因为上下级关系而偏袒行政机关，无视相对人的合法权益。只有切实贯彻公正原则，才能真正发挥行政复议的作用、实现行政复议的价值。

（三）公开原则

公开原则是指行政复议过程应当公开进行，复议案件的受理、调查、审理、决定都应当尽可能地向当事人和社会公开。虽然行政复议制度以书面审理为原则，但是并不意味着可以秘密审理、暗箱操作，行政机关应将书面材料向当事人公开，说明理由并送达复议决定。公开原则是合法原则、公正原则的必然要求，只有复议的过程向公民公开，才能够促使行政复议机关合法、公正地进行复议活动，并给予公民监督行政机关的有效途径。

（四）及时原则

与行政诉讼相比，行政复议更注重效率，所以及时原则是行政复议的内在要求。作为行政系统内部的纠错机制，及时原则的贯彻实施，能充分体现行政复议制度的优势和特色，使行政机关在最短的时间内改正违法不当的行为，减少相对人的损失。具体来说，及时原则的内容包括：受理复议申请应当及时；按照审理期限审结案件；作出复议决定应当及时；对复议当事人不履行复议决定的情况，复议机关应当及时处理；作出具体行政行为的行政机关不履行复议决定的，复议机关应当责成其履行，并追究或者建议追究有关人员的行政责任。

（五）便民原则

便民原则是指复议机关在复议的环节和步骤上应做到因地制宜，施便于民，尽最大可能使行政复议制度真正成为人们日常生活中保护自己合法权益的经济、实用、卓有成效的救济手段。行政复议制度设立的目的是依法维护公民、法人或其他组织合法权益，只有制度便利于人民，才能使人们充分利用这项制度保障自己的权利。所以，行政机关应从行政复议目的出发，尽最大的努力使行政复议的各个细微的环节体现便民的原则。

三、行政复议的范围

（一）行政复议范围的确定标准

《行政复议法》对行政复议范围的确定采取三项标准：

1. 具体行政行为。《行政复议法》明确规定，公民、法人或其他组织认为行政机关的具体行政侵犯其合法权益的，有权向行政机关提出行政复议申请。可知，行政复议受案的要求是具体行政行为。

但是与行政诉讼有所不同的是，行政复议并不是将所有的抽象行政行为都排除在受案范围之外。公民、法人或者其他组织在对具体行政行为申请复议时，对于作为其依据的国务院部门的规定，县级以上地方各级人民政府及其工作部门的规定，乡、镇人民政府的规定，可以一并提出审查申请。

2. 违法或不当。《行政复议法》第3条第3项规定了行政复议机关要审查被申请行政复议的具体行政行为是否合法与适当，拟订行政复议决定。可见，行政复议的审查标准是合法性与合理性的双重审查，这是与行政诉讼的主要区别之一。行政复议是行政机关的内部纠错机制，是行政权对行政权的监督，而上级行政机关对下级行政机关的管辖权是完全的，因此，有必要也有可能对行政裁量行为进行审查，将行政机关的裁量行为限制在合理的范围内。只要相对人认为具体行政行为违法或不当，就可以申请行政复议。

3. 合法权益。行政复议中的"合法权益"不仅包括人身权、财产权，还包括劳动权、休息权、受教育权等。凡是行政机关的具体行政行为影响到了相对人的合法权益的，都可以作为行政复议的审查对象。

（二）行政复议的范围

1. 对具体行政行为不服都可以申请行政复议。《行政复议法》对可以申请行政复议的具体行政行为作了列举式规定：

（1）行政处罚案件。行政处罚案件是指对行政机关作出的警告、罚款、没收违法所得、没收非法财物、责令停产停业、暂扣或者吊销许可证、暂扣或者吊销执照、行政拘留等行政处罚决定不服而提起的行政复议。

（2）行政强制措施案件。行政强制措施案件是指对行政机关作出的限制人身自由或者查封、扣押、冻结财产等行政强制措施决定不服而提起的行政复议。行政强制措施是行政机关为了预防、制止违法行为或危害社会的活动，以及为了查明案件事实或执行法律法规及行政决定，根据需要对公民、法人或者其他组织的人身或财产采取的强制性手段，其中包含对人身的强制措施和对财产的强制措施。具体举例来说，有强制扣留、强制遣送、强制隔离、强制治疗、查封、扣押、冻结、强行拆除等。

（3）许可证管理案件。行政许可证管理案件是指对行政机关作出的有关许可证、执照、资质证、资格证等证书变更、中止、撤销的决定不服而提起的行政复议。行政许可是一种授益性行政行为，是对法律禁止的解除行为。相对人通过主动申请并经过行政机关的审查、授予，获得各种资格、资质、许可等，证明其享有某方面的权利和具备某种能力，所以许可证管理行为对相对人的权利义务产生重大的影响，对其不服有权提起行政复议。

（4）行政确权案件。行政确权案件是指对行政机关作出的有关确认土地、矿藏、水流、森林、山岭、草原、荒地、滩涂、海域等自然资源的所有权或使用权的决定不服而提起的行政复议。行政确认是行政机关对当事人之间就财产所有权或使用权的归属发生的争议予以确认裁决的行为。它往往关系到公民、法人或者其他组织的切身利益，如果行政机关违法或不当行使确认权，相对人可以依法提起行政复议。

（5）侵犯法定经营自主权案件。侵犯法定经营自主权案件是指公民、法人或者其他组织认为行政机关侵犯其合法的经营自主权而提起的行政复议。经营自主权是公民、法人或其他组织享有的自主支配和使用其人力、物力和财力以及产供销环节中自主决定不受干涉的权利。

（6）农业承包合同案件。农业承包合同案件是指农业承包合同当事人认为行政机关变更或废止农业承包合同，侵犯其合法权益而提起的行政复议。农业承包合同是以农村集体经济组织为发包方，农民为承包方，双方签订的有关农业生产方面的合同。双方按照合同各自享有一定的权利和义务。农业承包合同关系到农民的切身利益，如果行政机关对这一合同的订立、履行进行干预，对其加以变更或撤销，必然会对承包合同的长期性、稳定性带来影响，侵犯合同当事人的合法权利。

（7）违法要求履行义务的案件。违法要求履行义务的案件是指行政机关要求行政相对人履行本非法律上应承担的义务，行政相对人对此不服而提起的行政复议。现实生活中，存在大量行政机关违法要求相对人履行义务的案件，例如乱摊派、乱集资、违法征收征用非国有财产等行为，给相对人的合法权益造成重大影响。公民、法人或者其他组织认为行政机关要求其履行义务的行为没有法律上的依据的，则可申请行政复议。

（8）行政许可案件。行政许可案件是指公民、法人或其他组织认为符合法定条件，申请行政机关颁发许可证、执照、资质证、资格证等证书，行政机关没有依法办理而提起的行政复议。行政机关不予答复、延迟答复、拒绝颁发相关资格证等都属于不予行政许可的情形，公民、法人或其他组织可以申请行政复议。

（9）不履行法定职责案件。不履行法定职责案件是指公民、法人或其他组织申请行政机关履行保护人身权、财产权、受教育权等法定职责，行政机关没有依法履行而提起的行政复议。这里的法定职责是法律、法规规定的职责和义务，如果行政机关拒绝履行或超过法定期限不予履行，相对人可以申请行政复议。

（10）行政给付案件。行政给付案件是指公民申请行政机关依法发放抚恤金、社会保障金或最低生活保障费，行政机关没有依法发放而提起的行政复议。随着我国法治国家进程的加快，给付行政、福利行政是行政法转型的必然要求。行政给付是行政机关的法定职责，是相对人应有的权利。如果行政机关没有依法进行行政给付，相对人可以提起行政复议。

（11）行政机关其他具体行政行为侵权引发的争议。《行政复议法》在明确列举了10项具体行政行为可以申请行政复议后，又进一步规定了概括性条款，凡是其他未列举但符合行政复议标准的案件，都可以申请行政复议。

2. 部分抽象行政行为可以申请附带审查。相对人在对具体行政行为提起复议时，可以要求复议机关附带审查作为具体行政行为依据的部分抽象行政行为。附带要求对抽象行政行为进行审查有三个方面的要求：

（1）只能针对一般行政规范性文件申请复议，对行政法规、行政规章还有国务院的一般规范性文件不可提出复议审查申请。即可申请附带审查的有：国务院部门的规定；县级以上地方各级人民政府及其工作部门的规定；乡、镇人民政府的规定。

（2）申请审查的规范性文件，必须是提出复议申请的具体行政行为的依据。即要求审查的抽象行政行为要与具体行政行为有联系，解决抽象行政行为的合法性，是解决具体行政行为合法与否的前提。

（3）要与具体行政行为的复议申请一并提出，即不能单独提出审查抽象行政行为的申请。

3. 不予受理的案件。根据《行政复议法》的规定，不予受理的案件有：

（1）不服行政机关作出的行政处分或者其他人事处理决定的。《行政复议法》规定这类行政案件要依照有关法律、行政法规的规定提出申诉。行政处分或其他人事处理决定通常称之为内部行政行为，包括行政机关对其工作人员作出的惩戒决定、录用、考核、奖励、职务升降、辞职、辞退、职务任免等决定。

（2）不服行政机关对民事纠纷作出的调解和其他处理的。行政机关对民事纠纷作出的调解和其他处理行为属于居间行为，是当事人自愿接受行政机关的约束，包括行政调解、仲裁等。当事人对此不服可以向人民法院提起民事诉讼或者向仲裁机关申请仲裁，而无需进行行政复议。

四、行政复议的主体与管辖

（一）行政复议的主体

1. 行政复议机关与机构。行政复议机关是依法履行行政复议职责的行政机关；行政复议机构是行政复议机关内部设立的具体负责办理复议案件的机构。我国采取的是行政复议机关与行政机关一致的原则，即不单独设立具有单一复议职能的行政复议机关。行政复议机关是一个独立的行政主体，有独立的权利能力和行为能力并以自己的名义承担法律后果；而行政复议机构是其内部设立的不具有独立主体资格的组成部分，只能以行政复议机关的名义进行复议行为，由行政复议机关承担法律后果。

2. 行政复议的当事人。行政复议的当事人包括申请人、被申请人和第三人，由于他们的资格认定、复议中的权利义务与行政诉讼中的相应内容是一致的，在此不再加以阐述。

（二）行政复议的管辖

1. 一般管辖。行政复议的一般管辖，是指在通常情况下不服行政机关具体行政行为的行政复议适用一般机构设置或一般案件的权限分工。一般管辖以上一级行政机关复议为原则。根据《行政复议法》的规定，有以下三种具体情况：

（1）不服县级以上各级人民政府工作部门具体行政行为的复议管辖。对县级以上各级人民政府工作部门具体行政行为不服的，由申请人选择，可以向该部门的本级人民政府申请行政复议，也可向上一级主管部门申请行政复议。我国大部分行政部门实行双重领导制，即由本级人民政府和上一级主管部门领导，所以对于一般的政府工作部门的具体行政行为不服，当事人可以选择其两个领导机关中的任何一个进行复议。但是，对于海关、金融、国税、外汇等实行垂直领导的行政机关和国家安全机关的具体行政行为不服的，只有一个复议机关，即其上一级主管部门。

（2）不服地方各级人民政府的具体行政行为的复议管辖。对地方各级人民政府的具体行政行为不服的，向上一级地方人民政府申请复议，采取"政府对政府"的原则。但对于省、自治区人民政府依法设立的派出机关所属的县级地方人民政府的具体行政行为不服的，向该派出机关申请行政复议。根据我国的行政体制，省、自治区人民政府有时会设有派出机关，行使一级政府的职能，如地区行政公署。一个行政公署往往会管辖若干县，对于县级人民政府的具体行政行为不服，根据"政府对政府"原则，由上一级政府作为复议机关，即由省、自治区人民政府依法设立的具有一级政府职能的派出机关作为复议机关。

（3）不服国务院各部门或省、自治区、直辖市人民政府的具体行政行为的复议管辖。对国务院部门或者省、自治区、直辖市人民政府的具体行政行为不服的，向作出该具体行政行为的国务院部门或者省、自治区、直辖市人民政府申请行政复议。如果按照一般管辖的原则，不服国务院各部门或省、自治区、直辖市人民政府的具体行政行为的复议管辖机关应该是国务院，但由于国务院的职权和职责，其不适宜过多地承担行政复议的职责，所以采取原机关复议的原则。但是对于复议决定不服的，可以向人民法院提起行政诉讼，也可以向国务院申请裁决，国务院作出的裁决具有终局的效力，相对人不能再向法院提起行政诉讼。

2. 特殊管辖。行政复议的特殊管辖，是指除一般管辖之外的适用于特殊案件的管辖。根据《行政复议法》的规定，特殊管辖有以下几种情形：

（1）对县级以上地方人民政府依法设立的派出机关的具体行政行为不服的，

向设立该派出机关的人民政府申请行政复议。

（2）对政府工作部门依法设立的派出机构依照法律、法规或者规章规定，以自己的名义作出的具体行政行为不服的，向设立该派出机构的部门或者该部门的本级地方人民政府申请行政复议。但是如果派出机构不是依照法律、法规或者规章的规定，以自己的名义作出具体行政行为，对该行为不服，相对人可以选择向设立派出机构的政府工作部门的上一级主管部门申请复议，也可以向该工作部门所属的本级地方人民政府申请行政复议。因为"依照法律、法规、规章的规定"是授权行为，派出机构因此获得在特定具体行政行为上的主体资格，而如果没有内部授权行为，派出机构的具体行政行为被视为委托行为，只能由设立机关承担法律后果，其具体行政行为被视为设立机关的行政行为，只能按照一般原则确定复议管辖。

（3）对法律、法规授权的组织的具体行政行为不服的，分别向直接管理该组织的地方人民政府、地方人民政府工作部门或者国务院部门申请行政复议。法律、法规授权组织虽然不是行政机关，但是行政主体，具有独立的主体资格，可以成为行政复议的被申请人，对其具体行政行为不服，要向直接管理该组织的机关申请复议。

（4）对两个或者两个以上行政机关以共同的名义作出的具体行政行为不服的，向其共同上一级行政机关申请行政复议。如同一人民政府所属的两个以上工作部门以共同名义作出具体行政行为，则由工作部门所属的人民政府作为复议管辖机关。

（5）对被撤销的行政机关在撤销前所作出的具体行政行为不服的，向继续行使其职权的行政机关的上一级行政机关申请行政复议。

对于特殊管辖的案件，申请人也可以向具体行政行为发生地的县级地方人民政府提出复议申请，由接受申请的县级地方人民政府在接到申请后 7 日内，转送有关行政复议机关，并告知申请人。

五、行政复议程序

（一）行政复议的申请与受理

1. 申请条件。

（1）适格的申请人。行政复议的申请人是认为具体行政行为侵犯其合法权益的公民、法人或者其他组织。在一般情况下，行政行为侵害的当事人是行政复议的申请人。但是，在特定条件下，行政复议申请人的资格也可能发生转移。根据《行政复议法》规定，有权提起行政复议的公民死亡的，其近亲属可以提起行政复议，以及有权提起行政复议的法人或其他组织终止的，承受其权利的法人或其他组织可以提起行政复议。

（2）明确的被申请人。申请人须向行政复议机关指出明确的被申请人，否则复议机关不予受理。

（3）具体的复议请求和事实根据，即申请人要说明要求行政复议机关审理何种案件并给予什么样的救济，同时还要求申请人提出能够支持其要求的初步证据，否则会得出不利于申请人的行政复议决定。

（4）属于复议范围并属于复议机关管辖。公民、法人或者其他组织只能对复议受案范围内的案件提起行政复议，并且要求复议机关有对该具体行政行为的复议管辖权，否则应当不予受理并告知申请人向有管辖权的复议机关提起申请。

2. 申请复议的期限。公民、法人或者其他组织认为具体行政行为侵犯其合法权益的，可以自知道该具体行政行为之日起 60 日内提出行政复议申请，但是法律规定的申请期限超过 60 日的除外。如果出现不可抗力或者其他正当理由耽误法定申请期限的，申请期限自障碍消除之日起继续计算。

公民、法人或者其他组织申请行政机关履行法定职责而行政机关未履行，有履行期限规定的，复议申请期限自履行期限届满之日起计算；没有履行期限规定的，自行政机关收到申请满 60 日起计算。公民、法人或者其他组织在紧急情况下请求行政机关履行保护人身权、财产权的法定职责，行政机关不履行的，行政复议申请期限不受上述规定的限制。

行政机关作出的具体行政行为对公民、法人或者其他组织的权利、义务可能产生不利影响的，应当告知其申请行政复议的权利、行政复议机关和行政复议申请期限。

3. 申请行政复议的形式。申请人申请行政复议，可以书面申请，也可以口头申请。口头申请的，行政复议机关应当当场记录申请人的基本情况、行政复议请求以及申请行政复议的主要事实、理由和时间。有条件的行政复议机构可以接受以电子邮件形式提出的行政复议申请。

4. 行政复议的受理。行政复议机关收到行政复议申请后，应当在 5 日内进行审查。对符合申请复议条件的，且没有向人民法院提起诉讼的，依法应当决定受理；对不符合法律规定的行政复议申请，决定不予受理，并书面告知申请人不予受理的理由；对于行政复议申请材料不齐全或者表达不清楚的，可以自收到申请之日起 5 日内书面通知申请人补正。无正当理由逾期不补正的，视为放弃申请。

公民、法人或者其他组织依法提出行政复议申请，行政复议机关无正当理由不予受理的，上级行政机关应当责令其受理；必要时，上级行政机关也可以直接受理。如果不属于行政复议前置的情形，相对人可以在行政机关不予受理后向法院提起行政诉讼；法律、法规规定应当先向行政复议机关申请行政复议、对行政复议决定不服再向人民法院提起行政诉讼的，行政复议机关决定不予受理或者受理后超过行政复议期限不作决定的，公民、法人或者其他组织可以自收到不予受理决定书之日起或者行政复议期满之日起 15 日内，依法向人民法院提起行政诉讼。

（二）行政复议的审理

行政复议的审理是指复议机关受理复议申请后对被申请人的具体行政行为进行全面审查的活动。

1. 审理方式。《行政复议法》规定，行政复议原则上采取书面复议的方式，但是申请人提出要求或者行政复议机关负责法制工作的机构认为有必要时，可以向有关组织和人员调查情况，听取申请人、被申请人和第三人的意见。根据《行政复议法实施条例》的规定，行政复议机构认为必要时，可以实地调查核实证据；对重大、复杂的案件，申请人提出要求或者行政复议机构认为必要时，可以采取听证的方式审理。这样的规定使行政复议制度在体现效率的同时，又根据不同的情况适用不同的方式，从而获得公正的复议决定。

2. 证据规则。行政复议实行由被申请人承担举证责任的证据制度，被申请人应对其行政行为的合法性与合理性提供充分的证据，否则将承担不利的后果。在行政复议过程中，被申请人不得自行向申请人和其他有关组织或者个人收集证据。因为依法行政原则要求行政机关有充分的证据后才能采取各种行政行为，在进行行政复议过程中，行政机关必须依据事先已有的证据证明其行为的合法适当，而不能事后取证予以证明，这一点和行政诉讼证据规则相同。

3. 对抽象行政行为的处理。行政复议制度可以在对具体行政行为进行审查时附带审查部分抽象行政行为，行政复议机关对作为具体行政行为依据的规定有权处理的，应当在 30 日内依法处理；无权处理的，应当在 7 日内按照法定程序转送有权处理的行政机关依法处理，有权处理的行政机关应当在 60 日内依法处理。处理期间，中止对具体行政行为的审查。行政复议过程中，要有一定的规范性文件作为判断具体行政行为合法、合理的依据，因为行政复议是行政机关内部的监督行为，所以其依据不限于法律、法规，可能涉及规章、上一级行政机关依法制定和发布的具有普遍约束力的决定、命令。

（三）行政复议中止及终止

1. 行政复议中止。根据《行政复议法实施条例》第 41 条的规定，行政复议期间有下列情形之一，影响行政复议案件审理的，行政复议中止：

（1）作为申请人的自然人死亡，其近亲属尚未确定是否参加行政复议的；

（2）作为申请人的自然人丧失参加行政复议的能力，尚未确定法定代理人参加行政复议的；

（3）作为申请人的法人或者其他组织终止，尚未确定权利义务承受人的；

（4）作为申请人的自然人下落不明或者被宣告失踪的；

（5）申请人、被申请人因不可抗力，不能参加行政复议的；

（6）案件涉及法律适用问题，需要有权机关作出解释或者确认的；

（7）案件审理需要以其他案件的审理结果为依据，而其他案件尚未审结的；

（8）其他需要中止行政复议的情形的。

行政复议中止的原因消除后，应当及时恢复行政复议案件的审理。行政复议机构中止、恢复案件的审理，应当及时告知有关当事人。

2. 行政复议终止。根据《行政复议法实施条例》第42条的规定，行政复议期间有下列情形之一的，行政复议终止：

（1）申请人要求撤回行政复议申请，行政复议机关准予撤回的；

（2）作为申请人的自然人死亡，没有近亲属或者其近亲属放弃行政复议权利的；

（3）作为申请人的法人或者其他组织终止，其权利义务的承受人放弃行政复议权利的；

（4）申请人与被申请人依照《行政复议法实施条例》第40条的规定，经行政复议机关准许达成和解的；

（5）申请人对行政拘留或者限制人身自由的行政强制措施不服申请行政复议后，因申请人同一违法行为涉嫌犯罪，该行政拘留或者限制人身自由的行政强制措施变更为刑事拘留的。

行政复议中止的原因在中止满60日后仍未消除的，行政复议终止。

（四）行政复议的决定

行政复议的决定是指复议机构对案件进行初步审查，提出意见，经行政复议机关的负责人审查同意或集体讨论通过后，就有关具体行政行为是否合法、适当作出的书面裁断。行政复议的决定有以下几种：

1. 维持决定。维持决定是指行政复议机关认为具体行政行为认定事实清楚、证据确凿，适用依据正确，程序合法，内容适当，从而作出的维持原具体行政行为的复议决定。

2. 履行决定。履行决定是指行政复议机关对于被申请人不履行法定职责的不作为行为作出的要求其在一定期限内履行的决定。其适用条件有：①被申请人有法定职责作出该具体行政行为；②申请人有事实依据与法律依据要求被申请人作出某种具体行政行为；③被申请人在法定期限内没有作出有关具体行政行为，并且无正当理由。

3. 撤销、变更、确认决定。《行政复议法》规定，具体行政行为有下列情形之一的，决定撤销、变更或者确认该具体行政行为违法：①主要事实不清、证据不足的；②适用依据错误的；③违反法定程序的；④超越或者滥用职权的；⑤具体行政行为明显不当的；⑥被申请人不依法提出书面答复、提交证据、依据和其他有关材料的。仅有作为的具体行政行为可以适用撤销决定，不作为的具体行政行为无法撤销，只能适用其他相应的复议决定。

决定撤销或者确认该具体行政行为违法的，可以责令被申请人在一定期限内重新作出具体行政行为，被申请人不得以同一事实和理由作出与原具体行政行为相同或者基本相同的具体行政行为。行政复议机关责令被申请人重新作出具体行政行为的，被申请人应当在法律、法规、规章规定的期限内重新作出具体行政行为；法律、法规、规章未规定期限的，重新作出具体行政行为的期限为 60 日。

行政复议机关在作出复议决定时应遵循"不利变更禁止"原则，即不得在申请人复议请求范围内作出对申请人更不利的复议决定。

4. 驳回决定。根据《行政复议法实施条例》的规定，有下列情形之一的，行政复议机关应当决定驳回行政复议申请：①申请人认为行政机关不履行法定职责申请行政复议，行政复议机关受理后发现该行政机关没有相应法定职责或者在受理前已经履行法定职责的；②受理行政复议申请后，发现该行政复议申请不符合《行政复议法》和《行政复议法实施条例》规定的受理条件的。上级行政机关认为行政复议机关驳回行政复议申请的理由不成立的，应当责令其恢复审理。

5. 调解。《行政复议法实施条例》规定，有下列情形之一的，行政复议机关可以按照自愿、合法的原则进行调解：①公民、法人或者其他组织对行政机关行使法律、法规规定的自由裁量权作出的具体行政行为不服申请行政复议的；②当事人之间的行政赔偿或者行政补偿纠纷。当事人经调解达成协议的，行政复议机关应当制作行政复议调解书。调解未达成协议或者调解书生效前一方反悔的，行政复议机关应当及时作出行政复议决定。

行政复议机关作出复议决定后，应当依法送达当事人。若当事人不服复议决定的，应依法提起行政诉讼，复议决定的法律效力暂不生效，要等到诉讼结束后才确定。在行政诉讼起诉期限内未提起行政诉讼的，复议决定即发生法律效力。若复议决定依法为终局决定的，复议决定一经送达即生效。

（五）行政复议决定的履行

行政复议决定具有法律效力，申请人或被申请人必须积极履行。

被申请人不履行或者无正当理由拖延履行行政复议决定的，行政复议机关或者有关上级行政机关应当责令其限期履行。

申请人逾期不起诉又不履行行政复议决定的，或者不履行作为最终裁决的行政复议决定的，按照下列规定分别处理：

1. 维持具体行政行为的行政复议决定，由作出具体行政行为的行政机关依法强制执行，或者申请人民法院强制执行。

2. 变更具体行政行为的行政复议决定，由行政复议机关依法强制执行，或者申请人民法院强制执行。

【思考题】

1. 什么是行政裁决？行政裁决的性质是什么？
2. 行政裁决的基本原则有哪些？
3. 行政裁决的救济途径有哪些？
4. 什么是行政复议？
5. 行政复议的范围有哪些？
6. 行政复议的程序是怎样的？

第四编　行政法制监督与行政救济

第十四章

行政法制监督与问责

■　第一节　行政法制监督概述

一、行政法制监督的概念和特征

（一）行政法制监督的概念

对行政活动进行监督是行政法的重要组成部分。如何认识、界定以及建构对行政活动的监督体系，历来是行政法学界讨论的话题。对该种监督活动的名称，归纳起来有两种不同的表述方式：一种是行政法制监督（类似的有"国家行政法制监督""行政管理法律监督""政府法制监督"等），强调对行政进行监督的制度性和法定性；一种是"对行政的监督"（类似的有"监督行政"），强调监督的对象是实施行政管理的组织和个人。近年来，行政法制监督的概念为人们所普遍接受和广泛采用。

行政法制监督并非法律规范术语，而是行政法学理论使用的概念，它是指具有法定监督权的国家机关，依照法定职权和程序对行政主体及其公务员行使行政职权的行为以及是否违法违纪进行监督的法律制度。

（二）行政法制监督的特征

1. 监督主体的特定性。实施行政法制监督的主体是依法享有法定监督职权的国家机关。在我国，上述机关包括权力机关、司法机关以及行政机关。有观点认为，行政法制监督主体不仅包括国家机关，而且包括政党、政协、社会团体、人民群众、企事业单位和新闻媒体等。早期行政法学教科书多采此种观点。[1] 我们认为，非国家机关的组织和个人对行政主体的监督主要是政治监督和民主监督，不是严格意义上的法律监督，通常情况下不是行政法学研究的问题。还有观点认为，行政法制监督主体除有权国家机关之外，还包括行政管理法律关系中的行政相对人（公民个人或者组织）。姜明安教授认为，国家机关系统以外的个人、组织作为行政法制监督主体，可以采取批评、建议或申诉、控告、检举等方式向有权国家机关反映，或通过舆论机构揭露、曝光，引起有权国家机关注意，使之采取能够产生法律效力的措施，以实现对监督对象的监督。[2] 对此，我们认为，行政法制监督应当是在既有法律规定的前提下实施的能够直接产生法律效果的监督，即监督主体能够直接对监督对象的行为作出有效评价，并对监督对象产生拘束作用的监督。行政相对人实施的监督只能起到引起有权机关注意、启动监督程序的作用，如启动行政复议、行政诉讼等监督程序，并不能直接影响监督对象的行为及其法律效果。所以，行政法制监督的主体应限定于享有法定监督权的国家机关。

2. 监督对象的特定性。作为行政法制监督对象的是行政主体及其公务员。行政法制监督是对行政管理者的监督，而非对相对人的监督。行政相对人的行为是否符合法律、法规的规定不属于行政法制监督的内容。在我国，行政法制监督的对象分为两种：①实施行政管理的行政机关和公共行政组织；②上述机关或组织中的公务人员。此点与司法监督存在差别。在我国，行政诉讼法将人民法院的司法监督对象限定在行政主体的行政行为。作为具体执法者的行政机关工作人员则不属于司法监督的对象。此外，作为制度性监督措施，行政复议也具有此种特点。从组织角度讲，行政机关是最为普遍的实施行政管理的组织，构成行政法制监督的主要对象。除此以外，法律、法规授权的公共行政组织、行政机关委托的组织以及其他依照组织章程进行行政管理的组织也属于行政法制监督的对象。从个人角度而言，上述机关和组织中具体行使行政职权的公务人员同样需要接受监督，成为行政法制监督的对象。

3. 监督内容的特定性。行政法制监督的内容包括两个方面：①行政主体及其公务员行使职权的行为是否违反法律、法规的规定，构成违法行政；②行政主体内部的公务人员是否存在违法违纪的问题。就前者而言，行使职权的行为

---

[1] 如王岷灿主编：《行政法概论》，法律出版社 1983 年版，第 134 页。应松年、朱维究：《行政法学总论》，工人出版社 1985 年版，第 316 页。

[2] 参见姜明安主编：《行政法与行政诉讼法》，北京大学出版社、高等教育出版社 2011 年版，第 145 页。

可以是制定规范的抽象行政行为，也可以是针对个案的行政处理决定；可以是法律行为，也可以是事实行为、准法律行为。就后者而言，行政法制监督不仅监督公务员是否存在违反法律、法规的行为，而且监督其是否存在违反行政纪律的行为。在监督的范围上，行政法制监督不仅包括对行政活动合法性的监督，而且包括合理性、高效性的监督，只不过后者不是行政法制监督的主要任务。

行政法制监督不同于行政监督。行政监督又称行政监督检查，是指行政主体依法定职权，对行政相对人是否遵守法律、履行行政法义务进行检查和监督的行为。二者具有以下区别：

1. 监督主体不同。行政法制监督的监督主体是依法享有监督权力的国家机关，如立法机关、司法机关、行政机关等；行政监督的监督主体则是作为行政法制监督对象的机关和组织。

2. 监督对象不同。行政法制监督的监督对象是实施行政管理的行政主体及其公务员；行政监督的监督对象则是作为行政管理对象的相对人。

3. 监督内容不同。行政法制监督是对行政主体及其公务员行使行政职权是否合法以及是否存在违法违纪行为进行的监督；行政监督是对行政相对人是否遵守法律和履行行政法上的义务进行的监督。

4. 监督方式不同。行政法制监督主要采用诸如权力机关审议工作报告、司法审查、行政复议、行政监察、审计监督等方式；行政监督主要采用行政检查、检验、登记、统计、查验等方式。

二、行政法制监督的必要性

行政法制监督的必要性主要包括以下几个方面：

1. 一般意义而言，任何权力都需要监督。权力是一种支配性力量，谁握有权力，谁就具有了获得资源的优势，取得了优先（凌驾）于他人意志的资格。一旦权力被滥用，社会公平正义即难以实现。不幸的是，"一切有权力的人都容易滥用权力"已成为一条万古不易的经验。所以，法国启蒙思想家孟德斯鸠指出，对付权力最好的办法就是"以权力制约权力"。只有加强对行政权力的制约和监督，才能防止行政权力被滥用。

2. 行政权力本身的特性决定了必须对其运行进行监督。①行政权是一种执行权，担负着实施各项法律的任务，较其他国家职能范围更为广泛，与公民的关系更为密切；②进入行政国家时代之后，行政权深入到社会生活的方方面面，对公民权益的影响越来越大，不加强对行政权的监督，很容易出现权力压制权利、侵害权利的现象；③行政权是一种积极主动的权力，能够直接对社会生活进行调整，对公民权益进行处置，如不加强监督，即可直接造成难以挽回的不良后果；④行政权的实施程序不如立法、司法程序那样严格、公开和规范，不能有效地避免违法行政的出现，需要通过实施监督进行预防和纠正。

3. 行政法制监督有利于保护行政相对人的合法权益。与掌握行政权的行政主体相比，行政相对人处于弱势地位，其合法权益最容易遭受行政权的侵害。只有建立有效的监督机制，防止行政权的滥用，才能切实保障行政相对人的合法权益不受侵害。对侵犯相对人合法权益的行政管理行为，须设定有效的法律救济渠道，而这种对相对人的救济同样依赖于对行政的监督来实现。

4. 行政法制监督制度的建立，对我国社会主义民主和法治建设具有重要的意义。在我国，行政权来自于人民，服务于人民。为了防止行政权力的享有者由"公仆"变为"主人"，更有必要建立各种有效的监督机制。通过监督行政权力的运行，防止和纠正违法和不当的行政行为，保护相对人的合法权益，同时也有利于促进和保障行政管理，提高行政效率。

三、行政法制监督的模式与种类

（一）行政法制监督的模式

总体而言，西方国家建立的行政法制监督体系多具有权力制衡特征。立法、行政、司法三种国家权力之间相互独立、相互制约，形成了对行政权力进行监督的基本框架。因各国政权组织形式不同，其行政法制监督的具体模式也有差别。概括起来，西方国家对行政权的监督模式，主要有以下几种：[1]

1. 宪法监督制度。通过宪法法院或普通法院审查政府的法规、决定、命令是否违宪，并裁决国家机关权限争议和受理违宪诉讼案件。

2. 委任立法监督制度。议会虽然授权政府可以制定各种法规，但政府制定的法规必须提交议会备案审查；同时，法院也可以对委任立法的合法性进行审查并裁决其效力。

3. 司法审查制度。由法院审查行政机关的行政管理活动是否合法，合法的予以支持，违法的宣告无效或者判决撤销。

4. 议会监督专员制度。该制度由瑞典最先建立，继而被很多国家采用。由议会任命直接隶属于自己的监督专员，监督专员独立行使职权，只对议会负责。对行政当局的管理行为，议会监督专员有权通过视察、调查、受理控诉、提交年度报告等方式进行监督，以保证行政当局公平、合法地行使职权。议会监督专员提出的批评性建议一经议会年度报告公开，即具有很大的影响力。

---

[1] 应松年：《行政法学新论》，中国方正出版社2004年版，第373～374页。

（二）我国行政法制监督的种类

我国的行政法制监督模式是基于我国基本的政治和法律制度，从我国国情出发而建构的，形成一个"纵横交错、多层次、多方位"的监督体系。从不同的角度出发，可以对我国的行政法制监督模式进行不同的分类：

1. 以监督主体为标准，可以分为：①权力机关的监督，即全国人大及其常委会和地方各级人大及其常委会的监督；②司法机关的监督，包括审判机关的监督和检察机关的监督；③政府内部监督，分为层级监督和审计监督、行政监察等专门监督。

2. 以监督对象为标准，可以分为：①侧重于对实施行政管理组织的监督，如行政复议和行政诉讼；②侧重于对行政执法人员的监督，如行政监察；③对行政管理组织及其工作人员的监督，如权力机关的监督。

3. 以监督内容为标准，可以分为：①对规范制定行为的监督和对行政处理决定的监督，前者主要由权力机关实施，后者由司法机关或上级行政机关实施；②对行政行为合法性的监督和对行政行为合理性的监督，合法性的监督原则上由权力机关和司法机关实施，合理性的监督主要由行政机关实施。

4. 以监督程序为标准，可以分为事前监督、事中监督和事后监督。权力机关和行政机关的监督可以贯穿于事前、事中和事后全过程；司法机关的监督则属于事后监督。

5. 以监督主体与监督对象之间的关系，可以分为内部监督和外部监督。前者是行政系统内部的监督，后者则是行政系统以外的监督主体实施的监督。[1]

■ 第二节　权力机关的监督

一、权力机关监督的概念和特征

权力机关的监督，是指国家立法机关对行政机关进行的监督。在我国，权力机关由全国人民代表大会及地方各级人民代表大会组成。全国人民代表大会和地方县级以上各级人民代表大会设立常务委员会作为其常设机关。

从世界范围来看，立法机关对行政机关的监督因各国政治制度而有所区别。

现代西方国家，议会制和总统制是其基本政权组织形式。不同的政权组织形式决定了立法机关对行政机关进行监督的方式存在差异。实行议会制的国家，

第十四章

---

〔1〕　应松年主编：《行政法与行政诉讼法学》，法律出版社 2009 年版，第 400 页。

奉行议会至上原则，议会由选民选举产生，是最高国家权力机关，在议会中获得多数席位的政党组织政府，政府的执政以得到议会信任为前提。政府向议会负责，受议会监督。如在英国，议会对政府可以采取以下监督方式：审议通过政府提出的重要法案；批准预算法案和拨款法案；提出质询、不信任案；设置议会监督专员等。实行总统制的国家，国会、总统和法院分别行使国家的立法、行政和司法权力，三种权力之间是相互分立和制衡的关系。国会和总统都由选民直接选举产生，权力直接来自选民，分别向选民负责。总统及其领导的政府不向国会负责。由此，立法机关和行政机关之间的监督是双向的。如在美国，国会对政府的监督主要表现在：政府财政预算须经国会批准；国会设立一系列委员会，通过举行公开的听证会对政府部门实行监督；国会设立审计署，对政府的财政开支进行审计监督；国会有权弹劾总统。总体而言，议会制下的立法机关对政府的监督要比总统制下的立法机关对政府的监督作用更强一些。

与西方国家的政治制度不同，我国实行的是人民代表大会制度。《宪法》规定，国家的一切权力属于人民，人民行使国家权力的机关是人民代表大会。行政机关由人民代表大会产生，是权力机关的执行机关，对它负责，受它监督。由此，人民代表大会制度是我国的根本政治制度，权力机关对政府的监督是我国政治制度的组成部分。在此政治制度之下，权力机关与政府的关系具有两个特点：①政府从属于权力机关，前者向后者负责，受后者监督。此点明显与总统制下议会与政府之间的平行关系不同，也与议会制下政府有权提议解散议会不同。②我国的权力机关和行政机关的政治方向和目标是一致的，权力机关和政府都要向人民负责，权力机关对政府的监督，也是为了使政府更好地服务于人民的利益。

我国权力机关对行政主体及其公务员的监督是基于《宪法》的授权。权力机关对行政主体及其公务员的监督在行政法制监督体系中处于重要的地位。权力机关的监督具有以下三个特征：

1. 民主性。权力机关由人民选举产生，对人民负责，受人民监督，代表人民行使对政府的监督权。权力机关的监督是代表人民对政府管理工作进行监督，最能直接反映人民的呼声和要求。

2. 全局性。权力机关的监督是站在全局的高度，紧紧围绕国家的工作大局，抓住关系改革发展稳定和群众切身利益、社会普遍关注的重大问题开展监督。

3. 权威性。权力机关的监督是代表国家进行的监督，是最高层次的监督，是具有法律效力的监督，具有极大的权威。它有权撤销政府制定的行政法规、规章和命令、决定，有权罢免政府的组成人员。

二、权力机关监督的内容

（一）宪法、法律和法规的实施

我国《宪法》和《地方各级人民代表大会和地方各级人民政府组织法》明确规定，全国人大及其常委会有权监督宪法的实施，县级以上地方各级人大及其常委会在本行政区域内，保证宪法、法律、行政法规的遵守和执行。根据上述规定，监督宪法、法律和法规的实施是权力机关的重要职权，对于行政主体及其工作人员是否严格依法行政，将宪法、法律、法规的规定落到实处，权力机关有权进行监督。

（二）对行政法规、规章、决定和命令的监督

我国《宪法》规定，全国人大常委会有权撤销国务院制定的同宪法、法律相抵触的行政法规、决定和命令。《立法法》规定，地方各级人大常委会有权撤销本级人民政府制定的不适当的规章。《地方各级人民代表大会和地方各级人民政府组织法》和《各级人民代表大会常务委员会监督法》（以下简称《监督法》）都规定，县级以上地方各级人大常委会有权撤销本级人民政府不适当的决定和命令。

（三）对国民经济和社会发展计划和财政预算的编制和执行情况的监督

我国《宪法》和《地方各级人民代表大会和地方各级人民政府组织法》规定，各级人大及其常委会依法对国民经济和社会发展计划、预算的编制和执行情况进行监督。

（四）各级政府组成人员的重要人事任免

按照《宪法》《地方各级人民代表大会和地方各级人民政府组织法》《监督法》的规定，不仅行政机关由权力机关产生，其主要负责人也由权力机关任免。

此外，权力机关对重大的行政措施、对人民群众普遍关心和反映强烈的问题的处理情况等都有权实行监督。

三、权力机关监督的方式和程序

（一）听取和审议政府工作报告

1. 人大全体代表会议听取和审议政府工作报告，并进行评议，通过相应的决议。根据我国《宪法》和《地方各级人民代表大会和地方各级人民政府组织法》的规定，国务院和地方各级人民政府对同级人大负责并报告工作。在同级人大闭会期间，向同级人大常委会负责并报告工作。各级人大全体会议通过听取和审议各级政府的工作报告，发挥对政府工作的监督作用。

2. 人大常委会听取和审议政府某一方面的专项工作报告。各级人大常委会

每年会有计划地安排听取和审议本级人民政府的专项工作报告，常委会认为必要时，还可对专项工作报告作出决议。人民政府应当对常委会组成人员的审议意见进行研究，提出处理意见，并把研究处理情况向常委会提出书面报告。常委会对专项工作报告有决议的，人民政府应当在决议规定的期限内，将执行决议的情况向人大常委会报告。此外，为实现对政府工作报告的有效监督，人大各委员会还可以听取政府有关部门的情况汇报。

（二）审查和批准国民经济和社会发展计划和财政预决算执行报告

对政府计划和预算的监督，我国《宪法》《地方各级人民代表大会和地方各级人民政府组织法》《预算法》《审计法》以及全国人大常委会的有关决定中均作出了相应规定。在上述规定基础上，《监督法》又着重规定了各级人大常委会的监督职权和监督程序。

为加强对预算执行情况的监督，《监督法》还专门规定了听取和审议审计工作报告的制度，即常委会每年审查和批准决算的同时，听取和审议本级人民政府提出的审计机关关于上一年度预算执行和其他财政收支的审计工作报告。人大常委会听取和审议审计工作报告，与每年审查和批准决算的工作相结合，突出了审计工作的针对性，同时也使人大常委会对决算的监督更有力度。

（三）法律、法规实施情况的检查

《监督法》规定，人大常委会每年选择若干关系改革发展稳定大局和群众切身利益、社会普遍关注的重大问题，有计划地对有关法律、法规实施情况组织执法检查。检查结束后，执法检查组应当及时提出执法检查报告，由委员长会议或者主任会议决定提请常委会审议，审议意见连同执法检查报告，一并交由本级人民政府。人民政府应当将研究处理情况向常委会提出报告。

（四）规范性文件的备案审查

我国《宪法》《地方各级人民代表大会和地方各级人民政府组织法》和《立法法》明确规定了权力机关对政府规范制定行为的监督权。全国人大常委会和地方各级人大及其常委会有权撤销同级政府制定的行政法规、规章、决定和命令。同时，《立法法》规定了行政法规、规章的备案审查制度。《监督法》设专章规定了各级人大常委会对规范性文件的备案审查制度。人大常委会认为本级人民政府发布的决定、命令存在违法、越权或者不适当情形的，有权予以撤销。

（五）询问与质询

1982年的《全国人民代表大会组织法》第一次对询问作了规定："在全国人民代表大会审议议案的时候，代表可以向有关国家机关提出询问，由有关机关派人在代表小组或者代表团会议上进行说明。"询问制度，是在质询制度之外新创设的一项制度。1986 年 12 月修改《地方各级人民代表大会和地方各级人民政府组织法》时，将询问制度引入地方人大。1987 年 11 月第六届全国人大常委会第二十三次会议通过的《全国人民代表大会常务委员会议事规则》将"询问"引入全国人大常委会。该规则第 10 条第 1 款规定："常务委员会分组会议对议案或者有关的工作报告进行审议的时候，应当通知有关部门派人到会，听取意见，回答询问。"1989 年 4 月第七届全国人大第二次会议通过的《全国人民代表大会议事规则》进一步将"询问"与"质询"并列作为一章规定，并要求有关机关派"负责人员"到会听取意见，回答询问，进一步强化了询问的监督作用，从而形成了询问与质询两种并列的监督形式。

询问是权力机关或其组成人员在人大全体会议和人大常委会会议审议政府工作报告或者议案过程中，对政府及其领导人就有关管理行为提出疑问、了解情况的行为，一般以口头方式提出，要求当场答复，也可以在一定时间内答复。质询是权力机关的组成人员对政府的某些管理行为提出质问，要求被质询的政府或其部门在法定时间内正式答复的活动。按照法律规定，提出质询案必须在人大或者人大常委会会议期间，不能在闭会期间。提出质询须符合法定人数，并以书面方式提出。

（六）视察和组织对特定问题的调查

视察是权力机关的组成人员及人大代表有组织地到各地了解政府工作情况，听取群众意见的活动。1985 年，全国人大常委会决定，要求人大代表每年视察两次。1987 年全国人大常委会办公厅向全国人大代表颁发了代表视察证，同时制定了《关于全国人大代表持视察证视察的意见》。人大代表在视察中不直接处理问题，对政府工作中的问题可以采用批评、建议的方式提请人大常委会办事机构转给政府有关部门处理。

除视察工作外，权力机关可在必要的时候，组织调查委员会对特定问题进行调查，并根据调查委员会的报告，作出相应的决议。《监督法》规定，人大常委会对其职权范围内重大事实不清的事项，可以组织关于特定问题的调查委员会。调查委员会应当向产生它的常务委员会提出调查报告。常务委员会根据报告，可以作出相应的决议、决定。

（七）对政府组成人员的罢免和撤职

权力机关有权对违法犯罪或者失职的政府组成人员予以罢免。《宪法》规定，全国人大有权罢免国务院总理、副总理、国务委员、各部部长、各委员会主任、审计长、秘书长；《地方各级人民代表大会和地方各级人民政府组织法》规定，地方各级人大有权罢免本级人民政府的组成人员。《地方各级人民代表大会和地方各级人民政府组织法》和《监督法》规定，县级以上地方各级人大常委会在本级人大闭会期间，可以决定撤销本级人民政府个别副省长、自治区副主席、副市长、副州长、副县长、副区长的职务。

（八）人大代表的建议、批评和意见

各级人大代表可以依法向本级人大及其常委会提出各方面工作的建议、批评和意见，由人大常委会办事机构交由有关机关、组织研究处理。

（九）处理公民申诉和控告

公民对政府及其各部门的行政行为提出申诉和控告，可由权力机关受理并责成行政机关处理，或者由权力机关自行调查，提出处理意见。

■ 第三节　司法机关的监督

一、司法机关监督概述

司法机关的监督是由司法机关对行政主体作出的管理行为实施的监督。在西方国家，司法机关专指法院，在我国，司法机关包括人民法院和人民检察院。

司法机关的监督具有以下特征：

1. 监督主体是审判机关和检察机关。依照《人民法院组织法》《人民检察院组织法》以及《行政诉讼法》的相关规定，人民法院和人民检察院有权对行政主体实施的行政管理活动实施监督。

2. 监督对象是行政主体的特定管理行为。人民法院和人民检察院承担着广泛的司法职能，但在行政法制监督体系中，它们所监督的对象却是特定对象的特定行为，即必须是行政主体行使职权的行为，且限于其中的部分行为。如根据《行政诉讼法》的规定，人民法院的司法审查对象仅限于行政主体的具体执法行为。

3. 监督适用诉讼程序。司法权力的运行有严格的程序规范。人民法院和人民检察院在监督行政行为时须遵循法定的诉讼程序，这是该种监督机制不同于行政系统内部层级监督的一个重要表现。

司法机关对行政主体行政行为的监督不是全方位的。何种行为纳入司法监督的范围，涉及司法权与行政权的关系问题。确定司法机关监督的范围，既要充分考虑保护行政相对人的合法权益，又要维护国家利益、公共利益，促进行政主体有效行使行政职权，并应注意我国的现有司法条件和实际状况。目前，列入我国司法机关监督范围的行政管理行为，主要限于与行政相对人切身利益关系密切的行政行为，即侵犯相对人合法权益的具体执法行为。

二、审判机关的监督

审判机关对行政管理活动的监督，在不同法系称谓不同。大陆法系称为行政诉讼，英美法系称为"司法审查"或"司法复审"。在我国，行政诉讼属于法律术语，"司法审查"仅用于理论研究。

在我国，审判机关包括最高人民法院、地方各级人民法院以及各专门人民法院。根据《行政诉讼法》及《最高人民法院关于执行〈中华人民共和国行政诉讼法〉若干问题的解释》的规定，专门人民法院不受理行政案件，因此对行政主体没有司法监督权。

审判机关对行政管理行为的监督具有四个方面的特点：

1. 审判机关的监督属于事后监督。在行政主体作出行政行为后，才能实施司法监督。

2. 审判机关的监督属于消极被动的监督。审判程序的启动遵循不告不理原则，如果行政相对人不对行政行为提起行政诉讼，审判机关不能主动介入行政纠纷。

3. 审判机关的监督是有限的监督。根据《行政诉讼法》的规定，人民法院仅能审查行政主体的具体执法行为，行政主体的规范制定行为，如行政法规、规章以及其他行政规范性文件，不属于司法审查对象。同时，人民法院仅能审查行政行为的合法性，行政行为是否合理一般不属于审查范围。对于行政处罚明显不当的，或者其他行政行为涉及对款额的确定、认定确有错误的，人民法院才享有有限的司法变更权。

4. 审判机关的监督依照司法程序进行，由《行政诉讼法》调整。行政诉讼法、最高人民法院的相关司法解释规定了人民法院审理行政案件的程序，人民法院对行政行为的监督须符合上述程序性规定。

三、检察机关的监督

检察机关的性质和职能如何，各国情况差异较大。西方国家的检察机关多隶属于行政机关的司法行政部门，主要承担刑事诉讼任务。但在一些大陆法系国家，检察机关依法有权作为公益代表人参加行政诉讼，以维护公共利益。

根据我国《宪法》和《人民检察院组织法》的规定，检察机关是国家的法律监督机关，从理论上讲，应当有权对政府管理行为的合法性进行法律监督。新中国成立初期的有关法律规定也体现出这一思想。1949年12月《中央人民政府最高人民检察署试行组织条例》第3条规定，最高人民检察署可直接行使并领导下级检察署行使的职权包括：对于全国社会与劳动人民利益有关之民事及一切行政诉讼，均得代表国家公益参与之。此后的《中央人民政府最高人民检察署暂行组织条例》《各级地方人民检察署组织通则》以及 1954 年 9 月 21 日第一届全国人民代表大会第一次会议通过的《中华人民共和国人民检察院组织法》均有相同规定。但 1979 年修订后的《人民检察院组织法》删去了这些内容，仅留下对刑事法律的实施和审判活动进行监督，监督范围大为缩小，与《宪法》和《人民检察院组织法》所规定的法律监督机关性质极不相称。1989 年通过的《行政诉讼法》虽然规定检察机关有权对行政诉讼活动享有法律监督权，但该法律监督权只限于针对人民法院作出的确有错误的生效裁判提起抗诉。2014 年修订后的《行政诉讼法》延续了原《行政诉讼法》的规定，并未赋予检察机关针对违法的行政行为直接提请人民法院审查的权力。

　　需要指出的是，在《行政诉讼法》修订期间，《中共中央关于全面推进依法治国若干重大问题的决定》对人民检察机关对行政执法行为的司法监督职能发挥提出了新的要求，即"检察机关在履行职责中发现行政机关违法行使职权或者不行使职权的行为，应该督促其纠正"，同时提出要"探索建立检察机关提起公益诉讼制度"。以此为背景，2015 年 7 月 1 日，全国人大常委会通过了《关于授权最高人民检察院在部分地区开展公益诉讼试点工作的决定》，授权最高人民检察院在生态环境和资源保护、国有资产保护、国有土地使用权出让、食品药品安全等领域开展提起公益诉讼试点（含行政公益诉讼），并确定北京、内蒙古等 13 个省、自治区、直辖市作为试点地区，同时规定人民法院应当依法审理人民检察院提起的公益诉讼案件。为落实全国人大常委会的决定，最高人民检察院和最高人民法院先后公布实施了《人民检察院提起公益诉讼试点工作实施办法》和《人民法院审理人民检察院提起公益诉讼案件试点工作实施办法》，对人民检察院提起行政公益诉讼的范围、诉前督促程序、管辖、当事人确定、举证责任、案件审理程序、裁判方式等作出了初步规定。可以说，检察机关提起行政公益诉讼试点工作的开展，将极大增强人民检察机关对行政执法行为的监督职能。

■　第四节　政府内部监督

一、政府内部监督概述

　　政府内部监督是指行政系统内部的上下级行政机关之间存在的法律监督以及行政系统内部设立的专门监督机关对行政机关及其公务员进行的监察和督促。

　　政府内部监督具有以下特征：

　　1. 广泛性。凡与行政机关公务员行使职权相关的领域，都属于政府内部监督的范围。此点与权力机关的监督和司法监督区别较大。后两者的监督受到国家权力分工的限制，其监督的范围、权力的大小都需由法律明确规定。如权力机关的监督限于对重大的行政管理行为进行监督，司法机关的监督限于对具体执法行为合法性的监督，而不涉及合理性等。政府内部监督基于行政系统上下级之间的领导指挥权，其监督的范围可及于所有的行政行为，不仅限于合法性，且涉及合理性。

2. 及时性。政府内部监督伴随行政执法活动进行，能够及时发现行政违法或者不当的行为，并迅速调整和纠正。此点明显不同于司法机关的事后监督。

3. 隶属性。政府内部监督是在具有层级关系和隶属关系的上级政府与下级政府、政府与所属部门以及专门机关与一般机关之间展开的，除了专门监督外，政府内部监督的监督主体与监督对象之间一般存在着领导与被领导的关系。监督主体一旦发现问题，即可直接采取各项必要措施进行处理。

4. 局限性。一方面，政府内部监督属于行政性质，须体现行政效率原则，在监督程序上不可能做到如司法审判程序那样严格，这难免影响监督的效果；另一方面，政府内部监督属于行政系统内部的自我监督，受部门利益的影响，难免出现监督不力的情况。

从监督的内容和组织形式角度，可以将政府内部监督分为两大类，即层级监督和专门监督。

二、层级监督

（一）层级监督的概念与特点

层级监督，又称一般监督，是基于行政隶属关系，由上级行政机关对下级行政机关进行的检查和督促。

政府内部的层级监督具有广泛、直接的特点。在政府内部监督体系中，层级监督的使用频率远高于审计、监察等专门机关的监督，且层级监督的范围最大，所有涉及行政管理的活动，都可以纳入层级监督的范围。另外，层级监督是以行政隶属关系为基础的，监督主体与监督对象之间具有直接、密切的关系。

（二）层级监督的分类

政府内部的层级监督是一个多层次、多侧面的监督网络。按照不同的标准，可以对层级监督作出不同的分类：

1. 以监督层级为标准，可以分为中央政府的监督和地方政府的监督。《宪法》规定，国务院是最高国家行政机关，有权改变或者撤销各部、各委员会发布的不适当的命令、指示和规章，有权改变或者撤销地方各级国家行政机关不适当的决定和命令。《地方各级人民代表大会和地方各级人民政府组织法》规定，县级以上各级人民政府有权改变或者撤销所属各工作部门不适当的命令、指示和下级人民政府不适当的决定。

2. 以监督主体为标准，可以分为政府监督、部门监督和行政负责人监督。上级政府有权对本级政府所属的各部门和下级政府实施监督。上级政府主管部门处于业务指导地位，也有权监督下级政府相关部门。《地方各级人民代表大会和地方各级人民政府组织法》规定，省级人民政府的各工作部门受人民政府的统一领导，且受国务院主管部门的领导或者业务指导。自治州、县、自治县、市、市辖区的人民政府各工作部门受人民政府统一领导，且受上级人民政府主管部门的领导或业务指导。此外，本机关或者本部门负责人按照《公务员法》的规定，有权对本单位的公务员进行考核与监督。

（三）层级监督的制度

层级监督的具体制度包括以下几种：

1. 报告工作制度。工作报告是被监督对象向监督主体主动提供情况，接受上级主管机关的检查。听取、审查本级人民政府工作部门和下级政府的执法情况报告，是政府内部监督的重要方式。

2. 执法检查制度。执法检查是监督主体主动了解被监督对象的执法情况并及时纠正违法不当情况的法律制度，具有深入实际、真实客观的优点。

3. 审查批准制度。审查批准是监督主体依法对被监督对象的部分行政行为进行审核确认的活动，内容主要涉及比较重大的行政行为，包括规范制定行为和具体的处理决定。通过较强的事先监督，起到预防行政违法的作用。

4. 行政复议制度。行政复议是作出行政行为的上级机关根据行政相对人的申请，依法对下级行政机关作出的行政行为是否合法、合理进行复查，并作出相应处理的制度。相对于其他层级监督制度，我国的行政复议制度有明确统一的法律规定，其制度运作更加规范和成熟。

5. 备案检查制度。根据我国《立法法》《监督法》的有关规定，下级行政机关制定的规范性文件或者行政执法活动都应在事后报上级机关备案，以供上级机关了解情况。在备案检查过程中，上级机关如发现违法或者不当之处，有权责令下级行政机关纠正或由上级机关直接撤销。

6. 考核奖惩制度。监督主体依法对公务员的执法行为进行定期考核，如发现公务员存在违法违纪行为，有权视情节轻重由任免机关或行政监察机关作出行政处分决定。

三、专门监督

专门监督是指政府内部设置的具有专门监督职能的机关对行政机关及其工

作人员的特定行政行为进行检查和督促的活动。专门监督分为审计监督和行政监察两种。

（一）审计监督

1. 审计监督的概念和特点。审计，是审查核算有关财政财务收支活动的意思。此处所介绍的审计监督是指审计机关对行政机关职权行为涉及的财政财务收支活动进行审查核算的行为。

审计监督具有以下特点：①审计的本质是一种依法实施的经济监督行为；②审计监督的主体是国家审计机关或政府授权认可的其他财务机构；③审计的对象主要是会计凭证、会计账簿和会计报表，以及各种经济业务、资金运动。

2. 审计监督的发展。按照《宪法》的规定，国务院和县级以上地方各级人民政府设立审计机关，实行审计监督。1983 年 9 月，中华人民共和国审计署正式成立，审计监督工作正式开展。1985 年和 1988 年国务院先后发布了《国务院关于审计工作的暂行规定》和《中华人民共和国审计条例》。1994 年 8 月《中华人民共和国审计法》正式通过，自 1995 年 1 月 1 日起施行，审计工作走上了法制轨道，2006 年 2 月 28 日，第十届全国人民代表大会常务委员会第二十次会议通过了《关于修改〈中华人民共和国审计法〉的决定》，对《审计法》的相关内容作出了一定程度的修正。近年来，国家审计署连续公开年度审计报告，揭露了一些国家部委在资金方面的重大违法、违规问题，在社会上产生重大影响，获得了好评。目前学术界多人主张，借鉴国外大部分国家的做法，将审计机关划归立法机关直属，以增强监督的独立性和权威性。

3. 审计监督主体的职责与权限。在政府内部审计监督范围内，审计机关的职责主要是：①对本级政府各部门和下级政府预算的执行情况和决算，以及其他财政收支情况，进行审计监督；②对政府部门管理的和其他单位受政府委托管理的社会保障基金、社会捐赠资金以及其他有关基金、财务收支，进行审计监督；③其他法律、行政法规规定的应当由审计机关进行审计的事项。

在进行审计监督过程中，审计机关享有以下权力：①要求报送权。审计机关有权要求被审计单位按照规定报送预算或者财务收支计划、预算执行情况、决算、财务报告，运用电子计算机储存、处理的财政收支、财务收支电子数据和必要的电子计算机技术文档，在金融机构开立账户的情况，社会审计机构出具的审计报告，以及其他与财政收支或者财务收支有关的资料。②检查权。审计机关有权检查被审计单位的会计凭证、会计账簿、财务会计报告和运用电子计算机管理财政收支、财务收支电子数据的系统，以及其他与财政收支、财务收支有关的资料和资产。③调查权。审计机关有权就审计事项的有关问题向有关单位和个人进行调查，并取得有关证明材料。有关单位和个人应当支持、协助审计机关工作，如实向审计机关反映情况，提供有关证明材料。④制止违法并采取措施权。审计机关对被审计单位转移、隐匿、篡改、毁弃会计凭证、会计账簿、财务会计报告以及其他与财政收支或者财务收支有关的资料，以及转移、隐匿所持有的违反国家规定取得的资产的行为，有权予以制止；必要时，经县级以上人民政府审计机关负责人批准，有权封存有关资料和违反国家规定取得的资产。审计机关对被审计单位正在进行的违反国家规定的财政收支、财务收支行为，有权予以制止；必要时，经县级以上审计机关负责人批准，通知财政部门和有关主管部门暂停拨付与违反国家规定的财政收支、财务收支行为直接有关的款项，已经拨付的，暂停使用。⑤建议和提请处理权。审计机关认为被审计单位所执行的上级主管部门有关财政收支、财务收支的规定与法律、行政法规相抵触的，应建议有关主管部门纠正；有关主管部门不予纠正的，审计机关应提请有权处理的机关依法处理。⑥通报权。审计机关可以向政府有关部门通报或者向社会公布审计结果。

（二）行政监察

1. 行政监察的概念与特点。行政监察是国家各级行政监察机关对行政机关及其工作人员和行政机关任命的其他人员执行国家法律、法规、政策和决定、命令情况以及违法、违纪行为进行监视、督察和惩戒的活动。行政监察的目的是保障政令畅通，维护行政纪律，改善行政管理，提高行政效能，促进廉政建设。

行政监察具有以下特点：①它是由政府内部的专门机关进行的监察活动；②行政监察的对象是行政机关及其工作人员和行政机关任命的其他人员；③它是一种经常性的、直接的监督形式，发现违法违纪现象即依法提出监察建议或监察决定。

行政监察是我国专门行政监督的重要组成部分。在新中国成立初期，监察部包括行政监察、审计两个专门行政监督机构。在1983年恢复审计机关的基础上，1986年恢复行政监察机关。1990年通过《行政监察条例》，1997年正式颁布《行政监察法》，2010年6月25日，对该法进行了进一步修正。

2. 行政监察的主体和权限。在我国，行政监察主体是国务院和地方各级人民政府行使行政监察权的职能部门。监察机关根据工作需要，经本级人民政府批准，可以向政府所属部门派出监察机构或者监察人员。监察机关派出的监察机构或者监察人员，对派出的监察机关负责并报告工作。

行政监察机关依法履行下列职责：①检查国家行政机关在遵守和执行法律、法规和人民政府的决定、命令中的问题；②受理对国家行政机关、国家公务员和国家行政机关任命的其他人员违反行政纪律行为的控告、检举；③调查处理国家行政机关、国家公务员和国家行政机关任命的其他人员违反行政纪律的行为；④受理国家公务员和国家行政机关任命的其他人员不服主管行政机关给予行政处分决定的申诉，以及法律、行政法规规定的其他由监察机关受理的申诉；⑤法律、行政法规规定由监察机关履行的其他职责。上述职责可归结为两个方面：①行政效能监察，即对被监察对象遵守和执行法律、法规、决定、命令等情况进行监督；②清正廉洁监察，即对被监察对象是否存在违法违纪行为进行监督。

行政监察机关拥有两项权力：

（1）检查、调查权。包括定期或者不定期地对行政机关及其公务员贯彻执行法律、法规和决定、命令的情况进行检查；根据本级政府或者上级监察机关的决定或者本地区、本部门工作需要，对被监察部门的工作进行专项监察；对违法违纪行为进行立案调查；等等。行政监察机关在检查、调查中，有权采取以下必要措施：①查阅、复制被监察的部门和人员提供的与监察事项有关的文件、资料、财务账目及其他有关的材料；②责令被监察的部门和人员在规定时间、地点就监察事项涉及的问题作出解释和说明；③责令被监察的部门和人员停止违反法律、法规和行政纪律的行为；④暂予扣留、封存可以证明违反行政纪律行为的文件、资料、财务账目及其他有关的材料；⑤责令案件涉嫌单位和涉嫌人员在调查期间不得变卖、转移与案件有关的财物；⑥建议有关机关暂停有严重违反行政纪律嫌疑的人员执行职务；⑦查询案件涉嫌单位和涉嫌人员在银行或者其他金融机构的存款；必要时，可以提请人民法院采取保全措施，依法冻结涉嫌人员在银行或者其他金融机构的存款。此外，监察机关在办理行政违纪案件中，可以提请公安、审计、税务、海关、工商行政管理等机关予以协助。

（2）监察建议和处分权。监察机关对监察确认的事实和问题，有权分别提出监察建议或者作出监察决定。按照职责权限，对某些不能由监察机关直接处理的事项，由监察机关向有权处理的行政机关提出监察建议，主要涉及：①拒不执行法律、法规或者违反法律、法规以及人民政府的决定、命令，应当予以纠正的；②本级人民政府所属部门和下级人民政府作出的决定、命令、指示违反法律、法规或者国家政策，应当予以纠正或者撤销的；③给国家利益、集体利益和公民合法权益造成损害，需要采取补救措施的；④录用、任免、奖惩决定明显不适当，应当予以纠正的；⑤依照有关法律、法规的规定，应当给予行政处罚的；⑥需要给予责令公开道歉、停职检查、引咎辞职、责令辞职、免职等问责处理的；⑦需要完善廉政、勤政制度的；⑧其他需要提出监察建议的。对有些事项，监察机关有权自行作出监察决定。如：违反行政纪律，依法应当给予警告、记过、记大过、降级、撤职、开除行政处分的；违反行政纪律取得的财物，依法应当没收、追缴或者责令退赔的。根据《行政监察法》的规定，凡是可以作出监察决定的情形，监察机关也可以提出监察建议。

3. 行政监察的程序。实施行政监察，有两个程序：一是检查程序，包括：立项、制定检查方案并组织实施，向本级人民政府或者上级监察机关提出检查情况报告；根据检查结果，作出监察决定或者提出监察建议。二是调查程序，对违反行政纪律的行为，监察机关按照下列程序调查处理：①对需要调查处理的事项进行初步审查；认为有违反行政纪律的事实，需要追究行政纪律责任的，予以立案；②组织实施调查，收集有关证据；③对有证据证明违反行政纪律需要给予行政处分或者作出其他处理的，继续进行审理；④根据调查、审理结果，作出监察决定或者提出监察建议。

监察机关在检查和调查过程中，须遵守一些共同的规则，如：听取被监察的部门和人员的陈述和申辩；涉及重要、复杂的检查事项和举报案件，应当备案；重要的监察建议或者监察决定，需报经本级人民政府和上一级监察机关同意等。

监察机关提出的监察建议和监察决定具有法律效力，不管被监察对象有无异议，都不影响其效力。被监察对象如对监察建议有异议，可以在法定期限内向作出监察建议的监察机关提出异议。监察机关予以答复后依然有异议的，由监察机关提请本级人民政府或者上一级监察机关裁决。被监察对象如对监察决定不服，可以在法定期限内申请复审，监察机关作出复审决定后仍不服的，可向上一级行政监察机关申请复核。上一级监察机关所做的复核决定为最终决定，不得向法院提起行政诉讼。

此外，行政机关工作人员和国家行政机关任命的其他人员对主管行政机关作出的行政处分决定不服的，可以在法定期限内向监察机关提出申诉，监察机关作出复查决定后仍不服的，可以向上一级监察机关申请复核。监察机关如果认为原处分不适当的，可以建议决定机关变更或者撤销。监察机关在职权范围内，也可以直接变更或者撤销原决定。

为了保证监察行为的公正性，《行政监察法》规定，监察人员办理的监察事项与本人或者其近亲属有利害关系的，应当回避。

■　第五节　行政问责

从 2002 年我国香港地区政府推行"高官问责制"时起，问责正式进入公众视野。2003年非典期间，包括两名省部级高官在内的上千名官员因隐瞒疫情或防治不力而被罢免以来，行政问责已经发展成为我国行政监督体系中一种非常重要的治吏机制。本节旨在总结并阐释行政问责的基础理论问题，具体包括行政问责的基本内涵、行政问责的基本特征以及行政问责的基本构成要素共三个方面。

一、行政问责的基本内涵

"问责"（英文名称为"accountability"）一词最早发端于西方国家有关政党政治的土壤之中，但是基于一国国情、政治体制以及历史文化传统等多种因素的差异，问责在各国的发展模式和路径极具本土特色，相应地，有关问责的内涵迥异。在我国，所谓行政问责，是指行政官员因其职责和义务履行情况而受到质询进而承担否定性后果（谴责和制裁）的治吏机制。具体说来，应当分别从"行政""问""责"这三个关键词入手，以全面、准确理解行政问责的基本内涵。

（一）"行政"的范畴及其特殊性

从语义构成来看，"行政"作为对问责外延的限定，表明了问责适用的具体对象。行政问责语境中的问责对象应当具有特定性，只限于经过特别程序（选举或任命）产生、具有一定行政领导级别和职务并且系属于国家公务员范畴的行政机关工作人员，我们将其简称为行政官员。可见，与其他传统责任追究机制不同，问责的对象要限定为享有领导权力的政府官员即领导干部，而不是一般工作人员，因为在行政系统内部，对一般公务员的监督和制约通过系统内的上级对下级的追责方式即可实现。实际上，正是问责对象的这种特殊性，在一定程度上彻底地改变了我国为官"能上不能下"的政治逻辑，使得我国责任政府的建构从此有了可以依托的、更加真实和有效的路径。

（二）问的涵义及其基本要素

"问"作为责的前缀，决定了问责所应具有的动态性与过程性的特点。根据《汉语大词典》的界定，"问"不仅有"追究"之意，同时还可以将其解释为"询问"[1]。为了确保问责结果的公平、公正，责任追究之前必然需要展开调查确认的过程，"问"的过程以及"问"的结果应当是问的主体与问的对象双向交流后的"产物"。因此，问责语境中的"问"应当包含以下两个方面的内容，缺一不可并且有先后顺序之分：首先是问责过程的双向性，体现为问责事件发生

---

[1]《汉语大词典》对问的解释主要包括：①询问；诘问；②论难；探讨；③考察：过问；④审讯；⑤追究；等等，不一而足。参见罗竹风主编：《汉语大词典》，汉语大词典出版社1993年版，第29页。

后，问责主体对问责对象进行询问、质询以及问责对象对问责主体进行解释说明回应的过程；其次才是问责主体实现责任对接，进行实体层面的追责过程。故问责语境中完整意义上问的过程需要涵盖包括问的主体、问的对象、问的范围、问的程序、问的方式、问的执行以及问后的救济共七个方面的构成要素。

（三）责的内涵

所谓责，即责任的简称。理论上，根据行政官员履行职责、承担义务的内容属性不同，我们可以将行政官员的责任分为政治责任、行政责任、法律责任和道德责任[1]四种，这四类责任之间既相互独立，又相互影响和渗透，从而共同形成一个多元复合的责任体系。但这种应然视角下行政官员所承担的责任体系无法直接等同于行政问责的责任范畴。事实上，早在 2002 年香港地区推行高官问责制以前，我国大陆政坛就有改革开放以后第一起问责事件，即 1979 年"渤海二号"沉船事件，令时任石油部部长宋振明辞职。其后还有过其他问责事件[2]，但均以"个案式"处理为主，问责缺少制度化、规范化。当 2003 年非典疫情的爆发成为对我国政府执政能力，特别是危机处理能力的深层次拷问时，我国中央政府在短时间内对包括两位省部级高官在内的上千位政府官员因隐瞒疫情或防治不力而制裁的问责举措，正式赋予了问责在我国所应具有的特殊意蕴。因此，问责之责任范畴应当突出强调政府官员责任的政治维度和道德维度，即政治责任和道德责任的有机结合（我们将其简称为"领导责任"），这实际上也正是问责能够弥补现有内部追责机制动力之不足，在法律制度、党纪和政纪

---

[1]　所谓政治责任，是指政治官员制定符合民意的公共政策并推动其实施的职责及没有履行好职责时应承担的谴责和制裁，既包括对积极意义上的政治责任的履行，也包括消极意义上的政治责任的承担。承担方式主要体现为政治官员在政治上受信任的程度降低，具体方式随失去信任程度的不同而有所差异，最严厉的形式就是失去行使政治权力的资格。参见张贤明："政治责任与法律责任的比较分析"，载《政治学研究》2000 年第 1 期。问责视角下行政官员的行政责任，是指行政官员职位分内应做之事以及未做好分内之事在行政组织内部所受到的谴责和制裁，既包括积极意义上的行政官员有履行岗位之责并完成好上级交派的任务以保证行政目标的顺利实现的基本义务，也包括当行政官员不能尽职尽责地完成其本职工作或者违法行使职权时将承担的消极意义上的行政责任。所谓行政官员的法律责任，是指行政官员依法行使职权以及出现违法失职行为而受到的谴责和制裁，具体包括行政法律责任和刑事法律责任两种，前者是指在行政官员对外行使职权过程中，因违反行政法律规范的义务性规定而承担的不利后果，其主要表现形式为行政处分；而后者是指行政官员违法行使职权的行为严重危害到社会秩序以致构成犯罪时，依据刑法的有关规定所承担的责任形式；所谓道德责任，是指行政官员在履行职权时必须承担的道德义务以及违反道德要求所应受到的责任追究，其本质上属于典型的主观责任范畴，是行政官员对自身忠诚、良知和认同的信仰。

[2]　比如 1987 年 5 月 6 日，大兴安岭发生特大森林火灾，时任林业部部长杨钟、副部长董智勇被撤销职务，而大兴安岭多名处级以上干部受到党纪、政纪处分，直接责任人因犯有玩忽职守罪而承担刑事责任；1988 年 1 月昆沪列车发生颠覆事故，时任铁道部部长丁关根引咎辞职，不久全国人大常委会决定免去丁关根铁道部部长职务，等等，不一而足。

之外另辟一个通道，使政府官员行使权力的全过程都能受到强有力地、无缝隙地监督和约束的重要原因。即在我国，引入行政问责能够切实解决我国政府官员负有政治使命却在实践中不直接向代议机关承担政治责任和道德责任的问题。

二、行政问责的基本特征

在我国现实语境中，行政问责的基本特征主要体现为以下六个方面：

（一）民主性

与传统行政管理框架下的上问下责的责任追究机制不同，问责所独具的"以人民需要和公共利益为依归"的根本宗旨使其成为现代民主框架下一种极为重要的权力制约机制。当实践中发生对人民权益和公共利益造成重大损害的事件或者事故时，在问责视角下对官员领导责任的追究，其旨在对民意的回应，给老百姓一个满意的、负责的交代，这显然与我国传统意义上的党纪政纪处分有本质的不同。也就是说，问责所独具的这种民主性特质，要求政府及其官员的一切行为都要"对民负责""受民监督"，否则将要受到人民的谴责和制裁。可见，这种来自权力所有者——人民而形成的自下而上的监督和制约机制，对于从根本上弥补依靠执政者为主导的"自我变革"模式在实践中可能会产生的"动力匮乏"具有不可替代的重要价值。

（二）强制性

与其他国家权力相比，行政权天然就具有扩张和侵害的可能性，所以限制和监督行政权就显得格外重要和困难。其实权力本身无所谓善和恶，只是掌握权力的人在欲望的驱使下容易滥用权力。故作为对执掌权力的行政官员行使权力的监督和制约机制，问责显然无法仅靠行政官员的自觉行为加以实现，强制性必然为其根本属性，这是问责制能够发挥其整肃吏治功能的基本前提。一旦行政官员违背其职责要求，有悖于人民的意志和公共利益的需要，必将受到谴责和制裁，即问责主体享有强制执行的权力和能力，并以国家强制力作为最终保障手段。

（三）主动性

虽然强制性是问责的根本属性，但消极意义上的责任实现并不排斥行为人主动地承担不利后果。道德责任应当贯穿于行政官员权力行使的始终，对于客观责任的实现具有补位和提升功能，故问责事件发生后，我们应该允许乃至鼓励失职的行政官员主动、自觉地承担不利后果，其必要性自不待言。然而毕竟人类不是天使，尤其对于执掌行政权力的行政官员来说，仅靠行政官员伦理道德层面的自主性显然无法实现对公权力的有效制约，辅之以更加严厉的补充性制约机制才是能够敦促失职官员"良心发现"的关键。

第十四章

（四）特定性

根据权责一致原则，权力与责任成正比例关系，即权力越大，责任就越大。故不同职务和级别的行政官员享有的行政权力不同，其被问责的"度"自然也就不同。因此，行政官员对于问责后果的承担应当具有特定性，不同类型的行政官员（比如政府组成人员与其他行政官员、行政首长与行政副职之间）应当适用不同的问责方式，以防在行政官员责任追究过程中发生"缺位""越位"乃至"错位"的现象。

（五）间接性

在我国现实语境中，行政官员所承担的政治责任以及道德责任的总和即体现为行政官员所担负的领导责任。领导责任在本质上是一种间接责任，担任领导职务的行政官员不仅要对自己的行为承担责任，同时也要因领导不力而承担连带责任。领导责任的涵义非常广泛，既包括行政官员对其所管辖领域内出现重大事故或危机但未及时采取有效措施进行补救或阻止危害继续蔓延的失职行为而承担的不利后果，也包括对其下属在执行政策过程中出现的违法或不当行为而承担监督不力的后果责任。行政官员承担领导责任是民主政治的基本要求。虽然行政官员领导责任的承担与追究应当完全以"人民意志和公共利益需要"为依归，但行政官员承担的领导责任应当是合理状态下的有限责任，因为过度的责任要求必将严重束缚行政权原本所应具有的高效、灵活之特性，最终的结果不仅会适得其反，甚至还可能导致行政官员运用行政权管理国家之活动由此而停滞不前。

（六）程序性

问责语境中的"问"字已经充分体现出问责所具有的程序性特征。问责程序解决的是如何问的问题，需要由问责主体对行政官员是否承担领导责任以及如何承担领导责任进行判断、认定和追究。由于问责语境中消极意义上的领导责任的承担不仅仅是对行政官员的行为在形式上是否合法的评价，更是对其决策是否合理正当，即是否合乎人民的意志和利益层面的考量，故问责的实体标准往往难以精确量化，问责程序的规范化就显得尤为重要。"问责程序不仅是实现问责目的的重要手段，而且在体现问责活动的合法正当性以及保障问责对象的权利等方面都具有重要的价值，问责程序必须以公正为主要价值目标，同时兼顾效率。"[1] 由于问责必然会对行政官员的合法权益产生消极影响，故在对行政官员的领导责任进行认定和追究的过程中，必须严格遵守正当程序的基本

第十四章

---

[1] 参见陈党：《问责法律制度研究》，知识产权出版社 2008 年版，第 79 页。

理念。

三、行政问责的基本构成要素

问责的主体、对象、范围、程序、方式及其适用共五大方面的内容，构成行政问责的基本构成要素，是确保行政问责在实践中得以顺利运转的必要组成部分。

（一）问责主体

问责主体旨在解决"由谁问责"的问题，即当出现问责事由时，有权追究行政官员领导责任的个人和组织的统称。鉴于行政问责旨在通过民主框架下的权力制约机制以真正促成执掌权力的行政官员为民负责的行政伦理，问责主体理应具有较强的"人民性""突出的坚定性"以及"足够的独立性、信用和权威"，同时，不同的利益群体在行政过程中对行政官员所形成的不同的价值期待和诉求，又决定了问责主体广泛性的特质。当然，多元化的问责主体基于自身问责权限的不同又会表现出差异性的问责能力。

实践中，根据问责主体与问责对象之间是否具有隶属关系为标准，问责主体可以被细化为两大类：发生于同一系统内部的同体问责以及系统外部有权主体所发起的异体问责。前者主要发生于行政系统内部，具体包括上级行政机关对下级行政机关的问责以及行政监察机关、审计机关、政府法制部门、政府督察部门等专门性行政机构启动的问责；后者主要是指社会公众、民主党派、司法机关以及新闻媒体参与的问责。此外，需要特别说明的是，鉴于我国的特殊政治国情，行政官员往往兼具党内职务，根据"党管干部"的基本原则，共产党亦有权参与问责，主要通过以下两种方式，一种是共产党以问责发起主体身份参与问责发起程序，具体表现为地方党委、组织部门以及纪检部门等党的机构有权在法定权限内向问责启动主体提供问责信息来源，只不过这种"软约束"通常具有"刚性"效果，党的机构往往能够在问责发起程序和问责程序中发挥主导性的关键作用；另外一种则表现为党内问责，即执政党对党员的监督，对于未依照党的纲领和政策方针履行党员应尽的职责和义务的，党组织的法定机构有权对其进行制裁，但问责客体为该官员基于党内身份所享有的职务和级别，此时党的机构是问责发起主体和决定主体的有机统一。可见，如果在法定问责范围内，依据党内法规等相关规定，所涉行政官员因其党内身份也应受到党内问责的，党内问责对行政官员的制裁并不能抵消国家法定问责机构对行政官员作出的问责决定，毕竟这两种问责方式因其客体的不同并不构成竞合关系。

（二）问责对象

问责的对象旨在解决"向谁问责"的问题，即在问责实践中，可能被问责的行政官员的范围和种类。鉴于问责旨在解决对行政官员更高、更深层次的领导责任（即政治责任和道德责任的有机结合）追究问题，为了更好地体现责任行政理念对行政官员的严格要求以及"以人民意志和公共利益需要为依归"的宗旨，问责语境中行政官员领导责任的责任主体应当主要是指《公务员法》第105条所规定的各级行政机关的领导成员，同时又在由各级人大（或常委会）直接选举或任命产生的政府组成人员范围之内，具体包括两类：①国务院总理、副总理及国务院其他组成人员（含国务委员、秘书长、审计长），国务院各部委（同时包括国务院直属特设机构、国务院直属机构、国务院直属事业单位、国务院部委管理的国家局）正职负责人；②地方各级人民政府及其工作部门正职与副职负责人。其中各级政府及其工作部门（机构）的正职负责人，又可表述为行政首长。在具体问责个案中，关于责任人级别的归属问题，则无法一概而论，而是需要由问责主体在法定权限范围内综合考虑各种事实因素，比如损失的大小、影响的地域范围、民意的需求等客观情况后作出最终决定。[1] 至于行政首长和行政副职的责任承担问题，虽然行政副职协助行政首长开展工作并对行政首长负责，行政首长与副职之间属于典型的上下级领导关系，但实践中仍需依据具体职责范围和裁量权限来判断个案中的责任归属问题，"行政首长和行政副职应当分别对自己行使裁量权的事项承担责任，行政副职对其分管的工作承担领导责任，行政首长对本机关的所有工作承担责任，而对于不属于分管领导负责，但确属本机关职责权限范围的事项，由行政首长依据行政首长负责制对外承担责任"[2]。

---

〔1〕 综观目前问责案例，被问责官员的级别表面上看具有很强的不确定性，以引咎辞职为例，1988年的昆沪列车颠覆事故，时任铁道部部长丁关根引咎辞职；2004年的北京市密云县密虹公园踩踏事故，县长张文引咎辞职；2004年吉林市中百商厦特大火灾事故，市长刚占标引咎辞职；2005年松花江水污染事件，国家环保总局局长解振华引咎辞职；2008年"阳宗海砷污染事件"，玉溪市副市长陈志芬被劝引咎辞职；2008年山西襄汾特大尾矿库溃坝事故，山西省省长孟学农引咎辞职；2008年三鹿奶粉事件，国家质检总局局长李长江引咎辞职，等等，不一而足，但根据案件调查结果分析，问责背后仍然存在一定的规律，比如松花江水污染事件以及三鹿奶粉事件，之所以将问责官员级别上溯到国家职能局的行政首长，笔者认为，很大程度上则是考虑到该事故本身波及的地域范围，显然已经超出省域可以控制的范围，而对于松花江水污染事件，污染不仅造成数百万群众遭遇饮水困难，该污染物已经延江流入俄罗斯境内，产生国际影响，自然应当由国家环保行政主管部门承担监管不力后果责任。不得不承认，问责事件本身的复杂程度以及立法能力和技术的局限性决定了希冀法律作出明确而又具有可操作性的规定，既不现实也不可能，再加上对问责事件处理上的专业性和技术性要求，这显然也不是立法机能够胜任的"领域"。问责主体在对问责事件处理中享有的裁量权无法避免，立法机关所能做到的其实仅仅就是为其设定最为基本的框架而已。

〔2〕 参见胡建淼等：《领导人行政责任问题研究》，浙江大学出版社2005年版，第92~95页。

（三）问责范围

问责范围旨在解决"问什么"的问题。根据权责一致原则的基本要求，问责的范围只能是特定的，且必须宽严适度，以填补行政官员的权力行为尚未引起法律责任和纪律责任但存在过失或不当时无规范得以援引的真空，以实现对执掌权力的行政官员全方位、无缝隙地监控。具体来说，问责的范围应当而且必须与问责所应当承载的使命保持高度的一致：一方面引发问责的事故和事件所造成的损害后果必须在量上达到一定的规模，这其实也是比例原则对成本高昂的问责程序的启动所隐含的内在要求；另一方面，虽然行政领导权本身很宽泛，但在个案中对其失职行为的认定必须同时以该行政官员未履行或者未妥善履行能够为其自身所控制或者在其主观意志能力范围内为限。可见，科学、合理的问责范围具有"双刃剑"效果：既可以借助问责的权威实现对执掌公权力的行政官员们扩展权力"本能冲动"的约束，迫使其以人民意志和公共利益为重，对人民负责；从另一角度来说，有限的问责范围又降低了行政官员们从政的风险，并有助于防止问责主体问责权的滥用，进而达到保护行政官员合法权益的目的。

（四）问责程序

所谓问责程序，是指问责主体在对行政官员进行问责时应当遵循的方式、步骤、时间和顺序的总和。可见，缜密、完备的问责程序对于确保问责过程的正义性，保证问责的公平和效率，进而实现问责主体与被问责官员间权利义务的平衡，具有不可替代的重要价值。根据正当程序原则的基本要求，问责程序的基本构造应当包括启动、调查、决定和申诉四个阶段。

需要特别说明的是，鉴于在实践中，造成符合问责情形的原因往往非常复杂，所涉行政官员是否存在失职行为经常难以准确认定，为了最大限度地保护公共利益，并切实发挥问责制的治吏功能，在调查阶段中的举证规则应当具有一定的特殊性，即对行政官员是否承担领导责任应当适用"疑过从有"原则，即行政官员要对其存在法定抗辩情形承担举证责任，如果行政官员本人未能提出法定抗辩理由，或者虽然提出抗辩理由但不符合法定要求，或者经审查认为提供证据不充分或不属实的，行政官员仍要受到相应的制裁。此外，问责决定主体在作出最终问责决定之前必须认真听取所涉行政官员的陈述和申辩。对于行政官员的陈述和申辩，其中合理的部分，问责决定主体必须予以采纳，而未经采纳的部分，问责决定主体应当说明理由并告知所涉行政官员。问责决定主体绝不能因所涉行政官员行使陈述申辩权而加大制裁。此外，问责决定主体在选择问责方式时，应当重点对问责对象是否具有责任豁免与责任减轻等情节予以考虑，以确保最终责任的认定与其主观过错程度相适应。

（五）问责方式及其适用

行政问责的方式及其适用直接决定了问责能否在实践中真正发挥其整肃吏治、以儆效尤的基本功能。所谓行政问责的方式，是指行政官员因承担消极意义上的领导责任而受到的具体制裁。理想状态下的问责方式应当呈现出体系化特点：不同问责情形适用不同的问责方式，而这些问责方式之间又能软硬搭配、刚柔相济，以形成前后相续而又严密细致的逻辑体系，同时，为了真正实现问责旨在"给权力的授予者——人民一个满意交代"的美好初衷，问责的方式应该具有足够的"震慑力"。但要注意的是，尽管我们需要强调问责制的制裁功能，但制裁本身仅仅具有工具的效用，问责方式更应当突出其独具的更深层次的民主价值功能，即问责方式的选择应当更多地突出其对行政官员纠偏纠错的作用，以从根本上得以促成行政官员鞠躬尽瘁"执政为民"的为官理念。基于此，鉴于行政领导责任乃是对民主政治体制下基于民意的信任而任职的行政官员因其履职不力而承担的不利后果，故具体问责方式只能以其任职资格为限，并要随其受信任降低程度的不同而有所区别，具体包括政治道歉[1]、引咎辞职[2]、责令辞职[3]以及免职[4]四种形式。

所谓问责的适用，是指问责主体依法判断所涉行政官员是否应当被问责以及应当采取何种问责方式进行问责的专门活动。鉴于实践中引发问责的事件往往非常复杂，所涉行政官员的过错大小、造成的损失以及影响程度、主观过错与损害结果之间的因果关系等要素在具体问责情形下又是如此千差万别，法律

---

[1] 所谓政治道歉，是指行政官员通过大众传媒或者其他途径，因履职不力而在一定范围内以特定方式公开地向公众表达歉意，以争取公众原谅的行为。根据动力来源的不同，政治道歉又可以分为行政官员主动公开道歉以及被动公开道歉两种方式，对于符合问责条件，但是行政官员未主动进行道歉的，问责决定机关有权责令具有问责情形的行政官员在法定范围内以特定方式向特定范围内的公众公开致歉。

[2] 问责语境中的引咎辞职，是指行政官员认为自己存在失职行为而丧失了担任公职的民意基础，从而主动向法定机构提出辞去现任领导职务的一种问责方式，可见引咎辞职更多地体现为一种道德责任，"其本质特征就在于行政官员的主动性和自愿性，虽然往往存在外在因素的制约，但仍以官员内在的判断和选择为主"。参见毛寿龙："引咎辞职、问责制与治道变革"，载《浙江学刊》2005年第1期。

[3] 所谓责令辞职，是指问责决定机关根据问责情形，认定所涉行政官员已经不再适合担任现职，要求或者命令其辞去现任领导职务的行为。

[4] 作为一种最严厉的问责方式，所谓免职，是指问责决定主体根据问责情形，认为所涉行政官员已经不再适合担任现职，作出直接免去其现任领导职务决定的行为。虽然免职与责令辞职均为强制性的问责方式，所涉行政官员最终都要因此而丧失任职资格，但在运行机理方面却有不同：免职决定一经作出，即为生效，所涉行政官员任职资格即被剥夺；而责令辞职决定本身却是对所涉行政官员设定的义务，该官员是否丧失任职资格还需要借助于其是否按照责令辞职决定的要求履行申请辞职义务。

本身的固有局限性决定了法律无法对上述实现作出面面俱到的规定，而只能为其设定一个最为基本的框架而已。故对于实践中问责个案的具体适用，大多情况下，都需要借助问责主体所具有的法定裁量权根据具体案件事实进行综合权衡，在充分考虑包括损失大小、影响地域范围、主观过错程度、民意的需求等事实因素后作出最终的问责决定。可见，为了确保问责制的良性运转，精英化的问责主体，合理的问责范围，缜密、完备的问责程序以及科学、公正的问责方式，任何一个要素都不可或缺，不过这也仅是达致公平问责的必要而非充分条件而已。

【思考题】

1. 什么是行政法制监督？行政法制监督的必要性是什么？
2. 权力机关监督的内容和方式是什么？
3. 司法机关监督的种类及特征是什么？
4. 政府内部监督的种类是什么？
5. 层级监督的具体制度有哪些？
6. 审计监督主体和行政监察主体各享有哪些权力？
7. 什么是行政问责？行政问责的基本特征有哪些？

第十四章

第十五章

行政诉讼（一）

■ 第一节　行政诉讼概述

一、行政诉讼的界定

（一）行政诉讼的概念

所谓行政诉讼，是指公民、法人或者其他组织认为行政机关的行政行为侵犯其合法权益，依法向法院起诉，法院依法定程序审查被诉行政行为的合法性及相关争议的活动过程。对该概念的把握，需要掌握以下几个要素：

1. 行政诉讼的原、被告地位恒定。行政诉讼的主体包括原告、被告、其他诉讼参加人和法院。基于行政权的特性和行政诉讼的首要任务，在行政诉讼过程中，作为原告的只能是公民、法人或者其他组织，列为被告的，则必须是作出被诉行政行为的行政机关，两者地位不能交换。2014 年《行政诉讼法》修改时，因将行政协议纳入行政诉讼受案范围，曾有学者建议改变行政诉讼原、被告地位恒定的诉讼框架，允许在行政协议案件中行政机关作为原告提起诉讼。[1]但最终这一建议未被采纳。

2. 行政诉讼的客体为行政行为。行政诉讼所要处理的，是由行政行为引起的公民、法人或者其他组织与行政机关之间的争议。行政机关非行使行政职权的行为不属于行政诉讼的审查对象。2014 年《行政诉讼法》修订，将原条文中的"具体行政行为"修改为"行政行为"，在一定程度上扩大了司法实践中可以受理的行政案件的范围。[2]

---

〔1〕 余凌云："论行政诉讼法的修改"，载《清华法学》2014 年第 3 期。

〔2〕 为尊重历史，本教材第十五章、第十六章在完整援引《行政诉讼法》修改前的相关规范条款或研究作品时，仍保留原条文或原作品中"具体行政行为"的表述。

3. 行政诉讼的内容为被诉行政行为的合法性及相关争议。《行政诉讼法》第 6 条规定："人民法院审理行政案件，对行政行为是否合法进行审查。"当然，行政诉讼在审查合法性问题时，必然会涉及合理性问题。

4. 行政诉讼的类型为主观诉讼。主观诉讼，简言之，即诉讼程序的启动以存在主观上的权利侵害为前提。《行政诉讼法》第 2 条第 1 款有关"公民、法人或者其他组织认为行政机关和行政机关工作人员的行政行为侵犯其合法权益，有权依照本法向人民法院提起诉讼"的规定，表明了原告的起诉条件包括"据称发生的，对主观权利的侵害"[1]。与主观诉讼相对的，是客观诉讼。客观诉讼不要求原告具备与被诉行政行为之间的特定法律利害关系，而更强调法院作为客观法律监督者的角色。行政法学界有关公益诉讼、民众诉讼的研讨，都属于客观诉讼的范畴。

（二）行政诉讼制度的历史

关于我国古代有无行政法的问题，在行政法学界一直存在争议。但即便是承认古代有行政法的学者，也只是对古代存在行政事务管理和机构设置方面的行政实体法的认可。允许公民、法人或者其他组织质疑官府行政管理行为合法性的行政诉讼制度，在古代王权思想营造的官僚体制中，根本不具备生根的土壤。

1901 年清末变法修律，部分"赴日研习法政生"提出效仿日本的《行政裁判法》、设立"行政审判院"的设想。但措施尚未落实，清朝就已灭亡。此后，宋教仁在《中华民国临时政府组织大纲（草案）》中提议设立平政院，掌理行政审判，但终因南京临时政府的执政时间过短，未能付诸实施。直到 1914 年民国北京政府成立以后设立平政院，才开始确立普通诉讼与行政诉讼并行的二元司法体制。1931 年，南京国民政府在修订公布的《国民政府组织法》中，正式设立隶属于司法院的行政法院。此后颁布的《行政法院组织法》和《行政诉讼法》，规定了行政诉讼的基本制度和行政法院的相应权限。但行政诉讼制度在实际运作中的效果，乏善可陈。

中华人民共和国成立后，中央人民政府委员会批准了《最高人民法院试行组织条例》（1949 年 12 月 20 日）。根据该条例，最高人民法院设民事、刑事和行政三个审判庭。[2] 1954 年通过的《中华人民共和国宪法》第 97 条还赋予"中华人民共和国公民对于任何违法失职的国家机关工作人员，有向各级国家机关提出书面控告或者口头控告的权利"。但由于历史和政治的原因，上述规定有

---

〔1〕　［德］弗里德赫尔穆·胡芬:《行政诉讼法》，莫光华译，法律出版社 2003 年版，第 26 页。

〔2〕　田雨:"新中国司法制度的诞生"，载《人民法院报》1999 年 9 月 9 日。

关行政审判的内容均未能实施。

1982 年，《中华人民共和国民事诉讼法（试行）》颁布。该法第 3 条第 2 款规定："法律规定由人民法院审理的行政案件，适用本法规定。"至此，人民法院开始正式受理行政案件，但多由法院的经济庭负责审理。1987 年 1 月，在地方个别试验之后，最高人民法院发布了《关于建立行政审判庭的通知》，各级地方法院的行政审判庭才大张旗鼓地陆续建立，规范行政审判活动的专门法律也成为亟待解决的立法事项。在行政法学界和实务界的共同努力下，1989 年 4 月 4 日，第七届全国人民代表大会第二次会议通过了《行政诉讼法》，自 1990 年 10 月 1 日起施行。

《行政诉讼法》的出台，不仅推动了行政诉讼实践的发展，更使《行政诉讼法》实施过程中的诸问题，成为行政法学研究的热点与难点。但随着研究的深入，行政任务的变迁和全球化进程的加快，《行政诉讼法》不成熟与不完善的一面，日益显现出来。

为了增强《行政诉讼法》的适用性，最高人民法院先后颁布了《关于贯彻执行〈中华人民共和国行政诉讼法〉若干问题的意见（试行）》（1991 年 5 月 29 日最高人民法院审判委员会第 499 次会议讨论通过，现已废止）、《最高人民法院关于执行〈中华人民共和国行政诉讼法〉若干问题的解释》（1999 年 11 月 24 日由最高人民法院审判委员会第 1088 次会议通过，以下简称《执行解释》）和《最高人民法院关于行政诉讼证据若干问题的规定》（2002 年 6 月 4 日由最高人民法院审判委员会第 1224 次会议通过，以下简称《证据规定》）等一系列司法解释，适时发展了相关内容。但全面的完善工作，仍需通过立法修改活动实现。

2014 年，在 1990 年《行政诉讼法》实施了近 25 年之际，第十二届全国人民代表大会常务委员会第十一次会议审议通过了《行政诉讼法》修正案，于 2015 年 5 月 1 日实施。最高人民法院配套出台了《关于适用〈中华人民共和国行政诉讼法〉执行解释》（以下简称《适用解释》），和新法于同日实施。至于之前已经出台的司法解释的效力，时任最高人民法院行政审判庭庭长的赵大光与最高人民法院行政审判庭李广宇副庭长、耿宝建审判长撰文指出："新《行政诉讼法》和《适用解释》于 5 月 1 日实施后，最高人民法院以前发布的司法解释与新《行政诉讼法》及《适用解释》规定不一致的，不再适用；最高人民法院以前发布的司法解释与新《行政诉讼法》和《适用解释》规定不冲突的，仍可以继续适用。"[1]

---

〔1〕 赵大光、李广宇、耿宝建："行政诉讼法新旧法衔接的几个具体问题"，载《人民法院报》2015 年 5 月 13 日。

（三）行政诉讼与民事、刑事诉讼的关系

行政诉讼与民事诉讼、刑事诉讼，构成了三大诉讼制度。三者之间相互独立，各具特色，却又密切关联并相互交叉。

如前所述，我国独立的行政诉讼制度，自 20 世纪 80 年代后期才形成了初步的构思与框架。而民事诉讼制度与刑事诉讼制度，却有着久远的文化根基与制度经验，尽管两者之间未有清晰的界限。因此，行政诉讼的立法者在设计之初，就借鉴了发展较为成熟的民事诉讼和刑事诉讼的相关制度。尤其是《民事诉讼法》，其相关规定，直到今日仍是《行政诉讼法》的重要补充。《行政诉讼法》第 101 条规定："人民法院审理行政案件，关于期间、送达、财产保全、开庭审理、调解、中止诉讼、终结诉讼、简易程序、执行等，以及人民检察院对行政案件受理、审理、裁判、执行的监督，本法没有规定的，适用《中华人民共和国民事诉讼法》的相关规定。"允许行政诉讼过程中准用民事诉讼法的相关条款的做法，在日本和韩国也可见一斑。如日本的《行政案件诉讼法》第 7 条规定，该法没有规定的这些事项，"依据民事诉讼之例"[1]。

除了对民事诉讼、刑事诉讼的借鉴之外，行政诉讼过程中亦会发生与民事诉讼、刑事诉讼交叉的情况。主要表现为行政审判以民事裁判和刑事裁判的结果为前提，或者民事审判、刑事审判涉及被诉行政行为的效力问题。2014 年《行政诉讼法》修改专门增设了条文，对实践中出现的第一类民行交叉问题作了规范："在行政诉讼中，人民法院认为行政案件的审理需以民事诉讼的裁判为依据的，可以裁定中止行政诉讼。"（第 61 条第 2 款）行刑交叉的第一类案件，新法虽然没有提及，但可以按照前面提及的新旧法衔接原则，继续沿用《执行解释》第 51 条第 1 款第 6 项有关案件的审判须以相关民事、刑事或者其他行政案件的审理结果为依据，而相关案件尚未审结的，中止行政诉讼的规定处理。至于民事审判、刑事审判涉及被诉行政行为效力的第二类问题，《行政诉讼法》第 61 条第 1 款设计了民行一并审理制度："在涉及行政许可、登记、征收、征用和行政机关对民事争议所作的裁决的行政诉讼中，当事人申请一并解决相关民事争议的，人民法院可以一并审理"，有助于实现交叉争议案件法院裁判的一致性。

二、行政诉讼法

（一）广义的行政诉讼法

行政诉讼法有广义和狭义之分。

第十五章

---

[1]　[日] 盐野宏：《行政救济法》，杨建顺译，北京大学出版社 2008 年版，第 54 页。

广义的行政诉讼法，是指所有规范行政诉讼关系的法律规范之总称。从内容上看，它包括有关当事人、其他诉讼参与人和法院权利义务的规定，有关诉讼程序的规定，以及有关诉讼主体在诉讼过程中形成的各种诉讼关系的规定，等等。就形式而言，广义的行政诉讼法可表现为宪法、法律、法规、法律解释和国际条约等几种法律渊源。

虽然《行政诉讼法》第63条第3款只明确赋予行政规章"参照"的资格，更没有提及其他规范性文件的审查依据地位，但在实践中，行政规章以及形式繁多的其他规范性文件[1]，也在行政诉讼过程中发挥着事实上的规范效力。有鉴于此，最高人民法院在《执行解释》第62条第2款特别作出了规定，对合法有效的规章与其他规范性文件可被裁判文书引用。

此外，需要特别关注的是，2010年最高人民法院出台了《关于案例指导工作的规定》。其中，第7条明确指出："最高人民法院发布的指导性案例，各级人民法院审判类似案例时应当参照。"这一司法解释的出台，意味着以最高人民法院名义公布的指导性案例，也成为广义行政诉讼法的法源。

（二）狭义的行政诉讼法与《行政诉讼法》

狭义的行政诉讼法，是指行政诉讼法典，即《行政诉讼法》。法典共10章103条，内容包括行政诉讼的总则、受案范围、管辖、诉讼参加人、证据、起诉和受理、审理和判决（包括一般规定、第一审普通程序、简易程序、第二审程序、审判监督程序）、执行、涉外行政诉讼、附则等诸多方面。

三、行政诉讼目的

"目的是所有法律的创造者。"[2]立法者在设计一项具体的法律制度时，该项制度预期实现的目的，是制度设计的指导方针与坐标。目的定位上的差异，不仅决定着法律规范的内容，也影响着法律适用过程中的解释。因此，欲从整体上把握行政诉讼制度，判断《行政诉讼法》意图实现的价值与目标，准确处理行政案件中的事实与法律问题，就必须先了解行政诉讼的目的。

（一）理论层面的行政诉讼目的

行政诉讼目的，是指以理念形式表现的、立法者通过行政诉讼活动预期实

---

[1] 对规章以下的非针对特定事或特定人，可向后反复适用的文件，学界并未有统一的称谓。有学者根据《行政复议法》第7条的内容将之概括为"行政规定"，也有学者将其命名为"行政规则"。本书借鉴应松年教授的用法，采用"其他规范性文件"的措词。参见应松年："一部推进依法治国的重要法律——关于《立法法》中的几个重要问题"，载《中国法学》2000年第4期。

[2] Jhering, Der Zweck im Recht，转引自黄茂荣：《法学方法与现代民法》，中国政法大学出版社2001年版，第282页。

第十五章

现的理想目标。在有关行政诉讼目的的研讨中，行政诉讼是为了保护公民、法人或者其他组织的合法权益，还是监督行政机关对行政权的行使，或者是二者兼而有之甚至包括保障法院的合法审理活动，即保护说、监督说、二元说、三元说，一直是学者之间分歧的焦点。

在这些见仁见智的观点中寻求行政诉讼目的的恰当定位时，可以依循两条线索：第一条线索是从行政诉讼的宪政意义切入，在剖析行政诉讼展现的宪政价值基础上，追问应然层面的行政诉讼目的。由此，有关"人道政府（人民主权、人权保障）、有限政府（权力受法律限制）、责任政府（为自己的行为承担政治、法律责任）"[1]的现代宪政理念，也将转化为相应的行政诉讼目的。但这些目的之间仍存在主次之分。这就需要结合第二条线索，即从行政诉讼所在的规制背景入手，在考虑当下政府主要行政任务的前提下，厘清各项行政诉讼目的之间的轻重缓急。行政诉讼目的的确立，必须回应当下社会发展的趋势，如此方能使行政诉讼制度在不脱离实际的情况下，发挥实效。由于具体国情和发展阶段的差异，各个国家会根据各个时期的行政任务，在宪政理念之间进行价值排序，以确定更妥当的行政诉讼目的。

理解《行政诉讼法》确立的行政诉讼目的，应该始终吻合行政诉讼的宪政价值，并体现行政任务的变迁需求。在我国以法治行政打造政府形象的初步阶段，在行政行为方式主要以强制性、命令性的行政处罚、行政强制为主的当下，通过行政诉讼保护公民、法人和其他组织合法权益的目标，应该居于更为重要的地位。与此相应，《行政诉讼法》中有关受案范围、原告资格、举证责任、审理程序等具体制度的设计，也应体现这一主要行政诉讼目的的要求。

（二）规范层面的行政诉讼目的

《行政诉讼法》第 1 条规定："为保证人民法院公正、及时审理行政案件，解决行政争议，保护公民、法人和其他组织的合法权益，监督行政机关依法行使职权，根据宪法，制定本法。"和修改前的《行政诉讼法》相比，行政诉讼目的有三处明显的调整：

第一，将"正确、及时审理行政案件"修改为"公正、及时审理行政案件"。在司法审判中，用证据还原的只是法律事实。基于法律事实所作的裁判，很难说一定符合客观真实的正确性要求。因此，此次将"正确"调整为"公正"，是更符合司法审判特点的修改。

第二，增加了"解决行政争议"的表述。我国正处在转型升级的关键阶段，

第十五章

---

[1]　陈端洪："对峙：从行政诉讼看中国的宪政出路"，载《中外法学杂志》1995 年第 4 期。

社会利益日趋多元，行政争议也呈上升趋势。2014 年修改《行政诉讼法》，特别增加"解决行政争议"的表述，"旨在进一步强化通过行政诉讼化解行政纠纷的作用，以法治的形式解决行政争议，有利于增强公民、法人或者其他组织的法治意识"[1]，从而避免"信访不信法"的现象。

第三，删除了"维护"行政机关依法行使职权的内容。修改前的《行政诉讼法》将维护行政机关依法行使行政职权，作为行政诉讼的立法目的之一。对此，学界有过不少批评，认为此规定违背了行政诉讼的宪政价值。此次修改将"维护"二字删除，使行政诉讼集中于对行政机关依法行使职权的监督，从而更好地实现保护公民、法人、其他组织的合法权益的终极目标。

■ 第二节　行政诉讼的基本原则

一、作为行政诉讼基本原则的合法性审查

（一）行政诉讼的基本原则

行政诉讼的基本原则，是指在行政诉讼目的的指引下，体现行政诉讼的精神宗旨和一般规律，贯穿于整个行政诉讼活动，对行政诉讼活动起着指导与支配作用的基本准则。行政诉讼的基本原则具有如下特征：

1. 独特性。行政诉讼的基本原则必须彰显行政诉讼区别于民事诉讼、刑事诉讼的特色，使在其指导下开展的诉讼活动体现行政法的独特理念。作为三大诉讼制度之一，行政诉讼自然具备所有诉讼活动的共性，如以事实为根据、以法律为准绳，公开审判，回避制度和两审终审等。但这些原则不能体现行政诉讼制度的特征，不能成为行政诉讼的基本原则。

2. 全面性。基本原则不同于一般原则，也有别于具体规则。基本原则贯穿于整个行政诉讼活动，影响着整体行政诉讼制度的设计。这里的影响既包括直接规范，也涵盖间接制约的情况。

3. 指导性。基本原则的功能，可形象地表述为"上承立法目的，下系具体制度"[2]。一方面，行政诉讼基本原则蕴含的精神宗旨和一般规律，是对立法者力图实现的行政诉讼目的的最佳诠释，它可以帮助我们更准确地把握立法者的原意；另一方面，行政诉讼基本原则又因其高度概括和抽象的特征，预留了解释的空间与余地。在具体制度的适用遭遇困境时，发挥着补强甚至填补法律

〔1〕　袁杰主编：《〈中华人民共和国行政诉讼法〉解读》，中国法制出版社 2014 年版，第 4 页。
〔2〕　章剑生："现代行政法基本原则之重构"，载《中国法学》2003 年第 3 期。

漏洞的功效。

（二）合法性审查原则

《行政诉讼法》第 6 条明确规定："人民法院审理行政案件，对行政行为是否合法进行审查。"通说认为，该条款将合法性审查确立为行政诉讼的基本原则。对该基本原则的把握，离不开以下几个方面的准确理解：

1. 合法性审查原则是行政实体法中的法治行政原则的延续。一般认为，行政法治原则是行政实体法领域的基本原则。虽未与大陆法系国家行政法采取相同的表述，但该原则大致涵盖了法律优先（行政行为受到法律的约束，行政机关不能实施与法律相冲突的行政行为）和法律保留（行政机关的行政行为必须得到法律的明确授权）的内涵。而行政诉讼中的合法性审查原则，实际上主要是对行政机关的行政行为有无法律依据、是否与法律规定相冲突的审查，正是行政实体法基本原则在诉讼阶段的体现与延伸。

2. 合法之"法"是实质意义上的"法"。在依法行政推进到法治行政的过程中，合法性审查原则之"法"也从狭义的、形式的法律法规，拓展至包含宪政理念、法律原则等实质意义的"法"。最典型的，如正当程序原则等，虽未被《行政诉讼法》吸纳为具体规范内容，但作为合法性审查原则下的一般原则，它们已渐成为法院开展行政审判活动的法律依据。

3. 合法性审查彰显了司法审查的限度。行政诉讼活动的展开，从宪政层面来看，表现的是行政权与司法权之间的张力。《行政诉讼法》将合法性审查确立为基本原则，实际上是将司法的触角局限于对行政行为是否符合法律规定的层面上，从而否定法院替代式的审查思路与审判权限。也就是说，司法权在审查行政行为合法性时，它必须保持一个限度。

二、合法性原则与合理性审查的关系

《行政诉讼法》虽确立了合法性审查的基本原则，但并不意味着在行政诉讼活动中，合理性问题不能进入法院的审查视野。在判断是否合法时，法院不可避免地会涉及合理性问题，合理性审查包含在合法性审查过程之中。

2014 年《行政诉讼法》修改过程中，就有学者撰文指出，对于明显不合理，即"普通公众在正常条件下也会认为不合理的情形纳入司法审查的范围，从而将行政诉讼原则修改为'人民法院审理行政案件，对是否合法和明显不合理进行审查'"[1]。这种观点虽未被立法直接吸收，但对于行政行为明显不合理

第十五章

---

[1]　应松年："关于《行政诉讼法》修改的十大建议"，载《中国党政干部论坛》2014 年第 5 期。

即构成违法的认识，却渐趋一致。如《行政诉讼法》第70条第6项新增的"明显不当"审查标准，在适用时就需要对被诉行政行为的裁量权行使是否已经明显超出合理范畴，从而构成违法作出判断。因此，《行政诉讼法》第6条确立的合法性原则，已经内含了对合理性的审查。

■ 第三节　行政诉讼的审判组织与管辖

一、行政审判组织

（一）行政审判组织的概念与类型

行政审判组织，是指依法享有行政审判权限，对行政案件进行审理并作出裁判的国家组织体。作为行政诉讼活动的主持者，行政审判组织的模式与具体设置，直接影响到行政诉讼过程中各诉讼主体的地位与权限，左右着行政诉讼目的的落实范围与程度。从世界范围内看，行政审判组织的模式主要有双轨制和单一制两种形式。

所谓双轨制，是指在普通法院的体系之外，设立独立的行政法院，专门审理行政案件并作出裁判的模式。实行双轨制的国家，根据行政法院是否隶属于司法系统，又可以区分为两种：①以法国为代表的，在司法系统之外设立行政法院的形式。法国大革命时期普通法院的保守姿态，是资产阶级以三权分立为武器、推崇隶属于行政系统的行政法院的直接动因。"这些特殊的行政审判组织，受作为最高行政法院的国家参事院的监督，不同于普通民事法院。"[1]②以德国为代表的，在司法系统之内设立独立于普通法院的行政法院形式。在德国的学者看来，作为"市民法庭"的普通法院，不适合审理涉及行政权的行政争议，不利于公共福祉的实现。从19世纪中叶开始，他们就为了实现独立的行政审判体制而努力。尽管有过失败，但他们的意见最终被采纳。德国《行政法院法》就在第1条中确立了双轨制模式："行政法院之审判权，由与行政机关分离而独立设置之法院行使之。"[2]意大利、瑞士、瑞典等更多国家的行政法院，都属于后一种类型。

所谓单一制，是指行政案件与其他案件一并由普通法院审理并作出裁判的模式。这种模式的典型代表为英国。受戴西理念的影响，法国的行政法院模式被认为是法治不彻底的表现。戴西坚持认为，只有司法系统中的法院才可以拥

---

〔1〕　L. Neville Brown, John S. Bell, *French Administrative Law*, Clarendon Press Oxford, 1998, p. 44.

〔2〕　陈敏等译：《德国行政法院法逐条释义》，台湾司法院印行2002年版，第1、14页。

有最终裁判权，隶属于行政体制的行政法院难以完成有效制约行政权的宪政使命。这意味着在英国，"不存在专门的行政法院，与国家与官员有关的案件由国内'普通法院'审理"[1]。和英国一样，美国也是奉行单一制模式的国家。虽然近几年来，美国学者倡导设立独立行政法院的呼声日益高涨，但这仍属于学术探讨的范围，制度上尚未见设立行政法院的变革措施。

我国《宪法》第 123 条规定："中华人民共和国人民法院是国家的审判机关。"《行政诉讼法》第 4 条第 1 款进一步明确："人民法院依法对行政案件独立行使审判权，不受行政机关、社会团体和个人的干涉。"可见，我国是实行单一制的国家，各类争议的法定审判组织为人民法院，不存在独立的行政法院。

（二）行政审判组织的构成

一般而言，行政审判组织包括行政审判机关、行政审判机构与行政审判法官三个层次。《行政诉讼法》第 4 条第 2 款规定："人民法院设行政审判庭，审理行政案件。"《执行解释》第 6 条第 1 款规定："各级人民法院行政审判庭审理行政案件和审查行政机关申请执行其具体行政行为的案件。"行政案件的审理，与民事、刑事案件一样，均实行两审终审制度。但若第一审法院为最高人民法院，则最高人民法院的第一审裁判为终审裁判。根据《执行解释》第 6 条第 2款的规定，专门人民法院、人民法庭不审理行政案件，也不审查和执行行政机关申请执行其行政行为的案件。

在行政审判庭中，具体从事行政案件审理工作的行政审判机构，是合议庭和审判委员会。由于行政诉讼起步较晚，且行政案件相对于民事案件，有许多特殊之处，因此，修改前的《行政诉讼法》只规定了合议审理的形式。但随着行政案件的增加，行政审判经验的积累，一些简单的行政案件采行简易程序具备了条件。有鉴于此，2014 年《行政诉讼法》修改时，特别增加了简易程序的内容，允许一名法官对简单的行政案件实行独任制审判（详见第 82~84 条）。合议庭的组成，有两种形式，即全部由审判员组成的合议庭和审判员、人民陪审员组成的合议庭，第二审的合议庭组成人员则只能是审判员，以此提升行政审判的专业性和技术性。遇有重大疑难案件时，还可以将案件提交到审判委员会讨论，由审判委员会按照民主集中制的原则表决作出决定。

法官是直接审理行政案件的审判人员。虽然我国法院按照案件的性质，划分了民事审判庭、刑事审判庭和行政审判庭，但并不要求法官专职于某种审判。实践中，因工作需要等原因，法院推行法官定期轮岗制度。

---

〔1〕 ［英］卡罗尔·哈洛、理查德·罗林斯：《法律与行政》（上卷），杨伟东等译，商务印书馆 2004 年版，第 40 页。

二、管辖的一般理论

（一）管辖的概念

管辖，是指同一系统的法院之间在案件受理方面的权限划分。由于我国的行政诉讼实行单一制模式，因此，我国行政诉讼的管辖是指法院之间在受理行政案件时的分工与权限。

为进一步掌握管辖的内涵与外延，我们需要比较分析与管辖相近的几个概念。

1. 管辖权与审判权。管辖权，即指人民法院基于行政诉讼法有关管辖的相关规定，所获得的受理行政案件的权力。审判权，是指人民法院受理、审查、裁判、执行行政案件的综合性权力。因此，管辖权是审判权的一部分。

2. 管辖与主管。所谓主管，是指相对于其他国家机关及公权力主体而言，人民法院可以受理的行政案件范围。我国的行政诉讼实行单一制模式，因此不存在行政法院与普通法院之间的审判权划分，但仍然需要明确其他国家机关及公权力主体与人民法院在行政案件受理方面的权限界定问题。可以说，在我国，人民法院主管的行政案件范围，是确定人民法院行政诉讼管辖的前提。

3. 管辖与主审。如果说管辖是针对行政审判机关在受理行政案件方面的权限划分，那么主审则进一步指出了行政审判机构甚至行政审判法官在审理行政案件的权限。根据我们在前面提及的行政审判组织的三个层次，当确定某一行政案件由某一具体人民法院管辖时，还需要明确具体行使审理权限的行政审判庭和相应的合议庭。根据《行政诉讼法》第 4 条第 2 款的规定，行政案件的主审法庭为行政审判庭，主审法官是具体负责案件审理的组成合议庭的成员。

三、管辖的类型

《行政诉讼法》第三章以 11 个条文的篇幅，对管辖进行了规定，《执行解释》第二部分对相关条款进行了补充，《适用解释》第 8 条和第 13 条分别对复议机关作为共同被告与行政协议案件的管辖作出了明确。其中涉及级别管辖、地域管辖和特别管辖。

（一）级别管辖

级别管辖，又称事务管辖，是法院各审级之间受理行政案件时的分工与权限。确定级别管辖主要是根据案件的性质、影响的大小以及被告级别的高低等因素。行政诉讼分为四级管辖，分别为基层人民法院管辖、中级人民法院管辖、高级人民法院管辖和最高人民法院管辖。

第十五章

通常而言，第一审的行政案件由基层人民法院负责管辖。[1] 依据《行政诉讼法》第 15 条的规定，中级人民法院管辖下列第一审行政案件：①对国务院部门或者县级以上地方人民政府所作的行政行为提起诉讼的案件；②海关处理的案件；③本辖区内重大、复杂的案件；④其他法律规定由中级人民法院管辖的案件。高级人民法院管辖本辖区内重大、复杂的第一审行政案件。[2] 最高人民法院管辖全国范围内重大、复杂的第一审行政案件。[3] 相比修改前的《行政诉讼法》，此次级别管辖最明显的调整，就是吸收了 2008 年《最高人民法院关于行政案件管辖若干问题的规定》第 1 条第 1 项的内容，将县级以上地方人民政府所作的行政行为，全部纳入中级人民法院管辖的一审案件范围。

（二）地域管辖

地域管辖，是指同一级法院之间在受理行政案件时的分工与权限。确定地域管辖的主要根据为人民法院的管辖区域划分，当事人所在地与人民法院管辖区的关系，或者标的所在地与人民法院管辖区的关系等。如果说级别管辖，是对法院的纵向分工，那么地域管辖就是横向分工。地域管辖又可区分为一般地域管辖，特殊地域管辖和共同管辖。

根据《行政诉讼法》第 18 条第 1 款规定，"行政案件由最初作出行政行为的行政机关所在地人民法院管辖。经复议的案件，也可以由复议机关所在地人民法院管辖"。该规定公布后，立即引发了争议：对于复议机关作为共同被告的案件，是否也可由原告选择管辖法院？答案若为肯定，则在复议机关为县级以上人民政府的情况下，必然会出现原告倾于选择复议机关所在地法院（中级人民法院）管辖的趋势，从而使得一审案件由基层人民法院管辖的级别管辖原则被架空。有鉴于此，最高人民法院特别在《适用解释》第 8 条中对此款作了限缩解释："作出原行政行为的行政机关和复议机关为共同被告的，以作出原行政行为的行政机关确定案件的级别管辖。"

此次《行政诉讼法》有关地域管辖的另一个修改亮点，是尝试打破行政区划，允许跨行政区域的管辖。在《行政诉讼法》修改过程中，对于如何提升行政审判的独立性，减少行政对司法的干预，有过很多建设性的意见，包括设立独立的行政法院、提级管辖即所有行政案件都由中级人民法院管辖等，[4] 但最终《行政诉讼法》吸收了与行政区划适当分离的司法管辖体制："经最高人民法

---

[1]　参见《行政诉讼法》第 14 条。

[2]　参见《行政诉讼法》第 16 条。

[3]　参见《行政诉讼法》第 17 条。

[4]　相关讨论，可参见姜明安："行政诉讼法修改的若干问题"，载《法学》2014 年第 3 期。

院批准，高级人民法院可以根据审判工作的实际情况，确定若干人民法院跨行政区域管辖行政案件"（第18条第2款）。目前，已有上海、南京等地的铁路法院，经最高人民法院批准，跨区受理行政诉讼案件。

除了一般地域管辖之外，《行政诉讼法》还设计了特别地域管辖规则。若被诉的行政行为是限制人身自由的行政强制措施，按照《行政诉讼法》第19条的规定，由被告所在地或者原告所在地人民法院管辖。若行政案件涉及不动产的，依据《行政诉讼法》第20条的规定，则由不动产所在地人民法院管辖。

如果出现两个以上人民法院都有管辖权，即所谓的共同管辖（又称管辖权竞合）时，《行政诉讼法》第21条赋予原告选择其中一个人民法院提起诉讼的权利。原告向两个以上有管辖权的人民法院提起诉讼的，由最先立案的人民法院管辖。

（三）特别管辖

通常情况下，结合级别管辖与地域管辖的适用规则，就能确定最终有管辖权的人民法院。但为保障行政诉讼的顺利进行，《行政诉讼法》还规定了特殊情况下的管辖制度。

1. 移送管辖。移送管辖是指人民法院受理行政案件后，发现对该案件无管辖权时，依法将案件移送其他有管辖权的人民法院管辖的制度。移送管辖的前提是管辖错误。《行政诉讼法》第22条规定："人民法院发现受理的案件不属于本院管辖的，应当移送有管辖权的人民法院，受移送的人民法院应当受理。受移送的人民法院认为受移送的案件按照规定不属于本院管辖的，应当报请上级人民法院指定管辖，不得再自行移送。"因此，移送管辖对被移送法院有拘束力，受移送法院只能受理或在认为仍无管辖权限时，报请上级人民法院指定管辖。

2. 指定管辖。指定管辖是指出现法定情形时，上级人民法院指定其管辖区域内的下级法院对某一行政案件行使管辖权的制度。指定管辖的前提是有管辖权的法院法律上不能或事实上不能行使管辖权。《行政诉讼法》第23条规定了两种：①有管辖权的人民法院因特殊原因不能行使管辖权的。如审判人员与案件有法律上的利害关系，被当事人申请回避而无法组成合议庭的；或者出现自然灾害，导致有管辖权的人民法院无法正常行使管辖权的。②管辖权冲突的情况下，各法院之间不能达成协议的。管辖权冲突，分为积极冲突和消极冲突两种形式。前者是指两个以上的法院都主张对同一行政案件的管辖权，后者则指两个以上的法院都主张对同一行政案件无管辖权。出现管辖权冲突时，首先由争议法院协商解决，协商不成的，由共同上级人民法院指定管辖。

3. 管辖权转移。管辖权转移的前提是受理行政案件的人民法院具备且能够行使管辖权，但根据案件审理的需要移转管辖权。因此它既不同于移送管辖，也有别于指定管辖。根据《行政诉讼法》第24条的规定，管辖权转移包括两种情形：①上级人民法院主动将下级人民法院管辖的第一审行政案件转移给自己管辖；②下级人民法院对其管辖的第一审行政案件，认为需要由上级人民法院审判的，可以报请上级人民法院决定。

■ 第四节　行政诉讼的受案范围

一、影响受案范围的因素

（一）受案范围的概念与意义

行政诉讼受案范围，又称行政诉讼范围，是指人民法院可以行使行政审判权的行政案件的范围。行政机关在行使行政权的过程中，会与公民、法人或者其他组织发生各种各样的行政争议。但不是所有的行政争议都可以进入行政诉讼程序，纳入到法院的审理范围。因此，自《行政诉讼法》颁布以来，受案范围一直是备受学界与实务界关注的重要问题。

受案范围的确定，具有如下意义：①划定司法权监督行政权的疆域。受案范围的存在，表明了司法权的触角延伸到行政领域的广度，法院无权监督受案范围以外的行政行为。②界定法院内部各审判庭的分工。行政机关的行政活动，有时与其他的职能密切联系在一起，如公安机关的治安管理权与刑事执法权。不同性质的行为，分属于法院不同审判庭审理。受案范围的规定，可以明确界定各审判庭的分工。③确定公民、法人或者其他组织的诉权。虽然诉权是不同于受案范围的概念，但公民、法人或者其他组织诉权的行使，却受限于受案范围的规定。不属于受案范围内的行政行为，公民、法人或者其他组织的诉权就无法行使。从这个角度来看，受案范围越宽，诉权的保障就越有力。

（二）影响受案范围的因素

行政诉讼的受案范围并非一成不变。不同时期，国家都会根据政治、经济、文化等各方面的需要，调整行政诉讼的受案范围。《行政诉讼法》实施以来，我国的行政诉讼受案范围主要受以下几个因素的影响：

1. 行政任务的变迁。行政任务的内容决定着行政诉讼受案范围大小，行政任务的变迁也影响行政诉讼受案范围的变化。当下全球范围内轰轰烈烈开展的公共行政改革，在一定程度上也波及我国。这场强调行政效率和灵活性的运动，使传统行政法中的强制性、命令性、单方性的行政行为模式相形见绌，协商性的、双方性的行政行为模式受到推崇。正因为此，2014年修改《行政诉讼法》，就回应了我国公私合作的发展趋势，将行政协议增列为受案范围的内容之一。

2. 司法权的定位。尽管司法是正义的最后一道防线，但并不是所有的行政争议都适合由法院来处理。立法机关在确定行政诉讼受案范围时，必须要考虑到：①法院的政治无涉性，法院不能解决政治问题，只有无政治问题的行政争议才适宜由法院来解决。因此行政机关的政治性行为，如外交行为等，不适合纳入受案范围。②法官非技术专家，过于专业的行政行为不适合由法院审查，如目前消防的火灾事故认定还游离于行政诉讼受案范围之外。③诉讼的高成本性，受案范围的规定要与当前法院的人力、物力现状相匹配。只有适于现行法院受理的行政案件，才能有助于树立法院的权威。

3. 法治行政的进程。"中国行政诉讼范围的变化是中国行政法治程度的晴雨表。"[1]从提倡"有法可依，有法必依，执法必严，违法必究"的行政法治建设，到依法行政原则的倡导，再到法治行政的提出，这一过程推进了法治建设进程，促使行政法律体系更加完备，行政机关的执法理念更加文明，公民、法人或者其他组织的权利意识更为强化。这一切都是确立更宽泛受案范围的前提条件。

4. 行政诉讼目的的落实。《行政诉讼法》的主要目的是保障公民、法人或者其他组织的合法权益。"如是，《行政诉讼法》的修改就应当遵循实效性、权利保护和无漏洞权利保护的原则。"[2]在这个诉讼目的的指引下，行政案件的受案范围必然趋向于扩大。只有将更多的行政行为纳入到法院的司法审查范围，公民、法人或者其他组织受到违法行政行为侵害的权利才能得到司法救济。当然，受案范围的扩大不是盲目的，而应与行政任务的现状、司法权的定位、法治行政的进程相匹配。

二、受案范围的确定方式

行政诉讼受案范围的确定方式，是勾勒法院可以受理的行政案件范围的各种方法。方法上的差异，决定了行政诉讼受案范围的容纳空间、变化幅度和发展趋势。因此，如何确定受案范围，是一项极富法律技艺的活动。

从世界范围来看，行政诉讼受案范围的确定，主要有两种方式：①通过判例逐步确立可以纳入法院审理视野的行政案件类型，代表国家有英国和法国；

---

[1] 胡建淼："中国行政诉讼范围的演变与趋向——划定·限制·恢复·拓展"，载《政法论坛》2005年第5期。

[2] 章剑生："《行政诉讼法》修改的基本方向——以《行政诉讼法》第1条为中心"，载《苏州大学学报（哲学社会科学版）》2012年第1期。

②通过制定法直接规定行政诉讼的受案范围，这种方式为大多数国家所采纳。两种方式各有利弊。第一种方式可以灵活地根据规制环境的发展，调整受案范围的大小，但不够清晰，也易产生判例之间的不一致。第二种方式划定的受案范围相对明确，却在一定程度上减损了弹性，难以及时回应规制环境的变化。就第二种方式而言，根据立法者的具体设计，又可分为以下几种形式：

（一）概括式

概括式，是以统一的、一般性的用语，总体上确定可以纳入或排除行政诉讼受案范围的行政案件类型。概括式的制定法形式，可以总揽立法者意图设计的受案范围框架，确定最关键的行政案件可诉性标准。概括式的表达形式，往往具有提纲挈领的作用。它对于具体个案中判断某一行政争议是否属于可诉范围，具有指导方针的功效。但因概括式通常采用不确定的法律概念以满足法律生长性的需要，对该不确定法律概念的内涵与外延的不同理解，就会导致受案范围宽严不一的不同结论，从而造成法律适用上的不一致。

根据规范用语是认可还是排除某些行政案件的可诉性，概括式又可细分为概括肯定式与概括否定式。如我国台湾地区"行政诉讼法"第2条规定："公法上之争议，除法律另有规定外，得依本法提起行政诉讼。"[1]该条款中，公法上的争议，就是肯定的可诉性标准，符合该标准的所有行政案件，都可以纳入到行政诉讼的范围。

（二）列举式

列举式，指逐一罗列可以纳入或排除行政诉讼受案范围的行政案件类型。列举式可以由行政诉讼法典统一列举，也可以采取由单行法律法规分别列举的形式。相对于概括式，列举式的优势在于具体、明确，使法院和行政诉讼当事人都能一目了然行政诉讼的受案范围，便于就某一行政案件是否可诉进行对照分析。但列举式的弊端也比较明显，因为列举往往难以穷尽可以受理或不应受理的所有行政案件类型。当存在列举上的漏洞时，对某一行政案件是否可诉的判断，就不似概括式模式下只需运用法律解释的方法即可，而是涉及法律漏洞的补充。同样，根据规范用语是认可还是排除某些行政案件的可诉性，列举式也可分为列举肯定式与列举否定式。两种形式都较为普通地存在于采用制定法直接规定行政诉讼受案范围的国家，如瑞士、澳大利亚等。

（三）混合式

由于单纯概括式与列举式存在较为明显的缺憾，且两者呈现互补的状态，

---

[1]　林腾鹞：《行政法总论》，三民书局2002年版，第663页。

因此混合采用概括式与列举式的形式备受许多国家立法者的青睐。根据上述概括式与列举式的具体分类，从理论上看，二元的混合式可以有四种搭配：①"概括肯定+列举肯定"；②"概括肯定+列举否定"；③"概括否定+列举肯定"；④"概括否定+列举否定"。当然，还存在三元的混合式，如"概括肯定+列举肯定+列举否定的组合"等。但在实践中，采用二元混合式前两种组合的较多，尤其是第二种组合，既照顾到灵活性的需要，又吻合通过扩大受案范围有效保障公民、法人或者其他组织合法权益的行政诉讼目的，因此成为混合式的成功典范。

如德国《行政法院法》第40条规定："①公法上之争议，非属宪法性质者，皆得向行政法院提起诉讼，但联邦法律明文规定，其争议应归其他法院管辖者，不在此限。属于邦法范畴之公法上争议，邦法亦得规定归其他法院管辖。②关于为公共福祉之牺牲与因公法上管理所生之财产上请求权以及因违反公法契约以外之公法上义务所生损害赔偿请求权，由普通法院审判之。公务员法有特别规定者，以及因撤销违法行政处分而为补偿财产上损失之诉讼途径，不受影响。"〔1〕其中，第一部分就是概括肯定了非属宪法性的公法争议的可诉性，第二部分则明确排除了几种应由普通法院受理的争议。

三、《行政诉讼法》规定的受案范围

（一）受案范围的确定方式

对于《行政诉讼法》受案范围的规定，学界与实务界普遍承认采用的是混合式，即"概括肯定+列举肯定+列举否定"，主要条款包括第2条、第12条和第13条。但由于第2条置于《行政诉讼法》的总则部分，第12条和第13条明确规定在第二章受案范围部分，因此，在学理和实务中，对这3个条款相互关系的理解，都存在一定的误区。

最典型的，即认为"概括式规定只有立法的原则而且仅仅是立法原则的作用，它的具体内容要依赖于后面逐项列举来填补"〔2〕，从而将我国《行政诉讼法》关于行政诉讼受案范围的规定，演化成单纯的列举式。此种理解最大的弊端就在于对某一行政行为是否可诉的判断，只是与第12条的肯定列举类型和第13条的否定列举类型相比照，而忽略了第2条、第12条第1款第12项兜底条款、第12条第2款转致条款概括肯定的作用。正确的理解应为，《行政诉讼法》第2条提示了我国行政诉讼受案范围的关键词，只要属于行政行为，都有可能

纳入到行政诉讼的受案范围；第12条第1款前11项是现阶段发展比较成熟的可受理的行政行为类型，但并不意味着在列举之外的行政行为，就不能纳入司法审查的视野；第12项兜底条款和第2款为以后立法扩大受案范围留下了空间。当被诉的行政行为不在第12条前11项的罗列范围时，就需要法官结合解释第2条与第12条第1款第12项的规定，判断将该行为纳入行政诉讼是否符合立法目的。第13条是基于各种考虑明确排除在行政诉讼之外的行为，只要可归入第13条列举范畴的行为，都不能提起行政诉讼。

（二）受案范围的具体内容

1. 概括肯定的范围。《行政诉讼法》第2条第1款规定："公民、法人或者其他组织认为行政机关和行政机关工作人员的行政行为侵犯其合法权益，有权依照本法向人民法院提起诉讼。"从该条款来看，可以成为我国行政诉讼受案范围的行政争议，必须是"行政机关和行政机关工作人员"的"行政行为"。这里的"行政行为"，既包括作为与不作为，也涵盖了事实行为和签订、履行行政协议的行为，但不包括行政机关制定的"规范性文件"。[1] 对于行政行为的作出主体，根据《行政诉讼法》第2条第2款的规定，包含法律、法规、规章授权的组织。

2. 列举肯定的范围。《行政诉讼法》第12条列举了可以纳入行政诉讼的行政行为类型，包括：

（1）行政拘留、暂扣或者吊销许可证和执照、责令停产停业、没收违法所得、没收非法财物、罚款、警告等行政处罚。通说认为，该条款中"等"字的存在，为公民、法人或者其他组织打开了对其他形式的行政处罚提起行政诉讼的大门。公民、法人或者其他组织对单行法中规定的其他行政处罚不服的，同样有权寻求法院的救济，如《建筑法》规定的"降低资质等级"。

（2）限制人身自由或者对财产查封、扣押、冻结等行政强制措施和行政强制执行。行政机关实施行政强制措施后，往往会根据行政强制措施确定的证据情况，作出具有终局性的行政处罚等决定。对于此类案件，通说认为，行政强制措施被后续的行政处罚等行为吸收，作为法院审查行政处罚等行为的一个方面，不是独立的诉讼客体。实践中，允许单独对行政强制措施提起诉讼的，一般为终局行政行为尚未作出但有立即救济必要的情形。行政强制执行作为受案范围，是2014年修法新增的内容。这里的"行政强制执行"，仅限于行政机关自己强制执行的行为。对于法院在非诉强制执行中的违法行为或者扩大强制执

〔1〕 信春鹰主编：《中华人民共和国行政诉讼法释义》，法律出版社2014年版，第8页。

行范围损害权益的行为，根据《行政强制法》第8条的规定，公民、法人或者其他组织无权诉讼，但有权要求赔偿。

（3）申请行政许可，行政机关拒绝或者在法定期限内不予答复，或者行政机关作出的有关行政许可的其他决定。根据《行政许可法》的规定，公民、法人或者其他组织不仅可以对行政机关拒绝颁发行政许可或不予答复行政许可申请的行为提起诉讼，也可以对行政机关作出的撤回、撤销、注销、延续或变更行政许可等行为寻求救济。

（4）行政机关作出的关于确认土地、矿藏、水流、森林、山岭、草原、荒地、滩涂、海域等自然资源的所有权或者使用权的决定。这里的确认决定，既包括县级以上各级人民政府对土地等自然资源颁发的所有权或使用权证书，也包括对自然资源所有权或使用权争议作出的行政裁决。本项内容是为与《行政复议法》第6条第4项衔接，而在2014年修法中新增的内容。根据《行政复议法》第30条的规定，此类确权决定，属于复议前置的范畴，且国务院或者省、自治区、直辖市人民政府对行政区划的勘定、调整或者征用土地的决定，省、自治区、直辖市人民政府确认土地等自然资源的所有权或者使用权的行政复议决定，为最终裁决，不得向法院起诉。

（5）征收、征用决定及其补偿决定。行政征收与行政征用，都涉及对公民、法人或者其他组织财产的处置，分别指向私人财产所有权和使用权的转移。由于本项规定采用了"及其补偿决定"的表述，意味着这里的征收决定不包括无需补偿的征税和收费行为。由征税和收费引发的争议，公民、法人或者其他组织可以根据第12条第1款第9项提起诉讼。

（6）申请行政机关履行保护人身权、财产权等合法权益的法定职责，行政机关拒绝履行或者不予答复的行为。通常情况下，对该条款的适用，需要存在公民、法人或者其他组织的申请。但在行政机关有主动依职权行政的职责时，则不以公民、法人或者其他组织的申请为必要。

（7）认为行政机关侵犯其经营自主权或者农村土地承包经营权、农村土地经营权的行为。我国已经确立社会主义市场经济体制，各类市场主体均享有经营自主权，不受行政机关的任意干涉。农村土地承包经营是指农村集体经营组织将农村土地发包给农户或者其他经营人经营的活动。农村土地经营从农村土地承包经营中分离而来，是指承包农户或者其他经营人将其承包的土地再次流转出去的行为。此项内容回应于当前农村土地经营权流转的改革。需要注意的是，土地承包经营、土地经营本身属于民事活动，纳入行政诉讼受案范围的，是行政机关干预这两项民事活动的行为。

（8）行政机关滥用行政权力排除或者限制竞争的行为。为保障市场经济的正常运行，应确保市场主体享有公平竞争的权利。实践中发生的排除外地品牌进入或者提高进入门槛等行政行为，破坏了市场公平竞争的环境，属于本项规范的内容。

（9）行政机关违法集资、摊派费用或者违法要求履行其他义务的行为。行政机关向企业或个人乱集资、乱摊派、乱收费，是我国社会主义市场经济发展过程中出现的"三乱"现象。"三乱"现象给企业和个人造成了不必要的负担，需要打击与遏制。此外，随着社会经济的发展，出现了一些新的违法要求履行义务的行为，如没有法律法规依据、违背企业、个人意愿的捐款要求等。对于这些违法要求，公民、法人或者其他组织都可以依据本项向法院提起诉讼。

（10）行政机关没有依法支付抚恤金、最低生活保障待遇或者社会保险待遇的行为。随着给付行政的发展，行政机关在更大程度上承担着对公民的生存照顾义务。若行政机关没有依法支付公民因公、因病致残或致死获得的抚恤金，或者未予发放家庭成员人均收入低于当地最低生活保障标准的公民最低生活保障金，或者未给予年老、疾病、工伤、失业等情况下的公民以物质帮助的，享有相关权利的公民均可以提起行政诉讼。

（11）行政机关不依法履行、未按照约定履行或者违法变更、解除政府特许经营协议、土地房屋征收补偿协议等协议的行为。本项规定是2014年修法最重要的受案范围调整。长期以来，对于行政协议是否存在以及此类协议引发的纠纷应由民事审判庭还是行政审判庭审查的问题，一直存在争议。实践中各地法院的做法也很不一致。[1]为统一司法审判口径与标准，确保行政协议中的公共利益和第三人利益得到保障，并与国家正在力推的基础设施与公用事业特许经营改革配套，2014年修法时明确将特许经营协议、土地房屋征收补偿协议作为行政协议的典型类型，纳入行政诉讼受案范围。行政审判庭有权对此两类协议中行政机关的履约行为或行使行政优益权下的变更、解除行为是否合法，作出判断。至于其他的行政协议种类，《适用解释》在起草过程中，曾试图进一步列举，但考虑到行政协议类案件的司法审查尚处于起步阶段，最终选择留由司法实践来发展完善。[2]

（12）行政机关侵犯其他人身权、财产权等合法权益的行为。这是《行政诉

---

〔1〕 对于《行政诉讼法》修改前，行政合同争议的司法审查状态的梳理，可参见郑春燕："大陆行政合同的审查现状与困境"，载《浙江社会科学》2014年第11期。

〔2〕 如《国有土地使用权出让合同》引发的争议，目前杭州地区法院是以行政协议为案由，进行立案审理的。参见"兰溪嘉宝投资有限公司与淳安县国土资源局国有土地出让合同案"，浙江省淳安县人民法院行政判决书（〔2015〕杭淳行初字第82号）。

讼法》第 12 条第 1 款的兜底条款。一如前述，此项规定发挥着概括肯定的补强作用。未被前 11 项明确列举的行政行为，只要侵犯了公民、法人或者其他组织的人身权、财产权等合法权益，仍可以通过此项规定进入行政诉讼。但解释时需要注意，我国仍在法治建设的初步阶段，受案范围的扩大不能一步到位，应根据我国当下的行政任务定位、法院的角色扮演等多个要素，循序渐进地展开。

（13）法律、法规规定可以提起诉讼的其他行政案件。这是典型的转致性条款。根据该条款，除《行政诉讼法》以外的其他法律、法规若将某一行政行为纳入到行政诉讼的受案范围，则公民、法人或者其他组织有权在认为该行为侵犯其合法权益时，向人民法院提起行政诉讼。一般认为，此条款是为人身权、财产权以外的其他权利，如社会权利、政治权利等进入行政诉讼留下空间。

3. 列举否定的范围。《行政诉讼法》第 13 条列举了 4 类不属于行政诉讼受案范围的行为，《执行解释》第 1 条第 2 款补充了 5 种行为，因此，明确被行政诉讼排除的共计 9 种行为。具体如下：

（1）国防、外交等国家行为。国家行为被排除审查的主要原因在于该行为的政治性，不适宜由中立的法院作出裁判。

（2）行政法规、规章或者行政机关制定、发布的具有普遍约束力的决定、命令。需要注意的是，这里排除的仅是公民、法人或者其他组织单独以抽象行政行为为诉讼对象提起的诉讼，并不否定法院在行政诉讼过程中对规章以下规范性文件的附带性审查权力。根据《行政诉讼法》第 53 条第 1 款和第 64 条的规定，公民、法人或者其他组织可以在提起诉讼时，一并请求对行政行为所依据的国务院部门和地方人民政府及其部门制定的规范性文件进行审查，经审查发现规范性文件不合法的，不作为认定行政行为合法的依据，并向制定机关提出处理建议。[1]

（3）行政机关对行政机关工作人员的奖惩、任免等决定。这是传统行政法理论认定属于特别权力关系的领域，因此排除司法的介入。从域外的情况来看，特别权力关系理论已式微，尤其是"当系争行政处分已影响该公务员服公职之权利，也就是说，该处分已改变其公务员之身份关系时"[2]，应准予其提起诉愿及行政诉讼的观点，已渐占优势，并在部分国家和地区得到实践。

---

〔1〕 首例对国家部委规范性文件进行审查的案件为"安徽华源医药股份有限公司与国家工商行政管理总局商标局商标争议案"，参见北京知识产权法院行政判决书（〔2015〕京知行初字第 177 号）。在本案中，北京知识产权法院对国家工商行政管理总局商标局制定的《新增服务商标的通知》第 4 条有关"过渡期"的规定是否合法，从制定主体、制定权限、规定内容等方面进行了审查，并得出了"《新增服务商标的通知》第 4 条关于过渡期的规定不合法"的结论。

〔2〕 林三钦："考绩惩处之合宪性及其救济程序"，载《宪政时代》第 25 卷第 4 期。

（4）法律规定由行政机关最终裁决的行政行为。这里的"法律"，只能做狭义的理解。目前，明确某类行为应由行政机关最终裁决的法律规定有《出境入境管理法》第 64 条、《行政复议法》第 14 条和第 30 条第 2 款。将终局行政行为纳入排除范围，是因为此类行为具有特殊性和专业性，不适宜由法院进行审查。

（5）公安、国家安全等机关依照刑事诉讼法的明确授权实施的行为。也就是说，只要刑事诉讼法未明确授权的，公安、国家安全机关实施的其他职权行为，都属于行政诉讼的受案范围。

（6）调解行为以及法律规定的仲裁行为。这类行为被排除的原因在于，行政调解过程中，行政机关只是以说服教育的方式，促使民事争议的解决，在传统行政法看来，它不具有公权力行使的特征。

（7）不具有强制力的行政指导行为。行政指导只是行政机关对公民、法人或者其他组织的建议、倡导，因此它区别于传统行政法中的强制性、命令性行政行为。但在实践中，部分行政机关借行政指导的形式，强制性地要求公民、法人或者其他组织服从其要求，甚至以行政处罚等相威胁。此时，行政指导已经"变质"为行政行为，应该赋予公民、法人或者其他组织提起行政诉讼的权利。[1]

（8）驳回当事人对行政行为提起申诉的重复处理行为。《执行解释》所用的"重复处理行为"，"强调的是有关事项属于历史遗留问题法定的期间内没有申请复议或起诉，该行为已经产生效力、已经确定，行政机关经复查不予改变或不予处理的行为"。[2] 由于重复处理行为未改变公民、法人或者其他组织的权利义务关系，因此排除在受案范围之外。实践中，此类重复处理行为多表现为对信访人反复投诉的、无实质内容变化的答复行为。[3]

---

〔1〕　相关判决，可以查看"承德市高新技术产业开发区海绵厂与承德市双桥区人民政府规划行政管理及行政赔偿案"，河北省承德市中级人民法院行政判决书（［2015］承行再终字第 00001 号）。在本案中，一审法院认为："被告对原告作出的拆除违法建设的通知，其内容是决定限期拆除原告的违法建筑，逾期将依法强制执行，是要求原告必须履行义务，具有强制力，不符合行政指导的特征，对原告的权利义务产生直接影响，实质上是对原告作出行政处罚的具体行政行为，并依据该通知拆除了原告的建筑，具有可诉性。"二审与再审判决，均支持了一审的判断。

〔2〕　江必新：《中国行政诉讼制度之发展：行政诉讼司法解释解读》，金城出版社 2001 年版，第 64 页。

〔3〕　相关判决，可以查看"吴建明与南京市人民政府不履行法定职责案"，江苏省高级人民法院行政判决书（［2015］苏行终字第 00383 号）。在本案中，一审法院认为："吴建明于 2014 年 7 月 28 日、2014 年 9 月 5 日两次向市长信箱的投诉均反映当地政府在征地拆迁过程中存在违法情形，溧水区政府对于第一次投诉已作出回复，对于第二次投诉认定为'重复'并无不当。"二审法院认可了这一判断。

（9）对公民、法人或者其他组织权利义务不产生实际影响的行为。"不产生实际影响的行为"，主要是指尚未成熟的、仍在行政过程之中的行政行为。不成熟的行政行为由于缺乏完整的行政行为构成要素，其对公民、法人或者其他组织产生的影响尚处于不确定的状态，法院不宜对该发展趋势未定的行政行为进行合法性审查。

（三）受案范围的改革方向

《行政诉讼法》确立的混合受案范围模式，在实践中难免遭遇瓶颈。其主要原因在于，《行政诉讼法》第 2 条和第 12 条第 1 款第 12 项的概括肯定功能未被充分发挥，而《行政诉讼法》第 12 条第 1 款前 11 项明确列举的地位又被过分地放大。而行政机关在实践中运用的管制手段不断更新，如信用评价的排名、风险告知等，即使可能侵害了公民、法人或者其他组织的权利，却因未能在第 12 条第 1 款前 11 项中寻到直接依据，导致大多数法院不敢受理此类案件。另一方面，《行政诉讼法》第 12 条第 1 款前 11 项对可进入受案范围的行政行为的列举所采取标准的不统一，也是引发法律适用困境的重要原因。如对行政处罚、行政强制措施和行政强制执行等的列举，采取的是行政行为性质标准，而对未依法发放抚恤金、违法要求履行义务等的列举，却以行政行为的内容为依据。

在 2014 年修法过程中，不少学者建议"在重构现行行诉法规定受案范围的方式和内容的基础上扩大行政诉讼的受案范围"[1]，如采用"概括肯定 + 列举否定"的方式，有序地扩大行政诉讼的受案范围。但立法者最终认为，沿袭修订前的《行政诉讼法》有关"列举肯定 + 兜底 + 列举否定"的形式规定受案范围，适当增加列举肯定的种类，更适合我国当下的法治阶段。如此一来，对新型行政管制手段的司法监督，就要留待法律解释方法的运用了。

【思考题】

1. 什么是行政诉讼？
2. 什么是行政诉讼的目的？
3. 什么是行政诉讼的合法性审查原则？
4. 由中级人民法院管辖的行政案件有哪些？
5. 行政诉讼的受案范围有哪些？

---

〔1〕　姜明安："扩大受案范围是行政诉讼法修改的重头戏"，载《广东社会科学》2013 年第 1 期。

第十六章

行政诉讼（二）

■ 第一节　行政诉讼的参加人

一、概述

行政诉讼的参加人，是指依法参加行政诉讼的组织和个人。行政诉讼的参加人，包括行政诉讼当事人、第三人、共同诉讼人、诉讼代表人、法定代表人和诉讼代理人。

行政诉讼当事人有广义和狭义之分。狭义的行政诉讼当事人，是行政诉讼过程中最重要的参加人，他们与行政争议或行政裁判结果有利害关系，因起诉或者被诉而处于对立地位，从而相对地承受法院的裁判结果。狭义的行政诉讼当事人包括行政诉讼的原告和被告。在具体诉讼中审查狭义当事人时应当区分三个问题：①谁是被诉行政行为的真正当事人，即原告、被告身份的确认；②该当事人是否具有相应的诉讼能力，在不具备诉讼能力时可能发生法定代理或诉讼资格转移；③该当事人是否真实地具有"要求法院对他的诉讼请求进行实体裁判的意义"，不具有实体裁判意义的诉讼请求将被驳回。如某甲对某公安机关的行政处罚不服，法院经审查后认为某甲是当事人且具有当事人能力，但其诉讼请求属合法但存在合理性问题，裁定驳回诉讼请求。[1]

在原告和被告之外，还有一类同行政诉讼的过程或行政诉讼的裁判结果具有利害关系、为保护自己利益而寻求诉讼程序救济的人，即行政诉讼的第三人。广义的行政诉讼当事人包括行政诉讼的第三人。

通常情况下，狭义的行政诉讼当事人都是单一的，但在部分案件中，行政

---

[1]　相关理论，参见［德］奥特马·尧厄尼希：《民事诉讼法》，周翠译，法律出版社2003年版，第79页。

诉讼的原告或被告，可能是两个或者两个以上的个人或组织，这些案件被称为共同诉讼案件，案件的当事人被称为共同诉讼人。若原告为两个或者两个以上的个人或组织，则称为共同原告。若被告为两个或两个以上的行政机关，则称为共同被告。

行政诉讼代表人，是指当同案原告为多数个人或原告为非法人组织时，代表其参加行政诉讼的人。《执行解释》第14条规定了三类诉讼代表人：①合伙企业向人民法院提起诉讼的，应当以核准登记的字号为原告，由执行合伙企业事务的合伙人作为诉讼代表人；其他合伙组织提起诉讼的，合伙人为共同原告；②不具备法人资格的其他组织向人民法院提起诉讼的，由该组织的主要负责人作为诉讼代表人；没有主要负责人的，可以由推选的负责人作为诉讼代表人；③同案原告为5人以上，应当推选1~5名诉讼代表人参加诉讼。在第三种情况下，若原告一方未在指定期限内选定诉讼代表人，人民法院可以依职权指定。依照《行政诉讼法》第28条的规定，诉讼代表人只能从事诉讼的程序活动，如在庭审过程中代为宣读起诉状、举证、发表辩论意见等，若要变更、放弃诉讼请求或者承认对方当事人的诉讼请求，则须经过被代表的当事人同意。

行政诉讼的法定代表人，是指在行政诉讼过程中代表法人参加行政诉讼的人。法人有企业法人、机关、事业单位和社会团体法人之分。依据《民法通则》第38条有关"依照法律或者法人组织章程规定，代表法人行使职权的负责人，是法人的法定代表人"的规定，各类法人的法定代表人，可以作为法人的代表，享有行政诉讼的权利，承担行政诉讼的义务。

为更好地保障自己的合法权益，行政诉讼中的原告、被告和第三人可以委托代理人，以当事人的名义参加行政诉讼。行政诉讼的代理人包括法定诉讼代理人、指定诉讼代理人、委托诉讼代理人。法定诉讼代理人是《行政诉讼法》第30条为无诉讼行为能力的自然人设立的一种诉讼代理制度。指定诉讼代理人是指无诉讼行为能力的自然人，在没有法定代理人或其法定代理人不能行使代理权的情况下，由人民法院依职权为该自然人指定的诉讼代理人。委托诉讼代理人是最常见的代理人，依据《行政诉讼法》第31条第1款的规定，当事人、法定代理人，可以委托1~2人代为诉讼。需要注意的是，《行政诉讼法》是在广义和狭义两种层面上使用行政诉讼当事人的概念。该条款中，所谓的"当事人"，就是采广义的解释。但《行政诉讼法》第28条等，则是采狭义的解释。委托代理人通常为律师，也可以为社会团体、近亲属、提起行政诉讼公民所在单位推荐的人和经人民法院许可的其他公民。

二、原告

（一）理论上的原告概念

行政诉讼中的原告，是指与被诉的行政行为具有利害关系，以自己的名义，向法院提起诉讼并寻求权利保护的公民、法人或者其他组织。对原告的正确把握，需要注意以下几对概念之间的联系：

1. 原告与诉、诉权。诉是当事人向法院提出的，要求保护其合法权益的一种请求。与此相应，诉权则是当事人为保护其实体权益或者确认实体权利义务关系，请求法院进行审理并作出裁判的程序性权利。它包括起诉权以及得到法院公正裁判的其他所有权利。受行政诉讼目的的指引和司法成本的考量，对原告诉权的行使条件加以一定的限制是必要的。原告的诉权若要进一步得到法院的认可，需要满足诉讼标的、诉的利益或原告资格和诉讼能力三个方面的要求。其中，诉的利益或原告资格，是决定能否成为行政诉讼原告的关键环节。而诉讼标的与诉讼能力，在某种程度上影响了原告诉权的行使。

2. 原告与诉讼标的。诉讼标的是当事人争议和法院审判的对象。在行政诉讼中，诉讼标的指向各种行政行为。行政诉讼要处理的，是由行政行为引起的、原被告双方（或在有第三人的情况下为三方）的实体权利义务争议。原告若欲行使诉权，首先必须确保产生实体权利义务关系的诉讼标的属于法院的受案范围。对受案范围之外的行政行为或者其他行为，法院将不予立案或在立案后裁定驳回起诉。从这个角度而言，行政诉讼的受案范围制约了原告诉权的行使。

3. 原告与诉的利益或原告资格。诉的利益是原告通过诉讼所要获得的利益。这种利益只有在原告所主张的实体利益或实体权利现实地陷入危险和不安时才得以产生，也就是说，此时才具备了运用行政诉讼的手段予以救济的必要性。对诉的利益或原告资格的界定，许多国家的行政诉讼理论与实务都呈现了从"法律上的利益"扩展到"法律上值得保护的利益"的趋势。即只要原告诉请保护的实体权益或实体权利属于法律上明确规定的保护范畴，或虽无法律明文规定，但在立法目的的指引下可以解释成法律应保护的利益范畴，都被承认具有诉的利益或原告资格。

4. 原告与诉讼能力。诉讼能力，包括实施诉讼的权利能力与行为能力。行政诉讼中的诉讼权利能力与诉讼行为能力的规定，基本上等同于民事诉讼中的相关规定。原告要合法地行使诉权，必须具备相应的诉讼权利能力与诉讼行为能力。诉讼权利能力或诉讼行为能力上的缺陷，将阻碍或影响原告诉权的行使。

（二）规范上的原告范围

《行政诉讼法》第25条第1款规定："行政行为的相对人以及其他与行政行

为有利害关系的公民、法人或者其他组织，有权提起诉讼。"该条规定是对《行政诉讼法》第2条第1款有关"公民、法人或者其他组织认为行政机关和行政机关工作人员的行政行为侵犯其合法权益，有权依照本法向人民法院提起诉讼"内容的重申。两者都侧重于对起诉权的描述。这两个条款勾勒出《行政诉讼法》上诉的利益或原告资格的基本轮廓。

结合上述诉权行使的三项要求，可以行使诉权的原告必须符合以下条件：①行政诉讼受案范围内的行政行为的相对一方，不仅包括直接相对人，也包括其他受行政行为影响的相对人。②公民、法人或者其他组织与被诉的行政行为具有利害关系。修订前的《行政诉讼法》第41条第1项规定，原告是认为自己的合法权益受到侵害的公民、法人或者其他组织。《执行解释》第12条将"合法权益"放宽到"法律上利害关系"。但在实践中，依然存在将"法律上利害关系"限定为法律明确规定保护的利益即"合法权益"的现象。故2014年修法将"法律上"三字去掉，以期涵盖"法律应当保护的利益"。③公民、法人或者其他组织具备相应的诉讼能力。依据《行政诉讼法》第25条第2款和第3款的规定，当原告丧失相应的诉讼权利能力时，会发生原告资格转移的法定结果。如有权提起诉讼的公民死亡，其近亲属可以提起诉讼；有权提起诉讼的法人或者其他组织终止，承受其权利的法人或者其他组织可以提起诉讼。当原告不具备相应的诉讼行为能力时，根据《行政诉讼法》第30条和《执行解释》第51条第1款第2项的规定，还会发生法定代理或中止诉讼的结果。

为进一步明确行政诉讼中的诉的利益或原告资格问题，《执行解释》第13条以列举的方式，对以下几种情况作出了规定：

1. 相邻权人。相邻权是为协调不动产相邻关系，对不动产的所有权人或使用权人予以必要限制的一种权利。当行政机关围绕不动产作出行政行为时，尽管相邻权人不是直接的行政相对人，但不动产所有人或使用人可能基于该行政行为损害相邻权人的相邻权而提起诉论。此时，相邻权人就具备诉的利益或原告资格。[1]

2. 竞争权人。公平竞争虽也是民事上的权利，但在资源有限的前提下，行政机关的行政行为，如行政许可，尤其是特别许可，会损害市场主体之间的公

---

[1] 相关判决，可参见"王培战与海门市城市管理行政执法局不履行法定职责案"，江苏省南通市中级人民法院行政判决书（［2015］通中行终字第00099号）。在本案中，一审法院认为："王培战的房屋与钱云香新建的房屋东西相邻，王培战认为海门城管局不及时查处钱云香违法建房的行为，侵害其通风采光权、邻地使用权，应当认定王培战与被诉具体行政行为存在法律上的利害关系，具备行政诉讼的原告主体资格。"二审法院对于王培战的原告资格予以认可。

平竞争。此时，就应承认竞争权人的诉的利益或原告资格。

3. 受害人。受害人是指合法权益受到公民、法人或者其他组织侵权行为侵犯的人。尽管受害人不是行政行为的制裁对象，但行政机关如何处理侵权人，直接影响到受害人的合法权益。因此，赋予要求主管行政机关依法追究加害人法律责任的受害人以诉的利益或原告资格。

4. 非行政行为作出时直接针对的人。包括与被诉的行政复议决定有法律上利害关系或者在复议程序中被追加为第三人的人[1]，以及与被撤销或者变更的行政行为有法律上利害关系的人。这两种情况中的相对一方，都不是行政行为作出时直接针对的对象，但其事后都受到了行政行为的影响。为保护他们的合法权益，法律承认其具备诉的利益或原告资格。

需要注意的是，是否具备诉的利益或原告资格，与起诉的名义，不是同一个问题。明确诉的利益或原告资格，是判断有无诉权的标准。而起诉的名义，是在确定诉权后，进一步明确由谁来代表行使诉权的问题。《执行解释》第14～18条的规定，严格来说，都属于规定以谁的名义起诉或由谁来代表起诉的问题。

从我国《行政诉讼法》及司法解释对原告问题的规定可以看出，我国规范层面的原告范围，已从"法律上明定的权益"转向"值得法律保护的权益"。随着实践中法律与法治的完善，"值得法律保护的权益"势必呈扩大趋势，从而使更多的公民、法人或者其他组织可以通过行政诉讼保障自己的合法权益。

三、被告

（一）被告的概念与特征

诉讼中的当事人，处于两造对立的地位。因此，有原告，就必有被告。根据《行政诉讼法》的相关规定，行政诉讼中的被告，是指因原告不服其作出的行政行为而提起行政诉讼，被人民法院通知应诉的行政机关。它具有以下特征：

1. 被告是行政机关。能否成为行政诉讼中的被告，关键在于是否具有独立的行政职权和承担责任的能力。行政机关是指国家依法成立的，具体行使行政职权，以自己的名义作出行政行为并承担相应法律后果的组织。它是最主要的行政诉讼被告。行政机关的工作人员只是代表行政机关行使职权，因此，不能成为行政诉讼的被告。根据《行政诉讼法》第2条第2款有关"前款所称行政

---

[1] 与行政复议决定有法律上利害关系从而提起诉讼的典型个案，可参见"张成银诉徐州市人民政府房屋登记行政复议决定案"，载《中华人民共和国最高人民法院公报》2005年第3期。在本案中，张成银虽未被通知作为第三人参加行政复议，但因行政复议决定的结果是撤销其所拥有的房屋所有权证，因此张成银有权提起行政诉讼。

行为，包括法律、法规、规章授权的组织作出的行政行为"的规定，判断有无独立行政职权和承担责任能力的依据，已经从法律、法规拓展到规章，即规章授权的组织，也可以成为被告。

我国的行政法学界长期以来都将行政诉讼的被告定位为行政主体，然而，国内大多学者对行政主体的认识，则停留在行政机关和其他法律、法规、规章授权组织的层面上，与大陆法系关于"行政主体是指在行政法上享有权利、承担义务，具有一定职权并可设置机关以便行使，借此实现行政任务的组织体"[1]的界定大相径庭。在大陆法系国家，行政主体的概念对行政诉讼而言，主要发挥着明确公权力责任的作用，与行政诉讼的被告没有直接的等同关系。

2. 被告作出了被诉的行政行为。这里的作出，并不意味着直接操作，而是指最终名义上的实施主体。如在委托行政的情况下，具体操作各个工作环节的是被委托的组织，但行政行为却是以委托组织的名义作出的，因此，委托组织是被告。

3. 被告由人民法院通知应诉。与《行政诉讼法》赋予公民、法人或者其他组织在认为自己的合法权益受侵害时就可以提起诉讼不同，行政诉讼中的被告，必须由法院通知应诉时才可以确定。也就是说，被告的确定需要经过法院的审查，而不是由原告单方面指认。

需要注意的是，《行政诉讼法》第3条第3款确立了"行政诉讼行政首长出庭制"："被诉行政机关负责人应当出庭应诉。不能出庭的，应当委托行政机关相应的工作人员出庭。"这里的"行政机关负责人"，包括行政机关的正职和副职负责人。行政机关负责人出庭应诉的，可以另行委托1~2名诉讼代理人。（《适用解释》第5条）对于此款规定及其实施成效，媒体大多持肯定态度："行政机关负责人出庭应诉制度，并不只具有意识形态层面的符号意义，也具有一定的现实功效。"[2]但也有行政机关表示不堪重负，尤其是共同被告情形下的复议机关，因应诉率太高而无法确保行政首长的出庭率。

（二）被告的确认

由于存在行政行为的作出主体与直接操作主体分离等现象，行政诉讼中被告的确认十分复杂。《行政诉讼法》《执行解释》和《适用解释》确立了以下确认规则：

1. 一般情况下，作出行政行为的行政机关是被告，即"谁行为，谁被告"。

---

〔1〕 李洪雷："德国行政法学中行政主体概念的探讨"，载《行政法学研究》2000年第1期。
〔2〕 何才林："行政首长出庭应诉，让'民告官'不再'难见官'"，载《人民法院报》2015年2月4日。

2. 授权行政情况下，经法律、法规、规章授权的组织是被告。此时，即使被授权组织超出了法定授权范围作出行政行为，也仍然要由其作为被告。例如，法律、法规或者规章授权行使行政职权的行政机关内设机构、派出机构或者其他组织，超出法定授权范围实施行政行为，当事人不服提起诉讼的，应当以实施该行为的机构或者组织为被告。

3. 委托行政情况下，委托的行政机关是被告。需要注意的是，行政机关在没有法律、法规或者规章规定的情况下，授权其内设机构、派出机构或者其他组织行使行政职权的，应当视为委托。当事人不服提起诉讼的，应当以该行政机关为被告。

4. 共同行政的情况下，共同作出行政行为的行政机关是共同被告。

5. 经上级批准的行政行为，以对外发生法律效力的文书上署名的机关为被告。当然，这要以在文书上署名的机关具有独立行政职权和责任能力为前提。

6. 经过行政复议的行政行为，复议机关决定维持原行政行为的，作出原行政行为的行政机关和复议机关是共同被告；复议机关改变原行政行为的，复议机关是被告。这里的改变，是指复议机关改变原行政行为的处理结果。经过复议的案件，如何确定被告，是 2014 年《行政诉讼法》修订的重点。在此之前，只有在复议机关改变复议决定的情形下，复议机关才作被告。有学术研究认为，这样的制度设计，"激励了复议机关消极怠惰、当'维持会'的倾向，被认为是行政复议成效低下的重要原因"[1]。因此，立法机关对之前的规则作出了重大调整，不论复议机关维持或改变原行政行为，都需要作被告。

7. 不具有独立行政职权和责任能力的组织作出的行政行为，以它所归属的行政机关为被告。如行政机关组建并赋予行政管理职能但不具有独立承担法律责任能力的机构，以自己的名义作出行政行为，当事人不服提起诉讼的，应当以组建该机构的行政机关为被告。行政机关的内设机构或者派出机构在没有法律、法规或者规章授权的情况下，以自己的名义作出行政行为，当事人不服提起诉讼的，应当以该行政机关为被告。

（三）被告的变更、追加与资格转移

原告提起行政诉讼时，只要求有明确的被告即可。起诉权的行使，并不要求被告适格。但法院收到行政起诉状后，需要审查原告所列的被告是否正确。当确有错误时，根据《执行解释》第 23 条第 1 款的规定，人民法院应当告知原告变更被告。原告不同意的，法院裁定驳回起诉。

---

〔1〕 何海波：《行政诉讼法》，法律出版社 2016 年版，第 215 页。

在共同行政的情况下，原告若只起诉了其中部分行政机关，人民法院可先要求原告主动追加被告。原告不同意的，根据《执行解释》第23条第2款的规定，人民法院应当通知被遗漏的行政机关，以第三人的身份参加诉讼。但在复议机关作为共同被告时，若原告只起诉作出原行政行为的行政机关或者复议机关的，人民法院应当告知原告追加被告；原告不同意追加的，人民法院应当将另一机关列为共同被告（《适用解释》第7条）。

与原告的资格转移一样，在特定情况下，也会发生被告资格转移，具体包括：①行政机关被撤销或职权发生变更的，继续行使其职权的行政机关是被告；②行政机关被撤销或行政职权被调整后，没有继续行使其职权的行政机关，则撤销该行政机关或行政职权的行政机关为被告。

四、第三人

（一）第三人的概念和特征

《行政诉讼法》第29条第1款规定："公民、法人或者其他组织同被诉行政行为有利害关系但没有提起诉讼，或者同案件处理结果有利害关系的，可以作为第三人申请参加诉讼，或者由人民法院通知参加诉讼。"该条款指出了第三人的基本特征：

1. 第三人与被诉行政行为或案件处理结果具有利害关系。这是判断公民、法人或者其他组织能否成为行政诉讼第三人的主要标准。与修订前的《行政诉讼法》相比，2014年修法特别增加了"同案件处理结果有利害关系"的第三人判断标准。将第三人的范围涵盖上述两种类型已经是法治发达国家的共同做法。如在德国，就对两种第三人的法律地位进行了区分：与被诉行政行为有直接法律上的权利义务的第三人，是必要的诉讼参加人；仅与诉讼结果有利害关系的第三人，是普通的诉讼参加人。[1] 新标准的增加，有力地保障了潜在第三人参加诉讼表达诉求的权利。

2. 第三人是原告、被告以外的诉讼参加人，具有独立的诉讼地位。在行政诉讼过程中，第三人与原告、被告之间，都不存在依附关系。第三人可以支持其中一方的诉讼请求，也可以提出独立的诉讼请求。

3. 第三人参加的是已经发生的行政诉讼活动。与被诉行政行为具有利害关系，是判断有无诉的利益或原告资格的关键环节。而具备相同要件的公民、法人或者其他组织，在这里之所以会成为第三人，主要的原因就是诉讼程序已经

---

〔1〕 杨海坤、马生安："中外行政诉讼第三人制度比较研究"，载《比较法研究》2004年第3期。

被其他人启动，且第三人与原告利益不一致或未能获得原告地位。

4. 第三人参加诉讼的方式有两种：一是自己申请参加，二是由人民法院通知其参加。

（二）第三人的范围

1. 行政处罚案件中的受害人或加害人。不论是受害人还是加害人对行政处罚不服提起的行政诉讼，另一方都有权作为第三人参加诉讼。

2. 涉及两个以上利害关系人的行政行为，一部分利害关系人起诉的，人民法院应当通知另一部分利害关系人作为第三人参加诉讼。

3. 涉及民事法律关系的行政行为被提起诉讼时，民事法律关系的相对方可作为第三人参加行政诉讼。如相邻权人、竞争权人、行政裁决案件的另一方当事人等。

4. 被诉行政行为涉及其他行政行为时，作出其他行政行为的行政机关或公权力主体，可以作为第三人参加诉讼。

5. 共同行政行为中，应当追加被告而原告不同意的，人民法院应当通知被遗漏的行政机关作为第三人参加诉讼。

■ 第二节　行政诉讼的举证责任

一、举证责任概说

举证责任是当事人为证明其诉讼主张，向法院提供证据并在不能证明时承担不利后果的一种风险责任。举证责任包括两种形式：①指当事人在诉讼过程中向法院提供证据的义务或负担，又称提供证据责任、主观举证责任或行为举证责任；②指根据当事人双方提供的证据，案件事实仍处于真伪不明的状态时，实体上不利后果的承担，又称证明责任、客观举证责任或结果举证责任。

《行政诉讼法》第 34 条第 1 款明确引入了举证责任的概念，并对举证责任的分配做了总括性的描述："被告对作出的行政行为负有举证责任，应当提供作出该行政行为的证据和所依据的规范性文件。"由于该条规定看似与民事诉讼领域"谁主张谁举证"的通行观点相异，因此自《行政诉讼法》实施以来，一直成为学术讨论的重点。大多数学者尝试从法治行政原则的内在要求、行政诉讼的立法目的、行政诉讼的现状等各个方面，为该"违背常规"的举证责任条款正名。

实际上，所谓的"谁主张谁举证"，应作"在要件事实真伪不明时，其不利益归由该项要件事实导出有利之法律效果的当事人负担"[1]的理解，而不是简单地以谁提起诉讼请求作为判断标准。应用到行政诉讼领域，即为"请求权人承担权利形成要件的证明责任，请求权人的对方当事人承担权利妨碍、权利消灭和权利阻碍要件的证明责任"[2]。

根据这个原理，对于负担行政行为而言，主张权利（权力）形成、变更的被告，自然要负举证责任，原告则应对除却该权利（权力）形成、变更的理由，负举证责任。例如，公安机关欲对甲的寻衅滋事行为处以拘留的行政处罚，寻衅滋事的认定将改变甲原来的权利义务关系，因此应由公安机关对该事实的成立负举证责任。如果甲认为自己有法定的减免处理情节，由于该情节的主张，将除却权利义务的改变，故应由甲负举证责任。对于授益行政行为，由于撤销授益行政行为对已受益的公民、法人或者其他组织而言是一种权利变更，因此被告对撤销授益行政行为负举证责任。如果原告认为自己符合授益条件，希望阻止被告的撤销决定，则原告对阻却事由负举证责任。对于行政不作为，公民、法人或者其他组织是要求改变现状，形成或变更权利的一方，因此，公民、法人或者其他组织应该对提出申请并且符合法定作为条件的事实负举证责任，而被告应对拒绝作为以阻止公民、法人或者其他组织形成、变更权利的合法性负举证责任。

二、举证责任的具体分配

（一）原告的举证责任

《行政诉讼法》第37条、第38条对原告的举证责任作出规定。结合《执行解释》第27条，以及《证据规定》的相关内容来看，原告在行政诉讼中要提交以下证据，并负担下列证据证明的事实真伪不明时的不利后果：

1. 证明起诉符合法定条件，但被告认为原告起诉超过起诉期限的除外。

2. 在起诉被告不作为的案件中，证明其提出申请的事实。但有两种例外情况：①被告应当依职权主动履行法定职责的；②因正当事由不能提供证据的，如被告受理申请的登记制度不完备等。

3. 在行政赔偿、补偿的案件中，证明受被诉行政行为侵害而遭受损失的事实。但本款的适用有例外，根据《国家赔偿法》第15条第2款的规定，赔偿义务机关采取行政拘留或者限制人身自由的强制措施期间，被限制人身自由的人死亡或者丧失行为能力的，赔偿义务机关的行为与被限制人身自由的人的死亡

---

[1] ［德］莱奥·罗森贝克：《证明责任论》，庄敬华译，中国法制出版社2002年版，第95页以下。
[2] 朱新力："行政诉讼客观证明责任的分配研究"，载《中国法学》2005年第2期。

或者丧失行为能力是否存在因果关系，赔偿义务机关应当提供证据。这主要是考虑到在被限制人身自由的人已经死亡或者丧失行为能力的情况下，让原告承担举证责任已无可能，此时只需要证明被限制人身自由的人系在赔偿义务机关采取拘留或者限制人身自由的强制措施期间死亡或丧失行为能力的，就可以实现举证责任倒置。

原告也可以提供证明被诉行政行为违法的证据。但原告提供证据的行为，只是为了推动法院的审判，使裁判朝着有利于诉讼请求的方向发展，它不能免除被告对被诉行政行为合法性的举证责任。

（二）被告的举证责任

被告对被诉行政行为合法性负举证责任，这是《行政诉讼法》关于举证责任分配的基本态度。对于被告的举证责任，可以从以下几个方面来把握：

1. 被诉行政行为包括行政作为行为与行政不作为行为。我们在前面已经提及，行政作为行为可以区分为行政负担行为与行政授益行为。被告对科以公民、法人或者其他组织负担之合法性，与撤销、变更授益之合法性负举证责任。此外，对于行政不作为行为，被告应对拒绝答复、拖延答复的合法性，负举证责任。

2. 被告应提交证明被诉行政行为合法性的全部证据和规范性文件。行政行为合法，不仅指认定事实清楚，也包括适用法律法规正确、程序合法。因此，《行政诉讼法》第34条第1款明确要求被告"应当提供作出该行政行为的证据和所依据的规范性文件"。对于被告不提供或者无正当理由逾期提供证据，《行政诉讼法》第34条第2款明确"视为没有相应证据"。至于未在法定期限内提交规范性文件的后果，《执行解释》曾作出过"视为没有依据"的表态，但《行政诉讼法》没有保留这一规定。

3. 除被诉行政行为的合法性外，被告还承担着证明原告起诉超过起诉期限的举证责任。

4. 在复议机关作为共同被告的案件中，作出原行政行为的行政机关和复议机关对原行政行为合法性共同承担举证责任，可以由其中一个机关实施举证行为。实践中，多由原行政行为的作出机关负责举证，但复议机关须对复议程序的合法性承担举证责任。

（三）第三人的举证责任

第三人的举证责任，《行政诉讼法》仅在被告补充证据、法院调取证据条款和被诉行政行为涉及第三人合法权益时，附带提及了第三人提供证据的问题。《证据规定》除了重申上述条款外，其第7条对原告和第三人的举证期限作了一并规定。

由于对第三人的举证责任规定不详，实践中出现了当第三人与被告的利益相依时，第三人提供的证据能否作为认定被诉行政行为合法的依据的问题。对此，最高人民法院在《关于审理行政许可案件若干问题的规定》中，针对行政许可类案件，作出了初步回应。该司法解释第 8 条规定："被告不提供或者无正当理由逾期提供证据的，与被诉行政许可行为有利害关系的第三人可以向人民法院提供；第三人对无法提供的证据，可以申请人民法院调取；人民法院在当事人无争议，但涉及国家利益、公共利益或者他人合法权益的情况下，也可以依职权调取证据。第三人提供或者人民法院调取的证据能够证明行政许可行为合法的，人民法院应当判决驳回原告的诉讼请求。"也就是说，第三人提供的证据不能免除被告的举证责任，对于被告不能证明被诉行政行为合法但第三人提供的证据却足以证明时，法院应驳回原告的诉讼请求。

三、证据规则

（一）取证规则

取证规则，是指在行政诉讼过程中收集和调取证据的基本准则。为防止行政机关在诉讼过程中收集证据，督促其以行政程序中调取的证据为基础作出行政行为，《行政诉讼法》第 35 条明确规定："在诉讼过程中，被告及其诉讼代理人不得自行向原告、第三人和证人收集证据。"

当确有必要在诉讼阶段收集证据时，《行政诉讼法》及两部司法解释赋予了人民法院要求当事人补充证据和调取证据的权力，具体包括：①在诉讼过程中，人民法院都有权要求当事人提交或者补充证据；②人民法院有权向有关行政机关以及其他组织、公民调取证据，但不得为证明行政行为的合法性调取被告作出行政行为时未收集的证据；③依当事人的申请调取，主要适用于原告或者第三人不能自行收集证据的情形，如证据由国家机关保存，或者涉及国家秘密、商业秘密和个人隐私，以及其他客观原因。

（二）举证规则

举证规则，是指当事人在提交证据时应当遵循的基本准则，包括举证的期限、证据的补充、证据的形式要件等。这里着重讨论行政诉讼过程中比较特殊的举证期限和证据补充规定。

《行政诉讼法》规定了严格的被告举证期限。该法第 67 条第 1 款规定："……被告应当在收到起诉状副本之日起 15 日内向人民法院提交作出行政行为的证据和所依据的规范性文件，并提出答辩状……"但被告有正当事由的，可以申请延长举证期限。修订前的《行政诉讼法》和《执行解释》均未对原告及第三人提供证据的期限作出规定。这就使得行政诉讼实务中经常出现原告或第三人在开庭过程中，才向法院提交相关证据的情况，给被告针对原告和第三人的诉讼主张进行答辩带来了困难。为此，《证据规定》第 7 条对原告及第三人提供证据的期限进行了规定："原告或者第三人应当在开庭审理前或者人民法院指定的交换证据之日提供证据。因正当事由申请延期提供证据的，经人民法院准许，可以在法庭调查中提供。逾期提供证据的，视为放弃举证权利。原告或者第三人在第一审程序中无正当事由未提供而在第二审程序中提供的证据，人民法院不予接纳。"新的《行政诉讼法》虽未吸收该规定，但根据前述司法解释不抵触新修订的《行政诉讼法》即可继续适用的规则，《证据规定》第7条规定的期限仍然有效。

（三）质证和认证规则

质证和认证规则，是指对当事人及法院调取的证据，应当庭出示并经双方讨论，最终确定证据的证据资格和证明力的基本准则。未经庭审质证的证据，不能作为定案的依据，这是公开原则在诉讼阶段的体现。当然，涉及国家秘密、商业秘密和个人隐私或者法律规定的其他应当保密的证据，不得在开庭时公开质证。在证据质证之后，法院应对当事人及法院调取证据的证据资格、证明力大小予以认定，并在此基础上认定案件的事实。

从修订前的《行政诉讼法》《执行解释》《证据规定》，再到新《行政诉讼法》的实施，有关行政诉讼证据规则的规定可谓日臻完善，但由于部分规定中法律概念的不确定，仍为实务操作上的规避行为提供了可乘之机。如赋予人民法院的证据调取权力，成为部分行政案件中行政机关借法院之名补充证据行为的合法化途径。"正当事由"概念的模糊性，为被告变相延长举证期限打开了缺口。而质证和认证规则的细化措施不足，也使法官的自由心证空间过大，为行政不当干预创造了条件。如在政府信息公开案件中，行政机关以被申请公开的信息涉及国家秘密为由拒绝公开，许多法院甚至对涉密证据，不经任何审理即接受行政机关的理由。[1] 以上种种，还需通过司法规则的具体明晰以及相关案例的发展，进一步完善。

■ 第三节　行政诉讼的审理程序

一、起诉与受理

（一）起诉

行政诉讼中的起诉，是公民、法人或者其他组织向法院提起诉讼请求，要

---

〔1〕　法院对涉及国家秘密的证据之审查现状，可参考郑春燕："政府信息公开与国家秘密保护"，载《中国法学》2014年第1期。

求启动对被诉行政行为的审理程序的活动。

为防止公民、法人或者其他组织滥用诉权，《行政诉讼法》第 49 条规定了以下起诉条件：①原告是行政行为的相对人以及其他与行政行为有利害关系的公民、法人或者其他组织；②有明确的被告；③有具体的诉讼请求和事实根据；④属于人民法院受案范围和受诉人民法院管辖。其中，第 2 项 "有明确的被告"，只要求原告在起诉状中列出被告即可，而不论该被告是否为作出行政行为的真正主体。第 3 项 "有具体的诉讼请求和事实根据"，也只要求原告陈述相关的请求与事实依据，而不问请求的合法和事实的正确与否。对于原告可以提出哪些具体的诉讼请求，《适用解释》第 2 条明确列举了 8 项，另附加兜底项。第 4 项 "属于人民法院受案范围和受诉人民法院管辖"，只排除明确不属于受案范围和不属于受诉人民法院管辖的案件，对于模棱两可的争议，一般要求先受理。这是因为，起诉条件不同于实体判决要件，后者是进入诉讼程序以后需要法院审查的对象，而原告的起诉，仅仅是对程序的启动。

原告起诉除需符合上述条件外，还需要满足起诉期限的规定。西谚有云："法律不保护在权利上睡大觉的人。"《行政诉讼法》规定起诉的法律期限，就是为了敦促原告尽快行使起诉权，另一方面，也可确保行政行为所形成的法律关系尽早进入安定状态。

原告的起诉期限，根据性质的不同，可分为基本起诉期限与最长保护期限两种。前者是指自公民、法人或者其他组织知道自己的合法权益受行政行为侵害时起请求法院救济的期限。后者是指行政行为作出后经过一个相当长的时间，即便该行政行为确实侵害了公民、法人或者其他组织的合法权益，由于该期间的经过，公民、法人或者其他组织也不能再向法院寻求救济的制度。两者的具体内容如下：

1. 公民、法人或者其他组织直接向人民法院提起诉讼的，根据《行政诉讼法》第 46 条第 1 款的规定，应当在知道或者应当知道作出行政行为之日起 6 个月内提出。但是，其他法律有不同规定的除外。行政行为作出后，经过复议阶段的，按照《行政诉讼法》第 45 条的规定，申请人不服复议决定的，可以在收到复议决定书之日起 15 日内向人民法院提起诉讼。复议机关逾期不作决定的，申请人可以在复议期满之日起 15 日内向人民法院提起诉讼。同样，法律对经过复议的起诉期限另有规定的除外。

在行政机关不作为的情况下，公民、法人或者其他组织的起诉期限按照《行政诉讼法》第 47 条和《适用解释》第 4 条的规定，分成以下三种情况：①法律、法规未明确规定行政机关履行法定职责的期限的，行政机关在接到申请之日起 2 个月内不履行的，公民、法人或者其他组织可以在期限届满后的 6 个月内向人民法院起诉；②法律、法规对行政机关履行法定职责的期限作出规定的、公民、法人或者其他组织可以在规定的期限届满后向人民法院起诉；③公民、法人或者其他组织在紧急情况下请求行政机关履行保护其人身权、财产权的法定职责，行政机关不履行的，起诉期间不受前款规定的限制，可以立即起诉。

2. 如果公民、法人或者其他组织连行政机关作出的行政行为内容都不清楚的，按照《行政诉讼法》第 46 条第 2 款的规定，其起诉期限从行政行为作出之日起计算，涉及不动产的从作出之日起不超过 20 年，其他案件从作出之日起不超过 5 年。

但上述两项内容均针对行政协议以外的行政行为。就行政协议而言，其起诉期限具有特殊性。《适用解释》第 12 条规定："公民、法人或者其他组织对行政机关不依法履行、未按照约定履行协议提起诉讼的，参照民事法律规范关于诉讼时效的规定；对行政机关单方变更、解除协议等行为提起诉讼的，适用行政诉讼法及其司法解释关于起诉期限的规定。"也就是说，对于行政机关不履约行为的起诉期限，一般情况下为《民法通则》第 135 条规定的 2 年；但对于具有单方性的变更、解除行为，直接起诉的，需要在知道或应当知道变更、解除行为之日起 6 个月内提起。

公民、法人或者其他组织对行政机关的行政行为不服，既可以寻求行政复议，也可以诉诸行政诉讼，因此在起诉阶段就存在行政复议与行政诉讼的衔接问题。通常公民、法人或者其他组织可以自由地选择这两种方式中的任何一种。可以先经复议再提起诉讼，也可以不经复议直接提起诉讼。若公民、法人或者其他组织既申请行政复议又提起行政诉讼的，按照《执行解释》第 34 条的规定，由先受理的机关管辖；同时受理的，由公民、法人或者其他组织选择。但在特殊情况下，公民、法人或者其他组织只能在行政复议或行政诉讼中做排他性选择，或者遵循行政复议前置程序。

（二）受理

受理，是指人民法院对公民、法人或者其他组织的起诉行为进行审查，在符合起诉条件和起诉期限的情况下决定立案审理，从而启动诉讼程序的活动。法院受理当事人起诉，标志着诉讼程序的真正开始。

在《行政诉讼法》实施的近 25 年时间里，行政诉讼一直面临着"立案难、审理难、执行难"的问题。"行政诉讼面临的'三难'，最突出的是立案难。公民、法人或者其他组织与政府机关及其工作人员产生纠纷，行政机关不愿当被告，法院不愿受理，导致许多应当通过诉讼解决的纠纷进入信访渠道，在有些地方形成了'信访不信法'的局面。"〔1〕为了解决这一难题，2014年修订《行政诉讼法》时特别设计了相关条款，变立案审查制为立案登记制。

根据《行政诉讼法》第51条和《适用解释》第1条的规定，立案登记制的内容，主要包括三个方面：①人民法院在收到起诉材料后，若起诉人的起诉符合法定条件、未超过起诉期限并与行政复议衔接到位，应当当场登记立案。②如果起诉状内容欠缺或者有其他错误的，应当给予指导和释明，并一次性告知当事人需要补正的内容。在指定期限内补正并符合起诉条件的，应当登记立案；当事人拒绝补正或者经补正仍不符合起诉条件的，裁定不予立案，并载明不予立案的理由。③对当场不能判定是否符合本法规定的起诉条件的，应当先接收起诉状，出具注明收到日期的书面凭证，并在7日内决定是否立案；不符合起诉条件的，作出不予立案的裁定；7日内仍不能作出判断的，应当先予立案。对于不予立案的裁定，原告有权提起上诉。

针对实践中部分法院不接收起诉状、接收起诉状后不出具书面凭证，以及不一次性告知当事人需要补正的起诉状内容的，《行政诉讼法》第51条第4款规定当事人可以向上级人民法院投诉，上级人民法院应当责令改正，并对直接负责的主管人员和其他直接责任人员依法给予处分。如果人民法院既不立案，又不作出不予立案裁定的，第52条进一步授权当事人可以直接向上一级人民法院起诉。上一级人民法院认为符合起诉条件的，应当立案、审理，也可以指定其他下级人民法院立案、审理。

这一系列的制度设计，有效地保障了原告诉权的行使。据统计，"2015年全国一审行政诉讼案件比2014年增长了55%，达到22万件。在中国行政诉讼制度的历史上，这是继《行政诉讼法》全面施行、受案量倍增之后的最大一次增幅"。〔2〕

二、行政诉讼的第一审程序

（一）审前程序

审前程序，是人民法院在受理案件后，为使行政诉讼的第一审庭审程序顺利进行，在开庭前就相关事项所做的准备工作。根据《行政诉讼法》第67条、第68条及相关司法解释的规定，这些工作包括组成合议庭、送达诉讼文书、审阅诉讼材料和调查收集证据、庭前证据交换以及其他需要准备的事项。《证据规

---

〔1〕 信春鹰："关于《中华人民共和国行政诉讼法》修正案（草案）的说明——2013年12月23日在第十二届全国人民代表大会常务委员会第六次会议上"，载中国人大网，http://www.npc.gov.cn/npc/lfzt/2014/2013-12/31/content_1822189.htm，最后访问时间：2016年7月30日。
〔2〕 何海波："从全国数据看新《行政诉讼法》实施成效"，载《中国法律评论》2016年第3期。

定》第 7 条及第 35 条吸收了各地法院的经验，允许在法院的主持下，双方当事人在庭前先行交换证据，对双方均无异议的证据，记录在案，庭审时就不再一一质证；对双方有异议的证据，留待开庭时进一步审查。

庭前程序的完善，可以使双方当事人对各自的请求、理由以及相应的证据有一个较为全面和清晰的把握，促进正式庭审程序的顺利开展。

（二）庭审程序

庭审程序，是人民法院在当事人和其他诉讼参加人的参与下，在法庭上对被诉行政行为的合法性及相关争议进行审查、裁判的活动。

庭审程序的具体步骤为开庭准备、宣布开庭、法庭调查、法庭辩论、合议庭评议和宣判。在行政诉讼的实践活动中，考虑到法庭调查与法庭辩论难以清楚地划分界限，对证据的质证过程不可避免地包含当事人的辩论观点，一些法院也采取了将法庭调查和法庭辩论同时进行的变通措施。

行政诉讼第一审普通程序的审理期限（又称"审限"）为立案之日起 6 个月内。但鉴定、处理管辖争议或者异议以及中止诉讼的时间不计算在内。如果第一审法院确有特殊情况，需要延长审理期限的，根据《行政诉讼法》第 81 条的规定，应当申请高级人民法院批准。高级人民法院审理第一审案件需要延长的，由最高人民法院批准。

在《行政诉讼法》实施近 25 年之后，人民法院已经积累了较为丰富的行政审判经验，行政诉讼的案件数量也呈现上升趋势。故在修法时，有建议提出可以对一些事实清楚、权利义务关系明确、争议不大的案件，适用简易程序。此项建议被立法者采纳，允许一审法院在面对以下几种特殊案件时，适用简化起诉手续、审理程序及审理期限的简易程序：①被诉行政行为是依法当场作出的；②案件涉及款额 2000 元以下的；③属于政府信息公开案件的；④当事人各方同意适用简易程序的（《行政诉讼法》第 82 条）。适用简易程序审理的行政案件，由审判员一人独任审理，并应当在立案之日起 45 日内审结。需要注意的是，发回重审、按照审判监督程序再审的案件，不适用简易程序。

在第一审程序中，原告可以申请撤回自己的诉讼请求，即申请撤诉。当出现经人民法院两次合法传唤，原告无正当理由拒不到庭的、原告未经法庭许可中途退庭的、原告未按规定的期限预交案件受理费，又不提出缓交、减交、免交申请，或者提出申请未获批准的情况时，视为原告申请撤诉（《行政诉讼法》第 58 条、《执行解释》第 37 条）。上述撤诉的情形，同样适用于上诉人。人民法院裁定准许原告撤诉后，原告以同一事实和理由重新起诉的，人民法院不予受理。准予撤诉的裁定确有错误，原告申请再审的，人民法院应当通过审判监督程序撤销原裁定，重新对案件进行审理。

三、行政诉讼的第二审程序

（一）上诉的启动

人民法院的第一审裁判作出后，当事人若对第一审裁判不服，可在法定期限内请求上一级人民法院对未生效的第一审裁判进行审理并作出第二审裁判，即上诉。上诉的提起人称为上诉人，没有提出上诉的对方当事人称为被上诉人，其他当事人依原审地位列明。

根据《行政诉讼法》第 85 条的规定，当事人不服人民法院第一审判决的，有权在判决书送达之日起 15 日内向上一级人民法院提起上诉。当事人不服人民法院第一审裁定的，有权在裁定书送达之日起 10 日内向上一级人民法院提起上诉。逾期不提起上诉的，人民法院的第一审判决或者裁定发生法律效力。

（二）上诉的审理

上一级法院收到上诉状之后，经审查认为诉讼主体合格，未超过法定的上诉期限，应予受理，并在 5 日内将上诉状副本送达被上诉人，被上诉人收到上诉状副本后应当在 15 日内提出答辩状。

第二审庭审程序与第一审程序基本相同，但《行政诉讼法》和相关司法解释仍然设计了一些特别适用于第二审庭审程序的规定，具体如下：

1. 审理期限。《行政诉讼法》第 88 条规定："人民法院审理上诉案件，应当在收到上诉状之日起 3 个月内作出终审判决。有特殊情况需要延长的，由高级人民法院批准，高级人民法院审理上诉案件需要延长的，由最高人民法院批准。"

2. 审理方式。行政诉讼的第一审程序，以公开审理为原则。但在第二审程序中，对于事实清楚的行政案件，可以实行书面审理。

3. 审理对象。与第一审程序只审理被诉行政行为的合法性及相关争议不同的是，根据《行政诉讼法》第 87 条的规定，人民法院审理上诉案件，应当对原审人民法院的判决、裁定和被诉行政行为进行全面审查。

4. 合议庭成员。第一审程序的合议庭成员可以都是审判员，也可以由审判员和陪审员共同组成。但第二审程序的合议庭成员必须都是审判员。由此亦可见简易程序只能适用于一审。

在二审法院受理上诉到宣告二审裁判前，上诉人申请撤回上诉，经法院审查符合法律规定的，准许其撤回上诉，从而终结二审程序。

四、行政诉讼的再审程序

（一）再审的启动

再审程序，又称审判监督程序，是指人民法院在认为确有错误的前提下，依据法定程序对已经发生效力的法院裁判再次审理并作出裁判的过程。再审程序赋予人民法院监督生效裁判的权限，也使当事人在生效裁判确有错误的情况下拥有再次赢得司法救济的机会，但是，再审程序的设计，使当事人被生效裁判确定的权利义务关系始终处于可能变动的状态，这与法安定性的内在要求是不吻合的。因此，与第一审程序和第二审程序的启动相比，再审程序的启动条件要严格得多。具体包括：

1. 当事人申请再审。《行政诉讼法》第 90 条规定："当事人对已经发生法律效力的判决、裁定，认为确有错误的，可以向上一级人民法院申请再审，但判决、裁定不停止执行。"需要注意的是，当事人的申请，并不必然导致再审程序的启动，而是以人民法院审查后认为确有错误为前提。当事人申请再审，应当在判决、裁定发生法律效力后 6 个月内提出。

2. 人民法院启动再审。人民法院启动再审程序，分为两种情况：①人民法院院长发现本院已经发生法律效力的判决、裁定违反《行政诉讼法》第 91 条规定，或者发现调解违反自愿原则或者调解书内容违法，认为需要再审的，应当提交审判委员会讨论决定是否再审；②最高人民法院对地方各级人民法院已经发生法律效力的判决、裁定，上级人民法院对下级人民法院已经发生法律效力的判决、裁定，发现有《行政诉讼法》第 91 条规定情形之一，或者发现调解违反自愿原则或者调解书内容违法的，有权提审或者指令下级人民法院再审。

3. 人民检察院提起抗诉。作为法律监督机关，抗诉是人民检察院对法院行使监督权限的重要形式。此次修订对抗诉作了进一步细化，扩大了其适用范围，并增加了检察建议的内容。根据《行政诉讼法》第 93 条第 1 款的规定，最高人民检察院对各级人民法院已经发生法律效力的判决、裁定，上级人民检察院对下级人民法院已经发生法律效力的判决、裁定，发现有《行政诉讼法》第 91 条规定情形之一，或者发现调解书损害国家利益、社会公共利益的，应当提出抗诉。可见，抗诉仅发生在高层级的检察院与低层级的法院之间。如果是同级检察院发现了类似的问题，只能向同级人民法院提出检察建议，并报上级人民检察院备案，或者提请上级人民检察院向同级人民法院提出抗诉。但生效裁判是由最高人民法院作出时，则允许最高人民检察院进行"同级抗"。此外，各级人民检察院对审判监督程序以外的其他审判程序中审判人员的违法行为，有权向同级人民法院提出检察建议。

（二）再审的审理

人民法院一旦决定启动审判监督程序，就应该裁定中止原判决、裁定的执行。对生效裁判的再审审理，按照《执行解释》第 76 条的规定，发生法律效力的判决、裁定是由第一审人民法院作出的，按照第一审程序审理，所作的判决、裁定，当事人可以上诉；发生法律效力的判决、裁定是由第二审人民法院作出的，按照第二审程序审理，所作的判决、裁定是发生法律效力的判决、裁定；上级人民法院按照审判监督程序提审的，按照第二审程序审理，所作的判决、裁定是发生法律效力的判决、裁定。人民法院审理再审案件，应当另行组成合议庭。

■　第四节　行政诉讼的裁判与执行

一、行政诉讼判决

行政诉讼判决，是指人民法院根据当事人的诉讼请求，经过全面审理，就被诉行政行为的合法性及相关争议依法作出的实体性处理决定。修订前的《行政诉讼法》确立了 4 种判决形式，2014 年修法有增有减，最终确定了驳回诉讼请求判决、撤销判决、变更判决、履行判决、给付判决、确认违法判决、确认无效判决、履行协议判决共 8 种类型。在案件已经复议的情况下，人民法院对原行政行为作出判决的同时，还应当对复议决定一并作出相应判决。

（一）驳回诉讼请求判决

驳回诉讼请求判决，是指人民法院经过审查后，认为原告的诉讼请求不能成立，依法予以驳回的判决形式。这是 2014 年修法新增的判决种类，但实务界对其并不陌生，早在 2000 年的《执行解释》中就对驳回诉讼请求判决作了规定。

根据《行政诉讼法》第 69 条的规定，驳回诉讼请求判决适用于以下几种情况：①行政行为证据确凿，适用法律、法规正确，符合法定程序；②申请被告履行法定职责但理由不成立；③申请被告履行给付义务但理由不成立。第一种情形，原来是维持判决的适用条件。但在 2014 年修法时，有意见提出，维持判决与法院的中立地位不符，容易引发原告对判决的不满，且行政行为一经作出即具备公定力、确定力、拘束力与执行力，无须法院再以判决的既判力维持。更何况，《行政诉讼法》第 1 条立法目的条款删除了"维护"行政机关依法行政的功能，维持判决已无存在的根基。鉴于此，立法者取消了维持判决，并借助驳回诉讼请求判决处理第一种情形。在原告申请被告履行法定职责或给付义务但理由不能成立的情形下，行政机关拒绝履行的结果是由原告自身的原因造成，因此宜适用驳回诉讼请求判决，由原告承担不利后果。

（二）撤销判决（附重作判决）

撤销判决，是指人民法院经过审查后，认为被诉行政行为部分或全部违法，从而部分或者全部撤销被诉行政行为，并可以责令行政机关重新作出行政行为的判决形式。根据《行政诉讼法》第70条的规定，撤销判决可在下述六种情况下作出：

1. 被诉行政行为的主要证据不足。主要证据，是相对于次要证据而言的，它是指能够证明案件基本事实的证据。主要证据不足，意味着当事人提交的证据数量和质量，不足以形成完整的证据链，不能够充分地证明被诉行政行为认定的基本事实。

2. 适用法律、法规错误。适用法律、法规错误，存在广义与狭义之分。广义的适用法律、法规错误，包括超越职权、滥用职权、明显不当以及狭义的适用法律、法规错误的情形。狭义的适用法律、法规错误仅指：①应适用 A 法，却适用了 B 法。②应当适用上位法（下位法）、新法、特殊法，却适用了下位法（上位法）、旧法、一般法。需要特别说明的是，行政法律适用有两项规则：效力优先规则与适用优先规则。前者是指，当上下位法都对同一事务作了规定时，若下位法抵触上位法，则优先适用上位法；相反，若下位法没有抵触上位法，只是对上位法的进一步细化，因下位法的内容更具体，则应当优先适用下位法。这里的上、下位法，都是指规章以上的规范性文件。③援引法律、法规条款错误，包括该援引的法条未援引，以及应该援引 A 法条却错误地援引了 B 法条。④适用了尚未生效或者已经失效、废止的法律、法规等。鉴于撤销判决的适用条件中已经单独列举超越职权、滥用职权、明显不当等情形，一般认为，本项规定中的"适用法律、法规错误"，仅取狭义。

3. 违反法定程序。违反法定程序标准，在 2014 年修法时，遇到了两大争议。其一，是否所有违反法定程序的行为，都要导致撤销判决的适用？自 1989年《行政诉讼法》确立违反法定程序标准以来，法院经常会遇到行政机关仅违反次要法定程序的情形。此时，若一律作出撤销判决，让行政机关重走程序作出实体内容一样的行政行为，需要支付较高的行政成本。但仅以司法建议的形式指出行政机关的次要程序违法，又不利于确立程序法治的理念。经反复权衡，立法者虽最终采取了既保留违反法定程序作为撤销判决的适用条件，同时将"程序轻微违法，但对原告权利不产生实际影响的"的情形，划归到确认违法判决的范畴的做法。其二，是否需要增加违反正当程序的内容？《行政诉讼法》实施以来，已有不少法院以正当程序的理念作出判决[1]，如著名的刘燕文诉北京

---

〔1〕　何海波："司法判决中的正当程序原则"，载《法学研究》2009 年第 1 期。

大学不予颁发博士毕业证书一案。[1] 但立法者认为，正当程序是一个学理概念，其对行政机关的程序法治理念提出了很高的要求，当下不宜一步到位，因此未采纳该项建议。

4. 超越职权。超越职权的情形包括行政机关超越事务管辖权（行使法律法规授予其他行政机关的权限）、超越地域管辖权（如甲地的工商局行使了乙地工商局的职权）、超越级别管辖权（如下级教育局行使了上级教育局的职权）、超出具体授权条款规定的范围行使权限等。需要注意的是，实施主体不具有行政主体资格，不属于超越职权的范畴，而是会导致确认无效。

5. 滥用职权。滥用职权标准是 1989 年《行政诉讼法》即已确立的撤销条件。当时立法者意图用该标准涵盖所有滥用行政裁量权的情形。结果，由于"滥用"一词在我国法律语境中有主观恶意的共识，导致司法实践对该标准的远离。[2] 为了加强行政诉讼对行政裁量权的监督，使司法审查标准更具明确性和可操作性，2014 年修法一方面保留了滥用职权标准，但将此标准的适用回归到严重主观过错，即行政机关因主观上的恶意、目的不纯、动机不当等原因，不正当地行使裁量权；另一方面新设了明显不当标准，专门适用于行政裁量的客观违法情形。

6. 明显不当。一如前述，明显不当标准主要针对行政机关行使裁量权的客观违法情形。具体包括：①未考虑应当考虑的因素或考虑不应当考虑的因素；[3] ②裁量结果显失公正，如未遵照先例或不符合比例原则；③裁量怠惰，即未根据个案行使裁量权限。

---

〔1〕 "刘燕文诉北京大学学位评定委员会要求颁发博士学位证书案"，参见北京市海淀区人民法院行政判决书（〔1999〕海行初字第 103 号）。在该案中，法院指出："校学位评定委员会作出不予授予学位的决定，涉及学位申请者能否获得相应学位证书的权利，校学位评定委员会在作出否定决定前应当告知学位申请者，听取学位申请者的申辩意见；在作出不批准授予博士学位的决定后，从充分保障学位申请者的合法权益出发，校学位评定委员会应将此决定向本人送达或宣布。本案被告校学位评定委员会在作出不批准授予刘燕文博士学位的决定前，未听取刘燕文的申辩意见；在作出决定之后，也未将决定向刘燕文实际送达，影响了刘燕文向有关部门提出申诉或提起诉讼权利的行使。该决定应予撤销。"

〔2〕 对该问题的论述，可参见沈岿："行政诉讼确立'裁量明显不当'标准之议"，载《法商研究》2004 年第 4 期；郑春燕："论'行政裁量理由明显不当'标准——走出行政裁量主观性审查的困境"，载《国家行政学院学报》2007 年第 4 期。

〔3〕 相关判决，可参见"杜会胜诉上海市公安局徐汇分局斜土路派出所治安行政案"，上海第一中级人民法院行政判决书（〔2015〕沪一中行终字第 357 号）。在本案中，上海第一中级人民法院就从治安行政处罚应当考虑的因素切入，对被诉行政行为是否存在明显不当作出判断："上诉人提出被上诉人处罚畸轻的意见，本院认为，综合考虑本案事发原因、伤害后果等情形，被上诉人行政自由裁量并无不当，上诉人的意见不能证实行政处罚决定明显不当，本院难以采信。"

　　法院判决撤销行政行为时，若存在需要立即确定相关当事人权利义务的情形，可以一并作出重作判决。重作判决依附于撤销判决，不是一种独立的判决类型。在法院要求重作的情况下，根据《行政诉讼法》第71条的规定，被告不得以同一的事实和理由作出与原行政行为基本相同的行政行为，从而避免撤销判决被行政机关实质性悬置的情形发生。

　　（三）履行判决

　　履行判决，是指人民法院经过审查后，认为被诉行政机关负有法定的职责，无正当理由不履行或拖延履行该职责的，责令该行政机关限期履行法定职责的判决形式。

　　履行判决的作出，需要满足以下几个条件：①行政机关负有法定职责，即行政机关的职责来源于法律、法规的规定。行政机关与行政相对人通过约定形成的职责，存在不履行或者拖延履行时，应该适用行政协议的专门判决形式。②行政机关不履行该职责。这里的不履行，既包括消极的不作为，即行政机关未作出任何答复，也包括拖延履行，即行政机关在法定期限或者合理期限内不作出可以终结行政程序的行政行为状态。[1] ③行政机关不履行或拖延履行该职责，无正当理由。④行政机关履行该法定职责仍有意义。

　　法院在作出履行判决时，可以是一个程序性履行判决[2]，即仅要求行政机关在合理的期限内履行其法定职责，而不对如何履行作出要求；也可以是一个实体性履行判决[3]，即法院在判决书中直接载明需要行政机关在特定期限内履行的具体内容。从司法与行政的分工来看，法院的职责是监督行政机关依法行政，而不是代替行政机关，因此，法院不宜过多作出实体性的履行判决，除非

---

[1]　章剑生："行政诉讼履行法定职责判决论——基于《行政诉讼法》第54条第3项规定之展开"，载《中国法学》2011年第1期。

[2]　相关判决，可参见"王振宝与国网山东省电力公司其他行政不作为案"，山东省济南市市中区人民法院行政判决书（［2015］市行初字第23号）。在本案中，法院对被告不予答复政府信息公开申请的行为，作出如下判决："被告国网山东省电力公司于本判决生效之日起15日内，对原告的政府信息公开申请作出具体行政行为。"但未明确具体的答复内容，即公开还是不公开，公开什么。

[3]　相关判决，可参见"杨宝玺诉天津服装技校不履行法定职责案"，载《中华人民共和国最高人民法院公报》2005年第7期。在本案中，天津市河东区人民法院判决："自本判决生效之日起60日内，被告天津市服装技术学校颁发原告杨宝玺的毕业证书，第三人天津纺织集团（控股）有限公司予以协助办理。"法院不仅指明了履行的期限，也指出了履行的内容即"颁发毕业证书"。

案件的事实清楚、证据确凿，足以支持原告的诉讼请求。[1]

（四）给付判决

给付判决，是指人民法院经过审查后，认为被告负有法定的给付义务，无正当理由不予给付或者拖延给付的，责令该行政机关限期给付的判决形式。

给付判决属于广义履行判决的范畴，是 2014 年修法专门针对受案范围条款中给付内容的扩张而设立的。随着给付行政的发展，行政担负着除发放抚恤金之外的越来越多的生存照顾功能，如给予最低生活保障待遇与社会保障待遇等。行政机关在履行此类职责过程中若存在不作为违法，法院应适用给付判决予以监督。与履行判决一样，给付判决也存在程序性给付判决与实体性给付判决之分。尽管也要遵循司法与行政的内在分工，但考虑到有些给付申请直接关系到原告的基本生存权利，判决若仅指定期限不明确内容，可能无法有效地实现救济目标。因此，在存在给付迫切性且事实清楚、诉请合理的情况下，法院会更倾向于作出实体性给付判决。

（五）确认违法判决

确认违法判决，是指人民法院经过审查后，认为被诉行政行为违法但不适合撤销，从而在保留被诉行政行为效力的同时宣告违法；或者被诉行政不作为违法但不适合判决履行，从而仅宣告违法的判决形式。确认违法判决最早出现在《执行解释》，《行政诉讼法》修订时予以吸收，并对适用情形加以调整。根据《行政诉讼法》第 74 条的规定，确认违法判决主要适用于两种类型的行政案件：

1. 被诉行政行为违法，但不宜撤销。具体包括：①行政行为依法应当撤销，但撤销会给国家利益、社会公共利益造成重大损害的；②行政行为程序轻微违法，但对原告权利不产生实际影响的。在这两种情况中，行政机关都已经作出了行政行为，只是考虑到国家利益、社会公共利益，或考虑到个案效果，决定在宣告被诉行政行为违法的同时维持其效力，使违法行政行为的法律效果得以保留。基于国家利益、社会公共利益的考量所作的确认违法判决，原型为日本法上的情况判决，其立法初衷是为了避免撤销某一违法行政行为，给既定的国家利益或公共利益造成重大损失。"作为利益权衡之下的妥协产物，既定国家利

---

[1] 我国台湾地区现行"行政诉讼法"对此有更为明确的规定，其第 200 条规定："行政法院对于人民依第 5 条规定请求应为行政处分或应为特定内容之行政处分之诉讼，应为下列方式之裁判：①原告之诉不合法者，应以裁定驳回之。②原告之诉无理由者，应以判决驳回之。③原告之诉有理由，且案件事证明确者，应判命行政机关作成原告所申请内容之行政处分。④原告之诉虽有理由，唯案件事证尚未臻明确或涉及行政机关之行政裁量决定者，应判命行政机关遵照其判决之法律见解对于原告作成决定。"

益或公共利益的难以复原性或高成本性，是适用该判决形式的重要前提。然而，令人吊诡的是，实践中常常出现倒果为因的事例，即行政机关为达成维持违法行政行为效力的目的，刻意加快执行步伐，营造国家利益或公共利益既定的事实，最终逼迫法院作出'基于公益考量'的确认违法判决。这种现象在城市拆迁过程中尤为显著。"[1] 为了避免新法规定的两种适用情形可能的滥用，在实践中必须严格解释确认违法判决的法定条件，不得随意扩大国家利益、社会公共利益、轻微违法、不产生实际影响等概念的内涵和外延，并应在判决时强调被告应当采取的补救措施，以及在原告提起赔偿请求时，应当承担的赔偿责任。

2. 被诉行政行为客观上不能或无法撤销。具体包括：①行政行为违法，但不具有可撤销内容。本项主要针对违法的事实行为，如执法过程中发生的殴打行为。②被告改变原违法行政行为，原告仍要求确认原行政行为违法的。这种情形一般发生在原告起诉后被告才改变原违法行政行为的案件，此时若原告坚持就原行政行为寻求救济，法院应当允许，但在查明原告诉请成立时，因原行政行为已经不存在，只能作出确认违法判决。③被告不履行或者拖延履行法定职责，判决履行没有意义的。在时效性很强的申请履责案件中，法院判决时，被告再去履行往往已经没有意义，如"110"报警时未出警的行为。此时，法院就不能再作履行判决，而应确认不履责行为违法。这三种情形中，如有必要，被告也应采取补救措施，在造成原告损失的情况下，同样需要承担赔偿责任。

（六）确认无效判决

确认无效判决，是指人民法院经过审查后，发现被诉行政行为存在重大且明显的违法，确认该行政行为自始无效的判决形式。确认无效判决也是《执行解释》确立的判决类型。但当时并未明确该判决适用的具体条件，因此司法实践中的确认无效判决并不多见。

针对这一情况，2014年修法时，对确认无效判决的适用条件作了提炼。目前明确列举的无效情形主要有二：①行政行为实施主体不具有行政主体资格的情形；②行政行为没有依据。至于是否还存在其他无效的情形，《行政诉讼法》第75条以"等"字预留了空间。但秉承确认无效判决应谨慎运用的立法精神，对"等"字的解释，应当严格要求同时符合"重大"与"明显"违法两项要求，并可以在作出确认无效判决的同时，责令被告采取补救措施，承担相应的赔偿责任。

学理上一般认为，确认无效请求不受起诉期限的限制，也有一些域外国家对此专门作了规定，如《葡萄牙行政程序法》。我国《行政诉讼法》在修订时，对此问题进行了专门的讨论，最终选择留待司法实践先行探索，待时机成熟时再以司法解释的形式加以规范。

（七）变更判决

变更判决，是指人民法院经过审查后，认为行政处罚明显不当，或者行政行为中的款额确定、认定确有错误，由法院直接加以变更的判决形式。它是法院行使司法变更权的结果。

由于行政诉讼涉及司法权与行政权的分立与制约这一宪政层面的问题，因此《行政诉讼法》设置了严格的变更判决适用条件，仅限于行政处罚类案件存在明显不当或者其他案件中涉及款额确定、认定错误的情形。对于行政处罚是否构成明显不当的判断，与撤销判决适用条件中的"明显不当"标准基本一致，这里不再赘述。款额确定类的案件，如支付抚恤金、最低生活保障待遇等，款额认定类的案件，如税务机关对企业营业额的认定等，只要行政机关已经作出的确定或认定决定中的款额确有错误，并有证据支撑正确款额，法院就可以直接判决变更。这是为了确保权利救济能够彻底，不再发生撤销判决之后，因行政机关重新作出的行政处罚或款额确定、认定决定仍有错误而提起新的行政诉讼，立法者例外允许司法之手直接延伸到行政领域。

人民法院作出变更判决时，不得加重原告的义务或者减损原告的权益，但利害关系人同为原告且诉讼请求相反的除外。这是禁止不利变更原则的体现，以确保原告在行使诉权时没有后顾之忧。

（八）履行协议判决（补偿判决）

履行协议判决，是指人民法院针对行政协议案件，经过审查后，认为被告不依法履行、未按照约定履行，违法变更、解除行政协议，所作的要求被告继续履行、采取补救措施、赔偿损失的判决形式。若被诉的变更、解除行政协议合法，但未依法给予补偿，则需要作出补偿判决。

本次修法新增的行政协议案件，与过去的行政行为存在很大的不同。为了配套受案范围的扩张，《行政诉讼法》专门设计了这项新的判决形式。在适用本判决时，需要特别注意处理合法与合约之间的关系。行政协议的公共利益特性，决定了行政机关某些看似违反约定的行为，恰恰是依据法律规范的指示作出的。所以，法院在审查行政协议案件时，不仅要看协议约定的内容，更要厘清作为行政协议依据的法律规范的规定；不仅可以适用行政法律规范，还可以适用不违反行政法和行政诉讼法强制性规定的民事法律规范。

经审查后，法院可以分别作出以下判决：①原告主张被告不依法履行、未按照约定履行协议或者单方变更、解除协议违法，理由成立的，人民法院可以根据原告的诉讼请求判决确认协议有效、判决被告继续履行协议，并明确继续履行的具体内容；②被告无法继续履行或者继续履行已无实际意义的，判决被告采取相应的补救措施；给原告造成损失的，判决被告予以赔偿；③原告请求解除协议或者确认协议无效，理由成立的，判决解除协议或者确认协议无效，并根据合同法等相关法律规定作出处理；④被告因公共利益需要或者其他法定理由单方变更、解除协议，给原告造成损失的，判决被告予以补偿。

除了以上 8 种判决形式之外，《行政诉讼法》第 61 条还允许法院在涉及行政许可、登记、征收、征用和行政机关对民事争议所作的裁决的行政诉讼中，一并审理当事人的相关民事争议。据此，法院还有可能作出行政附带民事判决，即在 8 种行政判决的基础上，一并对民事争议作出判决。一并审查的请求，须在一审程序中提出。

二、行政诉讼的裁定和决定

（一）行政诉讼的裁定

行政诉讼裁定，是指人民法院在行政案件或执行案件的审理过程中，就程序性问题所作的判定。行政诉讼裁定，可以在行政诉讼的任何环节作出，既可以是书面的，也可以是口头的，其形式要较行政诉讼判决灵活得多。

根据《行政诉讼法》第 51、56、57、84 条等和《执行解释》第 63 条的规定，行政诉讼裁定主要适用于以下几种情形：不予受理；驳回起诉；管辖异议；终结诉讼；中止诉讼；移送或者指定管辖；诉讼期间停止行政行为的执行或者驳回停止执行的申请；财产保全；先予执行；准许或者不准许撤诉；转简易程序为一般程序；补正裁判文书中的笔误；中止或者终结执行；提审、指令再审或者发回重审；准许或者不准许执行行政机关的行政行为；其他需要裁定的事项。

行政诉讼裁定，具有与行政诉讼判决相同的效力。除对不予受理裁定、驳回起诉裁定和管辖异议裁定不服可以提起上诉外，其他裁定一经作出，即发生法律效力。对行政诉讼裁定不服的上诉期限为 10 日。

（二）行政诉讼的决定

行政诉讼决定，是指人民法院对行政诉讼过程中的特殊问题所作的判定。由于行政诉讼决定主要针对法院的内部工作事项，因此部分行政诉讼决定不具有外部效力。

行政诉讼决定适用于以下情况：有关是否回避的事项；对妨害诉讼的行为人采取强制措施，其中罚款、拘留的决定需经合议庭合议作出，并报院长批准，当事人不服的，还可以申请复议；审判委员会启动审判监督程序的决定；有关诉讼期限事项的决定；有关诉讼费用事项的决定；采取强制执行措施的决定等。

三、行政诉讼执行

行政诉讼执行，是指人民法院对于生效的裁判或调解书，在义务人拒绝履行时，由执法机关采取强制措施，以保障生效法律文书的内容得以实现的活动。当事人必须履行人民法院发生法律效力的判决、裁定、调解书[1]。若是公民、法人或者其他组织一方，拒绝履行判决、裁定、调解书的，行政机关或者第三人可以向第一审人民法院申请强制执行，或者由行政机关依法强制执行。若是行政机关一方拒绝履行，则由一审人民法院强制执行。

行政诉讼执行程序的启动条件如下：①行政诉讼的裁判或调解书已经发生法律效力；②生效的裁判或调解书具有可以执行的内容；③义务人拒绝履行生效裁判或调解书设定的义务。在行政机关自己依法强制执行时，上述三个条件的满足已经可以启动执行程序。但如果是向法院申请强制执行时，则还须满足第四个条件，即申请人在法定期限内提起执行申请。根据《执行解释》第84条的规定，申请人是公民的，申请执行生效的行政判决书、行政裁定书、行政赔偿判决书和行政赔偿调解书的期限为1年，申请人是行政机关、法人或者其他组织的为180日。申请执行的期限从法律文书规定的履行期间最后一日起计算；法律文书中没有规定履行期限的，从该法律文书送达当事人之日起计算。逾期申请的，除有正当理由外，人民法院不予受理。鉴于行政机关的特殊地位，行政诉讼执行程序中可以采取的强制措施，也有所区别。

与民事诉讼的执行相比，行政诉讼执行过程中因为被执行人一方可能为行政机关，因此执行难的现象更为严峻。为解决此难题，《行政诉讼法》特别增加第96条，赋予人民法院一系列的权限，督促行政机关自觉执行。具体包括：①对应当归还的罚款或者应当给付的款额，通知银行从该行政机关的账户内划拨。②在规定期限内不履行的，从期满之日起，对该行政机关负责人按日处50~100元的罚款。③将行政机关拒绝履行的情况予以公告。④向监察机关或者该行政机关的上一级行政机关提出司法建议。接受司法建议的机关，根据有关规定进行处理，并将处理情况告知人民法院。⑤拒不履行判决、裁定、调解书，社会影响恶劣的，可以对该行政机关直接负责的主管人员和其他直接责任人员予以拘留；情节严重，构成犯罪的，依法追究刑事责任。

---

[1]　由于2014年修法时，允许人民法院对行政赔偿、补偿以及行政机关行使法律、法规规定的自由裁量权的案件适用调解（第60条第1款），因此调解书得到执行的程度，也在《行政诉讼法》第94条中一并得到了强调。

【思考题】

1. 谁可以成为行政诉讼的原告？
2. 什么是举证责任？行政诉讼中的举证责任如何分配？
3. 行政诉讼中的证据规则有哪些？
4. 行政诉讼中有哪些判决种类？各种判决的适用条件是什么？

第十七章

行政赔偿与行政补偿

■ 第一节　行政赔偿

《国家赔偿法》确立了我国的国家赔偿制度。合法权益受到国家机关和国家机关工作人员违法职权行为侵害的公民、法人或者其他组织有取得国家赔偿的权利。

一、行政赔偿概述

（一）行政赔偿的概念与特征

行政赔偿是指国家行政机关及其工作人员在行使职权过程中违法侵犯公民、法人或其他组织的合法权益并造成损害，国家对此承担赔偿责任的制度。行政赔偿制度具有以下几个方面的特征：

1. 行政赔偿的责任主体是国家。这是行政赔偿区别于民事赔偿的主要特点。行政赔偿责任是国家赔偿的一种形式，承担责任的主体是国家，赔偿费用由国库支出。这是由行政权力的属性以及国家与行政机关及其工作人员之间的法律关系所决定的。行政机关及其工作人员与国家之间存在委托代理关系，在法律上代表国家实施行为，无论其行为是合法还是违法，其法律后果都归属于国家。

2. 行政赔偿的侵权主体是行政机关及其工作人员。这是行政赔偿区别于其他国家赔偿责任的主要特点。作为一个法律主体，国家可能承担多种多样的赔偿责任，包括民事赔偿责任、司法赔偿责任、立法赔偿责任、军事赔偿责任、公共设施设置赔偿责任和国际法上的赔偿责任等。特定的赔偿责任与特定的侵权行为相对应，而行政赔偿仅仅是国家对行政管理过程中行政机关的侵权行为承担的赔偿责任。对行政机关及其工作人员应当作广义的理解。行政机关不仅包括中央及地方各级人民政府及其下设的工作部门，而且包括法律法规授权的组织、委托的行政机关、共同实施侵权行为的行政机关。工作人员不仅包括具有公务员身份的工作人员，而且包括受行政机关委托执行公务的一般公民，也包括接受行政机关指使实施违法行为的公民。

3. 行政赔偿所针对的是行政机关及其工作人员的违法行为。这是行政赔偿区别于行政补偿的特点。国家承担行政赔偿责任的前提是行政行为违法。在行政机关及其工作人员的合法行为对公民、法人和其他组织的合法权益造成损害的情况下，国家不负有行政赔偿责任，而是承担行政补偿责任。

4. 行政赔偿的对象是合法权益遭受损害的公民、法人或者其他组织。一方面，凡是合法权益受行政机关及工作人员的违法行为侵害的人都可能成为行政赔偿的请求权人，并不限于行政行为所直接指向的对象。另一方面，行政赔偿针对的是公民、法人或者其他组织遭受侵害的合法权益。合法权益是公民、法人或者其他组织依法享有的人身权、财产权及其他权益。只有合法权益受到侵犯的，国家才承担赔偿责任。

（二）行政赔偿的归责原则

归责原则是国家赔偿制度的基石。国家赔偿法上的归责原则是国家承担赔偿责任的依据和标准。《国家赔偿法》第2条第1款规定："国家机关和国家机关工作人员行使职权，有本法规定的侵犯公民、法人和其他组织合法权益的情形，造成损害的，受害人有依照本法取得国家赔偿的权利。"结合《国家赔偿法》第3条、第4条的规定，我国行政赔偿适用的是违法归责原则，即国家只对违法行使职权的行为承担赔偿责任。理解该原则需要注意以下几点：

1. 违法是指行为违法，而非结果违法。行为违法是指侵权主体实施的职务行为违反了法律法规设定的义务，至于该行为是否给相对人造成损害不影响违法性的判断。行为违法表现为侵权主体的行为没有履行对特定人的职责义务或违反了对特定人的职责义务，或者在行使自由裁量权时滥用职权或没有尽到合理注意的义务。判断行为违法，可通过一些客观条件加以确定，如具体行政行为的违法可以通过判断是否具备主体资格、权限是否合法、程序是否合法、证据是否确实充分、适用法律是否正确等，不需要考察损害结果是否实际发生。

2. 违法中"法"的范围是违法归责原则的核心问题。对"违法"采用广义理解还是狭义理解直接影响赔偿的范围。狭义违法仅指违反实在法的规定，即法律、法规、规章的明文规定；而广义违法除了违反实在法的规定之外，还包括违反法的精神和法的一般原则。我国大多数学者将违法原则中的"法"作广义的理解，认为违法中"法"既包括实体法，也包括程序法，既包括法律、法规、规章和其他具有普遍约束力的规范性文件，也包括法的精神和法的一般原则。但实践中，实务部门对"法"往往采取严格的解释，将其限定于法律的明文规定，间接缩小了行政赔偿范围，不利于保护公民、法人和其他组织的合法权益。

3. 违法的行为既包括法律行为违法，也包括事实行为违法，既包括积极的作为性违法，也包括消极的不作为违法。行政事实行为违法是指国家机关及其工作人员违法实施的不直接产生法律效果的行为，如政府机关违法提供咨询、实施指导、发布信息等。作为违法是指侵权主体以积极的作为方式表现出来的违法情形，例如行政机关的违法处罚、违法采取强制措施等行为。不作为违法是指侵权主体拒绝履行或拖延履行其承担的职责和义务的违法情形。

（三）行政赔偿责任的构成要件

行政赔偿责任的构成要件是指国家承担行政赔偿责任所应当具备的各种要件。构成要件是归责原则的具体化。作为国家赔偿的一种形式，行政赔偿既需要符合国家赔偿的一般构成要件，同时又具有自身的特殊内涵。

1. 主体要件。主体要件是指国家对哪些主体的侵权行为承担行政赔偿责任。根据《国家赔偿法》的规定，国家对行政机关及其工作人员所实施的侵权行为承担赔偿责任。此处的行政机关及其工作人员均应作广义理解，具体包括以下四类：国家行政机关，行政机关工作人员，法律、法规授权的组织和行政机关委托的组织和个人。

2. 行为要件。行为要件是指国家需要对侵权主体实施的何种行为承担行政赔偿责任。根据《国家赔偿法》的规定，构成行政赔偿责任的行为必须是行政机关及其工作人员的职务行为。所谓职务行为，是指国家机关或国家机关工作人员履行或不履行其职责和义务的行为。职务行为既包括具体行政行为，也包括事实行为；既包括行使权力的行为，也包括非权力行为。同时，对于行政机关不履行法定作为义务的情形，也应当认定其具有职务性。《国家赔偿法》第3条规定："行政机关及其工作人员在行使行政职权时有下列侵犯人身权情形之一的，受害人有取得赔偿的权利……"第5条规定："属于下列情形之一的，国家不承担赔偿责任：①行政机关工作人员与行使职权无关的个人行为……"可见，我国《国家赔偿法》以是否"与行使职权有关"作为区分职务行为和非职务行为的标准，即凡是与行使职权有关的行为，只要符合其他赔偿责任的构成要件，国家就应当承担赔偿责任。是否"与行使职权有关"可根据以下标准进行判断：①职权标准。国家机关和国家机关工作人员根据法律赋予的职责权限实施的行为都是执行职务行为，无论该行为合法与否。②时空标准。国家机关或国家机关工作人员在行使职权、履行职责的时间、空间范围内的行为通常是执行职务行为。但是，时空条件并不是构成执行职务行为的必然条件，对于特殊的主体（如警察）即使下班后在非工作地点实施的某些行为仍然构成职务行为。③名义标准。通常情况下，凡是以国家机关及其工作人员的身份和名义实施的行为都是职务行为。④目的标准。执行职务的行为通常是为了履行法定职责和义务的行为，目的是维护公共利益，而非个人利益。

3. 损害结果要件。损害结果是指行政行为对公民、法人和其他组织的权益造成客观损害的结果。行政赔偿以公民、法人和其他组织的合法权益受到损害为条件。一方面，行政赔偿的请求人必须是权益受到实际损害的公民、法人或其他组织。如果没有损害的实际发生，则不存在赔偿请求权。并且，这种损害必须是现实的、特定的和直接的。另一方面，受损的权益必须是公民、法人或者其他组织的合法权益。赃款、赃物等违法权益不属于法律保护的范围。按照《国家赔偿法》第 3 条和第 4 条的规定，受到行政赔偿制度保护的合法权益包括公民、法人和其他组织依法享有的人身权和财产权。

4. 因果关系要件。因果关系要件是指损害结果与行政机关及其工作人员的职务行为具有法律上的因果关系。因果关系是连接违法行为与损害后果的纽带。对于法律上的因果关系的理解，目前学界有条件说、重要条件说、相当因果关系说和盖然因果关系说等多种学说。其中，相当因果关系说在行政赔偿领域最具有可采性。相当因果关系说认为，某种原因在特定情形下发生某种结果还不足以判定二者有因果关系，只有在一般情形下，依照当时当地的社会观念普遍认为也能够发生这样的结果，方能认定因果关系。根据该理论，构成法律上的因果关系需要同时满足两个条件：①因果之间具有逻辑联系；②因果之间有直接相关性，即依正常人的经验和理解，行为和结果之间有牵连。也就是说，应当把发生结果中起到重要原因的条件作为法律上的因果。但是，相当因果关系说并不能适用于行政赔偿领域的所有案件，在实践中仍需立足于案件的特点和类型，从不同角度综合判断和分析因果关系。

5. 法律要件。构成国家赔偿责任还必须满足"有法律规定"这一要件，如果法律没有规定国家赔偿责任，即使公民受到国家机关违法侵害，国家也可能不承担赔偿责任。所谓"有法律规定"，是指现实存在的所有规定国家赔偿责任的法律、法规和判例等。在我国，国家承担行政赔偿责任的法律依据有：国家赔偿法、行政诉讼法、民法通则、治安管理处罚法、海关法及大量的最高法院的司法解释、国务院及各部委发布的行政法规和规章等。受害人依照以上规定才能获得赔偿请求权。

二、行政赔偿范围

我国国家赔偿法在对行政赔偿范围的规定方式上采取权利标准与行为标准相结合的方式。一方面明确规定了法律予以保护的公民权利类型——人身权和财产权；另一方面明确规定了国家应承担赔偿责任的侵害行为种类。根据《国家赔偿法》的规定，国家对违法行政行为造成的损害予以赔偿，对与行使职权无关的个人行为造成的损害，因受害人自己的行为致使损害发生以及法律规定的其他情形不予赔偿。

（一）国家承担赔偿责任的范围

根据《国家赔偿法》第 3 条和第 4 条的规定，国家对下列行为给公民、法人或其他组织造成的损害给予赔偿：

1. 侵犯人身权的行为。民法学理论一般认为，所谓人身权，是指与权利主体自身密不可分的、没有财产内容的权利，包括人格权和身份权。人格权又分为生命健康权、自由权、名誉权、姓名权、肖像权等。身份权分为亲权、监护权等。国家赔偿法规定的人身权范围较民法而言更为狭窄。根据《国家赔偿法》第 3 条的规定，国家赔偿法对于侵犯人身权的赔偿范围主要限于人身自由权、生命健康权和名誉权的损害。侵犯人身权的行为具体包括：违法拘留；违法采取限制公民人身自由的行政强制措施；非法拘禁或者以其他方法非法剥夺公民人身自由；以殴打、虐待等行为或者唆使、放纵他人以殴打、虐待等行为造成公民身体伤害或者死亡；违法使用武器、警械造成公民身体伤害或者死亡；其他造成公民身体伤害或者死亡的违法行为。例如，行政机关工作人员在执行公务过程中违反交通规则撞伤行人。

2. 侵犯财产权的行为。财产权是指以财产利益为内容，直接体现某种物质利益的权利。《国家赔偿法》规定的财产权限于公民、法人和其他组织的私有财产，包括物权、债权、知识产权、经营权和物质帮助权等。[1] 根据《国家赔偿法》第 4 条的规定，侵犯财产权的行为具体包括：违法实施罚款、吊销许可证和执照、责令停产停业、没收财物等行政处罚；违法对财产采取查封、扣押、冻结等行政强制措施；违法征收、征用财产；造成财产损害的其他违法行为。侵犯财产权的其他违法行为是指《国家赔偿法》第 4 条没有作列举性规定的侵害公民、法人或者其他组织财产权的行为。例如，行政机关违法裁决行为、检查行为、命令行为及不作为行为等。

（二）国家不承担赔偿责任的范围

根据《国家赔偿法》第 5 条的规定，国家对下列行为不承担赔偿责任：

1. 行政机关工作人员实施的与行使职权无关的个人行为。行政机关工作人员具有公务人员和公民的双重身份，其行为也应当分为两种类型：职务行为和个人行为。个人行为是指行政机关工作人员实施的与职权无关的、涉及自身感

---

[1] 马怀德主编：《国家赔偿法学》，中国政法大学出版社 2007 年版，第 110 页。

情和利益的行为。当行政机关工作人员以普通公民的身份从事活动时，是以自身的意志为指引，行使的是其民事权利或者其他公民权利，而非行政职权，其目的是为了个人的权益，而不是国家利益。因此，公务员以公民的身份实施的行为应当视为其个人的行为，造成损害引起的赔偿责任应当由个人承担。

2. 因受害人自己行为致使损害发生的。在此情况下，受害人虽受到某种损害，但损害和行政机关的违法行为没有因果关系，而是由受害人自己的行为造成，过错在于受害人本人，后果应当由其个人承担，国家不承担赔偿责任。但是，行政机关及其工作人员行使职权的行为与受害人自己的行为共同造成损害的，不能完全免除国家的赔偿责任，而是应该根据双方的过错大小，由国家和受害人分担责任。

3. 法律规定的其他情形。此处的法律应当作狭义的理解，即只是指全国人大及其常委会制定的法律，不包括法规、规章及其他规范性文件。从目前的法律规定来看，除《民法通则》第 107 条规定因不可抗力造成他人损害的，不承担民事责任外，其他法律还没有相应规定。有学者认为，除不可抗力外，还包括第三人过错等情况。[1] 因第三人过错致使损害发生的，法律上的侵权行为主体是第三人，而不是行政机关及其工作人员，侵权责任应由第三人承担。

三、行政赔偿主体

（一）行政赔偿请求人

行政赔偿请求人是指依法享有取得国家赔偿的权利，请求赔偿义务机关确认和履行国家赔偿责任的公民、法人或者其他组织。根据《国家赔偿法》第 6 条的规定，有权提出赔偿请求的人有以下几种：①受到行政侵权的公民、法人和其他组织；②受害人死亡的，其继承人和其他有扶养关系的亲属也可以成为赔偿请求人；③受害的法人或者其他组织终止的，其权利承受人有权要求赔偿。行政赔偿请求人具有以下特征：

1. 行政赔偿请求人是公民、法人和其他组织。在行政管理活动中，只有作为行政管理相对方的公民、法人或其他组织才有可能成为行政赔偿人。公权力主体在行使公权力的过程中与国家行政机关之间产生的纠纷不属于行政赔偿的范围，应当根据宪法和组织法的有关规定进行处理。但是，行政机关和其他国家机关等公权力主体同时具有机关法人的身份，也可以成为行政管理权所指向的对象。在这种情况下，行政机关和其他国家机关也可能成为行政赔偿请求人。

---

〔1〕 马怀德主编：《国家赔偿法学》，中国政法大学出版社 2001 年版，第 120 页。

2. 行政赔偿请求人是合法权益受到行政行为侵害并遭受实际损失的公民、法人和其他组织。包括三个条件：①公民、法人和其他组织必须受到行政机关及其工作人员所实施的行政行为的侵害，这种侵害发生在行政管理过程中；②公民、法人和其他组织的合法权益受到实际损害，这种损害包括人身利益损害、财产利益损害和精神损害；③公民、法人和其他组织所受损害和行政行为之间必须存在法律上的因果关系。

3. 行政赔偿请求人是依法以自己名义请求赔偿义务机关履行国家赔偿责任的公民、法人和其他组织。这是行政赔偿请求人在程序法上的特征。行政赔偿请求人不仅是行政赔偿请求权的主体，也是行政赔偿程序的主体，必须是表达自己意志，为了维护自身合法权益而以自己名义请求国家赔偿的人。

（二）行政赔偿义务机关

行政赔偿义务机关是指代表国家处理赔偿请求、支付赔偿费用、参加赔偿诉讼的行政机关。行政赔偿的责任主体是国家，但国家是一个庞大的、结构复杂的政治实体，下设众多的机关和机构，受害者自己无法也没有权利确认承担赔偿义务的机关。另一方面，承担赔偿责任具有谴责的含义，国家机关不一定愿意主动承担赔偿责任，可能相互推诿。为有利于受害人提出赔偿请求，避免行政机关之间相互推诿，《国家赔偿法》专门规定了赔偿义务机关。根据《国家赔偿法》的规定，确认行政赔偿义务机关的具体情形包括：

1. 单独的赔偿义务机关。行政机关及其工作人员行使行政职权侵犯公民、法人和其他组织的合法权益造成损害的，该行政机关为赔偿义务机关。这是确认行政赔偿义务机关的一般规则。关于工作人员实施侵权行为的赔偿义务机关的认定，工作人员实施的公务侵权行为应当一律视为其所在的行政机关的行为。所谓"所在的"，关键不在于公务员隶属的行政机关，而是与公务员具有职务委托代理关系的行政机关。

2. 共同致害行为的行政赔偿义务机关。两个以上行政机关共同行使行政职权时侵犯公民、法人和其他组织的合法权益造成损害的，为共同赔偿义务机关。这里需要注意的问题是：①作为赔偿义务机关的两个以上行政机关必须都是具有独立主体资格的行政机关；②两个以上的工作人员分属不同的行政机关，在其共同行使职权时侵犯公民、法人和其他组织的合法权益造成损害的，应当以工作人员所在的行政机关为共同赔偿义务机关；③两个以上的行政机关联合执法的，所有参与联合执法的行政机关为共同赔偿义务机关；④共同赔偿义务机关之间负连带责任，受害人可以向共同赔偿义务机关中的任何一个赔偿义务机关要求赔偿，该赔偿义务机关应当先予赔偿，然后要求其他行政机关负担部分赔偿费用。如果引起行政赔偿诉讼，共同赔偿义务机关为共同被告。共同赔偿义务机关各自按其在侵权行为中所起的作用承担责任。

3. 致害主体为法律、法规授权的组织时的行政赔偿义务机关。法律、法规授权的组织在行使行政职权时侵犯公民、法人和其他组织的合法权益造成损害的，该组织为赔偿义务机关。这里所说的授权，必须是法律、法规明文规定的授权，规章以下规范性文件授权的视为委托，发生赔偿问题时，由委托的行政机关作为赔偿义务机关。法律、法规授权组织的工作人员在行使职务的过程中侵犯公民、法人和其他组织合法权益，并造成损害的，由该工作人员所属的组织作为赔偿义务机关。需要特别注意的是，法律、法规授权组织只有在法律、法规的授权范围内行使行政职权时才可能引起行政赔偿责任。当该组织在非行使行政职权的场合执行其作为社会团体、事业单位等本身的职能时，所造成的侵权损害仅得引起民事赔偿责任。

4. 致害主体为行政机关委托的组织或者个人时的行政赔偿义务机关。受行政机关委托的组织或者个人在行使受委托职权时侵犯公民、法人和其他组织的合法权益造成损害的，委托的行政机关为赔偿义务机关。但在赔偿损失后，赔偿义务机关有权责令有故意或者重大过失的受委托的组织或者个人承担部分或者全部赔偿费用。凡是受委托的组织或者个人为了行使委托的职权或者执行委托公务的目的而实施的行为，以及将受委托的职权作为便利条件实施的行为都应当由委托的行政机关承担相应责任。这是因为，委托的行政机关对受委托的组织或者个人负有监督管理的责任，受委托的组织或者个人利用委托的职权违法行为的，说明委托的行政机关没有尽到监督管理的责任，应当承担因此产生的国家赔偿责任。但是，如果受委托的组织或个人所实施的致害行为与行政机关委托的职权之间不存在实质性联系的，则不产生国家赔偿。

5. 原赔偿义务机关被撤销后的赔偿义务机关。原赔偿义务机关被撤销的，继续行使其职权的行政机关为赔偿义务机关。没有继续行使其职权的行政机关的，撤销该赔偿义务机关的行政机关为赔偿义务机关。

6. 经过行政复议的赔偿义务机关。经行政复议的，最初作出侵权行为的行政机关为赔偿义务机关，但复议机关的复议决定加重损害的，复议机关对加重的部分履行赔偿义务。这里需要注意的问题是，复议机关与原侵权机关不是共同赔偿义务机关，不负连带责任，而是各自对自己行为造成的损害承担责任，复议机关仅对损害加重的部分承担行政赔偿义务。

7. 派出机关作为赔偿义务机关。派出机关是行政机关根据行政管理中特殊地域的需要，按照法定程序设立独立执行行政任务的行政机关。由于行政职权的来源不同，派出机关在实施行为时的法律地位也就不同，在确认赔偿义务机关时也就应当有所区别。派出机关在法律、法规的授权范围内行使职权时侵犯公民、法人或者其他组织的合法权益造成损害的，视为自己的侵权行为，由派出机关自己作为赔偿义务机关；派出机关执行设立机关交办的任务时侵害公民、法人或者其他组织合法权益的，应当视为受委托实施的行为，由设立机关即委托的行政机关作为赔偿义务机关。

四、行政赔偿程序

行政赔偿程序是指行政赔偿请求人提起行政赔偿请求，行政机关或者人民法院依法办理行政赔偿事务应当遵守的方式、步骤、顺序、时限等手续的总称。行政赔偿程序一方面可以保障行政赔偿请求人依法行使行政赔偿请求权，另一方面可以规范国家机关受理和处理赔偿请求，及时确认和履行赔偿责任。根据《国家赔偿法》的规定，受害人可以选择单独提出行政赔偿请求或者在行政复议、行政诉讼过程中一并提出行政赔偿请求。

（一）单独提出行政赔偿请求的程序

根据《行政诉讼法》和《国家赔偿法》的规定，赔偿请求人单独提出行政赔偿请求的，应当首先向行政赔偿义务机关提出，赔偿义务机关拒绝受理赔偿请求、在法定期限内不作出决定或者赔偿请求人对赔偿的方式、项目、数额有异议的，赔偿请求人可以提起行政诉讼。

赔偿请求人根据受到的不同损害，可以同时提出数项赔偿要求。要求赔偿应当递交申请书。赔偿请求人书写申请书确有困难的，可以委托他人代书；也可以口头申请，由赔偿义务机关记入笔录。赔偿请求人不是受害人本人的，应当说明与受害人的关系，并提供相应证明。赔偿请求人当面递交申请书的，赔偿义务机关应当当场出具加盖本行政机关专用印章并注明收讫日期的书面凭证。申请材料不齐全的，赔偿义务机关应当当场或者在 5 日内一次性告知赔偿请求人需要补正的全部内容。

赔偿义务机关应当自收到申请之日起 2 个月内，作出是否赔偿的决定。赔偿义务机关作出赔偿决定，应当充分听取赔偿请求人的意见，并可以与赔偿请求人就赔偿方式、赔偿项目和赔偿数额进行协商。赔偿义务机关决定赔偿的，应当制作赔偿决定书，并自作出决定之日起 10 日内送达赔偿请求人。赔偿义务机关决定不予赔偿的，应当自作出决定之日起 10 日内书面通知赔偿请求人，并说明不予赔偿的理由。

赔偿义务机关在规定期限内未作出是否赔偿的决定，赔偿请求人可以自期限届满之日起 3 个月内，向人民法院提起诉讼。赔偿请求人对赔偿的方式、项目、数额有异议的，或者赔偿义务机关作出不予赔偿决定的，赔偿请求人可以自赔偿义务机关作出赔偿或者不予赔偿决定之日起 3 个月内，向人民法院提起诉讼。

（二）一并提出行政赔偿请求的程序

一并提出赔偿请求的程序分为行政复议程序和行政赔偿诉讼程序。

1. 行政复议程序。申请人申请复议应递交申请书，在申请复议的理由和要求中一并提出赔偿请求。在行政复议中一并提出赔偿请求的受理和审理适用行政复议程序。在赔偿处理中行政复议机关可以适用调解，以调解书的形式解决赔偿争议，也可以作出赔偿的裁决。

2. 单独提出以及一并提出时的行政赔偿诉讼程序。受害人可以在提起行政诉讼时一并提出赔偿要求即提起行政赔偿诉讼，也可以在行政复议机关作出决定或者赔偿义务机关作出决定之后，向法院提起单独的行政赔偿诉讼。在单独提起行政赔偿诉讼时，要以行政赔偿义务机关先行处理为前提条件。

我国行政赔偿诉讼适用行政诉讼程序，属于行政诉讼中的一种特殊类别。法院审理行政赔偿案件，就当事人之间的行政赔偿争议进行审理与裁判。行政赔偿诉讼不完全采取"被告负举证责任"的原则。赔偿请求人和赔偿义务机关需对自己提出的主张负举证责任。但赔偿义务机关采取行政拘留或者限制人身自由的强制措施期间，被限制人身自由的人死亡或者丧失行为能力的，赔偿义务机关的行为与被限制人身自由的人的死亡或者丧失行为能力是否存在因果关系，应当由赔偿义务机关提供证据。此外，法院审理行政赔偿案件，可以就赔偿范围、方式和数额进行调解。这是行政赔偿诉讼与行政诉讼在审理方式上的区别。

五、行政赔偿的方式与标准

（一）行政赔偿的方式

国家赔偿方式，是指国家对国家机关及其工作人员的侵权行为承担赔偿责任的各种形式。赔偿是对侵权行为造成的损害的补救，由于损害的性质、情节、程度不同，赔偿的方式也有所不同。国家赔偿采用何种方式，直接影响到国家与被侵害主体的合法权益，因此有必要以法律的形式对赔偿方式进行明确规定。《国家赔偿法》第 32 条规定："国家赔偿以支付赔偿金为主要方式。能够返还财产或者恢复原状的，予以返还财产或者恢复原状。"根据这一规定，我国的国家赔偿以金钱赔偿为主要方式，以返还财产、恢复原状为补充，即除特别情形以外，绝大部分赔偿应通过支付赔偿金的方式进行，只有在返还财产、恢复原状为适当时，才可以选择返还财产、恢复原状作为赔偿的方式。同时，我国国家赔偿法还规定了受害人的精神受到损害时国家应当为受害人恢复名誉、赔礼道歉、消除影响以及支付精神损害抚慰金等补充性赔偿方式。

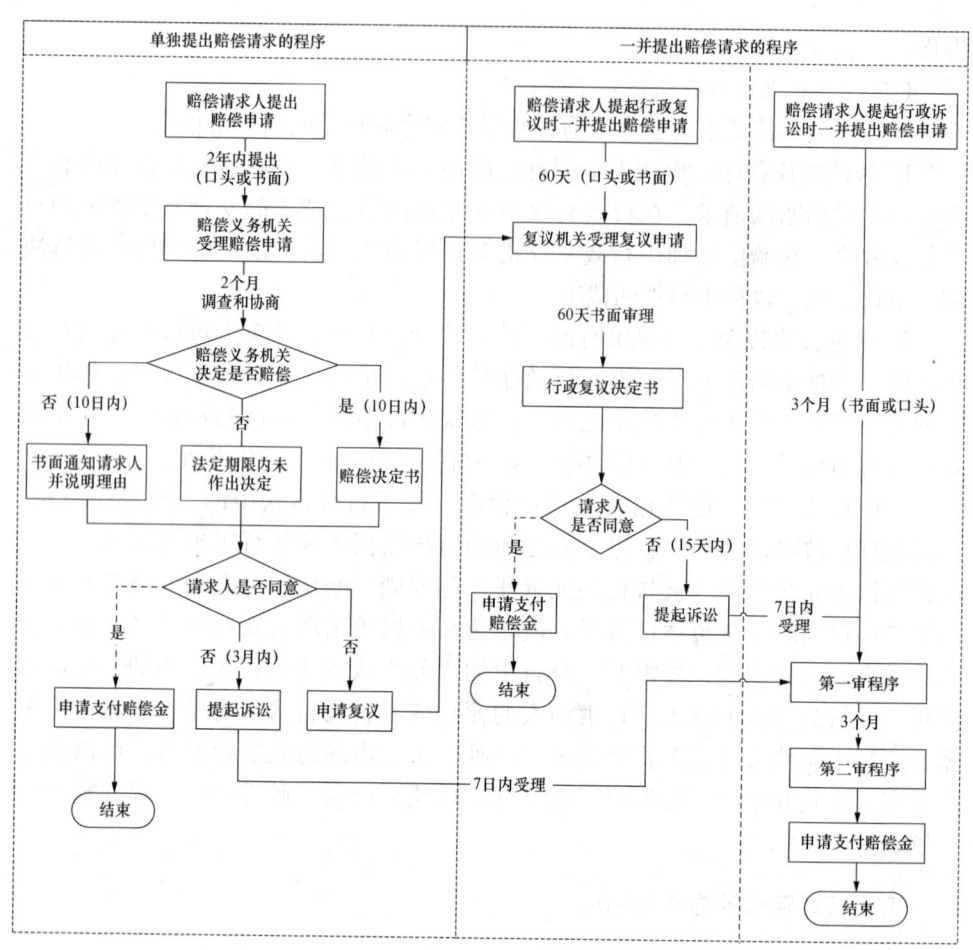

图17 -1　行政赔偿程序

（二）行政赔偿的标准

《国家赔偿法（草案）》说明中指出："国家赔偿的标准和方式，是根据以下原则确定的：①要使受害人所受到的损失得到适当的弥补；②考虑国家的经济和财力能够负担的状况；③便于计算，简便易行。"可见，《国家赔偿法》立法时出于对我国经济发展水平和国家财政负担能力的考虑，采取了抚慰性的直接物质性损失赔偿原则。从现代世界范围来看，由于各国情况的差异性，赔偿计算标准也有很大差别，但所确立的赔偿原则基本上可以归纳为三种：①惩罚性原则。按照惩罚性原则来确定赔偿计算标准，即赔偿的数额对责任方具有惩罚性。因此这种赔偿数额除了使责任方付出足以弥补受害方所蒙受的损失的费用外，还必须付出对侵害他人合法权益的行为负责任的惩罚性费用。从某种意义上来讲，这种原则一方面对受害方的损失予以赔偿，另一方面又通过惩罚以达到对受害人的慰藉。美国就是如此。②补偿性原则。按照补偿性原则确定赔偿，即赔偿数额与受害人所受的损害损失基本等量。也就是说责任方应支付足以弥补受害人所受的实际损失的费用。韩国即采用这种赔偿原则。③抚慰性原则。即赔偿数额低于甚至远远低于受害人实际损失的数额。国家赔偿只是向当事人承认错误，慰藉受到伤害的心灵，至于造成的损失的赔偿，只是象征性的。这个标准旨在保障公民最基本的生活和生存所需，而不是充分补偿受害人的损失。[1]《国家赔偿法》针对人身权损害和财产权损害规定了不同的赔偿计算标准。2010 年修订后的《国家赔偿法》略微提高了赔偿的标准。

1. 人身权损害的计算标准。人身权的损害包括侵犯公民人身自由和侵犯公民生命健康权两类，具体包括限制和剥夺人身自由、损害人格权、损害健康致人伤残、致人死亡等情形。其损害赔偿计算标准分别为：

（1）侵犯公民人身自由的，每日的赔偿金按照国家上年度职工日平均工资计算。赔偿义务机关、复议机关或者人民法院赔偿委员会维持原赔偿决定的，按作出原赔偿决定时的上年度执行。国家上年度职工日平均工资数额，应当以职工年平均工资除以全年法定工作日数的方法计算。职工年平均工资以国家统计局公布的数字为准（《最高人民法院关于人民法院执行〈中华人民共和国国家赔偿法〉几个问题的解释》第 6 条）。

（2）侵犯公民生命健康权的，赔偿金按照下列规定计算：造成身体伤害的，应当支付医疗费、护理费，以及赔偿因误工减少的收入。减少的收入的每日赔偿金按照国家上年度职工日平均工资计算，最高额为国家上年度职工年平均工资的 5 倍；造成部分或者全部丧失劳动能力的，应当支付医疗费、护理费、残疾生活辅助具费、康复费等因残疾而增加的必要支出和继续治疗所必需的费用，以及残疾赔偿金。残疾赔偿金根据丧失劳动能力的程度，按照国家规定的伤残等级确定，最高不超过国家上年度职工年平均工资的 20 倍。造成全部丧失劳动能力的，对其扶养的无劳动能力的人，还应当支付生活费；造成死亡的，应当支付死亡赔偿金、丧葬费，总额为国家上年度职工年平均工资的 20 倍。对死者生前扶养的无劳动能力的人，还应当支付生活费。造成部分或者全部丧失劳动能力以及造成死亡的，生活费的发放标准参照当地最低生活保障标准执行。被扶养的人是未成年人的，生活费给付至 18 周岁止；其他无劳动能力的人，生活

第十七章

[1]　肖峋：《中华人民共和国国家赔偿法的理论与实用指南》，中国民主法制出版社 1994 年版，第 240 页。

费给付至死亡时止。

2. 财产权损害的计算标准。根据《国家赔偿法》第36条的规定，财产损失赔偿的计算标准如下：

（1）处罚款、罚金、追缴、没收财产或者违法征收、征用财产的，返还财产。

（2）查封、扣押、冻结财产的，解除对财产的查封、扣押、冻结，造成财产损坏或者灭失的，按照损害程度给付相应的赔偿金。所谓"相应的赔偿"，是指赔偿的数额应以物的价值计算，严格掌握在财产的实际损失范围内，并且以受害人失去该财产时为估价日期。

（3）应当返还的财产损坏的，能够恢复原状的恢复原状，不能恢复原状的，按照损害程度给付相应的赔偿金。

（4）应当返还的财产灭失的，给付相应的赔偿金。

（5）财产已经拍卖或者变卖的，给付拍卖或者变卖所得的价款；变卖的价款明显低于财产价值的，应当支付相应的赔偿金。

（6）吊销许可证和执照、责令停产停业的，赔偿停产停业期间必要的经常性费用开支。经常性开支是指企业、商店等在停产停业期间用于维持其生存的基本开支，包括各种税费、水电费、仓储保管费、职工的基本工资等。至于停产停业期间损失的可得利益，国家不予赔偿。

（7）返还执行的罚款或者罚金、追缴或者没收的金钱，解除冻结的存款或者汇款的，应当支付银行同期存款利息。

（8）对财产权造成其他损害的，按照直接损失给予赔偿。除上述财产权损害外，还有其他损害财产权的情况，如对商标权、专利权造成损害等。所谓"直接损失"，是指因遭受不法侵害而使现有财产的必然减少或消灭。

3. 精神损害的计算标准。我国1994年《国家赔偿法》并未规定国家侵权精神损害赔偿。在2010年修订的《国家赔偿法》第35条规定了国家机关和国家机关工作人员违法限制人身自由或者导致人身伤害时候，致人精神损害造成严重后果的，应当支付相应的精神损害抚慰金。

有关精神损害赔偿的具体标准，以及哪些情形算是造成严重后果，《国家赔偿法》并没有作出具体规定。《最高人民法院关于确定民事侵权精神损害赔偿责任若干问题的解释》中的有关规定可以借鉴。根据该解释第9条规定，精神损害抚慰金包括以下方式：①致人残疾的，为残疾赔偿金；②致人死亡的，为死亡赔偿金；③其他损害情形的精神抚慰金。第10条第1款规定，精神损害的赔偿数额根据以下因素确定：①侵权人的过错程度，法律另有规定的除外；②侵害的手段、场合、行为方式等具体情节；③侵权行为所造成的后果；④侵权人的获利情况；⑤侵权人承担责任的经济能力；⑥受诉法院所在地平均生活水平。第 11 条规定，受害人对损害事实和损害后果的发生有过错的，可以根据其过错程度减轻或者免除侵权人的精神损害赔偿责任。

表 17 – 1　行政赔偿的标准

	人身自由权	生命健康权				精神损害	财产权
		身体伤害	部分丧失劳动能力	全部丧失劳动能力	死亡		
赔偿项目	赔偿金	医疗费	医疗费	医疗费	死亡赔偿金	消除影响	返还财产
	—	护理费	护理费	护理费	丧葬费	恢复名誉	拍卖或变卖所得
	—	误工费	残疾生活辅助具费	残疾生活辅助具费	被抚养人生活费	赔礼道歉	赔偿金
	—	—	康复费	康复费	—	精神损害抚慰金	经常性费用
	—	残疾赔偿金	残疾赔偿金	—	—	存款利息
	—	—	被抚养人生活费	—	—	其他直接损失

■ 第二节　行政补偿

　　行政补偿制度的产生要早于行政赔偿制度，但其发展速度和体系化程度远不及后者。我国目前并没有关于行政补偿的统一立法，有关行政补偿制度的内容散见于各单行法律之中。因此，本节对行政赔偿的阐述是对我国现有行政补偿制度和实践的初步总结，且带有一定的探讨性质。

一、行政补偿概述

（一）行政补偿的概念与特征

　　行政补偿是行政主体的合法行政行为给公民、法人或者其他组织的合法权益造成损害，或者公民、法人或者其他组织为了社会公共利益而遭受特别损失时，由国家给予补偿的一种活动。行政补偿具有以下几个方面的特征：

　　1. 行政补偿以合法行政行为为前提。这一点使得行政补偿区别于行政赔偿。虽然两者都是国家对行政机关及其工作人员在行政管理过程中损害公民、法人或者其他组织合法权益的行为所采取的补救措施，但行政赔偿所针对的是行政机关及其工作人员的违法行为，而行政补偿针对的是行政机关及其工作人员的合法行为。

2. 行政补偿针对的是公民、法人或者其他组织遭受的特别损失。社会成员对国家和社会负有平等责任，如果社会成员的合法权益因国家的合法行为平等地受到损失或者限制，则不存在行政补偿的问题。例如，公民个人依法向国家纳税，属于社会成员平等地对国家和社会承担责任。只有当个别或少数公民、法人或者其他组织因国家合法行为受到额外或特别损失，而其他社会成员因此获益时，方才需要行政补偿。

3. 行政补偿的方式与标准具有多样性。由于实践中行政补偿种类繁多，行政机关在具体实施行政补偿时，采用的方式具有多样性。一般情况下，除金钱补偿外，还可采用实物补偿、劳务补偿以及就业安置、指导生产等方式。

4. 行政补偿往往是行政机关主动实施的行为。行政机关的合法行为使相对人的合法权益遭受损失，只要符合行政补偿的条件，行政机关就应当主动进行补偿。

（二）行政补偿与行政赔偿的区别

行政补偿和行政赔偿都是国家对行政机关及其工作人员行使职权过程中给公民、法人或者其他组织合法权益造成的损害采取的补救措施，但二者之间仍存在着一些区别：①原因不同。行政赔偿所针对的损害是行政机关及其工作人员的违法行为所致，而行政补偿针对的是合法行为造成的损害。②范围不同。行政赔偿的范围小于行政补偿的范围。行政赔偿受《国家赔偿法》的限制，国家并非对所有的行政侵权行为都承担赔偿责任，例如国防、外交等国家行为，一般认为实行国家豁免，国家对这些行为给公民、法人或者其他组织造成的损害不承担赔偿责任。行政补偿的原因行为除了合法性这一限制之外，没有其他的限制。③程度不同。行政赔偿对公民、法人或者其他组织合法权益的补救程度不如行政补偿充分。行政赔偿针对的损害限于对人身权和财产权的损害，而行政补偿没有这种限制。④程序不同。行政补偿可能是在损害发生之前由行政机关与公民协商解决，也可能是在损害发生之后由行政机关与公民协商解决。行政赔偿只能发生在侵权行为发生之后。⑤性质不同。行政赔偿性质上属于行政法律责任，而行政补偿性质上属于具体行政行为。行政赔偿是国家对行政机关及其工作人员违法行使职权所造成的损害而承担的一种法律责任，具有否定和谴责的含义；而行政补偿是国家对行政机关及其工作人员合法行为所造成的损害而采取的补救措施，行政机关作出的补偿决定属于具体行政行为。⑥依据不同。行政补偿的法律依据是有关的单行法律法规，而行政赔偿的法律依据是《行政诉讼法》和《国家赔偿法》。

（三）行政补偿制度的历史发展

行政补偿制度的产生和确立，是一个国家文明进步的标志，是民主法治的产物。行政补偿制度是国家调整公共利益与私人或团体利益，全局利益与局部利益之间关系的必要制度。作为一种制度而言，自从有了国家机关，有了公权力的存在和行使后，行政补偿便有可能偶然和不可预期地存在着。[1] 法国早在大革命时期和第一帝国时期就确立了公用征收补偿的原则，以后经过多次立法和判例补充，逐渐发展成为现行制度。法国《人权宣言》提出："财产是神圣不可侵犯的权利。除非当合法认定的公共需要显系必要时，且在公平而且预先补偿的条件下，任何人的财产不得受到剥夺。"本着这一精神，法国颁布了第一个行政机关对因实施公共事业而受到损失的人给予补偿的法律。在德国，1794 年的《普鲁士联邦法》第 75 条规定："对于因公共福利而牺牲其特别权利及利益之人，国家应予补偿。"《德国基本法》第 14 条第 3 款也规定："只有为社会福利才允许征用财产。"1946 年《日本宪法》第 29 条第 3 款规定："为了公共利益，在正当补偿之下，可使用私有财产。"作为一项完整的法律制度，行政补偿制度的产生早于国家赔偿制度，但却是在国家赔偿制度发展的基础上不断完善，因而在一个较长历史时期国家补偿作为国家赔偿的一部分混合运用，国家补偿制度在一定意义上是依附于国家赔偿制度而发展的。直到 20 世纪以来，各国才逐渐倾向于将两者分离，在国家赔偿之外，单独确立有关行政补偿的概念及理论依据。

在我国，行政补偿制度较之于其他行政法制度有着更长远的历史，半个多世纪以来的行政补偿实践积累了丰富的经验。特别是在改革开放后，随着国家大规模经济建设的开始，国家基础设施建设的步伐加快，国家需要大量的建设用地，因此征收了大量的集体土地。为了规范政府的征收行为，保障相对人的合法权益，我国行政补偿制度也取得了较大的进步，初步形成了以《宪法》为统帅、以全国人大制定法（特别是《土地管理法》）为核心、以国务院相关条例为主体、以地方性法规、规章为补充的多层次、全方位的行政补偿法律制度。但总的说来，我国的行政补偿法律制度仍是不完善的，至今尚未有一部统一的行政补偿法，有关行政补偿的法律规定仍然散见于各种单行法律、法规中。

（四）行政补偿的理论基础

行政补偿是平衡公共利益与私人利益的制度设计。行政补偿的理论基础要解决的问题是：国家为什么要对合法行政行为造成的损失给予补偿？对于这一

---

[1] 司坡森：《论国家补偿》，中国法制出版社 2005 年版，第 20 页。

第十七章

问题的不同回答形成了各种观点，其中较有代表性的有：①"特别牺牲说"。该说认为对行使所有权的内在社会限制是所有公民都平等承受的一定负担，不需要补偿。但当这种负担落到某个公民头上时，它就变成一种特别的牺牲，必须给予补偿。②"公共负担平等说"。该说认为政府的活动是为了公共利益而实施，其成本和费用应当由全体社会成员平等分担。合法的行政行为给相对人的合法权益造成的损失，实际上是受害人在一般纳税负担以外的额外负担，这种负担应当平等分配于社会全体成员，其方式就是国家以全体纳税人缴纳的金钱补偿受害人所承受之额外负担。③"既得权利保护说"。该说认为国家对合法行政行为造成的损失进行补偿，是因为宪法和法律保护人民的既得权利，这些权利如果由于公共利益之需要而蒙受损失，理应获得国家的补偿。实际上，"特别牺牲说"与"公共负担平等说"并无本质区别，前者立足于原因，后者则侧重于结果。学界持这两种观点的学者占多数。

二、行政补偿范围

行政补偿的范围是指相对人能够获得行政补偿的具体情形，即国家对哪些合法行政行为造成的损害予以补偿，对受害人遭受的哪些损害予以补偿以及对这些损害补偿到何种程度。行政补偿的范围是行政补偿制度的核心内容。从外部来看，行政补偿范围的宽窄与补偿力度的大小直接体现了一个国家民主法治建设的高度以及对公民权益的保护程度，甚至从某些层面而言，行政补偿范围是一个国家综合实力和民族文明水平的体现。[1] 行政补偿的范围主要包括因合法行政行为引起的补偿和公法上的无因管理补偿两大类。

（一）因合法行政行为引起的补偿

因合法行政行为引起的补偿是指行政机关的合法行政行为给公民、法人和其他组织的合法权益造成损害，由国家对公民、法人和其他组织给予补偿的一种活动。这是狭义上的行政补偿。常见的因合法行政行为引起的补偿包括以下情形：

1. 公用征收、征用补偿。公用征收、征用补偿是指行政机关为了公共利益征收、征用行政相对人的财产并给予补偿。常见的有下列几种情况：①土地征收、征用补偿。为了国家和社会公共利益的需要，在经济建设和社会发展过程中，为了修建道路、机场和其他公共设施等需要征收、征用相对人所有或者使用的土地，并对土地所有权人或者使用人进行补偿。《物权法》第42条第1、2款规定，为了公共利益的需要，依照法律规定的权限和程序可以征收集体所有

---

[1]　姚天冲：《国家补偿法律制度专论》，东北大学出版社2008年版，第85页。

的土地和单位、个人的房屋及其他不动产。征收集体所有的土地，应当依法足额支付土地补偿费、安置补助费、地上附着物和青苗的补偿费等费用，安排被征地农民的社会保障费用，保障被征地农民的生活，维护被征地农民的合法权益。《土地管理法》等有关法律、法规确认了国家出于公共利益的需要可以对土地实行征用的制度，同时规定应当向被征地的单位支付相应的补偿费。②房屋拆迁补偿。因市政建设、城市改造、道路建设、市容环保等方面的需要，根据法规、政策可以对相对人的房屋进行拆除，并应对房屋所有者或使用者进行安置和给予相应的补偿金。例如，《物权法》第 42 条第 3 款规定，征收单位、个人的房屋及其他不动产，应当依法给予拆迁补偿，维护被征收人的合法权益；征收个人住宅的，还应当保障被征收人的居住条件。③移民补偿。例如，2006年《大中型水利水电工程建设征地补偿和移民安置条例》对国家大中型水利水电工程建设征地补偿和移民安置作了规定。

　　2. 对财产权进行限制引起的赔偿。这种情况一般适用于行政机关间接地对相对人的财产权造成限制的情况，主要包括：①公共征调补偿。这是行政机关出于国家和社会公共利益的需要，在非常时期或者紧急状态下，依法强制取得相对人的财产或劳务，并对财产所有者和劳务付出者给予的补偿。如为了抢险救灾的需要，行政机关紧急调用公民、法人和其他组织的车辆、船只等。②危险行为补偿。行政机关为了处置突发事件或紧急情况、消除紧急危险和避免重大损失，需要采取一定的应急措施和紧急处置行为，而这些行为可能会给相对人造成损失。一旦相对人因这些危险行为遭受损失，国家应当给予补偿。我国有关法律中对这类补偿作了规定。例如，《物权法》第 44 条规定，行政机关因抢险、救灾等紧急需要，依照法律规定的权限和程序可以征用单位、个人的不动产或者动产。被征用的不动产或者动产使用后，应当返还被征用人。单位、个人的不动产或者动产被征用或者征用后毁损、灭失的，应当给予补偿。《人民警察法》第 13 条第 2 款规定："公安机关因侦查犯罪的需要，必要时，按照国家有关规定，可以优先使用机关、团体、企业事业组织和个人的交通工具、通信工具、场地和建筑物，用后应当及时归还，并支付适当费用；造成损失的，应当赔偿。"③行政许可变更、撤回引起的补偿。《行政许可法》第 8 条第 2 款规定："行政许可所依据的法律、法规、规章修改或者废止，或者准予行政许可所依据的客观情况发生重大变化的，为了公共利益的需要，行政机关可以依法变更或者撤回已经生效的行政许可。由此给公民、法人或者其他组织造成财产损失的，行政机关应当依法给予补偿。"

　　（二）公法上的无因管理补偿

　　公法上的无因管理概念来自于民法中的无因管理。民法中的无因管理是指没有法定或约定的义务，为避免他人利益受到损失而管理他人事务的行为。我国《民法通则》和相关司法解释都对民法中的无因管理作出了明确规定。公法上的无因管理则是公民没有法定或约定义务，在紧急情况下，协助国家机关履行公务或主动代替国家机关执行公务，以维护公共利益的行为。公法上的无因管理补偿是在公民、法人或者其他组织无法定职责，为了社会公共利益而受到损失时，由国家对公民、法人或者其他组织给予补偿的一种活动。公法上的无因管理补偿大致包括以下两类：

1. 行政协助补偿。行政协助补偿是指对没有法定或约定义务的公民、法人或者其他组织协助行政机关履行公务而受损害的，行政机关应当补偿。我国关于行政协助的立法主要是《人民警察法》，该法第 34 条第 2 款规定，公民和组织因协助人民警察执行职务，造成人身伤亡或者财产损失的，应当按照国家有关规定给予抚恤或者补偿。

2. 见义勇为行为的补偿。见义勇为是指没有法定或约定义务的公民在紧急情况下，主动代替国家机关履行公务，维护公共利益的行为。典型的见义勇为行为如公民抓捕凶歹徒或参加扑救森林火灾等。我国对见义勇为行为补偿的规定有《消防法》和《森林法》等。《消防法》第 50 条规定："对因参加扑救火灾或者应急救援受伤、致残或者死亡的人员，按照国家有关规定给予医疗、抚恤。"《森林法》第 21 条第 4 项也有类似的规定。

三、行政补偿程序

行政补偿程序是实施行政补偿行为所应遵循之步骤、次序、期限等。我国行政补偿的程序目前尚无统一的法律规定，只有个别的法律、法规作出了一些较为原则的规定。如《土地管理法》中对土地征用补偿的程序作了一些规定。国外行政补偿程序一般分为行政程序与司法程序两种，行政程序的核心是协商补偿程序，如果协商不成，就要通过司法程序确定补偿金额。从理论上讲，行政补偿程序应当包括行政机关实施行政补偿行为的行政程序和司法机关提供救济的司法程序。

行政补偿程序应当包括以下几个阶段：①公告。行政机关将补偿的范围、标准和程序等有关事项通过一定的途径予以公布。②登记。公民、法人或者其他组织认为自己符合行政补偿的条件，向行政机关提出补偿请求的，行政机关应当以登记的形式予以受理。③审查。行政机关在申请登记后，对申请人提供的材料进行审查，可以综合采用书面审查和实地调查的方式，以确认申请材料的真实性。④决定。行政机关在一定期限内对符合行政补偿条件的申请人作出给予补偿的决定，对不符合条件的申请人作出不予补偿的决定。⑤执行。行政机关作出补偿决定后，应当通知申请人在一定期限内到指定的地点接受补偿。

行政补偿的司法程序并不是行政补偿的必经程序，只是在以下两种情况下方才适用：行政相对人不服行政机关作出的补偿决定和不予补偿决定；行政机关在一定期限内没有作出是否给予行政补偿的决定，行政相对人可以向法院起诉。

四、行政补偿的方式与标准

（一）行政补偿的方式

行政补偿的方式是指行政机关通过何种方法和途径实现对行政相对人损失的补偿。目前，行政补偿主要有直接补偿和间接补偿两种形式。

直接补偿的方式主要有：①金钱补偿，即以金钱的形式补偿受害人所受之损失，实践中一般表现为补偿金。②实物补偿。如产权调换、[1]开发荒地滩涂、调剂土地等。③返还财产。主要适用于征调相对人财产、物品等情况，能够返还财产的，应当返还财产。④恢复原状，即行政机关将相对人的财产恢复到原来的状况。

间接补偿主要表现为提供政策性优惠，其方式主要有：①在人、财、物的调配上给予优惠。②减、免税费。例如，《长江三峡工程建设移民条例》中规定，对为安置农村移民而开发的土地和新办的企业，在征收农业税、农业特产农业税、企业所得税等方面，国家给予免税或者减税优惠。③在晋级晋职、增加工资、安排就业、分配住房和解决农转非的户口指标等问题上给予照顾。④给予医疗、抚恤。我国现有法律已有规定，对于公民非因履行职务而为保护国家利益、公共利益和公民人身、财产安全，不顾个人安危，积极同违法犯罪行为作斗争或者在灾害事故中勇于救助，因此受伤、致残或死亡的，国家按照有关规定给予医疗或抚恤。⑤提供其他政策性优惠和照顾。例如，《长江三峡工程建设移民条例》中规定，对移民安置区发展种植业、林业、畜牧业、渔业和乡镇企业以及旅游业的，国家在专项贷款、技术改造、科技开发等方面给予照顾和扶持等。

（二）行政补偿的标准

行政补偿的标准是一个存在较大争议的问题，当前有关行政补偿标准的观点，主要有二：①"完全补偿说"。该说认为应当对受害人的损失予以全额补偿；②"适当补偿说"，该说认为不一定要对损失进行全额补偿，应当按照客

---

[1]　产权调换是拆迁人以异地建设的房屋或原地建设的房屋补偿给被拆除房屋的所有人，使其继续对房屋持有所有权的形式。参见《国有土地上房屋征收与补偿条例》第21条、第22条等规定。

观、公正、妥当的标准予以补偿。[1] 目前，我国的一些单行法律、法规中规定了某些种类的补偿范围和标准，如《土地管理法》《国有土地上房屋征收与补偿条例》等。但许多行政补偿行为仍处于无标准可依的状态。为切实保障相对人权益，行政补偿应以完全补偿为标准，同时辅以一定条件下的合理补偿。具体补偿数额应包含当事人实际发生的所有损失。

【思考题】

1. 简述行政赔偿的概念与特征。
2. 试述我国行政赔偿的范围。
3. 简述我国行政赔偿义务机关的确认规则。
4. 试述我国行政赔偿的程序。
5. 简述行政补偿的概念以及其与行政赔偿的区别。
6. 简述我国行政补偿的范围。
7. 简述行政补偿的方式和标准。

第十七章

---

〔1〕 方世荣主编：《行政法与行政诉讼法学》，中国政法大学出版社 2007 年版，第 175 页。

参考书目

1. 王珉灿主编:《行政法概要》,法律出版社 1983 年版。

2. 应松年、朱维究:《行政法学总论》,工人出版社 1985 年版。

3. 姜明安:《行政法学》,山西人民出版社 1985 年版。

4. 王名扬:《英国行政法》,中国政法大学出版社 1987 年版。

5. 王名扬:《法国行政法》,中国政法大学出版社 1988 年版。

6. 应松年主编:《行政法学教程》,中国政法大学出版社 1988 年版。

7. 罗豪才主编:《行政法学》,中国政法大学出版社 1989 年版。

8. 许崇德、皮纯协主编:《新中国行政法学研究综述 (1949~1990)》,法律出版社 1991 年版。

9. 张尚鷟主编:《走出低谷的中国行政法学——中国行政法学综述与评价》,中国政法大学出版社 1991 年版。

10. 张树义主编:《行政法学新论》,时事出版社 1991 年版。

11. 应松年主编:《行政行为法》,人民出版社 1992 年版。

12. 张树义:《冲突与选择——行政诉讼的理论与实践》,时事出版社 1992 年版。

13. 马怀德:《行政许可法》,中国政法大学出版社 1994 年版。

14. 王名扬:《美国行政法》,中国政法大学出版社 1995 年版。

15. 应松年、马怀德主编:《行政处罚法》,人民出版社 1996 年版。

16. 方世荣:《论具体行政行为》,武汉大学出版社 1996 年版。

17. 罗豪才主编:《行政法学》,北京大学出版社 1996 年版。

18. 章剑生:《行政程序法比较研究》,杭州大学出版社 1997 年版。

19. 杨惠基主编:《听证程序理论与实务》,上海人民出版社 1997 年版。

20. 刘莘、马怀德、杨惠基主编:《中国行政法学新理念》,中国方正出版社 1997 年版。

21. 吴平:《行政裁决制度研究》,中国民主法制出版社 1997 年版。

22. 胡建淼:《行政法学》,法律出版社 1998 年版。

23. 崔卓兰:《行政处罚法学》,吉林大学出版社 1998 年版。

24. 张正钊、韩大元主编:《比较行政法》,中国人民大学出版社 1998 年版。

25. 杨建顺:《日本行政法通论》,中国法制出版社 1998 年版。

26. 陈端洪:《中国行政法》,法律出版社 1998 年版。

27. 胡锦光:《行政处罚研究》,法律出版社 1998 年版。

28. 杨海坤、黄学贤:《中国行政程序法典化——从比较法角度研究》,法律出版社 1999 年版。

29. 薛刚凌:《行政诉权研究》,华文出版社 1999 年版。

30. 袁曙宏、方世荣、黎军:《行政法律关系研究》,中国法制出版社 1999 年版。

31. 应松年主编:《比较行政程序法》,中国法制出版社 1999 年版。

32. 于安编著:《德国行政法》,清华大学出版社 1999 年版。

33. 皮纯协、何寿生编著:《比较国家赔偿法》,中国法制出版社 1998 年版。

34. 叶必丰:《行政法的人文精神》,湖北人民出版社 1999 年版。

35. 孙笑侠:《法律对行政的控制——现代行政法的法理解释》,山东人民出版社 1999 年版。

36. 应松年主编:《外国行政程序法汇编》,中国法制出版社 1999 年版。

37. 罗豪才主编:《行政法学》,中国政法大学出版社 1999 年版。

38. 马怀德主编:《行政法与行政诉讼法》,中国法制出版社 2000 年版。

39. 方世荣:《论行政相对人》,中国政法大学出版社 2000 年版。

40. 陈伯礼:《授权立法研究》,法律出版社 2000 年版。

41. 王万华:《行政程序法研究》,中国法制出版社 2000 年版。

42. 周佑勇:《行政法原论》,中国方正出版社 2000 年版。

43. 杨小君、王周户:《行政强制与行政程序研究》,中国政法大学出版社 2000 年版。

44. 余凌云:《行政契约论》,中国人民大学出版社 2000 年版。

45. 杨寅:《中国行政程序法治化——法理学与法文化的分析》,中国政法大学出版社 2001 年版。

46. 皮纯协主编:《行政程序法比较研究》,中国人民公安大学出版社 2000 年版。

47. 张步洪:《国家赔偿法判解与应用》,中国法制出版社 2000 年版。

48. 应松年主编:《行政程序法立法研究》,中国法制出版社 2001 年版。

49. 应松年主编:《依法行政读本》,人民出版社 2001 年版。

50. 姜明安:《行政诉讼法学》,北京大学出版社 2001 年版。

51. 应松年、袁曙宏主编:《走向法治政府——依法行政理论研究与实证调查》,法律出版社 2001 年版。

52. 袁曙宏:《社会变革中的行政法治》,法律出版社 2001 年版。

53. 胡建淼主编:《行政强制法研究》,法律出版社 2003 年版。

54. 刘莘:《行政法热点问题》,中国方正出版社 2001 年版。

参考书目

55. 莫于川：《行政指导要论——以行政指导法治化为中心》，人民法院出版社2002年版。

56. 张树义：《行政法与行政诉讼法学》，高等教育出版社2002年版。

57. 王学辉、宋玉波等：《行政权研究》，中国检察出版社2002年版。

58. 杨解君：《行政法学》，中国方正出版社2002年版。

59. 叶必丰、周佑勇：《行政规范研究》，法律出版社2002年版。

60. 黎军：《行业组织的行政法问题研究》，北京大学出版社2002年版。

61. 张树义：《变革与重构——改革背景下的中国行政法理念》，中国政法大学出版社2002年版。

62. 叶必丰：《行政行为的效力研究》，中国人民大学出版社2002年版。

63. 皮纯协、张成福主编：《行政法学》，中国人民大学出版社2002年版。

64. 杨小君：《我国行政复议制度研究》，法律出版社2002年版。

65. 罗文燕：《行政许可制度研究》，中国人民公安大学出版社2003年版。

66. 应松年、薛刚凌：《行政组织法研究》，法律出版社2002年版。

67. 应松年：《依法行政十讲》，中央文献出版社2002年版。

68. 章志远：《行政行为效力论》，中国人事出版社2003年版。

69. 龚祥瑞：《比较宪法与行政法》，法律出版社2003年版。

70. 沈岿编：《谁还在行使权力——准政府组织个案研究》，清华大学出版社2003年版。

71. 任进：《政府组织和非政府组织——法律实证和比较分析的视角》，山东人民出版社2003年版。

72. 石佑启：《论公共行政与行政法学范式转换》，北京大学出版社2003年版。

73. 刘莘：《行政立法研究》，法律出版社2003年版。

74. 胡建淼主编：《行政诉讼法学》，高等教育出版社2003年版。

75. 叶必丰主编：《行政法与行政诉讼法》，中国人民大学出版社2003年版。

76. 章剑生：《行政程序法基本理论》，法律出版社2003年版。

77. 何兵：《现代社会的纠纷解决》，法律出版社2003年版。

78. 蔡小雪：《行政复议与行政诉讼的衔接》，中国法制出版社2003年版。

79. 朱新力主编：《外国行政强制法律制度》，法律出版社2003年版。

80. 刘莘主编：《国内法律冲突与立法对策》，中国政法大学出版社2003年版。

81. 冯军：《行政处罚法新论》，中国检察出版社2003年版。

82. 胡建淼：《行政法学》，法律出版社2003年版。

83. 王建芹：《第三种力量——中国后市场经济论》，中国政法大学出版社2003年版。

84. 应松年主编：《行政法学新论》，中国方正出版社2004年版。

参
考
书
目

85. 应松年、杨解君主编:《行政许可法的理论与制度解读》,北京大学出版社2004年版。

86. 朱新力主编:《行政法律责任研究——多元视角下的诠释》,法律出版社2004年版。

87. 张越编著:《英国行政法》,中国政法大学出版社2004年版。

88. 马怀德主编:《司法改革与行政诉讼制度的完善——〈行政诉讼法〉修改建议稿及理由说明书》,中国政法大学出版社2004年版。

89. 马怀德主编:《行政诉讼原理》,法律出版社2003年版。

90. 沈开举主编:《行政实体法与行政程序法学》,郑州大学出版社2004年版。

91. 杨海坤、章志远:《中国行政法基本理论研究》,北京大学出版社2004年版。

92. 关保英主编:《行政法与行政诉讼法》,中国政法大学出版社2004年版。

93. 应松年主编:《当代中国行政法》,中国方正出版社2005年版。

94. 应松年主编:《行政法与行政诉讼法学》,法律出版社2005年版。

95. 姜明安主编:《行政法与行政诉讼法》,北京大学出版社、高等教育出版社2005年版。

96. 何海波编著:《法治的脚步声——中国行政法大事记（1978~2004）》,中国政法大学出版社2005年版。

97. 朱维究、王成栋主编:《一般行政法原理》,高等教育出版社2005年版。

98. 马怀德主编:《行政程序立法研究》,法律出版社2005年版。

99. 王万华主编:《中国行政程序法汇编》,中国法制出版社2005年版。

100. 胡建森主编:《行政行为基本范畴研究》,浙江大学出版社2005年版。

101. 毕可志:《论行政救济》,北京大学出版社2005年版。

102. 杨小君:《国家赔偿法律问题研究》,北京大学出版社2005年版。

103. 吴华:《行政诉讼类型研究》,中国人民公安大学出版社2006年版。

104. 姜明安主编:《行政法与行政诉讼法》,法律出版社2006年版。

105. 姜明安主编:《行政程序研究》,北京大学出版社2006年版。

106. 张树义主编:《纠纷的行政解决机制研究》,中国政法大学出版社2006年版。

107. 翁岳生编:《行政法》,中国法制出版社2000年版。

108. 吴庚:《行政法之理论与实用》,中国人民大学出版社2005年版。

109. 陈新民:《中国行政法学原理》,中国政法大学出版社2002年版。

110. 陈新民:《公法学札记》,中国政法大学出版社2001年版。

111. ［日］南博方:《日本行政法》,杨建顺、周作彩译,中国人民大学出版社1988年版。

112. ［日］和田英夫:《现代行政法》,倪健民、潘世圣译,中国广播电视出版社 1993 年版。

113. ［日］室井力主编:《日本现代行政法》，吴微译，中国政法大学出版社 1995 年版。

114. ［日］盐野宏:《行政法》，杨建顺译，法律出版社 1999 年版。

115. ［德］G. 平特纳:《德国普通行政法》，朱林译，中国政法大学出版社 1999 年版。

116. ［德］哈特穆特·毛雷尔:《行政法学总论》，高家伟译，法律出版社 2000 年版。

117. ［德］奥托·迈耶:《德国行政法》，刘飞译，商务印书馆 2002 年版。

118. ［德］汉斯·J. 沃尔夫等:《行政法》，高家伟译，商务印书馆 2002 年版。

119. ［德］弗里德赫尔穆·胡芬:《行政诉讼法》，莫光华译，法律出版社 2003 年版。

120. ［美］施瓦茨:《行政法》，徐炳译，群众出版社 1986 年版。

121. ［美］欧内斯特·盖尔霍恩、罗纳德·M. 利文:《行政法和行政程序概要》，黄列译，中国社会科学出版社 1996 年版。

122. ［英］威廉·韦德:《行政法》，徐炳等译，中国大百科全书出版社 1997 年版。

123. ［英］卡罗尔·哈洛、理查德·罗林斯:《法律与行政》，杨伟东等译，商务印书馆 2004 年版。

124. ［法］莫里斯·奥里乌:《行政法与公法精要》，龚觅等译，辽海出版社、春风文艺出版社 1999 年版。

125. ［法］莱昂·狄骥:《公法的变迁·法律与国家》，冷静译，辽海出版社、春风文艺出版社 1999 年版。

126. ［法］古斯塔夫·佩泽尔:《法国行政法》，廖坤明、周洁译，国家行政学院出版社 2002 年版。

127. ［印］M. P. 赛夫:《德国行政法——普通法的分析》，周伟译，山东人民出版社 2006 年版。

声　　明　　1. 版权所有，侵权必究。

　　　　　　 2. 如有缺页、倒装问题，由出版社负责退换。

图书在版编目（ＣＩＰ）数据

行政法与行政诉讼法 / 应松年主编. —3版. —北京：中国政法大学出版社，2017.8
ISBN 978-7-5620-7300-0

Ⅰ. ①行… Ⅱ. ①应… Ⅲ. ①行政法—中国②行政诉讼法—中国 Ⅳ. ①D922.1②D925.3

中国版本图书馆CIP数据核字(2017)第174098号

出　版　者　　中国政法大学出版社

地　　　址　　北京市海淀区西土城路 25 号

邮　　　箱　　fadapress@163.com

网　　　址　　http://www.cuplpress.com（网络实名：中国政法大学出版社）

电　　　话　　010-58908435(第一编辑部) 58908334(邮购部)

承　　　印　　固安华明印业有限公司

开　　　本　　720mm×960mm　1/16

印　　　张　　23.25

字　　　数　　430 千字

版　　　次　　2017 年 8 月第 3 版

印　　　次　　2020 年 1 月第 3 次印刷

印　　　数　　9001～14000 册

定　　　价　　49.00 元